MÉMOIRES

DE

MADAME LAFARGE

Clichy. — Impr. Maurice Loignon et Cⁱᵉ, rue du Bac-d'Asnières, 12.

MÉMOIRES

DE

MADAME LAFARGE

— NÉE MARIE CAPPELLE —

ÉCRITS PAR ELLE-MÊME

PARIS

MICHEL LÉVY FRÈRES, LIBRAIRES ÉDITEURS
RUE VIVIENNE, 2 BIS, ET BOULEVARD DES ITALIENS, 15
A LA LIBRAIRIE NOUVELLE

1867

A MES AMIS

Je ne vous dédie pas un livre, je vous confie mes actions et mes pensées...

Adoptée par vos cœurs, je ne veux pas vous rester étrangère, inconnue : j'ai besoin de vous dire mes fautes pour que vous les pardonniez, mon innocence pour que vous la protégiez, mes douleurs pour que vous m'aimiez davantage, pour que vous m'aimiez toujours !

Dans le silence recueilli de ma prison, je me suis isolée de mes souffrances pour retourner avec vous dans les sentiers de ma vie; je vous ai initiés à toutes mes joies, à tous mes deuils, à toutes mes larmes... Je me souvenais, je pleurais, j'écrivais... Je n'ai pas demandé à Dieu de me faire éloquente, je l'ai prié de mettre le pardon et la vérité dans mes souvenirs, de donner à mes paroles le pouvoir de persuader, de convaincre... Si vous m'approuvez, si j'ai affermi une croyance, ramené un esprit prévenu, mon but est rempli.

Mes nobles amis, vous qui m'avez préservée du désespoir en plaçant mon honneur sous la sauvegarde de vos convictions, providences de mon malheur, soyez mille fois bénis !

J'ai gardé ma vie pour combattre, mes forces pour préparer, pour hâter le grand jour de la vérité et de la réhabilitation. Si Dieu me rappelait vers lui à moitié du chemin, je vous confie le nom de mon père, je vous demande pour ma tombe la réparation:

MARIE CAPPELLE.

Prison de Tulle, juillet 1841.

MÉMOIRES

DE

MADAME LAFARGE

— MARIE CAPPELLE —

ÉCRITS PAR ELLE-MÊME

I

Je suis née le jour de la fête de mon père, en 1816.

Ce bon père avait désiré un bouquet masculin; mais il se consola en regardant ma mère et en déposant un baiser sur le front de sa petite Marie.

Un premier enfant, la joie et l'orgueil de deux générations, devait être beau comme les anges! Hélas! j'arrivai au monde assez laide pour effrayer jusqu'aux illusions maternelles! Les plus jolis bonnets, les plus coquettes toilettes échouèrent en voulant m'embellir; et pour m'admirer autant que ma famille, qui me trouvait sans doute d'un beau jaune et d'une maigreur distinguée, les bons amis auxquels je fus présentée durent sacrifier la vérité à la politesse.

Mon baptême devait être une préface de mariage entre mademoiselle Destillière, amie de ma mère, et M. de Brack, dont la noble épée, l'esprit et la jolie figure avaient un prix moins positif, mais d'une attraction presque aussi puissante que la belle dot de la riche héritière. Mademoiselle Destillière m'oublia avec ses rêves de jeune fille, et il ne me reste de cette combinaison qu'un excellent parrain et le nom de *Fortunée*, si étranger à ma vie !

En recueillant mes premiers souvenirs, je vois d'abord les grands arbres de Villers-Hellon — la petite voiture qui me roulait dans les allées du parc — un prunier sous lequel je me cassai un bras pendant que ma bonne Ursule partageait une prune avec un beau garde-chasse...

Si je cherche encore, je me rappelle ma grand'mère avec un long châle rouge, penchée sur mon berceau pour épier mon réveil ; j'entends ma mère qui grondait ma bonne quand j'étais méchante, et mon grand-père qui me chantait, de sa grosse voix, le *Magnificat des cordonniers de Montpellier.*

Plus tard, mon père devint lieutenant-colonel à Douai, et je dois ajouter à mes plus chers souvenirs la parade du dimanche et le canon du polygone. Ma bonne Ursule ne comprenait pas toujours la poésie de l'exercice ; ma mère craignait un accident : on essayait de me faire renoncer à ce bonheur favori, en m'entourant de joujoux et de bonbons ; mais si je parvenais à surprendre le moment où mon père mettait son épée pour sortir, je me suspendais à son cou, je pleurais, et l'on cédait.

A peine arrivée à la manœuvre, je quittais les bras d'Ursule pour passer dans ceux des soldats ; ils me faisaient mettre le feu à leurs pièces, riaient de mon courage, et montraient combien ils aimaient leur colonel en gâtant, en adorant leur *petite artilleuse.*

Les étés me ramenaient à Villers-Hellon, et mes jeux devenaient campagnards sans être plus calmes. Les bergeries étaient pleines de beaux agneaux mérinos ; les plus petits se laissaient martyriser par mes caresses, tandis que les plus gros y répondaient par d'énergiques coups de tête. Quelquefois aussi, quand ma bonne m'oubliait des yeux, j'escaladais un bon et gros mouton, qui, s'effrayant de son rôle de coursier, se frottant, se secouant, me faisait rouler au milieu de la paille, excitait en moi des rires fous, suivis toujours de quelques larmes de dépit.

C'était encore des œufs recueillis tout tièdes pour mon déjeuner, — des poules qui mangeaient à mes pieds, — de petits

canards s'essayant à nager dans la pièce d'eau, — des fleurs à
flétrir, — des bons fruits à gâter... Ma santé étant très-délicate,
il était défendu de me faire pleurer, et j'étais une enfant heureuse, gâtée, volontaire, ayant un bon cœur et une fort mauvaise
tête.

J'avais cinq ans lorsqu'il m'arriva une petite sœur. Pour me
la montrer, on me porta sur le lit de ma mère; je la trouvai
laide, je la comparai à un pauvre petit moineau sans plumes que
l'on m'avait donné la veille, et je n'eus qu'un baiser pour punition. Assez triste de ce baiser unique, du silence ordonné, de
l'obscurité de l'appartement, des mille soins qui entouraient une
petite créature qui n'était pas *moi*, je fus cacher une larme sur
l'épaule de mon père, et je reçus assez mal cette autre petite
fille qu'on allait aimer autant qu'on m'aimait.

Cette naissance d'Antonine me préoccupait beaucoup; je
croyais d'abord qu'elle était venue du ciel où sont les étoiles,
mais c'était trop haut pour tomber sans se faire mal; puis la sage-
femme et l'accoucheur, qui se vantaient de me l'avoir apportée,
n'étaient ni blancs ni beaux comme les anges du bon Dieu. On
me parla d'un chou sous lequel elle dormait; je n'y crus pas :
pendant deux jours je regardai tous les choux du jardin sans
y voir rien de semblable; enfin, le troisième jour je demeurai
convaincue que ma sœur était arrivée dans un œuf comme un
petit poulet; seulement son œuf était beaucoup plus gros, un
enfant ne devait pas le voir, et un médecin pouvait seul le casser;
je n'osai confier ma découverte à personne, mais elle m'empêcha
de dormir assez longtemps, et j'en fus très-fière.

Ma tante Garat était accouchée d'une fille presque en même
temps que ma mère. Les deux baptêmes se firent ensemble; on
y joignit celui d'Hermine de Martens, qui, née en Prusse, venait
se faire baptiser en France afin que mon grand-père pût en être
le parrain. La marraine n'ayant pu assister à la cérémonie, je
fus choisie pour la remplacer.

Lorsque j'arrivai à l'église, au milieu de tous les paysans,
suspendue au bras de mon grand-père, avec un gros bouquet et
des rubans... mais des rubans depuis la tête jusqu'aux pieds,
je perdis la mémoire, et les mots appris avec tant de peine depuis plus d'un mois durent m'être soufflés par le maître d'école,

qui eut la cruauté de le faire tout haut et sans ménager mon amour-propre de cinq ans.

Je fus vivement humiliée; plus tard, quand il fallut lui donner des bonbons, je ne voulus pas; mon grand-père se fâcha; je fus très-méchante, et je passai de l'église au cabinet noir, où j'arrosai de mes larmes d'excellentes dragées qui m'aidèrent à oublier cette triste déchéance.

Un an après, je perdis ma bonne grand'mère; je ne me souviens que de ses caresses, de ses grands yeux noirs qui me souriaient toujours, des fleurs qu'elle m'apprenait à connaître et à aimer, de sa jolie volière, près de laquelle il fallait être muette et sage. Elle ne quittait plus son lit depuis longtemps, elle m'y amusait avec de longs rubans de couleurs tranchantes, que je roulais avec patience pour dérouler ensuite avec bonheur.

II

Ma grand'mère était fille d'un Anglais, le colonel Campton. Elle avait neuf ans, et portait encore le deuil de son père quand Dieu lui enleva sa mère.

Madame de Genlis, gouvernante des enfants de M. le duc d'Orléans, fut la providence de la pauvre petite orpheline; elle l'accueillit à son arrivée en France et lui fit partager les leçons de sa royale élève, mademoiselle D'ORLÉANS.

Madame de Valence, fille de madame de Genlis, prit chez elle la jeune Hermine, ajouta au don d'une éducation parfaite le bien-fait d'une intime affection, se fit la sœur de ses bons et de ses mauvais jours, et reçut avec son dernier soupir sa dernière pensée.

Voici comment mon bon grand-père me parlait de son mariage :

Mademoiselle Hermine Campton était, à dix-huit ans, une délicieuse jeune fille, petite, mais gracieuse, avec des cheveux plus noirs que la plume d'un corbeau, des yeux bien doux quand ils n'étaient pas bien vifs, une bouche nonchalante et un petit nez mutin.

ᵇ M. Collard, ami de M. de Genlis, la vit et se prit à l'aimer comme un fou.

Arrivé du fond de sa Gascogne, pauvre de dix-frères, mon grand-père avait été mis par M. de Talleyrand sur le chemin de la fortune. Il était beau, élégant; les plus exigeants lui eussent donné un diplôme de mari; aussi fut-il accepté.

Avant son mariage, M. Collard avait été arrêté comme Girondin; il se maria après le 9 thermidor : la mort de Robespierre l'avait sauvé.

Fournisseur des armées de la République sous le Directoire, l'augmenta beaucoup sa fortune, et le dut encore au prince de Talleyrand, qui devint le parrain de son fils et choisit la belle princesse Borghèse pour commère.

Cette délicieuse sœur de Napoléon n'était alors que madame Leclerc, et habitait le château de Mont-Gobert, voisin du château de Villers-Hellon, que venait d'acheter mon grand-père. Le baptême s'y fit. Le prince de Bénévent, désireux de montrer son faste et son bon goût, avait fait venir de Paris une élégante et riche corbeille — qui devait renfermer des rubans nuancés comme l'arc-en-ciel — des fleurs assez jolies pour rivaliser d'éclat avec celles des champs — enfin, toutes ces luxueuses inutilités de la toilette qui ne doivent pas être à la mode de la veille, mais à celle du lendemain... Les caisses arrivent : on veut les défaire dans le salon, on s'empresse d'avance, on admire, et l'on trouve... des rubans vieux de toute une année — des écharpes fanées — des gants assez grands pour cacher quatre petites mains comme celles qu'ils devaient dessiner — des fleurs en papier et des bonbons en plâtre!... Madame de Talleyrand avait fait l'échange dans un moment de jalousie. Le désespoir du parrain ne put calmer le désappointement de la jolie commère, et mon oncle fut baptisé au milieu d'un atmosphère de dépit et d'humeur.

Mon grand-père ne quittait guère Villers-Hellon que pour les sessions du Corps législatif. N'ayant pas de goûts, mais de véritables passions dont la durée n'égalait pas la violence, il s'était fait propriétaire avec fureur. Pendant deux ans il planta des jardins, des vergers, des bois, des routes, des garennes. Puis il fut à Chantilly, vit les établissements de mérinos, et eut la *moutonomanie* pendant près de cinq autres années. Tous les bâtiments d'exploitation se métamorphosèrent en bergeries, les champs en prairies artificielles. La houlette redevint le sceptre de ce nouvel âge d'or, et, si les moutons étaient admirables, les bergères étaient charmantes et pouvaient les faire oublier.

Ma grand'mère, qui n'aimait ni les moutons ni les bergères, attirait des voisins et des amis, élevait ses enfants, passait son printemps à regretter Paris et son automne à l'espérer. Elle maria ses trois filles de bonne heure.

Ma mère, l'aînée, était belle, d'une beauté calme qui plaisait plus au cœur qu'aux yeux; pleine d'aménité, de grâces, de solides et attachantes qualités, elle était la favorite de son père. En 1815 elle épousa M. Cappelle, capitaine d'artillerie.

Hermine, moins âgée de deux ans, ressemblait à ma grand'mère. Rien n'était plus fin, plus gracieux que sa physionomie, si ce n'est pourtant son esprit. Elle animait la maison de mon grand-père par sa vivacité. — Elle épousa en 1817 le baron de Martens, Prussien et diplomate.

Louise, la cadette, ne saurait se comparer qu'à la plus suave des roses moussues. Cette belle et rieuse enfant de quinze ans quitta ses poupées pour jouer à la *madame* : elle épousa le fils d'un intime ami de mon grand-père, M. Garat, directeur général de la Banque de France.

A ce gracieux trio il faut ajouter mon oncle Maurice, bruyant et bien-aimé garçon, qui passait ses années au collége, ses vacances à Villers-Hellon. Mon grand-père et ma grand'mère avaient souvent discuté sur la carrière qu'il devrait prendre; souvent ils avaient fait passer la discussion à l'état de petites et amicales disputes. Aussi, lorsque le moment de la décision positive arriva, ils le remirent au lendemain... puis à un autre lendemain; enfin les jours s'écoulèrent, avec eux les années, et mon oncle prit tout seul le grand parti... de ne rien faire.

Après la mort de sa femme, mon grand-père confia le soin de sa maison à ses filles, qui venaient alternativement peupler sa solitude. Ma mère, étant l'aînée et la favorite, fut plus souvent et plus particulièrement appelée à représenter celle que l'on regrettait. Bonne et pieuse, dispensatrice des bienfaits de son père, aimable interprète de sa cordiale hospitalité envers ses amis, elle lui devint chaque jour plus indispensable, et les étés de toutes nos années furent donnés à Villers-Hellon.

Ce cher petit coin de la Picardie est le paradis de mon enfance. On y était si heureux, si bien aimé, si bien gâté! Ce n'était pas seulement mon excellent grand-père qu'on y retrouvait; ce n'était pas seulement des tantes bien bonnes, des cousines bien amies, le printemps, les fleurs! c'était encore deux vieilles bonnes, dévouements providentiels, qui consolaient lorsqu'on était méchante, qui avaient toujours un baiser pour les fronts meurtris, un bonbon pour faire oublier les larmes; c'était le vieux cocher et ses cheveux blancs; les bons paysans qui nous portaient dans leurs bras comme ils avaient porté nos mères; les petits enfants dont nous acceptions, au sortir de la messe, les révérences, et avec qui nous nous battions ensuite dans l'entraînement de nos jeux.

L'hiver, nous retournions près de mon père, qui était à cette époque directeur à Mézières. Jusqu'à Reims nous pleurions notre Villers-Hellon; mais ensuite, tout entières au bonheur de revoir mon père, nous nous désespérions de la lenteur des chevaux, nous étions d'une impatience vraiment intolérable jusqu'au moment où le pont-levis résonnait sous le poids de notre calèche, où les soldats portaient les armes, et où nous étions toutes deux ensevelies dans les bras du cher absent retrouvé.

J'ai tout oublié de Mézières, si ce n'est notre maison isolée près de la poudrière, un petit chevreuil qui obéissait à notre voix, et une charmante famille que nous voyions souvent.

M. le comte de J. était un gros homme qu'on ne voyait guère que dans sa salle à manger; sa femme était bonne, jolie, amie intime de ma mère. Elle avait une petite fille nommée Henriette, dont on voulait aussi me faire une amie; mais elle était trop enfant pour comprendre mes sept ans, trop gâtée pour en être l'esclave..... Quand notre guerre se faisait bruyante et acharnée, le vicomte de J., son oncle, venait mettre la paix en nous racontant les plus beaux contes de fée. C'est lui qui m'a fait connaître *Peau d'Ane, le Petit Poucet, la Belle au Bois dormant.* Il était parfaitement bon. Quelques années plus tard, un coup de pied de cheval dans la poitrine le fit mourir jeune encore; je l'ai pleuré et regretté longtemps.

1.

Ce fut à Mézières que commencèrent mes leçons : un sergent-
major m'apprit à écrire et à marcher. Je répétais chaque matin
une leçon d'histoire sainte et de géographie, et dans la journée
on m'initiait aux charmes incompris des croches, des doubles-
croches et des gammes.

L'étude ne me plaisait pas beaucoup. Je profitais des visites
pour me sauver dans le bureau de mon père, et je l'entrainais
sur les remparts. Là, je faisais des parties de course avec le chevreuil ; je glissais délicieusement le long des talus gazonnés, et
quand j'étais fatiguée ou trop essoufflée, mon père me parlait du
petit roi de Rome, bel ange im éri l, dont le portrait suspendu
à mon chevet recevait chaque soir ma prière.

III

Deux ans se passèrent ainsi, partagés entre Villers-Hellon et
Mézières. Mon grand-père vint nous voir la dernière année avec
ma tante de Martens et ses filles.

Hermine était blonde et rose, assez parfaitement raisonnable
pour devenir un point de comparaison peu flatteur pour moi.
Aussi je la trouvais *pédante* et ennuyeuse. Antonine, au contraire, l'admirait jusqu'à sacrifier nos jeux français à ses jeux
allemands ; elles étaient *intimement liées*, et j'étais assez méchante pour être le trouble-fête de toutes leurs joies.

Berthe avait encore sa nourrice et ne savait que pleurer et
dormir.

Un jour, un officier, M. P..., s'extasiait d'admiration devant
mes jolies cousines. Ma tante se faisait orgueilleusement modeste dans ses dénégations. « Oh ! madame, lui dit-il avec entraî-
» nement, vous pouvez être fière tout haut : le hibou ne trouve-
» t-il pas ses petits charmants ? » Le mot fit fureur, et le pauvre
homme resta le hibou de toutes ces dames..

L'été suivant, à l'époque du sacre de Charles X, je vis pour la
première et dernière fois le prince de Talleyrand. Mon grand-
père le reçut avec bonheur à Villers-Hellon. La cour, les jardins

furent illuminés, et après le dîner on fit passer devant les fenêtres du salon les magnifiques troupeaux des trois fermes. Cette
revue agricole parut amuser le grand diplomate : il la trouva fort
originale, et voulut bien accepter pour Valençay les deux plus
beaux béliers.

On parlait si souvent de M. de Talleyrand, que je le regardai
beaucoup et m'en souviens encore ; il y avait une grande
noblesse sur son front ; il était parfaitement aimable ; malheureusement on comprenait que cette amabilité ne venait pas de
son cœur, mais de sa volonté. Je me souviens que le lendemain
de son arrivée je dis à mon grand-père, « que son prince boi-
tait avec esprit ; » cela me valut un gros baiser et des compliments dont ma vanité de petite fille dut être satisfaite.

Presque tous les automnes, Madame Elmore, la fille du fameux
Séguin, fournisseur des armées d'Espagne, quittait l'Angleterre
pour venir passer quelques mois à Villers-Hellon. M. Séguin
avait été intimement lié avec mon grand-père, ils habitèrent
longtemps deux hôtels de la rue d'Anjou, séparés par un jardin,
et les enfants, qui passaient ensemble leurs récréations, fondè-
rent une de ces amitiés de cœur et de jeu qui restent dans la
vie toutes radieuses de souvenirs.

A cette époque, c'est-à-dire vers la fin du Directoire, M. Séguin
était déjà immensément riche et préludait à la folie par une mé-
lomanie qui lui faisait donner à ses enfants les maîtres les plus
fameux, mais tous destinés à développer exclusivement en eux
le sens musical. Mademoiselle Zoé Séguin faisait des gammes en
ouvrant les yeux, quittait un maître d'harmonie pour un maître
d'accompagnement, reposait ses doigts fatigués d'une sonate en
criant quelques grands airs de Gluck et de Mozart, terminait enfin son harmonieux martyr en allant à l'Opéra, non pas écouter,
mais écrire les passages les plus difficiles de la partition. Pour
ce qui était du cœur et de l'esprit des deux pauvres petits (je
dis deux, car Abel, râclait son violon tandis que sa sœur frappait
son piano), il fallait que madame Séguin prît sur leur sommeil
pour y mettre quelques gouttes de religion, d'histoire, de géographie, pour leur faire écrire deux lignes, épeler trois mots.
Je suis injuste cependant : la sollicitude paternelle de M. Séguin
leur donnait trois fois par semaine, en dehors de leurs leçons de

musique, un professeur de passe-passe, de rébus et de patiences ;
ils apprenaient à souffler du verre et quelque peu de chimie. En
récompense de leur progrès, leur père donnait pour eux de petits bals d'enfants ; après le souper, quand les têtes étaient mon-
tées et l'obéissance oubliée, on ouvrait un salon au milieu duquel
se trouvait une immense mère Gigogne, et, sous les jupes de
cette mère Gigogne, se laissaient entrevoir des trésors de poupées, de sabres, de ballons, de bonbons. Allez, prenez, tout est
à vous ! criait le maître du logis ; alors les petits enfants se pressaient, se culbutaient, se déchiraient, se battaient ; il y avait les
cris, il y avait des pleurs, et M. Séguin riait en se frottant les
mains, et il était heureux des inquiétudes des parents, des coups,
des larmes de ces pauvres petits, de toute cette anarchie enfan-
tine et bruyante !

La belle dot de mademoiselle Séguin amenait beaucoup de pré-
tendants ; M. le duc de N. se mit sur les rangs ; le marché ne se
fit pas, faute d'écus contestés par le père, exigés par le noble
prétendant. Ce fut alors que la manie des chevaux étant venue dominer toutes les autres manies de M. Séguin, il fit connaissance
de M. Elmore, dont les écuries de Londres renfermaient les meilleurs coureurs, les plus purs étalons. M. Elmore n'avait pas de
position sociale, peu de fortune ; mais les plus fins maquignons
ne pouvaient le tromper sur l'âge et les qualités d'un cheval.
C'était un guide précieux pour meubler une écurie, un ennemi
redoutable contre des marchands fripons, et M. Séguin en fit
son gendre par économie. Physiquement, M. Elmore n'était pas
beau ; il avait des cheveux roux, ne savait pas deux mots de
français ; mais il était hérétique et promettait de se convertir.
Mademoiselle Zoé l'accepta pour gagner le ciel et un mari.

Madame Elmore était peu jolie et cependant assez admirée ; on
oubliait ce qui lui manquait, car son sourire était charmant, ses
yeux vifs, sa taille souple et gracieuse, son pied mignon, et son
esprit mordant ; elle était encore très-coquette et très-dévote.
Son mari, qui n'avait rien de tout cela, avait en revanche la
bonté la plus parfaite ; il parlait très-mal français, passait ses
journées à la chasse et partageait ses soirées entre le sommeil et
moi.

Mon enfance a été si souvent bercée par les originalités de

M. Séguin, que me racontait une de mes vieilles bonnes, le soir,
pour m'endormir, que je ne puis les passer sous silence en parlant des vives impressions de ce beau temps.

M. Séguin était un très-petit et très-pauvre chimiste, quand il
découvrit, au moment où la République manquait d'équipements
pour son armée, la manière de tanner le cuir en très-peu de
temps, et en employant, je crois, l'écorce de chêne. On promit
la fortune à la réussite de son procédé, la guillotine à un revers ;
il se confia en son étoile, et la fortune devint son esclave.
M. Séguin épousa alors une noble et pauvre fille, ouvrit sa maison à tout ce que Paris renfermait encore d'aimable et d'élégant,
se fit remarquer par ses somptueuses extravagances. Ses bals
étaient admirables, ses dîners inimitables. Une première salle
à manger assez simple recevait les convives autour d'une table
chargée d'huîtres, de potages et de poissons ; à un signal donné
on passait dans une autre pièce où la plus belle argenterie contenait les plats les plus exquis ; enfin, on allait manger le dessert dans un délicieux salon parfumé par les fleurs les plus
rares, éclairé de mille bougies, resplendissant de cristaux, de
vermeil, et où se réunissaient les délicats raffinements du luxe.

M. de Talleyrand fut un jour tenté de voir cette originale ma-
gnificence et demanda à mon grand-père de le mener dîner chez
son ami ; celui-ci l'annonça à M. Séguin, qui promit de se sur-
passer et d'étonner Son Excellence. M. de Talleyrand et mon
grand-père, en arrivant chez leur hôte, sont introduits dans un
cabinet de travail ; M. Séguin se confond en excuses ; sa femme
était absente : il ne pouvait leur donner qu'un dîner de garçon ;
il réclamait leur indulgence. Tout cela était une humilité d'assez
mauvais goût dans la bouche du célèbre amphitryon ; mais rien
ne rend indulgent comme la perspective d'un excellent repas. On
crut qu'il voulait des compliments ; ils ne furent pas épargnés.
Six heures sonnent enfin, un domestique entre, met une serviette sur le bureau, place trois assiettes et trois chaises ; M.
Séguin va dans une petite pièce voisine, en revient, portant lui-
même un pot-au-feu modèle et breveté, trempe une soupe, en
expliquant gravement les immenses avantages du procédé nouveau, y ajoute du bœuf, un beau morceau de fromage de
gruyère et fait avec grâce les honneurs de sa table. Mon grand-

père était indigné; M. de Talleyrand jeûna en homme d'esprit, mais non pas sans rancune.

M. Séguin avait une magnifique terre auprès de Paris, dans laquelle il donnait aussi des fêtes. Un jour il annonça des prix, des jeux, des danses pour les villageois de ses environs; il y avait surtout une course dans des sacs, qui devait autant exciter les rires de ses amis que l'ambition des paysans, empressés de gagner le prix; c'était une très-belle montre. La veille de la fête, il fait creuser, dans le plus profond mystère, à douze pieds du sol, près du but où devaient arriver les coureurs, une fosse qu'il fait recouvrir de branchages et de fin gravier, et les malheureux concurrents, embarrassés dans leurs sacs, en se précipitant vers le but, firent des chutes horribles; il y eut des bras cassés, des têtes fracturées; le peuple voulait égorger ce seigneur mauvais plaisant, et il fallut des influences puissantes pour arrêter les poursuites de la police.

Vers ce même temps, s'étant brouillé avec la princesse de Chimay, qui habitait un hôtel voisin du sien dans la rue de Varennes, M. Séguin fit élever dans son jardin une montagne de terre inculte, qui priva si complétement de jour et de soleil sa malheureuse voisine, qu'elle fût obligée d'abandonner sa demeure.

Après le mariage de sa fille, M. Séguin prit le monde en horreur; il défendit à sa femme de recevoir quelques visites amies, et, pour la séquestrer plus sûrement, il fit enlever tous les escaliers, la forçant ainsi à monter dans ses appartements par une échelle. Les mauvais procédés devinrent tels que madame Séguin dut aller retrouver sa fille en Angleterre, et son mari, n'ayant plus pour se distraire la possibilité de la persécuter, se relégua dans une petite mansarde de son palais, où il vécut avec ses violons, ses pot-au-feu à la vapeur, sa folie et sa portière.

M. Séguin ayant renvoyé tous ses domestiques, ses magnifiques chevaux furent réduits à errer en liberté dans son jardin, vivant de feuilles sèches et semblables à des ombres. Quelque temps avant sa mort, il se décida à les vendre; un marchand de chevaux est appelé; on discute le prix, on ne tombe pas d'accord; M. Séguin, ennuyé, finit le différend en faisant brûler la cervelle à toutes ces nobles bêtes.

IV

Nous allâmes passer l'hiver à Paris, et mon père se rendit à Valence, où était son régiment. Son absence me fit éprouver un grand vide ; enfermée dans un de ces appartements de Paris, si jolis, mais si petits, condamnée à étudier la grammaire, l'histoire et la géographie, n'allant que quelquefois aux Tuileries, et jamais avec ma liberté d'action et de mouvements, je devins triste, ennuyée, et par-dessus tout ennuyeuse. Je ne pouvais faire un petit saut sans renverser quelque chose et sans que l'écho n'en arrivât à ma mère ; si je chantais, si je dansais, j'ébranlais toute la maison ; à chaque instant j'étais renvoyée du salon par une visite. Antonine était d'une angélique douceur et ne savait pas partager mes jeux. Enfin j'avais un vieux maître de piano qui m'accablait de bémols, de dièses, et ne me permettait pas de jouer le plus petit air au détriment des gammes et des exercices.

Le maréchal Macdonald, qui était à la tête de la maison royale de Saint-Denis et avait beaucoup connu mon grand-père, donna à ma mère le conseil de plier ma naissante indépendance sous le joug de la pension ; on obtint mon admission à Saint-Denis, et j'y fus conduite au mois de mars. Ma mère, qui craignait mon désespoir, ne m'avait pas prévenue. Un matin elle me fait monter avec elle en voiture ; nous arrivons à Saint-Denis, la grande porte du couvent se ferme sur nous, et nous sommes reçues par madame de Bourgouing, surintendante, qui m'embrasse sur le front, m'annonce qu'elle a une fille de plus et que je suis destinée à rester auprès d'elle. Pendant un quart d'heure ma mère fit l'énumération de mes défauts, la prévint qu'il y aurait des cris et du désespoir de ma part, et qu'elle se sauverait en cachette avant les adieux. Appuyée contre une fenêtre, immobile, atterrée, j'entendais tout, et je résolus de cacher les larmes qui étouffaient mon cœur.

Une dame de la maison vint me chercher, me prit par la main, et dans la lingerie me revêtit d'une longue robe noire montante, d'un bonnet, d'un sac qui devait pendre éternellement à mon bras,

de gros bas noirs et d'affreux grands souliers. Quand, ma mère
me vit ainsi, elle m'embrassa, et je crus que j'allais mourir, tant
je souffrais de mon exil et du courage qui retenait mes larmes.
Enfin elle partit, et je me jetait en sanglotant sur le petit lit qui
allait être le mien, mordant les draps pour étouffer mes cris,
fermant les yeux pour ne pas voir ce lugubre vêtement, si dis-
semblable à mes légères petites robes de la ville.

Je trouvai à Saint-Denis la fille du général Daumesnil; c'était
une amie d'enfance, mais elle ne put me consoler dans ce premier moment. Mademoiselle Vallin, belle jeune fille, nièce de ma
tante Garat, mademoiselle Fleurot, sous-maîtresse, que j'avais
vue dans ma famille, essayèrent aussi, mais en vain, de me faire
sourire ; mes larmes ne se séchèrent que dans mon beau sommeil de neuf ans.

Ma première journée en pension fut un si frappant contraste
avec ma vie d'indépendance et de liberté, qu'elle reste gravée dans
mon esprit en douloureux caractères. Je dormais encore quand le
signal éveilla notre grand dortoir de deux cents petites-filles.
Mes yeux s'ouvrirent étonnés, et j'eus une première douleur
avec ma première pensée. Marie m'embrassa ; son lit touchait à
mon lit : elle devrait être mon cicerone et on l'avait chargée de
m'habituer à ma nouvelle vie.

Après s'être donné un coup de peigne, les élèves entraient
vingt par vingt dans un cabinet de toilette garni de robinets
et d'une large cuvette en cuivre. L'eau était glacée, on sortait
d'un lit bien chaud ; la plupart d'entre elles ne se mouillaient pas
le petit doigt, et quand elles me virent toute bleue sous cette eau
toute froide, elles sourirent et se moquèrent de mon fanatisme
de propreté.

Après avoir revêtu nos tristes robes, nous allâmes à la messe et
à la prière. Ce n'était plus là quelques paroles au bon Dieu en lui
demandant la sagesse pour soi, la santé pour les siens ; c'était
une grande prière lue dans un livre. Le pape, le roi, les évêques,
les diacres, archidiacres, toutes les ordres avaient leur oraison. Les
petites filles achevaient leur sommeil sur leurs genoux; les grandes répétaient leur leçon ou quelquefois même achevaient un roman prêté en cachette, pendant cette heure d'église. Ensuite on
se mettait en rang pour aller manger une mauvaise soupe au ré-

fectoire, et de là on nous laissait quelques moments dans les cloîtres jusqu'aux heures des classes.

Il fallait apprendre ses leçons, mais les amies se groupaient
et causaient en riant sous leurs livres. Toutes me regardaient
avec la sotte curiosité des pensionnaires ; Marie me présenta à
plusieurs élèves, et dès ce premier moment j'entrai dans le parti
des napoléonistes enragées. A l'heure des leçons je fus interrogée.
Ayant étudié presque seule, j'avais parcouru mes livres et je
savais un peu de tout sans rien savoir parfaitement. L'embarras
était grand pour me classer ; enfin je pus obtenir de rester dans
la division de Marie, en promettant de repasser les autres classes
en dehors de mes leçons. J'avais une facilité qui me rendit cette
tâche très-facile. Comme je sanglotais au lieu de profiter de la permission de ne rien faire, qui était accordée à ce premier jour
d'entrée, on me proposa d'aller étudier mon piano pour me
distraire. Je crus devenir sourde en entrant dans une salle ren-
fermant cinquante pianos, tous joués en même temps et qui
faisaient une infernale harmonie de gammes, sonates, valses,
exercices, romances, cadences, tous les degrés de force, tous
les genres de musique se confondant, se heurtant, se faussant.
Je me mis à un piano ; mais les touches restèrent muettes et
furent seulement mouillées de mes larmes.

A deux heures on sonnait le dîner, et après le dîner une longue récréation se passait dans le jardin. Marie, assez ennuyée de
ma tristesse incurable, m'abandonna sur un banc, et je me mis à
réfléchir à mon esclavage, à pleurer mon père, Antonine, ma
mère, ma bonne Ursule. Une élève en passant dit assez-haut :
« Quelle sotte pleurnicheuse ! » Ce mot me réveilla ; j'essuyai mes
larmes et lui demandai si elle n'avait pas aussi pleuré en quittant
son père...

— Ma petite, si tu n'es pas contente, va rapporter... répondit-
elle en riant.

— Rapporter... que vous êtes sotte et méchante.... Ce ne doit
pas être une nouvelle pour ceux qui vous connaissent. » L'élève
était une royaliste hypocrite et détestée ; on trouva ma réponse
fière, peu patiente, très-justement appliquée, et je gagnai une
ennemie et dix amies. On se remit au travail, et je fus mandée
chez la surintendante, qui me fit les plus admirables remon-

trances et me prêcha la soumission en personne instruite de
mon penchant à un défaut ou à une vertu contraire.

A huit heures, le souper; nouvelle prière interminable, et
puis le coucher. Il y avait un petit comité impérial sur un lit du
dortoir; j'y fus admise; j'y gagnai un gros rhume et une punition
pour mon lendemain.

Il me fallut quelque temps pour comprendre ma nouvelle
existence, et jamais je ne pus m'y habituer. Je ne savais pas
marcher avec une longue robe; vingt fois par jour j'oubliais
qu'il n'était pas séant d'ouvrir et de fermer une porte sans
faire la révérence; j'oubliais... qu'un sac au bras était une seconde pudeur dont une jeune fille modeste ne devait pas se
départir; enfin j'eus souvent l'inconvenante légèreté de descendre au réfectoire sans avoir enterré ma tête sous un immense
chapeau! Si j'ajoute à tout cela que je ne savais pas parler bas,
que je riais sans me cacher sous mes cahiers et que je dérangeais constamment le symétrique alignement des rangs de ma
classe, on comprendra que j'avais toujours la honte de porter
mon chapeau à l'envers, ce qui était la punition ordinaire d'une
tenue tant soit peu indépendante.

Autant l'esclavage de nos faits et gestes était insupportable,
autant la liberté de nos pensées était immense; nos maîtresses
ne causaient jamais avec nous; nous échangions tout à notre
aise les idées les plus fausses. Notre tenue était la garantie de
nos perfections morales, comme nos sacs et nos chapeaux étaient
celle de nos vertus. Si je puis en juger en me servant de mes
souvenirs de dix ans, je crois que la partie des études était
mieux comprise et mieux soignée; on apprenait sérieusement
le fond de chaque chose: on se rendait compte de ce que l'on
savait, et, comme il était inutile d'être de petits êtres prodigieux,
une jeune fille qui sortait de Saint-Denis après avoir passé
toutes ses classes était assez réellement instruite. On avait
aussi le bon esprit de défendre aux élèves la pluralité des arts
d'agrément; on comprenait qu'il était impossible de faire utile-
ment marcher de front la musique et le dessin. Il faut un peu
d'amour pour comprendre les arts, et cet amour partagé n'est
plus qu'un goût qui mène à la médiocrité.

Tout dans l'éducation doit, ce me semble, avoir un but moral, et ce n'est pas en surchargeant le cerveau de mille choses très-superficielles qu'on peut arriver à l'intelligence de l'âme. L'histoire que l'on fait réciter à des enfants comme à des perroquets; celle qui vous apprend que Clodion avait une belle chevelure, Pepin était un tout petit usurpateur, qu'un des Philippe de Valois était beau tandis que l'autre était hardi, est une nomenclature aussi fatigante qu'inutile; mais l'histoire étudiée à fond est l'étude la plus philosophique; elle nous montre les royaumes comme de grands théâtres où se jouent nos passions, et, en nous apprenant les événements, elle nous apprend les hommes qui en sont le mobile. Il en est ainsi de la musique; la science des contre-danses et des airs variés peut éveiller un écho de danse dans une jeune tête, mais les sublimes symphonies de Beethoven, les divines pensées de Mozart, vont chercher le cœur, l'agrandissent, et l'élèvent, par le sentiment de la perfection humaine, vers la grande perfection divine qui est notre Dieu.

On trouve que les femmes peuvent être futiles et superficielles; je ne le pense pas; mais seulement il faut que, sur des bases d'ailleurs solides, on leur en laisse les dehors; il faut apprendre aux jeunes filles à parer leurs âmes aussi bien qu'on leur apprend à parer leurs figures; il faut qu'elles soient nobles et grandes par le cœur, afin que leur front brille et attire le respect, afin que leurs yeux reflètent la bonté et l'amour, et que tout en elles soit la gracieuse traduction de gracieuses pensées. Surtout ne cherchez pas à changer leur nature primitive; chacun de nos défauts tient par un côté à une qualité : l'orgueil peut devenir une noble fierté, la coquetterie un aimable désir de plaire. Améliorez; mais, s'il vous est donné de redresser ces jeunes plantes, n'oubliez pas qu'on est coupable de les ployer sous l'impure puissance de l'hypocrisie.

Me voici bien loin de mes douze ans; je m'oublie dans ma vieillesse présente; rendons vite ma pensée aux souvenirs du passé et redevenons enfant sous les grands cloîtres de notre antique abbaye. Tout le temps que ma mère resta à Paris, je la voyais le dimanche, et ces entrevues étaient un supplice. Elle ne venait jamais seule chez madame de Bourgouing; j'étais trop fière pour pleurer dans ses bras, et je me rappelais toujours que sa volonté seule m'exilait de tous les miens. On peut sans se plain-

dre souffrir par les indifférents, par les événements; mais souffrir par ceux que l'on aime, c'est une torture de tous les instants.
J'étais injuste, sans doute; ma mère croyait que mon caractère
se ferait aux esclavages de la vie sociale, par cette sévère et
monastique discipline; hélas! mon esprit devait se révolter au
lieu de se soumettre, et sous le joug je compris davantage le
prix et la passion de la liberté. Mes heures de leçon se passaient
rapidement; l'étude était un plaisir plutôt qu'une fatigue ; j'a-
vais de l'ambition, et je ne savais dans les classes occuper que
les premières places; mais à peine l'heure de la récréation
était-elle arrivée que je secouais mes chaînes et quelquefois les
brisais.

Saint-Denis était divisé en deux camps toujours en hostilité;
la plupart des élèves, filles d'anciennes épées impériales, véné-
raient l'idole de leur père et lui gardaient un culte; quelques
autres, filles d'émigrés, étaient royalistes enragées, et faisaient
un usurpateur de notre dieu. Les chefs de parti s'emparaient
des nouvelles arrivées, leur apprenaient les chansons de Béranger
ou les hymnes sur la naissance du duc de Bordeaux. Toutes les
petites jambes étaient au service des fortes têtes de quinze et
seize ans; elles portaient les lettres, accaparaient les punitions,
et pour récompense recevaient un morceau de ruban tricolore,
une aigle, ou mieux encore le portrait du petit roi de Rome.
Tout cela était gradué d'après les services rendus. Chacune des
grandes élèves avait une ou plusieurs filles d'adoption, espèce
d'esclaves qui se vendaient pour un peu de protection. Je ne
me soumis pas à cette nécessité; je servais et me battais en volontaire, et quand j'étais bien triste, j'allais m'asseoir au pied
d'un gros arbre qui me rappelait un des tilleuls de mon Villers-
Hellon.

Si j'étais bien déraisonnable, Marie Daumesnil partageait mes
folles escapades et puis la punition méritée. Tout était en commun entre nous ; nos mères avaient la permission de nous appeler toutes deux les jours de leurs visites, et les mêmes sermons
allaient corriger nos défauts Le soir, quand tout reposait, nous
causions des absents, des vacances à venir, de son frère, de ma
sœur, et Marie ne savait plus s'endormir sans avoir une de mes
oreilles dans sa main. Quand le maréchal Macdonald venait vi-

siter la maison royale, on m'amenait devant lui; il me faisait deux ou trois questions dont il n'écoutait pas les réponses, et me congédiait par un petit soufflet sur la joue. Madame de Bourgouing était aussi pleine de bontés pour moi; c'était une excellente femme, fort digne sous le grand-cordon de la Légion-d'Honneur, et s'occupant très-peu de son administration. Elle perdit pendant que j'étais à Saint-Denis une belle-fille qu'elle adorait, et toutes ses facultés furent paralysées par ce deuil de son cœur. Je me rappelle que ce qui me plaisait surtout dans ces visites à la surintendante, c'était la possibilité de descendre seule les grands escaliers, de traverser, sans être en rang, les longs cloîtres qui menaient de nos classes à ses appartements. J'escaladais les marches quatre à quatre, et, alors que j'étais bien sûre d'être seule, je faisais le trajet en sauts, en pirouettes, et j'arrivais avec un front brûlant et une gravité très-essoufflée qui me valaient mille questions, augmentées d'un discours sur les convenances et la tenue des jeunes personnes.

J'allais aussi quelquefois auprès de mademoiselle Fleurot, qui était novice et parfaitement bonne pour moi; c'était une aimable personne, sans fortune, qui devait rester dame dans la maison, mais qui en sortit plus tard pour faire une éducation particulière.

Vers le mois de janvier j'eus une inflammation d'estomac, et ma bonne tante Garat remplaça ma mère par ses soins et ses visites multipliées. Elle m'obtint un congé d'un mois que je passai chez elle, bénissant mon estomac de s'être si convenablement enflammé au moment du jour de l'an. On me donnait toute sorte de plaisirs. M. de Brack venait quelquefois me prendre pour toute la journée. Oh! que mon cœur battait quand je m'élançais près de lui dans son léger tilbury! Il me faisait faire des visites, me donnait à dîner au café Anglais, puis me menait au spectacle, et je rentrais le soir chargée de bonbons, de joujoux et de souvenirs. Je me rappelle encore deux visites qu'il me fit faire : la première était chez M. Cuvier; on nous conduisit dans un cabinet de travail, où le grand savant était à moitié endormi sur son fauteuil, tandis qu'une jeune et belle personne, qui était sa fille, lui lisait un manuscrit. J'avoue à ma honte qu'au bout d'un quart d'heure je bâillais doucement en écoutant la conver-

sation qui devait être intéressante, et que mademoiselle Cuvier
fut obligée pour m'éveiller de me faire admirer toutes les jolies
petites bêtes de son beau jardin.

La seconde visite fut chez mademoiselle Mars ; j'en avais tant
entendu parler que j'étais déjà pleine d'admiration en entrant
dans son gracieux petit hôtel, situé, je crois, rue du Mont-Blanc.
Elle était assise sur une chaise, assise tout aussi simplement que
s'asseyent les personnes qui ne sont pas elle. Sa toilette était un
grand peignoir blanc, sa figure nullement frappante. M. de Brack
lui dit ma curiosité ; elle rit, m'embrassa et me donna quelques
marrons glacés. Assez désappointée, mes yeux n'ayant rien vu de
très-prodigieux, je n'espérais plus qu'en mes deux oreilles, et
me voilà écoutant. Elle se mit à parler, avec la plus délicieuse
voix du monde, de terrain, de spéculation, des rentes, des variations de la Bourse. Je ne comprenais pas, mais j'écoutais ces
sons comme une musique enchanteresse, et il me semble aujour-
d'hui que je dus éprouver la sensation douce et pénible qui vous
saisit en retrouvant sous la prosaïque mesure d'une contre-danse,
l'air touchant qui la veille vous fut pleuré par la Grisi.

Pendant ce mois de guérison on me mena à l'Opéra et à la
Porte-Saint-Martin où les *Petites Danaïdes* me semblèrent
la plus divertissante chose de ce monde. Mais ce qui me frappa
par-dessus tout, ce qui me rendit toute fière, toute heureuse, fut
un *Bal d'enfants*, au Palais-Royal. Quand un grand laquais ga-
lonné vint me remettre la princière invitation, quand M. de Brack
qui était chez ma tante, déclara qu'il me donnait toute une toilette de Victorine, je compris les délices de Cendrillon, et ne lui
enviai pas sa marraine, moins parfaite que mon cher parrain.

Ce beau jour du bal arriva ; il fallut d'abord supporter le supplice de cinquante papillotes qui devaient faire friser mes cheveux naturellement, puis on me mit ma jolie robe de crêpe... j'y
étouffais bien un peu, mais je pris du courage en me regardant
dans la glace. Enfin, mes souliers, en allant à ravir, ajoutaient
leur torture à toutes celles que je souffrais déjà pour être belle.
Nous arrivâmes au moment où la duchesse de Berry ouvrait le
bal par un quadrille ; elle avait une robe de crêpe blanc garnie
de plumes roses et blanches, une guirlande des mêmes plumes
dans les cheveux ; sa toilette était plus jolie que sa figure. Puis je

vis Mademoiselle, la grande Mademoiselle, qui me sembla une princesse pédante. Je vis aussi toutes les gracieuses princesses d'Orléans, et je dansai un grand galop avec le duc de Nemours. Monseigneur n'était jamais en mesure, il m'écrasait les pieds, se faisait traîner, je fus aussi fatiguée que flattée de cet honneur insigne.

On me ramena à Saint-Denis, la tête si pleine de tous mes plaisirs et l'imagination si fortement exaltée, qu'au bout de trois semaines de regrets et de rêves je fus dangereusement malade d'une fièvre cérébrale augmentée d'une fluxion de poitrine. On écrivit à mon père qu'il n'y avait plus d'espoir ; et lorsque ma mère arriva courrier par courrier, j'étais au plus mal et sans connaissance. Dans mon délire je l'appelais ; je lui disais que l'absence m'avait tuée, et que je mourais par sa volonté, par l'oubli de mon père. Cet état dura quinze jours ; ma mère en fut si frappée qu'elle se décida à me retirer de Saint-Denis, et la première parole qui arriva à mon oreille, quand je fus sauvée, fut une promesse qui me rendait à ma vie d'affection et de liberté.

<h1 style="text-align:center">V</h1>

Aussitôt qu'il fut possible de me transporter, je me trouvai aimée, libre, gâtée, à Villers-Hellon, avec la défense de faire travailler ma pauvre tête, et, par ordonnance de M. Marjolin, à l'abri des sermons, des leçons et des plus légères contradictions. Quel bel été! Confiée aux soins de ma bonne Lalo, je passais mes journées dans les bois, j'allais visiter les braves paysans, porter des fruits aux moissonneurs et changer les blancs gâteaux de mes goûters contre leur pain noir ; puis, quand venait le soir, je rentrais sur les chariots, cachée au milieu du foin odoriférant ou des gerbes dorées, et mon grand-père souriait à mes joies champêtres, et ma mère aux belles couleurs que je reprenais sous les rayons du soleil. Quant vint l'automne et M. Elmore, mes plaisirs devinrent bien plus vifs encore; on me permit d'apprendre à monter à cheval; je me rappelle la première leçon :

on me mit sur une jolie jument grise; et je fis le tour de la cour,
accompagnée des recommandations, des craintes, des angoisses
de toute la maison; ensuite M. Elmore obtint la grande faveur
de me mener dans les champs; il attacha mon cheval au sien par
une grande corde, me dit : « Tenez-vous bien, n'ayez pas peur, »
et faisant succéder le trot au pas, et le galop au trot, le saut
d'un grand fossé au saut d'un petit fossé, me fit comprendre les
joies d'une course rapide, d'un danger affronté, des difficultés
vaincues; je fus longtemps sans avouer mes périlleux exploits,
et quand on les découvrit j'y étais si bien aguerrie qu'il fallut
trembler sur le passé et permettre mon expérience présente.

Villers-Hellon était très-brillant : on jouait la comédie, on faisait de belles parties de forêt. Il y avait beaucoup de monde, entre autres M. de Lassusse, capitaine de vaisseau ; on le disait élégant, aimable et spirituel; il était bon pour moi et je l'aimais
assez, quoique mon ami, M. Elmore, le trouvât odieux, je ne
sais pourquoi... sans doute pour être d'un avis différent de celui
de madame Elmore.

M. de Montrond, intime ami de mon grand-père, vint aussi le
voir pendant quelques jours ; il était bien gai, bien aimable ; mais
malheureusement, quand il ouvrait la bouche, on m'exilait du
salon. Il paraît qu'il fuyait ses créanciers et que son cœur s'ouvrait aux anciens souvenirs alors que sa bourse se fermait à de
nouvelles dettes. Une belle matinée, ne sachant que faire de son
temps, il prit un fusil, et de la fenêtre de sa chambre se mit à
faire d'admirables coups doubles sur nos innocents canards; tous
périrent, et mon grand-père, qui trouvait la plaisanterie trop
complète, ordonna à son cuisinier de ne faire paraître sur la table, pendant six jours, que les pauvres défunts. M. de Montrond
dut manger des canards rôtis, bouillis, aux navets, en salmis, en
suprême, en pâtés, enfin il se sauva je ne sais où de ses victimes et il quitta Villers-Hellon pour aller plus loin oublier les
créanciers et les canards.

Un jour, on lui demandait ce qu'il ferait s'il avait cinq cent
mille livres de rente : mais, pardieu, je ferais des dettes, répondit-il avec l'air le plus naturel. M. de Montrond avait été avec
mon grand-père très à la mode sous le Directoire; ils parlaient
ouvent ensemble, mais si bas que je ne pouvais entendre, de

mesdames Rolland, Tallien, de Genlis et de Staël. Cette dernière aimait assez mon grand-père et disait de lui qu'il était la plus spirituelle de ses *bêtes*.

Au mois de novembre nous partîmes pour Strasbourg ; il était huit heures du matin quand nous arrivâmes au haut de la descente de Saverne ; le soleil, en se levant, reflétait ses rayons chauds et pourprés sur les froides neiges des montagnes de la Forêt-Noire. Il faisait chatoyer leurs crêtes comme de pures opales sur la robe bleue du ciel. Les vapeurs du Rhin tremblaient à leurs pieds en fantasques nuages, la mystérieuse flèche du clocher de Strasbourg dessinait sa grandiose fixité sur ce mobile horizon. Nouvelle échelle de Jacob, elle semblait joindre le ciel à la terre et porter jusqu'aux pieds de notre père céleste la croix, symbole de toutes les souffrances et de toutes les espérances !

Dans un lointain plus rapproché, de riches campagnes et de beaux villages ; à droite, la chaîne des Vosges avec ses sapins noirs et ses ruines gothiques ; à nos pieds, Saverne se groupant, coquette sur sa petite colline, laissant étinceler les vitres de ses fenêtres, qui formaient des ogives de feu au milieu de la verdure frileuse de ses lierres rampants, et envoyant au ciel la fumée de ses toits comme un capricieux hommage de son réveil.

J'admirais de toute mon âme ce magnifique spectacle, quand les pas d'un cheval et le baiser du retour que me donnait mon père vinrent doubler mes extases. Je montai avec lui sur le siége de la voiture, et jusqu'à Strasbourg nous jouîmes de nous et de la nature, du bonheur de la réunion et de la plus belle matinée d'automne.

A mon arrivée il fallut reprendre mes études interrompues depuis six mois ; avec les fraîches couleurs de la santé revinrent les leçons et les sermons. J'eus un bon maître de piano, un autre de littérature et d'histoire ; un excellent abbé de régiment me préparait pour ma première communion, et un maître d'armes me donnait de l'agilité et de la force.

Mon père me réservait tout le temps qui n'était pas destiné à ses soldats, nous allions visiter les exercices au fusil sous les remparts ; nous montions à cheval, et quand la pluie nous retenait à la maison nous faisions des armes ensemble. Je n'étais pas très-forte pour parer les coups, mais j'attaquais souvent avec

bonheur, et quand j'étais vainqueur, quand mon fleuret avait
touché un de ses boutons, ce bon père, joyeux et fier, me racontait pour ma récompense l'histoire de madame Guilleminot, de
madame de Bonchamp et des autres femmes héroïques.

J'allais passer mes dimanches chez madame de T*** ; elle était
l'amie intime de ma mère ; je fis connaissance avec ses filles ;
nous fûmes bientôt inséparables. Cette famille était une des plus
aimables et des plus considérées de Strasbourg. Madame de T***,
encore charmante à quarante ans, avait eu une jeunesse très-
admirée et follement joyeuse. A sa première ride, peut-être pour
changer une dernière fois, elle se fit quakeresse, ses beaux yeux
n'eurent plus d'amour que pour le ciel, et elle eut ses convertis
comme elle avait eu ses admirateurs. M. de T*** était banquier,
ni grand ni petit, ni maigre ni gras, ni vieux ni jeune ; il avait
presque assez de bon sens, presque assez d'esprit, presque assez
de cœur. Madame de T*** avait une fille aînée qui eût été jolie
si ses sœurs l'eussent été un peu moins ; un fils, Ferdinand, qui
était un précieux jeune homme. Mes amies étaient deux ravissantes créatures : Jenny, belle comme nous rêvions les reines au
temps où l'on y croyait, grande, svelte, avec une couronne de
blonds cheveux et des yeux noirs, était fière, dédaigneuse, et
possédait assez d'originalité pour se passer d'esprit ; Marie, rieuse
et brune jeune fille, qui avait de grands yeux bleus voilés sous
un soyeux rideau de cils noirs, était franchement bonne, coquette
et affectueuse.

Nos jours de récréations se passaient ensemble dans une petite
campagne qui leur appartenait, à une lieue de la ville et sous la
surveillance de notre bonne Ursule. Nous bravions les froids de
l'hiver pour courir dans le jardin ; tantôt nous balançant dans
une légère escarpolette jusqu'aux cimes des sapins, tantôt grim-
pées sur des échasses, faisant des courses au milieu des neiges,
et puis, quand nous étions un peu mortes de fatigue, allant nous
coucher sous la chaude haleine des belles vaches suisses qui rem-
plissaient les étables ; là, causant des joies du lendemain ou de
celles de la veille, quelquefois même, rêvant tout haut d'avenir,
de maris, de bals, de petits enfants. Nous faisions aussi dans ces
moments de calme quelques ouvrages d'aiguille que nous ven-
dions à nos familles au profit des enfants malheureux.

Antonine, trop jeune encore pour être de notre grand trio, était parfaite pour faire nos commissions, pour se laisser protéger, gouverner par notre vieille expérience ; c'était alors une charmante enfant, douce, caressante, jolie, gâtée par ma mère autant que je l'étais par mon père.

Ma mère recevait souvent le soir ; mais aussitôt que neuf heures sonnaient et amenaient du monde, nous allions achever la soirée dans notre chambre. Mon père détestait de nous voir dans le salon comme de petites poupées, et moi-même j'avais l'horreur de ces compliments, de ces attentions qui semblaient un *service* de plus pour les pauvres officiers.

J'étais devenue très-sauvage, non point par timidité, mais par un orgueil qui m'avait révélé la nullité de mes jeunes douze ans et par l'habitude que j'avais de ne me trouver jamais qu'avec es personnes qui pouvaient m'aimer pour moi-même ; dans ce nombre, et par-dessus tout, il fallait compter le fils du général Neigre, lieutenant d'infanterie. Quand ma mère sortait le soir, il venait chez *nous*, changeait son épée contre un tablier, et nous faisions d'admirables bonbons, des parties entraînantes de cache-cache ou de Colin-Maillard ; nous bouleversions tout, nous escaladions les plus hautes armoires, ou bien nous restions étouffés dans une imperceptible cachette. Quelle émotion, alors que les pas approchaient, quand un souffle effleurait nos fronts, quand un œil avait découvert notre œil ! Quels cris, quels rires, lorsqu'une innocente chute étendait sur le parquet le pauvre aveugle qui s'était trop vivement baissé pour saisir sa proie ! Quel bonheur quand mon père, qui se sauvait du monde, revenait inaperçu pour nous embrasser, et que le Colin-Maillard, saisissant un ruban, un fichu que nous avions attaché à ce bon père, criait : Je tiens Marie, et ne tenait que le colonel ! Oh ! les beaux soirs ! oh ! les beaux jours !

Presque tous les matins M. Neigre nous envoyait son gros chien, qui nous portait délicatement et du bout des lèvres d'excellents gâteaux, et son sapeur qui venait s'informer de la santé de madame Neigre (qui était Antonine) ; ma sœur grimpait sur les genoux du redoutable commissionnaire et lui tirait la barbe en attendant la possibilité de tirer les longues moustaches de son mari ; moi, je faisais l'aimable avec le chien et donnais poliment un verre de lait à la bête, un verre de vin à l'homme.

Nous eûmes un grand chagrin, Antonine et moi; notre ami fut mis aux arrêts pendant quinze jours, et voici pourquoi; la veille de Noël, les bons bourgeois de Strasbourg pendent à leurs fenêtres la volaille qui doit être leur rôti en ce grand jour de fête; le superbe dindon se balance lourdement à la fenêtre du gros marchand, tandis que l'étique canard, pendu à la lucarne d'une pauvre famille, est le jouet léger de la brise de décembre; or, cette année, pendant la nuit, un malin esprit vint mettre la confusion parmi les rôtis *sacrés;* le pauvre poulet, devenu au matin un superbe dindon, ne fut pas réclamé; mais le superbe dindon, devenu un maigre poulet, attira la foudre des réclamations sur la tête du coupable, et comme nôtre siècle incrédule croit en la malice d'un sous-lieutenant plus facilement qu'en l'astuce d'un méchant démon, notre ami fut consigné.

Ces quinze jours furent longs; pour prouver à notre pauvre exilé que nous pensions à lui, nous mangions du pain tout sec à notre goûter, et nous lui envoyions ensuite le petit pot de confitures de Bar qui nous avait été destiné; puis à la promenade nous choisissions le rempart désert qui donnait sur les fenêtres de son infirmerie, et nous confiions au télégraphe de nos bras les regrets de nos cœurs.... Tout ceci est bien loin et bien près de moi.

Il y a un moment, en parlant de Noël, je me souvins des réjouissances que cette époque amène dans la vieille cité alsacienne. Quelques jours avant, la place de la Cathédrale se couvre de baraques qui sont garnies de toute espèce de marchandises. Les parents ont un air mystérieux, les enfants se font sages, ils savent que le bon petit Jésus va renaître et que par lui leurs plus beaux rêves vont se réaliser. On ne dort plus, on compte les heures, les minutes; quand arrive la grande nuit, trois ou quatre générations mêlent leur gaieté, leurs vœux; un signal est donné, une porte s'ouvre, et l'on reste ébahis.

Au milieu d'une vaste salle s'élève un sapin dont le pied s'enfonce dans un énorme gâteau et dont la cime élancée va toucher le plafond. Mille petites bougies étincellent entre ses noires aiguilles, mille bonbons les reflètent dans les excitantes facettes de leurs sucres candis; de beaux petits chérubins bons à croquer semblent voltiger dans les branches de l'arbre miraculeux et font flotter leurs rubans à devises évangéliques et sages sur les petits visages ébahis, qui les contemplent de tous leurs grands yeux.

Autour de l'arbre se groupent des tables éclairées d'autant de bougies que leur possesseur compte d'années et coquettement chargées des belles surprises qui lui sont ménagées. Là des poupées, des joujoux, des bonbons; ici des lunettes, une Bible, le portrait d'un absent; à gauche un fusil, une légère cravache; à droite des gages, des rubans et des fleurs; partout de la joie, de l'extase, des remercîments, des baisers à n'en plus finir.

Parmi les amis de mon père, le meilleur de nos amis était le major Coger, excellent homme qui pleurait sa femme, élevait ses serins et nous aimait de tout son cœur... Nous allions quelquefois goûter chez lui au milieu, de vingt-cinq canaris qui jouaient en liberté dans le salon. Il y avait de belles petites mères de famille s'inquiétant et voulant protéger leurs nids, même contre nos regards. Il y avait de graves patriarches qui chantaient au rayon du soleil; de coquettes serines qui cassaient dédaigneusement un grain de millet et trempaient leurs becs aigus dans une pure goutte d'eau; enfin de gros serins artistes qui faisaient les morts lorsqu'on les touchait avec un brin d'herbe, tapaient de petits coups sur la pendule quand on demandait l'heure, traînaient l'aile, volaient sur l'épaule, et donnaient des baisers à leur maître.

Nous voyions aussi quelquefois le colonel Lechesne et sa femme; bons, indulgents, ils avaient des enfants à peu près de notre âge, et étaient, ainsi que deux neveux de mon père sous-officiers dans son régiment, toujours à nos ordres et à l'affût de nos moindres volontés.

Eugène et Prosper venaient le soir pour nous donner des leçons d'écriture, et ces leçons se passaient à faire des armes, à conter des histoires à Antonine ou bien à jouer des charades qu'Ursule admirait toujours sans jamais les deviner.

VI

Le printemps nous ramena à Villers-Hellon. Je devais y faire ma première communion; aussi mon temps s'y écoula-t-il bien

plus gravement que de coutume. J'allais souvent à l'église, j'ap-.
prenais mon catéchisme, l'histoire sainte, les évangiles ; ma mère
me faisait visiter les pauvres chaumières où il y avait des secours
à porter et des peines à soulager. Mon grand-père me confiait ses
aumônes, et j'étais bien heureuse d'être aimée, bénie en son nom.

Le jour de la Fête-Dieu fut fixé pour ma première communion,
pour ce grand acte qui venait changer l'enfant en jeune fille, qui
allait m'initier aux choses du ciel avant de m'ouvrir les portes de
la vie ! — Déjà l'heure du devoir approche, peut-être celle de la
séduction ; le cœur bat plus vite, s'élève plus haut ; il faut une
égide à la vierge chrétienne, et la religion, qui a bercé son enfance,
prend son âme faible et pure, y dépose ses vérités, ses lois, et
lui donne un refuge contre les joies, les souffrances de ce monde
qui va la réclamer.

Le matin de cette solennelle initiation, combien le soleil était
radieux, combien mon émotion était profonde ! Ma mère me revêtit elle-même de la robe blanche des communiantes, mit dans
mes cheveux une branche de jasmin, symbole des pensées d'innocence et de foi qu'un prêtre avait la veille déposées dans mon
âme ; puis, avant que la voix des cloches nous eût appelées à la
bénédiction d'en haut, je m'agenouillai devant elle et elle me bénit
en pleurant.

On avait orné l'église de feuillages ; l'autel était caché sous des
touffes de lilas, d'acacias et de faux ébéniers ; des guirlandes de
bluets et de blanches marguerites enlaçaient de leurs liens odorants
les cierges enflammés du tabernacle, et les jeunes communiantes,
tremblantes sous les plis de leurs voiles, chantaient les louanges
du Seigneur.

Je ne saurais exprimer quel trouble mystérieux s'empara de
moi quand le prêtre éleva le calice au-dessus de nos têtes, et
quand des nuages d'encens et de fleurs saluèrent le Rédempteur
du monde ! mes genoux fléchirent... mes yeux se voilèrent... et
au moment où la communion vint porter Dieu dans le sanctuaire
de mon cœur, il me sembla qu'un ange me touchait du bout de
son aile et que j'allais mourir !...

Ce grand acte de ma vie est resté gravé en caractères de feu
dans les plus intimes replis de mes souvenirs. Tout à côté j'y
vois l'image bonne et indulgente de M. le curé de Villers-Hellon.

Jeune encore, il avait la tolérance de l'expérience et de la vertu. Il ne combattait pas avec des paroles les dissertations un peu voltairiennes de mon grand-père, mais par ses actions, il lui faisait aimer la religion, respecter ses ministres, oublier tant soit peu les incrédules pensées du dix-huitième siècle.

Vers le mois d'octobre, Charles X devait traverser l'Alsace, et une lettre de mon père nous rappela près de lui pour cette époque. Les fêtes offertes au roi furent magnifiques. Les riches paysans alsaciens, parés de leurs gracieux costumes, montés sur les petits chevaux de leurs montagnes, galopaient autour de la voiture royale. Leurs femmes et leurs filles, belles de toutes leurs dentelles et de tous leurs sourires, avec leurs grands yeux bleus, leurs longues tresses blondes, suivaient dans de légers chariots, et par intervalles le canon mêlait sa grosse voix aux sons pieux des cloches et aux hourras du peuple.

A la porte du palais, des jeunes filles présentèrent au roi, avec des vœux et des fleurs, les clefs de sa bonne cité de Strasbourg; puis le soir il y eut un magnifique bal, la cathédrale illumina ses dentelles de granit, et les Vosges firent scintiller des aigrettes de feu sur les noirs créneaux de leurs féodales ruines. Partout de l'enthousiasme et de l'amour! partout des yeux brillant d'un dévouement éternel. Jouissez, ô mes princes! jouissez vite de ces adulations populaires. Lorsque sonnera l'heure d'exil et de malheur, en vain vous chercherez la fumée de cet encens, un regret sur ces fronts, une larme dans ces yeux!...

Ma tante Garat vint passer huit jours près de nous en quittant le camp de Lunéville. Ce furent huit jours de fête et de joie; car mon père adorait sa toute belle sœur, voulait l'entourer de plaisirs, de fêtes et d'admirateurs. L'élégance, la beauté, la franche gaieté de ma tante révolutionnèrent tous les cœurs inoccupés de l'Alsace, et à son départ il y eut des regrets, des déceptions et des malheureux!

Le voyage de ma tante nous fit faire connaissance avec une jolie personne qui venait d'épouser M. C. G. C'était une gracieuse poupée de cire blanche et rose, ouvrant et fermant les yeux, disant papa, maman, hasardant même, quand son mari pressait les grands ressorts de son intelligence, quelques phrases bien douces et bien aimables qui n'avaient pas la prétention de signifier quelque chose mais qui montraient la docilité de la mécanique épousée.

Jamais je n'ai vu régner le fanatique amour de l'ordre aussi
despotiquement que dans cette jeune femme. Elle naquit pour
ranger bien plus que pour vivre. Madame G. avait un appartement délicieux ; mais n'osant marcher sur ses tapis, se reposer
sur ses divans, feuilleter un de ses beaux livres d'or et de soie,
elle couvrait tout ce luxe intime et confortable de gazes, de
cartons, passait ses journées dans un cabinet de toilette, assise
sur une chaise de paille et lisant quelques vieux bouquins d'un
cabinet de lecture. La danse chiffonnait ses légères toilettes,
elle renonça à la danse ; les émotions pouvaient rider son front,
ternir sa fraîcheur... elle rejeta au loin les émotions et la pensée. Enfin, entourée de toutes les joies de la vie, elle mettait son
orgueil et sa félicité à les préserver de la poussière ou des ravages du temps ; elle aurait été parfaitement heureuse s'il lui eût
été possible de placer sous verre son mari et ses enfants.

Nous allâmes passer les derniers beaux jours d'automne à la
campagne chez M. de T***, qui avait un petit pavillon situé au
bord de l'île et dans lequel la vie se passait hospitalière et joyeuse.
Nous retournions quelquefois à Strasbourg pour nos leçons, et
tous les soirs mon père venait oublier près de nous la solitude
de sa journée. Je l'attendais des heures entières sur le bord de
la route. Il laissait son cheval à son domestique, nous revenions
à pied et je me suspendais à son bras ; je l'embrassais mille fois
pour le garder plus longtemps à moi toute seule, pour retarder
son arrivée toujours trop prompte selon mon cœur.

Un jour, hélas! je l'attendis en vain ; son domestique arriva
seul; il venait chercher ma mère. Elle partit pâle et sans nous
embrasser... Toute cette nuit je ne dormis pas ; le matin on nous
fit monter en voiture, ma sœur, et moi, disant que mon père
était un peu malade, qu'il nous demandait ; enfin peu à peu
Ursule nous apprit en pleurant qu'il avait été à la chasse, que
son fusil avait éclaté dans sa main, et qu'il était gravement
blessé.

En arrivant, je pleurai avec tant de désespoir qu'il me fallut
rester une heure à la porte de la chambre pour étouffer mes cris.
Mon pauvre père m'entendit, m'appela, et je me précipitai à

genoux près de son lit. « Marie, mon enfant, tu m'ôtes mes forces en me faisant douter de ton courage, » me dit-il. Sa tête
se pencha sur la mienne ; je sentis une larme, je compris que
cette larme était un adieu, et mon cœur se brisa!... Je ne sais
ce qui se passa ensuite. Je revins à la vie couchée sur le lit
de madame de T*** ; je voulus me lever, retourner près de lui ;
l'émotion avait été trop forte, le médecin avait défendu ma
présence. Oh! combien je maudis l'impuissance de ma raison
sur mon désespoir! j'étais loin de mon bien-aimé malade, et
cela par ma faute! Deux jours se passèrent dans ces angoisses ;
le troisième, au milieu de la nuit, on nous porta sur le lit de ma
mère... tout était fini!...

Mon Dieu! quelle douleur profonde pour une douleur première! pourquoi m'arracher si jeune ma force et mon guide,
lorsque vous prépariez à ma vie de si rudes sentiers!... Pourquoi?... Craigniez-vous qu'avec lui la terre me fût trop douce ?
l'avez-vous mis au ciel pour que j'y reporte mes pensées et
mes espérances? Oh! Seigneur, je ne sonderai pas l'abîme de
vos desseins ; mais par pitié, si je n'ai pas faibli sous le faix de
ma croix, rendez-moi mon père dans votre éternité.

VII

Après mon malheur, une nuit obscure voila mes pensées ;
tout m'offrait l'image de la mort! Ce que j'aimais avec mon père
et par mon père m'était devenu des sujets de deuil et d'affliction ;
mes yeux cherchaient ses yeux ; chaque porte qui s'ouvrait me
faisait tressaillir comme au temps où je l'attendais, et mes larmes
étaient ma seule résignation. Quand je me trouvais seule, je
repassais en mon cœur les paroles, les conseils de mon père ; je
lui promettais d'être digne de lui, forte, quoique femme, de rester au-dessus des mesquines vanités et des étroites exigences de la société; je lui promettais d'être grande et noble,
non pas selon les proportions du monde, mais selon ses idées,
selon son souvenir, qui devenaient ma conscience, et je

gardai pour devise sa devise : « Fais ce que dois, advienne que pourra. » -

Quelquefois je reprenais courage, j'étudiais, j'essayais de combattre les côtés faibles ou mauvais de mon caractère ; puis ma douleur se réveillait tout à coup, et je m'étonnais de savoir vivre encore, je m'indignais en voyant tant d'existences se remuer autour de moi, alors qu'il était mort !... mort! celui-là que j'aimais tant !...

M. Collard, mon oncle, vint sur-le-champ trouver ma mère ; il devait nous ramener à Villers-Hellon, mais par la puissance des tristes affaires d'argent, qui sont toujours le misérable cortége de nos plus intimes douleurs, il fut décidé que nous resterions à Strasbourg jusqu'au printemps. J'aimais beaucoup Marie et Jenny ; toute la famille de T*** était bonne pour nous, cependant je me désolais de cette décision ; ces lieux où j'avais été heureuse par mon père m'étaient devenus insupportables. Quand on me parlait de lui, mon cœur se brisait ; quand on éloignait son souvenir, je me révoltais contre l'oubli. La seule personne qui sentait comme moi était le major Coger ; il avait été nommé notre subrogé-tuteur, et lorsque nous nous regardions, lorsqu'il m'embrassait, je comprenais que le cher regretté vivait entre nous, dans nos regards et dans nos baisers.

Cependant ma vie ne se passait pas entière dans les larmes ; le temps ne s'arrête guère, il varie nos impressions malgré nous, et dans sa marche continuelle il faisait succéder les jours aux jours, ramenait d'anciennes habitudes, des études. Ma douleur plus recueillie s'était fait un sanctuaire dans mon cœur, et le rire de la jeunesse reparaissait déjà sur mes lèvres. Combien de fois un éclat de ma gaieté vint blesser mon souvenir, et combien la douleur lui succédait avec force ! Alors je pleurais, sur lui et sur moi-même, et je méprisais cette possibilité oublieuse de notre pauvre humanité. La vue du régiment me faisait mal, et les sons de la musique militaire me semblaient une ironie cruelle qui troublait le repos de la tombe de mon pauvre père.

Mon oncle Maurice resta deux mois près de nous ; on voulait lui faire épouser Cécile de T***, il la trouvait aimable ; mais pour reculer l'horreur d'une décision, il demanda du temps afin de

pouvoir apprendre à l'aimer en apprenant à la connaître. Mon oncle passait ses journées chez madame de T***, et quand il avait
suivi qnelque temps sa sentimentale amie Cécile dans les étoiles,
il venait jouer avec nous comme un écolier qui a fini sa tâche!
Désireux d'apprivoiser l'orgueil de sa future belle-sœur, mon oncle Maurice s'occupait particulièrement de Jenny, l'embrassait de
force, lui volait des boucles de cheveux, la taquinait ; enfin il se
prit à l'aimer si bien et Cécile fut aimée si mal, que le mariage
dut être rompu et qu'il y eut deux yeux tristement rouges pendant bien longtemps.

Toutes les leçons se prenaient en commun ; nous avions pour
maître d'histoire et de style un jeune ministre protestant plein
d'indulgence et de talent ; je me souviens encore des bonnes
leçons de M. Schmidt, de sa gravité pendant le travail, et de sa
complaisance quand avait sonné l'heure du départ et de la liberté.

Ma mère ne sortait jamais, nous fort peu ; je ne le désirais
pas, et si dans la rue je rencontrais un de nos artilleurs, qui
d'un air triste portait la main à son schako, mes larmes coulaient
malgré moi, et j'étais honteuse de cette émotion publique.

Vers ce temps je remarquais, parmi les visites que recevait ma
mère, un jeune homme élégant, beau, aimable, plein d'un esprit
chevaleresque, et qui transformait l'homme de notre époque en
héros du moyen-âge. M. de Coëhorn avait tant de force et d'héroïsme dans l'imagination, qu'il restait au-dessus ou au-dessous
de la vie positive, et dédaignait de traduire son cœur en actions
à l'usage de notre pauvre terre. On pouvait le croire oublieux,
faible, égoïste en le jugeant par ses œuvres ; mais par la pensée,
il était toujours plein d'énergie, d'amour et d'abnégation ; il gâ-
tait beaucoup Antonine, était aimable et attentif pour moi, lorsque j'entrais une minute durant l'heure de ses visites ; et j'avais
deviné qu'il était amoureux de Cécile, qu'un mariage étoufferait
un souvenir.

Je couchais quelquefois sur un canapé dans la chambre de ma
mère ; une nuit que je ne pouvais dormir, je l'entendis parler,
je me levai pour lui demander si elle souffrait ; elle rêvait ; un
nom tomba de ses lèvres, et une horrible possibilité entra dans
mon cœur ; je passai le reste de la nuit dans une inexprimable
angoisse ; enfin je me révoltai contre mon soupçon, et je
résolus d'en voir par mes yeux avant d'en parler et d'en souffrir.

Le soir même M. de Coëhorn vint passer la soirée chez madame de T***. Nous étions assis autour d'une table à ouvrage ; M. de Coëhorn se mit à écrire sur des cartes de visite, puis il les passait à Cécile de T*** qui les donnait à ma mère et se faisait ensuite la messagère de sa réponse. Cette action, pour moi si simple la veille, me parut décisive en ce moment ; je devins pâle, et je sortis en courant pour cacher mes larmes. Madame de T*** vint me trouver, me prit dans ses bras et m'embrassa longtemps sans parler. Quand mes sanglots eurent un peu allégé mon pauvre cœur, elle me dit qu'elle comprenait ma douleur, qu'elle avait été la sincère amie de mon père et souffrait avec moi de le voir oublier, que ma mère avait tort, mais qu'il fallait lui pardonner, car son cœur l'entraînait. J'avouai à madame de T*** ma découverte, mes pressentiments, mes craintes ; elle fut si bonne, si indulgente, que je m'endormis en priant Dieu pour elle et pour moi.

Le lendemain je fus avec ma bonne Ursule trouver le vieil abbé du régiment, qui m'aimait comme sa fille ; il plaignit ma souffrance, me blâma d'oser juger ma mère, me dit « que mon bon père serait mécontent de ce sentiment, que je devais être doucement résignée et cacher jusqu'à mes larmes. » En rentrant et comme j'allais me jeter au cou de ma mère pour lui demander la vérité et sa confiance, je fus arrêtée dans une première pièce en entendant prononcer mon nom par madame de T*** ; elle disait à ma mère : « Marie est désespérée, elle n'aime pas Eugène ; son orgueil se révolte contre votre mariage ; vous ne dompterez son caractère qu'en l'éloignant de vous.

— Je serais désolée d'en venir à une séparation, répondit ma mère.

— Eh bien, ma chère Caroline, croyez-moi, l'amour de votre jeune époux ne résistera pas à ces deux vivants souvenirs du passé.

Je ne pus en entendre davantage, le monde se révélait à moi ; je comprenais, dans ce langage de *l'amie de mon père*, tout ce que la société renferme de fausseté et d'égoïsme, et je résolus de lui cacher mes souffrances.

N'osant parler à ma mère, ne pouvant vivre avec ce poids de douleur et de rancune, je lui écrivis toutes mes pensées ; elle vint me chercher, me dit qu'elle m'aimait, qu'elle m'aimerait toujours, qu'elle avait parlé de tout cela à M. de Coëhorn, qui avait déclaré ne pas consentir à ce que je fusse mise en pension, et qui espérait un jour, non pas être *mon père*, mais *mon meilleur ami.* Lui-même me parla ouvertement de cet avenir ; je lui avouai tout ce que je sentais, i ne m'en voulut pas, m'assura que j'avais au contraire gagné dans son estime, et me demanda de l'appeler Eugène, afin d'éloigner un rapprochement qui me ferait mal, et d'éviter le mot, monsieur qui l'attristerait.

J'ai parlé bien en détail de ces événements, car ils ont décidé de ma vie, en formant, par leur amertume, mon caractère et mes croyances. La mort de mon bien-aimé père m'avait appris la douleur ; madame de T*** m'apprenait la société. Je me sentis isolée au monde ; l'affection et le devoir me faisaient une loi de cacher mes secrètes amertumes ; je ne pouvais dire à ma mère que je souffrais et je ne devais pas le confier à l'amie la plus intime.

Jamais je ne pus dompter mes premiers mouvements, mais je parvins peu à peu à ne pas faire peser mes souffrances sur ceux qui m'entouraient et à les ensevelir au fond de mon âme. Je partageais mes joies avec ceux que j'aimais, je pleurais avec les malheureux, mais j'aurais été honteuse d'une larme surprise dans mes yeux lorsqu'elle coulait sur moi-même. L'orgueil, l'habitude, la volonté me firent forte et recueillie quand venait l'orage ; et si ma tête ne savait pas se courber, ma bouche sut toujours sourire pour rassurer mes amis et me garder de la pitié des indifférents.

Le printemps qui devait nous ramener à Villers-Hellon arriva. Je désirais ardemment quitter l'Alsace ; mais l'adieu qu'il fallut déposer sur la froide pierre qui renfermait mon père me sembla cruel et presque au-dessus de mes forces. Mon grand-père nous reçut avec une double affection ; il semblait vouloir nous aimer aussi pour celui qui nous avait été enlevé ; moi-même je reportais sur sa tête les mille soins, les mille tendresses que j'avais partagés entre mes deux pères jusqu'au jour de notre deuil. Lalo, Mamie me parlait de celui qui n'était plus avec des larmes et des regrets ; je retrouvais ses chevaux devenus les favoris du bon Briquet, cocher de mon grand-père ; son chien,

qui cherchait et pleurait quand nous prononcions son nom.
Tout cela faisait un peu de mal et beaucoup de bien.

. Je repris alors ma vie active, et ma mère s'occupa sérieusement de notre éducation ; elle avait une inaltérable patience, de
la suite et de la sévérité dans ses leçons. J'aimais beaucoup ma
mère, mais je la craignais un peu, et surtout je n'osais lui
exprimer mon affection ; lorsque je lui sautais au cou en voulant
la couvrir de mes baisers, elle me disait : « Pas d'exagération,
Marie ; la meilleure preuve de tendresse que tu puisses me
donner serait de corriger tes défauts qui me font souffrir. »
C'était parfaitement sage, mais cela me glaçait et j'en devenais
moins expansive sans en être moins emportée, moins indépendante ou moins impertinente, trois gros péchés que je commet-
tais souvent malgré moi.

M. de Coëhorn vint nous retrouver à Villers-Hellon ; il me
fit travailler l'allemand, et se montra ami indulgent et tendre
comme à Strasbourg. Nous faisions des courses à cheval, quelques longues promenades dans les champs ; il m'expliquait les
beautés de la poésie auxquelles j'étais restée jusqu'alors assez
étrangère, et me disait les nobles et idéales utopies des philoso-
phies allemandes.

Vers le mois d'août, mon grand-père eut le bonheur de recevoir chez lui la famille d'Orléans, pour laquelle il avait un culte
d'amour et de vénération. Avec quel soin et quelle coquetterie
notre cher petit château se fit digne de cet honneur ! Un premier arc de verdure marquait les confins de la propriété, un second élevait ses vertes colonnades en haut de l'avenue. Les gril-
les de la cour se cachaient sous les festons de feuillages ; les
troupeaux étaient disposés pittoresquement sur les prairies qui
bordaient le chemin, et la population en habits de fête se grou-
pait sur le passage des illustres hôtes. L'intérieur de la maison
était jonché de fleurs ; et des écussons au chiffre d'Orléans,
formés par les bluets et les pâquerettes de nos champs, retenaient
les guirlandes de chêne et de roses qui balançaient leurs parfums
dans le salon et la salle à manger.

Le soleil s'était levé radieux, il dorait les riches moissons et
nos apprêts de fête. Vers dix heures un petit nuage le voila ; à
onze heures le nuage était devenu bien gros et bien gris ; nous

allions du baromètre à la fenêtre pour craindre ou espérer ;
enfin, avec le premier coup de tonnerre et une pluie épouvantable, la famille d'Orléans fit une entrée mouillée, crottée, dans
notre petit Villers-Hellon, naguère si coquet, maintenant honteux
de voir souiller sa robe de fleurs et de fête. Les princes voyageaient dans un grand omnibus qui n'était rien moins que magnifique. Le duc et la duchesse d'Orléans arrivèrent un peu
mouillés et sans la plus petite nuance d'humeur. La duchesse
d'Orléans avait la douceur d'un ange et portait sur son front les
hautes vertus qui, après avoir fait admirer la femme, ont fait
vénérer la reine. Les princesses étaient aimables, jolies, mais un
peu moqueuses, et les jeunes princes de Joinville et d'Aumale
n'étaient que de *royals* marmots encore sous la férule de leur
gouverneur. Mademoiselle d'Orléans, aussi du voyage, combla
le bonheur de mon grand-père dont elle était par-dessus tout
l'idole.

Après le déjeuner, leurs Altesses, sans craindre la pluie, pro-
fitèrent d'un rayon de soleil et firent le tour des jardins et des
fermes ; elles admirèrent avec une grande indulgence les beaux
arbres, les chemins modèles, les troupeaux, et donnèrent quelques mots gracieux à notre jolie laiterie suisse ; partout sur
leur passage des vivats et des bénédictions les accueillirent ; elles
parurent heureuses de ces transports d'amour qui étaient les
échos fidèles du profond dévouement de mon bon grand-père.

Pendant le déjeuner, il se passa une scène assez singulière ; le
maître d'école de Villers-Hellon, qui voulait approcher les princes, avait obtenu de ma vieille bonne un ancien habit habillé de
mon grand-père ; il avait fait une culotte de son pantalon, avait
tendu sur sa jambe de beaux bas chinés, et croyait avoir méta-
morphosé le tout en une livrée très-à la mode ; il était bien ridicule, mais si heureux que mon grand-père le laissa se mêler aux
valets de chambre qui devaient servir à table. Notre grave ma-
gister était donc la serviette sous le bras, regardant de tous ses
yeux, écoutant de toutes ses oreilles, lorsque soudain, le duc
d'Orléans demandant à boire, il s'élance, fait une glissade pé-
rilleuse et triomphante sur les dalles de la salle à manger et va
tomber aux pieds de Son Altesse étonnée. On raconta le sentiment d'enthousiasme qui avait fait la métamorphose et la chute

de ce ferme soutien de l'alphabet, et il eut l'insigne honneur de désaltérer seul un royal et populaire gosier.

VIII

L'automne avait ramené les chasses et nos amis d'Angleterre, les longues courses à cheval, les soirées d'hiver, toute la poésie des dernières feuilles et des derniers beaux jours; cependant Villers-Hellon n'avait pas retrouvé ses gaies et intimes réunions. Le mariage de ma mère approchait; ce n'était plus un mystère, mais on en parlait bas; un malaise général accompagnait toujours ce sujet de conversation, pendant laquelle mon grand-père nous appelait, ma sœur et moi, près de son fauteuil, prenait nos deux têtes dans sa main, jouait avec nos cheveux, semblait arrêter, par une barrière de tendres caresses, les paroles qui devaient nous attrister. On blâmait généralement ce mariage, et moi je me sentais blessée dans la plus chère religion de mon cœur à la vue, à l'expression de la nouvelle affection de ma mère; je souffrais encore de cette réprobation muette de la société, qui pesait sur elle; j'affectais un air heureux, indifférent; je témoignais une vive sympathie à M. de Coëhorn, mais ensuite j'avais des remords, je demandais pardon à mon pauvre et bien-aimé père, et cette lutte continuelle devenait un supplice presque insupportable.

Le jour du mariage fut triste; il fallut y assister sans qu'une larme glissât de notre âme à notre paupière, quitter notre deuil quand nous devenions doublement orphelines; il fallut sourire à cette consécration de l'oubli, sourire en abdiquant une partie du cœur de notre mère pour y faire régner un étranger. M. de Coëhorn était protestant; la cérémonie religieuse se fit dans le salon; la table à ouvrage devint un autel; un monsieur en habit noir fit un sermon froidement savant, et donna ensuite une très-simple bénédiction. L'avouerai-je? je fus heureuse de cette mesquine cérémonie, heureuse que ma chère petite église de Villers-Hellon ne se fût point parée, que les cierges de l'autel fussent restés sans leur flamme, l'encensoir sans encens ; je fus heureuse que la grande croix, les anges, la Vierge, le tabernacle n'eussent point dépouillé leurs linceuls de la semaine pour bénir cet oubli de mon père.

Quand je fus seule enfermée dans ma chambre, je pris le portrait de mon cher regretté, je le couvris de mes baisers, je lui promis de l'aimer autant dans le ciel que sur la terre. Depuis ce jour, jamais je n'ai prononcé ce saint nom devant ma mère ; j'ensevelis mon trésor dans les abîmes les plus secrets de ma pensée ; je ne le laissais errer sur mes lèvres qu'en retrouvant des frères d'armes ou des soldats de ce bien-aimé père, en échangeant avec eux des souvenirs et des regrets.

Nous quittâmes Villers-Hellon pour aller prendre possession du petit château d'Ittenwillers, notre famille pour une famille à laquelle nous étions indifférentes et étrangères. Antonine, trop jeune encore pour comprendre les souffrances et les choses du cœur, avait oublié le passé, et vivait parfaitement heureuse avec beaucoup de récréations, beaucoup de liberté, beaucoup de chiens, beaucoup de chats, beaucoup d'oiseaux ; elle se souciait fort peu d'Eugène qu'elle n'aimait pas et qui ne l'aimait guère, et se réfugiait contre ses sermons dans l'indulgence de ma mère.

J'avais quatorze ans ; j'étais toujours excessivement enfant dans mes actions, quelquefois j'étais déjà vieille par la pensée ; après avoir passé des heures à patiner sur les fossés du parc, à courir à travers les prairies pour un papillon, pour un insecte, pour un rien, tout à coup je devenais triste, immobile ; la vue de ma mère appuyée au bras de M. de Coëhorn me faisait mal ; j'étais jalouse, pour mon père, de son bonheur ; alors on m'interrogeait, je ne répondais pas ou j'étais impertinente, ne pouvant être vraie : on me punissait, on m'exilait dans ma chambre où je me consolais, où j'étais fière par la conviction que je souffrais pour mon père. Ordinairement M. de Coëhorn obtenait ma grâce ; il riait de mon caractère indomptable, me taquinait, me permettait de tout lui dire pour me venger, jouait avec moi comme un enfant, et nous devenions souvent si bruyants que ma mère était obligée de fuir ou de nous mettre à la porte.

Nous menions une vie très-isolée ; ma mère et M. de Coëhorn avaient trop de bonheur pour chercher le monde, pour

s'oublier afin de lui plaire; ils étaient ennuyés quand ils n'é-
taient pas seuls, vivaient en eux, vivaient pour eux. Nous
voyions seulement quelques personnes de la famille d'Eugène :
sa mère, bonne, vertueuse, qui s'était fait de chacune de ses
habitudes une petite vertu afin d'avoir le droit de ne pas y dé-
roger et de ne pas les sacrifier à son prochain; sa sœur aînée,
mariée à M. de Bussière, pleine de douceur et de grâce; ses
deux autres sœurs que j'aimais, que je devais aimer davantage
dans l'avenir, car elles étaient déjà de jeunes personnes aimables : je n'étais qu'une enfant ; il fallait le temps comme l'expérience pour rapprocher nos cœurs, nos idées, surtout nos goûts
et nos habitudes.

N'ayant pas toutes les bonnes distractions de Villers-Hellon,
nos études étaient plus suivies; et cependant là encore je portais
cette malheureuse indépendance qui me rendait les devoirs or-
donnés à heure fixe odieux, presque impossibles. Pendant la
matinée, qui était destinée à apprendre par cœur, j'avais mal à
la tête, j'étais fatiguée, indolente; je lisais tout mon livre, et je
ne savais pas les quelques pages qu'il fallait savoir; jamais je
n'ai pu réciter de la prose mot à mot. Les reproches, les punitions quotidiennes furent impuissants pour me donner la mémoire des perroquets.

Il en était de même pour la musique; je l'adorais, et pourtant,
quand il fallait en faire montre en main et travailler des variations
brillantes, pleines de difficultés et vides d'harmonie, je devenais
une machine à croches et à doubles-croches, étudiant sans goût
et sans méthode. Une seule occupation me resta favorite, quoique obligée; c'était les extraits que je faisais de mes lectures,
les lettres imaginaires que j'écrivais pour former mon style, et
qui me servaient aussi à dire à ma mère tout ce que je n'osais
lui exprimer de vive voix. Selon ma disposition d'esprit, ces lettres
étaient gaies, réfléchies, affectueuses, impertinentes, moqueuses
ou tristes; mais quelques pensées, de celles que j'aimais, et que
je cachais, ayant été racontées par ma mère et tournées en ridicule
comme originales, folles, extravagantes, cette voie de confiance
intime me fut fermée ou du moins limitée. D'ailleurs jamais ma
mère ne combattait une idée par une idée ; quand elle était contente de moi et que je répétais une de ces choses qui n'ont pas le

sens commun, elle me disait en riant : « Taisez-vous, petite originale ; embrassez-moi, soyez sage, et ne faites pas la philosophe ; »
quand, au contraire, j'avais mérité d'avance son mécontentement,
elle me répondait sévèrement qu'ayant les idées fausses, je de-
vrais avoir l'esprit de les cacher, et que je ferais bien d'aller réfléchir à cela dans ma chambre.

Je comprenais tout le charme de la lecture, j'y consacrais les
journées de pluie et presque tous les dimanches : mon livre de
prédilection était l'*Histoire de Charles XII*, par Voltaire. Mes
joues s'enflammaient ; mon cœur battait plus vite quand je lisais
toutes les victoires de ce héros, et je retenais difficilement une
larme en arrivant à ses défaites et à sa mort. Les Mémoires sur
Napoléon ne pouvaient jamais me satisfaire ; l'encens que l'on
donnait à *mon demi-dieu* n'était pas assez pur ; il me semblait
inconvenant que l'on osât juger ses actions, cruel et odieux qu'on
le blâmât dans ses revers. La campagne de Russie de M. de Sé-
gur me rendit triste et malade ; il m'eût été impossible de la lire
deux fois. J'aimais assez Racine, beaucoup Corneille, par-dessus
tout Molière ; *Paul et Virginie* m'ennuyaient à la mort ; parmi
les voyageurs, Fernand Cortez, Pizarre, les flibustiers et les pirates
venaient quelquefois revivre dans mes rêves.

Je ne m'étais jamais occupée de politique ; je savais qu'il y
avait aux Tuileries un trône, sur ce trône un roi, que ce roi avait
des ministres, ou pour mieux dire des intelligences agissant au
défaut de la sienne. Tout à coup le canon de juillet retentit dans
les Vosges, et la presse nous envoie les bulletins d'un peuple de
héros ; c'était incroyable, c'était sublime : en trois jours des ouvriers, des jeunes gens, des enfants vengent la liberté, renversent
le trône, rendent à la France ses trois couleurs ; ils détruisent
d'une main, ils protégent de l'autre ; sans frein dans le combat,
ils sont nobles et calmes après la victoire. Comme ils ont bravé
la mort ils bravent la corruption, et déposent leurs armes après
avoir assuré le luxe des riches de ce monde, avant d'avoir pensé
à leur pain du lendemain. Quels beaux jours ! quels grands hommes ! Il semble que la pensée de Dieu les a créés pour doter
notre histoire de son plus noble feuillet. Cette révolution, cette
gloire me firent comprendre la liberté des peuples, l'amour et
l'orgueil de la patrie. Louis-Philippe devenant roi, toutes les

sympathies de ma famille saluèrent son élection : pour moi, je ne le trouvais pas assez jeune pour notre jeune France; j'aurais voulu une petite guerre et de grandes victoires.

A la tribune, les orateurs de la gauche avaient mon admiration; enfin ma tête s'exalta, et ma pensée devint si républicaine que ma mère trouva prudent de m'interdire les journaux et me défendit de m'occuper de politique, sans pouvoir effacer l'impression profonde que ces grands événements avaient déposée dans mon esprit.

IX

Au mois d'octobre, mon grand-père, qui ne savait pas se passer toute une année de ma mère, nous rappela si instamment près de lui, qu'il fallut que M. de Coëhorn quittât l'Alsace, ses occupations agricoles et sa famille, pour nous ramener à Villers-Hellon. Tout l'hiver s'y passa doucement. Nous y étions, Antonine et moi, bien aimées, bien gâtées; on voulait nous rendre avec de gros intérêts les caresses dont nous avions été sevrées pendant un an. Ma mère, étant souffrante, ne quittait pas son fauteuil; M. de Coëhorn s'était chargé de presque toutes mes leçons et nous faisions ensemble de longues courses à cheval ou à pied, quelquefois même de petites parties de chasse dans lesquelles j'étais spectatrice de ses hauts faits. M. de Coëhorn était pour moi comme un frère et riait de mon indépendance, de ma sauvagerie; avec lui j'osais dire tout ce qui me passait dans l'esprit, me passionner pour une idée bizarre, m'indigner contre une idée reçue; il s'amusait de me voir si enfant ou si *philosophe*, m'initiait à toutes les rêveries de la poésie allemande, puis se moquait de mes quinze ans quand j'essayais d'arriver seule jusqu'à ces étoiles brillantes et fantastiques.

Ma mère nous donna au printemps une charmante petite sœur; elle la mit dans mes bras en me demandant de l'aimer et de la protéger; je le lui promis de tout mon cœur. Si j'étais jalouse, pour le souvenir de mon père, de l'affection que ma

mère témoignait à M. de Coëhorn, j'aurais été honteuse d'éprouver ce même sentiment dans une pensée d'égoïsme et contre un
pauvre petit enfant.

Je n'ai pas encore parlé du charmant voisinage que nous avions
à Villers-Hellon; cependant il faut le connaître pour comprendre
tous les plaisirs, toutes les joies d'intimité qui se trouvaient
réunies dans cette bienheureuse parcelle du monde.

Non loin, à une demi-lieue, est situé le château de Long-
Pont; les étrangers admirent ses ruines grandioses et pittores-
ques, les arcades de ses cloîtres, la beauté de ses eaux, l'étendue
de son parc; ceux qui ont le bonheur d'y être reçus en amis
oublient cette belle nature pour les nobles habitants qui en sont
l'âme. Le vicomte et la vicomtesse de Montesquiou ont une
grande fortune et sont plus riches encore de vertus, de bonheur
et d'aïeux: ils abandonnent souvent Paris pour Long-Pont qu'ils
aiment comme leur création ou comme un petit Éden qu'ils ont
fondé pour leur fils unique. Je crois que Fernand sera digne
d'hériter de ce beau séjour et méritera l'amour et les bénédictions
que les bienfaits de ses pères auront groupés autour de lui.

Madame de Montesquiou était très-liée avec ma mère, non-
seulement par une amitié de voisinage, mais aussi par une amitié
de cœur et de pensée; elle était l'idole de mon grand-père, qui
mettait ses quatre-vingts ans en adoration devant son pied, si
petit, si gracieux, qu'il pouvait combattre la réputation exclusivement insolente des petits pieds chinois, et devant ses yeux grands
et doux comme ceux de la providence. M. de Montesquiou était
un homme grave, sérieux, instruit, occupé exclusivement de
l'éducation de son fils et de l'embellissement de Long-Pont. Il
savait être encore un aimable voisin et un châtelain parfaitement gracieux et hospitalier.

Plus loin, dans la forêt, Montgobert, appartenant au général
Leclerc, puis à la princesse d'Eckmühl, enfin à madame de Cam-
bacérès qui porte sur sa jolie figure sa parenté avec la famille
Borghèse; Valsery, charmante propriété à un vieil ami de mon
grand-père; Saint-Rémy, à M. de Violaine, conservateur des forêts, père d'un beau bouquet de filles et d'un seul garçon; enfin
Corcy, original petit château d'une aussi bizarre construction
que l'esprit de sa châtelaine, madame de Montbreton, fille d'un

farinier de Beauvais, femme d'un M. Marguet dont le père avait
été... j'ai entendu dire, valet de chambre, mais je veux poliment
écrire intendant de quelque grand seigneur. Elle fut mise en prison durant la Terreur, et, fondant sa noblesse sur cette persécution, voulut être non-seulement une pauvre, mais une noble victime. Pour orner le nom de Montbreton, pris ou trouvé je ne
sais où, elle acheta sous l'Empire, avec ses beaux deniers enfa-
rinés, le titre de comtesse, et plus tard obtint pour son mari la
place d'écuyer cavalcadour de la princesse Borghèse. Au retour
des Bourbons elle se glissa dans les rangs royalistes, devint une
grande dame, eut des demoiselles de compagnie à plusieurs
quartiers, exigea des ancêtres à ses petits chiens, et se brouilla
avec mon grand-père dont la roture et les opinions libérales lui
étaient insupportables. Lors de la révolution de 1830, elle se
sauva de Paris, et, retrouvant par la toute-puissance de sa peur
la mémoire de son vieil ami Collard, vint se placer sous sa protection. J'en avais beaucoup entendu parler : elle faisait pâlir ses
biographes les plus exagérés.

La première fois que je fus à Corcy, elle était enfermée dans
un petit boudoir matelassé dans lequel elle ne pouvait entendre
la cloche du village qui sonnait pour les morts. Après une heure
elle parut, un flacon sous le nez, une cassolette de chlore à la
main, s'informa avant d'entrer si j'avais une bonne santé, s'il y
avait longtemps que j'avais eu la rougeole, enfin s'il ne régnait
pas de maladie épidémique à Villers-Hellon. Satisfaite des réponses qui lui furent données, elle franchit le seuil de la porte, s'approcha de moi en m'aspergeant légèrement de vinaigre des
quatre voleurs et m'embrassa sur le front. On lui dit que j'étais
musicienne ; elle me fit mettre au piano, me demanda de
jouer un galop, et, s'élançant vers son fils, le força à danser
avec elle.

« Ma mère, vous me tuez! disait Jules tout essoufflé et en
essayant de l'arrêter.

— Encore! encore! répondait-elle en l'entraînant ; c'est excellent pour la santé.

— Mais, ma mère, je tombe de fatigue ; vous allez me rendre
poussif.

— Allez donc ! il faut que je fasse ma digestion. »

Et comme Jules s'arrêtait encore haletant et à moitié mort, elle se jeta sur un canapé et dit à mon grand-père :

« Collard, suis-je assez malheureuse ! Vous le voyez, mes enfants sont dénaturés ; ils osent refuser de danser un galop pour rendre la santé à leur mère... Ah ! je suis bien à plaindre ! »

Madame de Montbreton passait sa vie sur les grandes routes, quittait Paris dès qu'il y avait deux malades dans sa rue, se sauvait de Corcy si une femme y avait la fièvre. Elle n'existait que pour se préserver de la mort, avait horreur des malades, des malheureux, et ne voyait pas ses amis lorsqu'ils étaient en deuil. Elle mit un jour à la porte son fils et sa belle-fille, parce qu'elle avait vu sur la joue de la petite Cécile quelques boutons qui lui faisaient craindre une maladie de peau.

Après la peste, ce que madame de Montbreton craignait le plus était son mari, petit être tout rond, tout inoffensif, à qui elle faisait une pension pour qu'il ne se rencontrât jamais sur son chemin. Elle aimait assez ses enfants, mais comme des esclaves auxquels on pouvait infliger mille petits supplices domestiques et journaliers que ceux-ci supportaient avec une incroyable impertinence. Elle exécrait sa belle-fille et madame de Nicolaï, avec laquelle elle avait de véritables prises de corps. Les manies de madame de Montbreton étaient innombrables ; à Paris elle ne mangeait que du pain pétri à Villers-Cotterets ; à Corcy elle faisait venir son eau de Paris, ne voulant boire que de l'eau de Seine et disant que celle du pays contenait un ciment qui bâtissait mille petits monuments dans son estomac. Un jour, une de ses dents, qui étaient assez ébranlées, faillit l'étouffer ; le lendemain elle les fit toutes arracher !

Les fils n'avaient point partagé la brouille politique de leur mère ; ils se faisaient un peu moins blancs dans notre libéra petit castel, et, parmi tous les agréments de Villers-Hellon, comptaient pour le plus solide, celui d'y être à l'abri de leur mère. MM. de Montbreton avaient de la gaieté, de l'entrain, une ignorance beaucoup plus irrécusable que leur blason, et le talent de dire mieux que personne les plus nouvelles et les plus grosses bêtises.

Eugène, le plus jeune, avait épousé mademoiselle de Nicolaï ; nous la connaissions fort peu. Elle n'avait fait qu'une visite de

noces à mon grand-père qui avait été très-intimement lié avec les
Lameth et M. de Nicolaï, ancien préfet de Laon. Eugène était ce
qu'on appelle un bon garçon, qui aimait ses amis, mais qui
n'aurait pas sacrifié à son amitié le bonheur de leur imprimer
un ridicule et de faire de l'esprit à leurs dépens.

On dit que pendant que Jocko, l'illustre singe, était à la mode,
Eugène de Montbreton se fit son imitateur, et obtint de si grands
succès dans les salons du noble faubourg Saint-Germain, que
la duchesse de Berry, à laquelle on en parla, témoigna le désir
de jouir de son talent. M. de Montbreton eut l'honneur d'être
admis à faire le singe dans les petits appartements des Tuileries,
et la gracieuse princesse l'en récompensa en lui envoyant la croix
d'honneur.

M. de Montbreton trouvait l'histoire de Fernand Cortez, mise
en opéra, très-mal INVENTÉE, et croyait fermement que la
Ferté-Milon était la patrie du grand Homère.

Malgré tout cela, et peut-être à cause de cela, Eugène était
très-amusant ; nous l'aimions. On était heureux de ses visites qui
apportaient toujours quelques heures de gaieté, et comme il se
moquait de ses amis, ses amis se moquaient de lui, et cela sans
scrupule et sans rancune de part et d'autre.

Pour les soirées dansantes, mon grand-père ajoutait à ces voisins de tous les jours le sous-préfet, sa femme, de vieux amis et
de beaux élégants de Soissons, et ma tante Garat attirait après
elle, en quittant Paris, de gracieuses et coquettes amies et des
hommes réputés aimables et à la mode.

Vers l'époque des premières neiges et de la chasse au chevreuil,
nous. avions ordinairement la visite du général Daumesnil.
C'était une vieille gloire de l'Empire, un cœur d'or, une âme de
fer, une bonté d'enfant. Sa belle tête, son regard plein d'énergie
et de puissance, sa parole franche, l'affection qu'il me portait
pour l'amour de mon père, se sont religieusement gravées dans ma
mémoire. Après la révolution de 1830, on rendit à Vincennes son
brave et fidèle commandant et sa glorieuse jambe de bois. Sur la
prière du général Daumesnil, ma mère me permit d'aller passer
quelques jours dans son donjon.

Je retrouvai Marie, ma vieille amie d'enfance et de pension,
métamorphosée en une jeune personne uniquement occupée de

sa toilette, ayant abandonné toute sérieuse occupation dans la
crainte de fatiguer sa figure par l'étude, et renonçant même à
cultiver son beau et gracieux talent pour le piano afin de ménager la blanche délicatesse de ses jolies mains. Elle possédait
encore le cœur affectueux dont elle avait hérité de son père ; mais
elle employait déjà avec succès les toutes petites grâces surnaturelles de sa mère. Madame Daumesnil était aimable, avait de
l'esprit, mais, peut-être un peu d'affectation dans la voix, les manières, le regard et la pensée : c'était la femme éminemment
incomprise ; elle avait été jolie à quinze ans, ne pouvait se consoler de l'être beaucoup moins à quarante ; elle aimait son excellent mari et ses enfants, et cherchait vainement, sans jamais le
rencontrer, le frère de son âme.

X

Au printemps le choléra vint souffler sur notre pauvre France;
il n'épargna pas Villers-Hellon. Mon bon grand-père fut admirable de prévoyance et de courage : il fit venir un jeune médecin
de Paris, transforma son château en une pharmacie où les
malheureux malades trouvaient tout ce qui pouvait les soulager,
tandis que les craintifs bien portants venaient chercher une
nourriture saine et préservative. Il fut surtout très-difficile d'é-
loigner des paysans cette crainte de la contagion, qui dégéné-
rait chez eux en terreur panique. Pour les encourager il fallut
être calme vis-à-vis des plus cruelles et des plus effrayantes souffrances, apprendre sans pâlir que le fléau avait marqué une
nouvelle victime, que la mort avait délivré un pauvre agonisant.

On portait des secours dans les greniers ; on allait consoler les
orphelins, les veuves, les pauvres mères : tout cela était affreux,
mais le dévouement de mon noble grand-père fut enfin béni par
le succès ; quelques-uns de nos bons paysans furent préservés,
un grand nombre de nos malades guéris, et tous nos pauvres
morts reçurent les soins de leurs familles, les secours de la mé-
decine, les consolations de la religion. Notre bon curé, M. Dufour,

se conduisit en apôtre, et, se multipliant avec le danger, devint
la providence de trois villages.

La santé de ma mère, extrêmement affaiblie, exigea un changement d'air et de lieux. Nous partîmes pour l'Alsace avec le frère
de M. de Coëhorn, secrétaire de M. de Sébastiani au ministère
des affaires étrangères, et qui fuyait le choléra, atteint d'une de
ces frayeurs qui rendent l'imagination malade, se peignent en
vert et en jaune sur la physionomie et pèsent sur le moral
comme la plus triste des idées fixes.

M. E. de Coëhorn, plus jeune que son frère, avait le cœur
étouffé par un égoïsme passé à l'état chronique, beaucoup de
gravité, un esprit bizarre et une originalité approchant quelque
peu de la manie. Arrivé à Ittenwillers, il s'entoura de tous
les préservatifs connus contre la cruelle épidémie que l'on
redoutait. Il ne mangeait plus que du riz, travaillait du matin
au soir à raboter des planches pour se donner de l'exercice,
sortait du salon quand un journal y entrait, prenait des crampes
d'estomac si on parlait de douleurs d'entrailles, et s'inquiétai
véritablement d'avoir une excellente mine, un sommeil profond,
un appétit formidable.

« Croyez-moi, disait-il avec une douloureuse conviction, ces
apparences de santé sont effrayantes; vous pouvez en rire, mais
on n'est jamais si exposé à la mort que dans cet état de quiétude;
laissez-moi me plaindre : je suis dangereusement bien portant. »

Après avoir longtemps fatigué ses membres dans son atelier
de menuiserie, M. de Coëhorn faisait de la musique; il composait
de charmantes valses, d'assez mauvaises romances, chantait bien
l'italien et exécutait à merveille la seconde partie de tous mes
nocturnes; il était très-aimable pour moi, plus aimable que jamais on ne l'avait été. Peut-être aurais-je été flattée de ces premiers hommages; mais Eugène m'ayant dit en riant que j'étais
sa *pilule contre l'ennui*, mon amour-propre de jeune fille se ré-
volta contre les vertus anticholériques qui lui valaient son succès.

Ittenwillers fut très-animé pendant tout cet été. Une sœur de
M. de Coëhorn, mariée en Russie, étant venue passer quelque temps
en France, on s'empressait de fêter sa résurrection et de réunir
autour d'elle toutes les joies de son passé et de la patrie.

Madame de Dunten avait été enterrée six ans en Livonie dans

un château entièrement isolé, voyant son mari et de la neige pendant neuf mois, son mari et quelques feuilles pendant le reste de l'année, avec une belle fortune, c'est-à-dire des plaines, des hommes serfs et pas un sou. C'était une charmante femme pleine d'esprit et de cœur, devenue un peu sauvage, mais d'une bonne et originale sauvagerie.

Madame de Dunten avait des propriétés de plusieurs lieues d'étendue ; son château était immense et renfermait cent domestiques, parmi lesquels des tailleurs, des cordonniers, des chapeliers, enfin des esclaves de toutes les professions indispensables aux besoins de la vie et à quelques exigences du luxe. Rien ne s'achetait ; la nourriture, les étoffes nécessaires à l'habillement provenaient de leurs terres et de leurs troupeaux, et on se procurait à Riga, par des échanges, ce qui manquait ; aussi madame de Dunten ne pouvait plus s'habituer à revivre de notre étroite petite vie civilisée qui, disait-elle, l'étouffait.

Parmi les amis que nous recevions le plus souvent, il y avait beaucoup de jeunes personnes et de jeunes gens ; mesdemoiselles de T***, mes anciennes amies, devenues si belles et si dédaigneuses, que je savais beaucoup mieux les admirer que les aimer ; leurs cousines, trois nullités assez ennuyeuses ; MM. de Bussière, qui avaient de l'esprit, de l'instruction et de la gaieté ; enfin M. Menneval, fils du secrétaire intime de Napoléon, qui possédait une jolie petite figure, une jolie petite taille, un joli petit pied, un joli petit esprit et un amour immense pour Mathilde de Coëhorn. Mathilde, charmante personne, ressemblait à une de ces belles madones allemandes à l'expression douce et suave, et si elle était un peu plus animée qu'une statue, elle oubliait quelquefois de vivre par nonchalance et par ennui ; c'était une excellente musicienne, une bonne et tendre créature, n'ayant pas tout à fait assez de cœur pour bien aimer ses amies, mais reflétant si bien leur affection, qu'elles pouvaient s'y méprendre ; son âme était comme les beaux miroirs de Venise qui rendent fidèlement les traits, l'expression, le sourire de ceux qu'on aime, mais dont la surface unie n'a rien gardé, quand au jour de l'absence on l'interroge, on lui demande ceux que l'on regrette et ceux que l'on a perdus.

Sophie, la sœur cadette de M. de Coëhorn, avait un cœur

excellent et beaucoup d'originalité; elle aurait eu beaucoup d'esprit, sans sa constante préoccupation et son profond dépit contre un malheureux nez romain qui avait accaparé toute sa figure et dont les proportions magnifiques n'avaient que l'immense défaut d'être plus grandes que nature.

Je vivais un peu en sauvage au milieu de tout ce monde, conservant mes goûts et mes habitudes de grande enfant, ce qui était une suite naturelle de mon éducation. Ma mère m'avait tant de fois répété que j'étais laide, je le voyais si bien en comparant dans la glace ma tête à la jolie tête bouclée d'Antonine, que je m'étais juré d'acquérir assez d'esprit pour faire oublier ce qui me manquait, assez d'amabilité pour me rendre jolie. Toutes mes journées étaient consacrées à l'étude ; pendant les heures des repas ou celles de la réunion du soir, je me faisais tout imperceptible, et à dix heures, ma mère, par un regard, m'envoyait coucher. J'étais si habituée à ne pas occuper les autres de mon insignifiante personne, qu'il me paraissait très-surprenant qu'un étranger se crût obligé de me dire une parole aimable. Un jour, M. Edmond de Coëhorn m'ayant baisé la main, j'en fus si étonnée, si fière, si heureuse, que je lui dis *merci*.

Pendant tout cet été, j'eus le bonheur de lire quelques-uns des romans de Walter Scott; cette lecture m'enchanta : je n'étais plus seule, mon imagination avait des amis dans Fergus, le Maître de Ravenswood, Caleb, Flora Mac Ivor et Diana Vernon, la noble et franche jeune fille dont j'avais fait la compagne de mes rêves et la sœur de mes pensées. Chaque soir, avant de m'endormir, je l'appelais près de moi ou j'allais la chercher, galoper près d'elle, lorsque sur sa blanche cavale elle chassait à travers les bruyères d'Écosse ; elle me disait ses joies, ses goûts, qui étaient mes joies et mes goûts ; elle me parlait de son cœur, et je sentais que si j'aimais un jour, j'aimerais comme elle aimait.

Cette intimité entre ma pensée et la pensée conçue par le génie de Walter Scott dura bien longtemps ; elle eut même quelques années plus tard une grande influence sur ma vie, et maintenant encore j'évoque comme un doux souvenir et comme un fantôme ami l'image de la plus noble création du poëte écossais.

Les leçons d'allemand que me donnait M. de Coëhorn souffraient un peu de la vie animée qui avait envahi notre solitude, mais j'étudiais beaucoup seule, et j'allais chercher des conseils et des encouragements près d'une de ses tantes dont le petit manoir n'était séparé d'Ittenwillers que par une prairie.

Toute la nouvelle famille de ma mère était aimable et gracieuse pour nous. Madame de Fontanille, qui avait compris que nous avions surtout besoin d'être aimées, nous avait fait dans son cœur une affectueuse parenté; elle nous appelait ses enfants, et nous l'appelions chère tante, comme ses nièces. Il était impossible d'être plus indulgente, de s'oublier plus complétement pour les autres qu'elle ne le faisait. Quand j'avais obtenu la permission d'aller passer la matinée auprès d'elle, j'étais bien heureuse; ses yeux ne lui permettant pas de lire, je mettais les miens à son service, et, pour me récompenser, elle me disait ses charmantes et naïves traductions de Schiller et de Gœthe, et ses vers étaient si originaux, si parfaits, qu'ils semblaient transportés plutôt que traduits.

Madame de Fontanille n'avait pas d'enfants, mais un mari tout aussi bon qu'elle était bonne, et qui lui était arrivé sous la forme d'un petit roman. M. de Fontanille avait quitté la Gascogne pour venir vivre à Paris d'une joyeuse vie de garçon; aimant toutes les jolies choses de ce monde, il n'adorait que les jolis petits pieds; aussi s'était-il fait une collection de toutes les mignonnes pantoufles qui avaient mérité son enthousiasme, et il portait toujours sur son cœur le soulier coquet et satiné de son plus récent amour. Des affaires l'appelant à Strasbourg, là il rencontra dans un salon, posé sur le sphynx doré d'énormes chenets gothiques, un pied vif, espiègle, charmant, d'une admirable pureté de forme, pas plus grand, pas plus gros qu'un biscuit à la cuillère. Étonné et ravi tout à la fois, M. de Fontanille se fait présenter à la mère du délicieux petit pied. Il le voit tous les jours, il s'en passionne, il découvre qu'un cordonnier provincial chargé de le chausser est au-dessous de sa noble mission, qu'il peut le froisser! le blesser! peut-être le déshonorer en lui donnant un cor! Son inquiétude devient affreuse, insupportable, et pour sauver ce petit chef-d'œuvre il veut devenir son seigneur et maître, en faire son Dieu, et lui offrir son nom, son cœur, sa main; il fut accepté. Depuis son mariage, M. de Fontanille va

presque tous les ans à Paris pour y faire faire sous ses yeux
les souliers de sa femme.

XI

'Quand vinrent l'automne, les vendanges et les fraîches journées plutôt dorées que chauffées par les rayons du soleil, nous
fîmes, de longues, de délicieuses parties de montagne. Le baron
Hallez, qui possédait quelques-uns des plus riches mamelons des
Vosges, avec leurs forêts, leurs prairies et les antiques ruines de
leurs châteaux féodaux, nous donnait des matinées *grimpantes*
qui étaient ravissantes. On faisait la première partie du chemin
sur de petits chevaux de montagne, puis quand arrivaient les rochers à pic et le sentier frayé seulement par quelques pâtres ou
quelques chèvres, on se confiait à ses propres forces, et chacun
mettait plus ou moins d'adresse et d'agilité dans son ascension.
Il y avait des chutes, des visages tout rouges et tout essoufflés,
des rochers escaladés avec grâce, des ruisseaux franchis avec
talent; si on sifflait un faux pas, on applaudissait un saut hardi
et gracieux; enfin à midi on arrivait dans quelque vieille tour où
l'on rencontrait *par hasard* de l'ombre, des divans de mousse
et un excellent dîner.

Le plus souvent, des instruments à vent distribués dans le
taillis formaient de délicieux échos; les musiciens exécutaient
des *Lænder* nationaux et entraînants; on les écoutait d'abord,
puis ensuite on les dansait avec la gaieté et la fougue des monta-
gnards; on ne s'arrêtait que par la toute-puissance de la fatigue,
et les nuages empourprés du couchant annonçant l'heure du
départ, il restait à peine assez de force pour se laisser glisser sur
les aiguilles desséchées des sapins jusqu'à l'endroit où attendaient
les chevaux.

Ces courses m'enchantaient, je ne dormais pas de plaisir et d'impatience pendant la nuit qui les précédait; les deux fils de M. Hallez
y étaient ordinairement mes chevaliers; ils avaient dix-sept ou
dix-huit ans, de l'esprit, de la gaieté. Ils étaient, comme moi,

dans une catégorie nullement mariable, et nous faisions, sans
crainte de nous compromettre, les courses les plus rapides, les
tentatives les plus imprudentes, les rires les plus fous; seulement, comme ils dansaient assez mal, je les abandonnais à l'heure
du bal pour mon beau-père ou M. Edmond de Coëhorn, excellents danseurs qui me faisaient tourbillonner et m'enlevaient
comme une plume.

Les danses alsaciennes sont un composé de valses et de galops. Le rhythme d'abord assez lent devient de plus en plus
précipité; on se balance, on tourne nonchalamment ensemble,
puis les bras s'enlacent et forment mille passes gracieuses; on
s'éloigne, on se rejoint, les danseurs marquent la mesure en frappant le sol de leurs pieds; ils semblent voler en tournoyant,
puis, quand le dernier accord se fait entendre, ils enlèvent leur
danseuse, jettent un petit cri sauvage, et, toujours en cadence, la
déposent à terre en faisant un salut de remercîment et d'adieu.

Au mois de décembre, M. Edmond de Coëhorn, envoyé comme
secrétaire d'ambassade à Constantinople, partit chargé de toutes
nos commissions, de tous nos plus tendres vœux pour madame
de Martens qui était allée déjà retrouver depuis six mois en
Orient M. de Martens, nommé ambassadeur du roi de Prusse près
la Sublime-Porte. La santé de ma pauvre tante avait cruellement
souffert de la traversée; nous la savions triste, malade, nous
étions bien souvent et bien péniblement préoccupés d'elle, et M. de
Coëhorn, promit de l'aimer et de la soigner pour nous.

Nous passâmes tout cet hiver à Strasbourg; je fus présentée
chez quelques personnes, et je fis mon entrée dans le monde,
c'est-à-dire que j'eus l'honneur de voir mon nom écrit sur les
billets d'invitation, d'aller à quelques bals, de recevoir quelques
saluts dans la rue et quelques phrases banales dans un salon.
J'aimais beaucoup la danse, sans doute parce que c'était du mouvement, peut être aussi parce que je dansais bien, que je l'entendais répéter autour de moi, et que l'amour-propre joue
toujours un petit rôle dans nos goûts. En revanche, la partie cau-
sante du bal m'était odieuse; je ne savais pas redire des phrases
toutes faites, et ma mère m'avait défendu un si grand nombre
de sujets de conversation, qu'il ne me restait que la possibilité
d'être bête, comme la pluie et le beau temps dont se composait

mon vocabulaire, ou bien de rester muette à l'instar des plus stupides.

Quelquefois, ennuyée de ma nullité et de toutes ces entraves exigées par les convenances, je secouais le joug une seconde, et j'osais dire à mon danseur que j'étais, un peu par goût, un peu par ordre, une machine dansante, et que je le priais d'être indulgent, de remettre à quelques années le choc de nos imaginations et de nos pensées. Le plus souvent je me résignais à mon rôle sans crier gare, et j'essayais seulement de mettre à la pointe de mes pieds le petit grain d'esprit qui ne pouvait être dans ma bouche. Si l'on ajoute à ces petits supplices d'un bal, les sermons du lendemain sur le texte d'une tenue un peu de travers, d'un air trop endormi ou d'un regard trop animé, on comprendra que j'aie accepté avec regret ma dignité de jeune fille, et que je sois restée longtemps un peu sauvage et un peu enfant.

La société de Strasbourg avait été florissante dans le passé, mais la révolution de Juillet avait amené une nécessité de fusion qui avait paralysé la gaieté et la bonhomie. La noblesse orgueilleuse, assez généralement ruinée, acceptait bien les invitations des riches roturiers, mais apportait dans leurs bals un air de vaniteuse condescendance très-impolie et très-glaciale. De leur côté, les riches parvenus de la bourgeoisie, en allant chez leurs adversaires, souriaient des livrées ternies, des blasons dédorés des nobles prétentieux, et, dans leur volonté d'opposer l'orgueil des écus à l'orgueil des aïeux, semblaient avoir monnayé l'esprit, l'éducation et le savoir-vivre.

Dans quelques maisons on retrouvait cependant la franche et joyeuse cordialité des anciens jours, le luxe du cœur à la place de tout le luxe de la fortune ou de la vanité. Dans ces bals, la valse nationale triomphait de la contredanse, les galops, les cotillons, les boulangères se succédaient jusqu'au jour, moment où, pour reposer tant de plaisirs et de fatigues, la salade de pommes de terre et le pâté de foie gras venaient rafraîchir délicatement danseurs et danseuses.

Parmi les autorités, le général Brayer était le seul qui s'occupât du plaisir de ses administrés : il donnait de jolis bals, et sa fille, madame Marchand, en faisait les honneurs avec une grâce parfaite. M. Marchand, premier valet de chambre de Napoléon, avait de l'instruction; mais il était triste, recueilli, et il portait dans le regard l'expression d'un grand souvenir et d'un grand regret.

Au commencement du printemps, notre pauvre petite sœur tomba malade; ce fut une affreuse douleur pour ma mère, une profonde tristesse pour moi. Je n'aimais pas Jeanne comme j'aimais Antonine, mais mon affection, qui s'adressait à l'enfant plutôt qu'à la sœur, était bien grande et presque maternelle. Combien de fois je l'ai bercée sur mes genoux! Combien de fois j'ai fait rouler sa petite voiture à travers les allées du parc! courant bien vite, car elle, de sa petite voix, me criait : « Encore, Marie, encore, encore! » car je voyais son front si pâle rougir et s'animer, car, si je tombais essoufflée, elle me passait ses deux petits bras autour du cou, m'embrassait et me couvrait des fleurs de ses bouquets favoris.

Aucune maladie ne s'était déclarée; cependant chaque jour enlevait à la pauvre petite sa force et ses fraîches couleurs; chaque jour elle devenait plus belle, plus adorable; il semblait que l'enfant se transformait en ange, et sa pauvre mère pouvait comprendre, à la perfection de son trésor, qu'il allait retourner au ciel. Quel désespoir! Se sentir impuissante à conserver la vie que l'on a donnée; voir pâlir, souffrir, mourir son enfant sur son sein! Et cette agonie des adieux, sans possibilité d'illusions, dura six mois; Jeanne s'éteignit sans souffrances, pareille à ces belles étoiles qui brillent la nuit au firmament, qui pâlissent avec l'aurore, et qu'on ne retrouve pas au matin.

Lorsque le petit berceau resta vide de notre ange, ma mère eut une douleur qui fut presque de la folie : quelquefois nos caresses lui faisaient mal, elle nous repoussait avec violence; d'autres fois, en nous voyant pleurer avec elle, elle baisait nos larmes et semblait les recueillir pour s'en consoler; tantôt elle éloignait le souvenir de sa chère enfant, le plus souvent elle y puisait la vie. Jeanne aimait à s'endormir en passant ses petites mains dans une boucle de mes cheveux : ma mère me fit couper cette boucle et la lui donner; Jeanne aimait Antonine par-dessus tout : Antonine devint plus que jamais la favorite de cette pauvre mère.

On avait caché le petit cercueil de l'enfant sous un rosier blanc, non loin de la maison ; ma mère et M. de Coëhorn y étaient sans cesse. Leur douleur ainsi alimentée devenait chaque jour plus violente ; il fallut les arracher d'Ittenwillers et les faire partir pour Villers-Hellon. Ma tante Garat vint nous y rejoindre, et nous fûmes bientôt tous réunis par l'arrivée de ma tante de Martens, qui avait été chassée de Constantinople par le mal du pays.

La préoccupation de ce retour, qui rendait à ma mère sa sœur, sa plus intime amie, lui fit du bien ; elle allait lui présenter M. de Coëhorn ; c'était dire toutes les souffrances et toutes les joies qui s'étaient succédé dans son cœur depuis le jour de la séparation. Son regret, en cessant d'être la seule corde qui fût restée vibrante dans son âme, devint une tristesse calme ; sa santé ne nous donnait plus de crainte, mais, au contraire, l'espoir de voir bientôt sur ses genoux une autre petite Jeanne !

Depuis sept ans ma tante de Martens avait quitté la France, son père, sa famille, ses amis ; aussi le jour de l'arrivée fut un grand jour : on s'embrassait en pleurant de joie ; on se regardait à travers des sourires et des larmes. On cherchait les enfants que l'on avait aimés, on retrouvait de grandes jeunes filles ; on s'étonnait, on se félicitait ; les questions se croisaient comme les baisers : je le répète encore, ce fut un grand jour.

J'avais été élevée dans l'amour de ma tante et dans une ferme croyance en son esprit ; maintenant que je pouvais mettre ma foi à l'épreuve de la réalité et du raisonnement, elle devenait chaque jour plus vive, plus entière ; Madame de Martens est non-seulement une femme aimable, spirituelle, elle est encore toute-puissante par une attraction et un charme infinis ; sa pensé prend pour plaire toutes les formes, toutes les grâces, toutes les coquette-ries. Dans le monde sa profondeur est voilée, mais souvent un mot la réveille et des échos inconnus s'en échappent! C'est un esprit chatoyant comme la plus belle opale ; l'imagination y étincellé et le cœur y a des rayons.

XII

Mes deux cousines furent les bienvenues et les bien-aimées parmi nous; elles étaient toutes deux jolies. Elles avaient toutes deux rapporté d'Allemagne, d'Italie, d'Orient, un petit parfum étranger qui les rendait délicieusement originales. Hermine, blonde et pâle, était le type de la jeune fille rêvée par les poëtes ; Bertha avait de grands yeux, un nez retroussé et mutin, un petit cœur d'ange, un petit esprit de démon.

L'éducation-modèle de mes cousines était la plus chère préoccupation de leur mère : d'après son système, elles apprenaient leurs pensées comme nous apprenons nos leçons. Elles avaient officiellement tous les goûts, toutes les idées, toutes les croyances de leur mère : une tenue parfaite, revue et corrigée chaque jour ; des talents, assez de connaissances ; enfin une gouvernante *qu'elles gouvernaient*, et qui était une espèce de ministre responsable, ennuyeux pour le pouvoir, plus ennuyeux encore pour les administrées, grondant et grondé tour à tour.

Mon grand-père était heureux de cette réunion complète de toute sa famille. Ses trois filles, encore jeunes, encore belles, toujours gracieuses et bonnes, faisaient avec autant de bienveillance que d'esprit les honneurs de chez lui. Son fils régnait sur ses champs, sur ses bois et même sur ses bergères. Ses petites-filles éveillaient autour de lui mille échos de bonheur et de gaieté ; et toutes ces jeunes têtes, qu'il chérissait et qui l'adoraient, semblaient la bénédiction de sa bienfaisante vie, la couronne que le ciel avait posée sur ses cheveux blancs.

Les études séparaient pendant tout le jour les petits et les grands enfants ; mais la soirée, qui nous réunissait, se passait en jeux et en danses de toute espèce. Nous nous disputions le piano, les fauteuils de mon grand-père, les tête-à-tête avec ma tante de Martens, qui, toujours étendue sur le canapé, nous donnait de petits quarts d'heure d'esprit, de caresses et même quelquefois de sermons.

Mes tantes partirent pour Paris avec les premières neiges, et il me fallut bien des semaines pour recommencer à vivre seule sans trop de regrets et d'ennuis. Heureusement ma mère avait promis à ses sœurs d'aller passer quelques jours à Paris au milieu de l'hiver. Ce fut pour moi une consolation, une espérance, puis une charmante réalité.

Pendant ce séjour à Paris, mes deux tantes se partagèrent le soin de m'amuser, et mon premier plaisir fut un petit bal aux Tuileries, où je m'ennuyai royalement. Je ne connaissais personne; les amis de ma tante de Martens étaient des hommes sérieux, politiques, diplomates, d'une nature et d'une position *anti-dansante;* aussi, après avoir admiré toutes les féeries luxueuses qui m'entouraient, les jolies toilettes et les jolies figures, après avoir subi le supplice de me sentir enlevée par les quadrilles de Tolbecque tandis que la pénurie de danseurs me clouait sur ma chaise, je fus me coucher à minuit, fatiguée d'ennui et bien heureuse de me reposer enfin de tout le plaisir des autres.

Cette soirée laissa dans mon esprit un superbe mépris pour le monde. La philosophie, greffée sur la vanité blessée, étant de l'espèce la plus résistante, il fallut me traîner en victime au charmant bal de la maréchale Suchet.

Les gracieuses paroles de la gracieuse maréchale, qui me dit avoir beaucoup connu et beaucoup apprécié mon père, furent une première joie; puis les beaux yeux de ma tante Garat, qui était mon égide, m'attirèrent des danseurs; j'y rencontrai M. Ernest de Ganay, que j'avais vu souvent à Villers-Hellon, qui causait avec esprit, était un peu méchant et fort aimable; enfin je m'amusai tout autant que je m'étais ennuyée la veille, et au retour je renonçai déjà avec moins d'austérité et de bonne foi à Satan, à ses pompes et à ses œuvres. Pendant cette soirée, M. de Ganay, qui s'était fait mon cicerone, me montra quelques-unes des femmes les plus à la mode. J'admirai la belle duchesse d'Istrie, j'admirai plus encore la duchesse de Plaisance, jolie, légère, diaphane comme une de ces sveltes *demoiselles,* cousines des papillons, qui dansent au printemps sur le cristal des petites rivières.

Mes tantes me conduisirent quelquefois à l'Opéra. Je vis

jouer *Robert-le-Diable* ; Nourrit, madame Damoreau, madame
Dorus, étaient les dignes interprètes de cette grande pensée de
Meyerbeer. Je fus enthousiasmée ! Il me sembla que c'étaient
des chants dignes du ciel, peut-être pas de notre ciel, mais de
celui de Mahomet, là où les élus du Prophète s'enivrent d'hy-
dromel, d'harmonie, et se brûlent aux yeux noirs de leurs divines houris.

XIII

Au mois de mars ma mère . fut dangereusement souffrante :
M. de Coëhorn était allé en Alsace surveiller quelques affaires, et
ce fut moi qui soignai notre chère malade. Je passais les jours à
son chevet, les nuits à ses pieds sur des coussins. Seule j'avais
le droit de lui donner à boire, de soulever sa tête, de brûler ses
pauvres pieds dans de l'eau sinapisée. Moi seule recevais ses
remercîments, ses sourires ; j'avais de longs baisers. Je surprenais ses yeux qui me suivaient avec tendresse ; enfin elle
m'aimait autant que j'avais pu le rêver, et je *l'adorais.*

Six semaines se passèrent ainsi ; mais lorsque M. Coëhorn revint, il fallut lui rendre ses droits et revenir à l'affection froide
et sévère du passé.

Mon cœur, qui s'était ouvert à d'intimes épanchements, fut
donc encore une fois tristement déçu et se replia sur lui-même.
Toute son indépendance, toutes ses pensées bizarres se réveillèrent, et mon imagination, qui s'était déjà créé toute une
vie d'affection partagée, redescendit avec peine aux mesquines réalités de l'existence. Je n'avais alors aucune expérience des
choses et des hommes. Je crois que le mobile de mes actions
était noble, mais j'étais irréfléchie, imprudente, voulant agir
comme je rêvais, ne prenant jamais le sentier frayé par l'opinion, préférant un précipice à une ornière. Ne m'occupant pas
des indifférents, sans le vouloir je dérangeais leurs combinaisons,
ou souvent les miennes allaient se heurter contre elles ; enfin je
marchais dans la vie la tête levée sans regarder à mes pieds,

voyant le plus petit nuage dans le ciel de mes pensées, n'apercevant pas les pierres et les dangers qui s'amoncelaient sur le
chemin de la réalité et obéissant toujours à mon premier mouvement! Mon esprit est entêté, volontaire, orgueilleux ; mon cœur
seul le domine, et c'est par lui que je puis me diriger.

Élisabeth vint au monde avec les premières fleurs et les premiers beaux jours. Elle ressemblait un peu à la pauvre petite
Jeanne, qu'elle venait remplacer dans nos cœurs, mais elle avait
plus de force et moins de sa diaphane beauté. Ma mère, trop
faible pour essayer de la nourrir, lui donna une belle nourrice
qui avait des cheveux noirs, des yeux superbes, un mauvais caractère, des prétentions intolérables et des exigences inouïes.
Non-seulement ma mère s'était faite son esclave, mais encore
exigeait que nous nous soumissions à toutes les volontés de l'i-
dole, qui perdait son lait et se laissait mourir de faim quand
elle n'avait pas eu une récolte assez abondante de compliments.

Villers-Hellon ne fut jamais aussi animé que cet été. Il y eut
des chasses magnifiques, des soirées dansantes, des réunions
continuelles et délicieuses. Notre essaim de jeunes filles s'était
augmenté de mademoiselle de M..., charmante, douce et gracieuse personne, sévèrement élevée par sa mère, tendrement
adulée par toute sa famille, à laquelle nous ne reprochions qu'un
peu trop de ces perfections de commande qui devraient toujours
s'oublier dans les réunions intimes de gaies et franches pensées
de dix-sept ans.

Madame de M... était une des élégantes célébrités du faubourg Saint-Germain, pleine d'esprit et de grâces aristocratiques.
On la disait impertinente ; mais je la vis toujours aussi parfaitement bonne que parfaitement aimable, et n'ayant d'insolent qu'un
petit nez retroussé d'une nature orgueilleuse et superbe.

Il y avait encore à Long-Pont la comtesse de M***, aimable
douairière, et le général comte de M***, joyeux et excellent ami
de ma mère, un peu amoureux de toutes les femmes, particulièrement de ma tante de Martens, qu'il aurait peut-être épousée
dans le passé, sans l'exiguité de sa position et de sa fortune. Il
était alors sous-lieutenant et avait une mille livres de rente.

C'était à Villers-Cotterets que les chasseurs, avec leurs équi-
pages et leurs chiens, avaient établi leurs quartiers. Il y avait

parmi eux le duc de Valançay, neveu du prince de Talleyrand, qui devait hériter d'une partie de la fortune de son oncle et qui avait hérité déjà d'une partie de son esprit, M. de Vaublanc et MM. de L......

J'avais demandé quelques détails sur ces derniers à M. Jules de Montbreton. « C'est une charmante famille, m'avait-il ré-
» pondu ; il y a Blanche qui dessine, Henri plein de santé, Ju-
» les plein de gaieté, Arthur qui aime ses cousines, et Pulchérie,
» qui a une mémoire incalculable. M. L. de L., leur oncle et
» leur père, est un pastel effacé qui vous montrera toutes les
» grâces et tous les entrechats irrésistibles des anciens beaux de
» Versailles et de Trianon. Je vous promets de vous faire danser
» la première contredanse avec ce Vestris adorable et la seconde
» avec son fils, qui est aussi sauvage que vous l'êtes parfois, qui
» se tient tout aussi mal que vous vous tenez mal, et qui a plus
» que vous, s'il est possible, l'horreur des compliments et des
» phrases. Ainsi donc soignez votre toilette, effacez les épaules,
» et, s'il se peut, n'ayez pas le nez rouge. »

J'eus en effet l'honneur de danser avec M. L. de L.; mais si ses grâces étaient un peu vieilles, son amabilité parfaite, son désir d'être agréable, sa respectueuse politesse, même envers une jeune fille, me semblèrent inimitables et d'un rococo noble et de bon goût.

Quant à M. Arthur de L., il paraissait aimer son père par-dessus tout. Ses manières réservées, insoucieuses, un peu sauvages, avaient une parfaite simplicité; et il avait une grosse voix si douce, de grands yeux si timidement ennuyés dans un salon, si animés dans l'ardeur de la chasse, que j'en fis *mon héros*, et que pendant deux mois son souvenir, qui me faisait rêver, me faisait aussi rougir.

Madame Henri de L., petite-fille de madame de V., vint passer le temps des chasses à Villers-Hellon. Elle était jolie, naturelle comme les bluets des champs; mais sacrifiant à son fanatisme de vérité les banalités de la politesse. Elle était devenue la terreur des prétentions exagérées, qui la déclaraient mal élevée, capricieuse, maniaque, tandis qu'elle était instruite, spirituelle, originale, n'ayant besoin que de trois ou quatre petits défauts pour être parfaite.

Avant de retourner en Alsace, je veux parler de madame de
Montbreton, avec laquelle nous avions fait une connaissance des
plus intimes et que j'admirais avec un enthousiasme peut-être
exagéré. Elle était bien jolie, avait de grands yeux de velours
noir qu'on sentait peser sur soi lorsqu'elle vous parlait, une
physionomie spirituelle, la possibilité d'être aussi aimable qu'impertinente, suivant son caprice ou son humeur.

Madame de Montbreton avait encore de l'esprit, une instruction beaucoup moins formidable que ses prétentions ne le faisaient craindre, un superbe mépris pour son mari, une coquetterie dédaigneuse dans la société, peut-être trop gracieuse et
et trop vive dans le tête-à-tête. Le monde la jugeait sévèrement;
moi j'aimais madame de Monbreton parce qu'elle était pleine de
bonté pour mon inexpérience, parce qu'elle s'occupait de moi, à
qui personne n'avait encore fait attention. Je comprenais sa supériorité sans me permettre de l'étudier; lorsqu'elle se disait
mon amie, j'étais fière, j'étais heureuse, et mon amour-propre
lui avait ouvert mon cœur.

J'allais souvent passer des journées entières auprès d'elle. Il
n'y avait pas entre nous un échange de pensées qui eût été
impossible; mais je l'écoutais beaucoup et un peu comme un
oracle. Je répondais avec franchise à ses questions, et elle semblait s'intéresser à l'étrangeté de quelques-unes de mes convictions qu'elle essayait de combattre. Dans ce cas je me taisais...
Je n'ai jamais su discuter que sur les sujets qui m'étaient à peu
près indifférents. Habituée à garder dans les secrets de ma
pensée toutes les idées que je n'avais pas calquées sur les idées
reçues et tolérées par la société, j'en avais fait de petites idoles;
j'avais commencé par les défendre, j'aurais voulu finir par les
imposer. Pour ne pas devenir tranchante, j'étais muette, parce
que je savais qu'une jeune fille doit s'occuper des autres sans
prétendre les occuper d'elle, et qu'elle doit se servir de son bon
sens pour écouter avec grâce et se taire avec esprit.

XIV

J'éprouvai un grand chagrin en quittant tous ces amis et toutes ces joies pour retourner en Alsace, où nous nous reflétions à peine sur la surface de quelques-unes des affections qui nous entouraient. Élisabeth était rose et belle de santé; ma mère, M. de Coëhorn l'adoraient, et cependant, près du petit trésor si ardemment désiré, ils ne semblaient pas heureux; ils ne l'étaient plus. Qu'y avait-il donc de changé dans leur existence ? Tout... et rien ! Comme autrefois nous vivions seules et retirées; seulement ma mère, qui était souffrante, sortait plus rarement, et M. de Coëhorn revenait bien moins souvent près d'elle. Le soir, lorsque la lune était dans le ciel et le silence sur la terre, ils n'allaient pas s'appuyer seuls contre la fenêtre entr'ouverte, ils ne s'écoutaient plus sans se parler, n'avaient plus une pensée unique : les projets étaient discutés, les opinions combattues ; ma mère avait perdu l'auréole d'amour qui faisait rayonner son front; M. de Coëhorn, le recueillement du bonheur qui rendait si belle sa noble physionomie. Elle était moins jeune, il semblait l'être davantage. Hélas! ces affections du cœur se fanent-elles comme les fleurs des champs ? L'amour livre-t-il ses rêves, ses parfums, ses joies, aux brises de l'habitude qui les dispersent au loin, comme les froids ouragans d'automne dispersent les dernières feuilles ? Mon Dieu !... ce doit être une douleur immense que d'assister ainsi à l'agonie de son amour !

Ma pauvre mère, en perdant de son bonheur, était devenue plus sévère pour moi, moins indulgente pour Antonine. M. de Coëhorn avait souvent de l'humeur et se créait des griefs pour se donner la distraction de se fâcher. J'acceptais très-difficilement le rôle de victime; gardant ma position d'égalité et d'impunité fraternelle, je combattais bravement M. de Coëhorn; s'il était injuste, j'étais impertinente : s'il grondait, je me riais de sa colère et quelquefois je l'en faisais rire malgré lui. Lorsque je voyais le coin de notre foyer envahi par une tristesse muette ou de pénibles discussions, je me mettais au piano et je forçais mon beau-père à me faire faire un tour de valse, ou bien encore je hasarda quelques-unes de ces idées hors ligne qui forçaient ma mère à quitter ses pensées noires pour se fâcher et me faire un sermon.

J'étais devenue assez bonne musicienne; on me disait que j'avais une jolie voix et on pensait que je chantais très-mal. En effet, je faisais avec une facilité d'oiseau un trait, une gamme, une cadence; mais s'il fallait chanter avec sentiment des airs tendres ou passionnés, cela me devenait impossible. Je n'osais traduire tout haut les impressions de mon cœur, je ne pouvais saisir celles à l'usage de tout le monde, et je chantais si mal les romances que ma mère chantait si bien, que je la faisais rire tout autant qu'elle me faisait pleurer.

Je devenais une grande personne, et cependant, plus que jamais on me traitait en enfant, on encourageait mes folles gaietés et toutes les petites actions bizarres dans lesquelles je dépensais la vie qui bouillonnait en moi. A cheval, je cherchais, je créais, je bravais mille dangers; dans mes promenades à pied, je ne résistais pas au plaisir de sauter une haie, de franchir un ruisseau sans autre but que celui de protester contre une barrière ou un obstacle, et lorsqu'on me pardonnait cette incroyable et entière liberté de mouvements, on ne tolérait pas la moindre indépendance dans mes opinions, on blessait sans cesse l'amour-propre de ma pensée pour la comprimer et l'éteindre. Tous ces moyens étaient inutiles. Si je consentais à être trouvée laide, je me révoltais contre la supposition d'être trouvée sotte; puisqu'on l'exigeait, je me taisais; mais j'écrivais, mais je lisais avec ardeur, j'habituais mon intelligence à poétiser les plus minutieux détails de la vie, et je la préservais avec une sollicitude infinie de tous contacts vulgaires ou triviaux. J'ajoutais à cela le tort de parer la réalité pour la rendre aimable à mon imagination, celui plus grand encore de sentir l'amour du beau peut-être davantage que l'amour du bien, de remplir plus facilement l'excès du devoir que les devoirs mêmes, et de préférer en tout l'impossible au possible.

Ma mère voulut passer la mauvaise saison à Strasbourg; elle se plaignait constamment de sa santé, et s'en inquiétait beaucoup sans que les médecins vinssent partager son inquiétude, qu'ils attribuaient à un état nerveux bien plutôt qu'à une maladie dangereuse. L'hiver mondain s'annonçait gaiement; on avait consacré au plaisir plusieurs soirées de chaque semaine, et on parlait d'espérances plus brillantes encore que la réalité. La société de Strasbourg avait fait quelques recrues précieuses : c'était la marquise de Caraman, assez remplie d'esprit et de grâce pour qu'il fût permis de lui soupçonner une fée pour marraine ; M. de la F***, qui avait une belle tête, puis... une très-belle tête... enfin une admirablement belle tête; enfin M. Théodore de Bussière, qui venait d'épouser une douce et belle personne, fille de M. Humann.

Un des premiers jours de janvier je tombai sérieusement malade ; j'avais voulu braver d'assez vives souffrances pour ne pas manquer un bal auquel je tenais beaucoup, et, après avoir dansé plusieurs heures, un vent glacé vint souffler au départ sur mon front brûlant, et le lendemain la rougeole se déclara avec une violence et des symptômes très-alarmants.

Tous ceux que j'aimais furent éloignés par la crainte de la contagion ; on m'exila dans ma chambre avec une garde, et là je souffrais seule, épiant le son d'une voix, le frôlement d'une robe, le pas cadencé de ma mère, le pas léger d'Antonine, croyant mourir, mourir sans les revoir, n'ayant pour consolation que l'espoir d'être couchée sous la pierre qui couvrait mon père, et de mêler au ciel mon âme avec son âme.

Trois semaines s'étaient écoulées ainsi ; j'étais hors de danger, mais bien faible encore, lorsque j'appris, par un mot imprudent échangé entre ma garde et mon médecin, que ma mère était gravement, bien gravement malade ! Je voulus me lever, courir chez elle réclamer mon droit de la soigner, cela fut impossible, mes souffrances étaient contagieuses ; j'aurais voulu lui donner ma vie, et ma présence aurait ajouté un danger de plus au danger qui la menaçait, Quelles journées !... quelles inquiétudes !... quelles angoisses !... J'interrogeais avec une anxiété égale le bruit et le silence ; j'étais assise tout le jour et une partie de la nuit contre la cruelle porte qui me séparait d'elle ; M. de Coëhorn et Antonine essayaient vainement de me tromper par des paroles d'espérance ; il y avait des larmes dans leurs voix, comme il y avait des larmes dans mes pressentiments : je comprenais la vérité, j'étais dans un état affreux, et je me sentais devenir folle ; enfin on me conduisit près d'elle.

Pauvre mère ! elle, était horriblement pâle ; ses lèvres étaient bleues, sa tête était penchée sur son oreiller : elle ne souffrait plus, elle ne sentait plus nos baisers qui brûlaient ses pauvres mains ; son regard fixe était attaché sur M. de Coëhorn ; il semblait compter chacune de ses larmes, les recueillir pour s'en faire un trésor dans l'éternité. Un instant elle revint à nous, fit approcher Antonine, la garda quelques minutes sur son cœur ; puis elle passa lentement ses doigts dans mes cheveux les écarta de mon front, sonda avec un angélique regard ma profonde douleur, et me dit : « Pauvre enfant, je t'aimais!... » Je la couvris de baisers avec bonheur et angoisses ; mais mon cœur se brisant en sanglots, on fut obligé de m'arracher de ses bras, et j'allai me cacher derrière ses rideaux !... Sa tête s'était penchée sur la tête d'Eugène ; elle lui parlait avec ses yeux, avec son âme, elle semblait puiser de la force dans son désespoir ; nos douleurs lu faisaient mal, les siennes l'empêchaient de souffrir... Plusieurs heures se passèrent ainsi.

Le jour commençait : tout à coup Eugène poussa un cri affreux, elle nous avait quittés!...

Après une journée passée dans ces anxiétés terribles qui désorganisent nos pensées et nous font épouser une sorte de folie intérieure, il me fut impossible de maîtriser plus longtemps une idée fixe, intime, qui s'était emparée de moi et qui me poursuivait ; je voulais la voir encore une dernière fois... Je posai doucement sur son lit Antonine qui s'était endormie de douleur dans mes bras, puis je me glissai inaperçue dans la chambre de ma mère !... Mon Dieu ! combien on comprend votre puissance dans la mort !... Quand je revis ma mère, elle était déjà si saintement belle d'immortalité que mes larmes se séchèrent, que je tombai près de son lit à deux genoux comme devant une sainte. J'étais venue pour prier sur elle ; en la voyant je la priai pour nous.

— Ma mère, lui disais-je, pardonne-moi ; je ne t'ai pas assez adorée pendant ta vie. Regarde mon cœur, vois ce qu'il a souffert ; pardonne-moi, ma pauvre mère, mon ange gardien!...

Je voulus couper une boucle de ses cheveux, je ne l'osai pas ;

elle me semblait inviolable et sacrée comme les hosties saintes. Je
voulus mettre un dernier baiser sur son front; ce baiser glaça ma vie
après avoir glacé mes lèvres ; il fallut m'emporter dans ma chambre.

J'avais retrouvé un peu de calme en priant devant ma mère,
je le perdis aussitôt que je fus seule ; mon abandon, mon isolement sur la terre ne se montraient pas encore à ma pensée; elle,
elle seule l'occupait et la torturait. Hélas! hélas! pendant que
je la possédais, j'avais murmuré contre sa sévérité, j'avais dans
mon esprit combattu ses ordres et ses conseils... J'avais aimé
plus que je ne l'aimais le souvenir de mon père; pour lui j'a-
vais été malheureuse de son bonheur, c'étaient d'irréparables jours
qui pesaient sur mon souvenir comme des regrets mortels... Ah!
si l'on pouvait, pendant la vie de ce que l'on aime, se faire
une idée exacte de ce qu'il faut souffrir à leur mort, combien
on saurait mieux les rendre heureux, combien on sentirait davantage le prix de chaque jour, de chaque minute!...

Le désespoir de M. de Coëhorn était effrayant; il ne pleurait
pas, il criait; il se frappait la tête contre les murs, il baisait à
genoux les chaises où elle s'asseyait, ses livres, son piano, le
tapis qui avait été foulé par ses pieds; il embrassait Élisabeth
avec adoration, il nous serrait dans ses bras, nous disait avec
des angoisses de douleur : « Mes pauvres enfants, et vous aussi
je vous perds!... » Et ces paroles étaient entrecoupées de
pleurs ; et nous lui répondions aussi en sanglotant que nous
l'aimions, que nous l'aimerions toujours, que le cœur de notre
mère l'avait légué à nos cœurs.

Lorsque nous fûmes un peu plus calmes, Eugène voulut me
parler ; il me prit les mains, me demanda en grâce de l'aider
à remplir la dernière volonté de celle que nous pleurions. Ma mère
voulait dormir de son dernier sommeil auprès de sa petite Jeanne,
dans les lieux qu'Eugène devait habiter, qui étaient remplis par
les souvenirs de bonheur qu'elle lui avait donnés. Je fus boule-
versée en écoutant cette dernière volonté de ma mère ; j'avais
espéré que la mort réunirait sur la terre comme dans le ciel
mes plus chers trésors, et que je serais à genoux sur la tombe
de mon père en priant sur celle de ma mère... Je restai muette,
frappée d'une nouvelle douleur.

— Marie! Marie! me disait Eugène, ne veux-tu pas obéir à

sa dernière volonté? Il faut obtenir une autorisation de l'évêque, il faut qu'elle soit demandée en mon nom et au vôtre. Vois, ma vie est brisée. Je n'ai plus qu'un tombeau; pourrais-tu me l'envier? ce sera un nouveau lien, entre nous; vous reviendrez à moi pour venir pleurer sur sa tombe; je te le demande à genoux par pitié pour elle et par pitié pour moi.

— Eugène, mon pauvre ami, je t'en supplie, écoute-moi! Le désespoir le plus intime, le plus irréparable, s'use au contact des années; quelques pas à peine sépareront la vie et la mort; et si un jour...

— Tais-toi, Marie, tais-toi; cette pensée est odieuse! Pourquoi ne pas vivre près d'une tombe, lorsque l'on a mis tout son avenir, tout son amour au ciel? Par pitié...

— Eugène, que sa volonté soit faite.

Ma pauvre mère fut donc déposée auprès de sa petite Jeanne; des rosiers les couvrent de leurs fleurs et de leurs parfums, et deux croix inégales s'élèvent au-dessus de leurs branches, comme la grande pensée de l'immortalité au-dessus des regrets et des douleurs de la séparation.

Toute la famille de M. de Coëhorn fut excellente pour les pauvres orphelines; madame de Coëhorn nous conduisit chez elle, où nous restâmes deux mois, attendant les premiers jours du printemps pour retourner au milieu de notre famille; ce furent des jours bien longs et bien tristes. Je ne vivais que par les lettres qui venaient pleurer avec moi ma pauvre mère : celles de mes tantes nous disaient qu'elles nous attendaient comme deux pauvres enfants qu'elles allaient ajouter à leurs enfants, et qu'elles nous confondaient déjà dans leur cœur... Ces expressions si touchantes et si bonnes, qui voulaient nous cacher notre isolement, m'en faisaient davantage sonder la profondeur; ma reconnaissance était immense, elle m'étouffait; j'aurais préféré porter ma vie toute seule, et succomber sous son fardeau, à l'obligation de la faire ainsi peser sur les autres. L'affection profonde de mon grand-père était ma seule résignation : lui m'aimerait pour moi, et non pas pour accomplir un devoir; je serais le bâton de sa vieillesse, un vivant souvenir de sa pauvre Caroline; il soutiendrait ma vie, j'embellirais la sienne... Le cœur est orgueilleux, il voudrait tout rendre avant même d'avoir rien reçu... Je connais-

sais la bonté parfaite de ma tante Garat; je savais qu'elle me
donnerait une sollicitude, une tendresse maternelle. Comment
m'acquitter envers elle ? On paie les soins d'une mère par ses
baisers, par ses talents, par ses succès ; une bonne action est sa
plus douce récompense, une noble pensée met l'orgueil sur son
front ; le monde l'honore, Dieu la bénit dans les qualités de son
enfant. Mais que ferais-je pour ma tante ? je ne pouvais que l'aimer, et l'aimer, c'était trop facile.

Une voix vint retentir avec une puissance et une bonté infinies
dans mes cruelles tristesses ; madame de Valence, cette noble
amie de ma grand'mère, qui avait été la marraine de ma mère
et qui m'avait aimée aussi toute petite fille, vint me tendre la
main, mêler ses larmes à mes larmes, me permettre de l'aimer
autant que j'avais appris à la respecter ! Je la regardais comme
un de ces anges gardiens qui protégent l'aïeule, la mère, les
enfants et les petits-enfants, qui sourient aux joies de toute une
génération, et qui, s'ils n'ont pas la puissance de prévenir les
larmes, ont celle au moins de les essuyer. Madame de Valence
me proposait d'aller passer quelques mois d'hiver chez elle;
j'acceptai avec reconnaissance. Ma tante de Martens s'était chargée d'Antonine, et, pour terminer son éducation, qui avait été
un peu négligée, il fut décidé qu'elle passerait quelque temps
en pension. On voulait la mettre à Saint-Denis ; mais j'avais de si
tristes et de si froids souvenirs de ce grand couvent, que je m'y
opposai de toute la puissance de ma volonté et de mes prières.
On en faisait une question d'argent ; mais, en ajoutant une
partie de mes petits revenus aux siens, elle pouvait entrer facilement dans un de ces bons pensionnats de Paris où il n'y a pas
six cents cœurs et six cents esprits à former et à diriger. Je trouvais impossible qu'on refusât ma proposition, qui était l'accom-
plissement d'un droit et d'un devoir; car, étant l'aînée, le bonheur
de ma sœur m'appartenait. Madame Adélaïde trancha la
question en se chargeant de la pension d'Antonine : la mémoire
de mon cœur s'en souvient et s'en souviendra toujours ; il est
doux d'être protégé dans ceux qu'on aime, et la reconnaissance
qui bénit la protection accordée à une sœur est bien sainte et bien
légère à porter.

XV

Je passai à Villers-Hellon le premier été qui suivit la mort de ma pauvre mère; tous ceux qui m'y entouraient portaient son deuil dans leurs souvenirs: mon grand-père m'aimait de toute la force de ses regrets, mes tantes étaient parfaitement bonnes, mes cousines bien fraternelles, et ma douleur était devenue plus calme sans rester moins profonde. Ma tante Garat s'était particulièrement chargée de moi; je lui rendais compte de l'emploi de mes journées; elle blâmait ce qui lui déplaisait dans mon caractère ou mes manières, ordonnait et défendait avec l'autorité d'une mère.

Ma bonne et belle tante, mariée à seize ans, était encore une petite fille lorsqu'elle devint mère, et dut ajouter à toutes les joies que la société avait mises à ses pieds, un enfant, cette douce joie qui vient du ciel. Cet enfant, au lieu de naître rose et joli comme elle l'avait rêvé et comme il devint plus tard, fut d'abord un petit être maladif et morose, auquel il fallut donner une bonne santé avec des médecines noires et un bon caractère avec des sermons. Ma tante, qui continua longtemps pour sa fille son système de gouvernement absolu, ne le suivit qu'en partie à mon égard; elle était souvent pleine d'affection, de laisser-aller, d'indulgence; mais si sa conscience lui rappelait qu'elle m'avait adoptée pour sa fille et qu'elle avait aussi des devoirs à remplir envers moi, elle me faisait les sermons les plus sévères, donnait à mes pensées des interprétations humiliantes qui blessaient mon amour-propre et comprimaient mon cœur; puis, si elle surprenait mes larmes, elle les séchait par des baisers et me faisait oublier le mal qu'elle m'avait fait. Cependant, et je le répète encore, ma tante était toute bonne; lors même que je ne savais pas supporter avec calme ses admonestations maternelles un peu vives, je rendais justice au sentiment qui les inspirait. Mon affection et ma reconnaissance ne faiblissaient pas; seulement, pour garder mes pauvres idées de la censure, je les rendis muettes et

je m'appris à soumettre les petites actions et les petits sentiments
de ma vie à ses volontés et à ses opinions. J'aurais eu besoin
d'une amie ; je la cherchais inutilement autour de moi : parmi
mes égales, ma cousine Garat, qui avait une imagination d'autant
plus ardente qu'on la comprimait davantage, un bon cœur, un
moins bon caractère, de la franchise par nature, de la dissi-
mulation par nécessité, avait une affection trop exigeante et trop
variable ; Hermine de Martens savait très-mal aimer, et Bertha
n'était encore qu'une charmante enfant. Quant à ma sœur, je l'aimais avec un mélange de sollicitude appartenant plutôt à la
mère qu'à l'amie : elle avait, avec un excellent cœur, une douceur inaltérable, une abnégation de volonté et de caractère qui
lui donnaient le bonheur dans le présent, le lui assuraient encore dans l'avenir, et moi qui savais combien j'étais malheureuse
par mes pensées trop amères, ou si belles, qu'elles défloraient
toutes les réalités, moi qui souffrais si souvent pour ployer ces
pensées aux exigences de la vie réelle, je n'osais les partager avec
elle, et je reconnaissais que Dieu l'avait faite et meilleure et
plus sage que moi.

Quelquefois, dans mes jours de tristesse ou de déraison, je
doutais de moi-même ; je me demandais si je n'étais pas folle, si
cette existence de joie, de jouissance et d'oubli, qui échappe à la
douleur en échappant à la pensée, ne valait pas mieux que ma
manière d'être ; j'essayais, mais toujours vainement, de me courber sous ce manteau de plomb jeté par la société sur les épaules
de ceux qui acceptent son joug, et je ne trouvais de distractions
que dans le désir de m'instruire. Ma tante approuvait mon
amour de l'étude en me disant que l'instruction et le talent ne
nuisaient pas aux progrès d'une demoiselle à marier ; pour
moi, je voyais dans le développement de mes facultés le moyen
d'être aimée, et je parais mon esprit pour cet être que je ne rêvais pas encore, mais que j'espérais dans le lointain et que j'attendais comme le complément de mon existence. Lorsque j'avais
écrit quelques nobles pensées, je les *lui* lisais ; lorsque j'avais
vaincu une difficulté musicale, je *lui* chantais ma victoire ; j'é-
tais fière de *lui* offrir une bonne action ; je n'osais penser à *lui*
quand j'étais mécontente de moi-même ; enfin ce n'était pas un

homme, ce n'était pas un ange, c'était quelque chose qui devait *m'aimer*. Je me gardais bien de parler aussi de ce bel idéal à ma tante ; je l'avais essayé une ou deux fois, mais on m'avait répondu que rien n'était plus éloigné de mon rêve que la réalité d'un mari ; que de semblables idées étaient dangereusement inconvenantes ; que les jeunes filles devaient seulement désirer une position dans le monde, de la fortune ; des plaisirs , un beau trousseau ; une délicieuse corbeille, et que tous les autres souhaits, si on a le mauvais esprit de les former, doivent se faire à huis-clos. Combien la plus noble destination de l'homme, le devoir, peut être dénaturée par la société, les usages, les convenances ! On dirait quelquefois qu'il ne consiste que dans le sacrifice des facultés qui ne sont pas celles du plus grand nombre ; et qu'il faut expier le peu d'esprit qu'on pourrait avoir en le dirigeant dans le sens de ceux qui n'en ont pas. Dieu n'a pas allumé dans ses créatures le flambeau de l'intelligence pour qu'elles l'éteignent en holocauste sur l'autel de la médiocrité ; chaque homme, et j'ose le penser, chaque femme, doivent se frayer une route d'après leur caractère ; et le progrès doit être notre première nécessité comme notre premier devoir.

Mes plus doux moments se passaient auprès de mon grand-père ; j'étais devenue sa favorite ; il s'était établi entre nous un échange d'affection et de pensées : il vivait dans ses souvenirs, je vivais dans mes espérances, et nous nous étions donné l'un à l'autre notre joie dans le présent. Mon grand-père avait fait préparer pour moi une chambre près de la sienne : une simple tenture, séparait les deux appartements ; la nuit nous pouvions causer, et le matin je n'avais qu'un pas à faire pour lui apporter mon premier baiser ; pendant sa sieste, qui était plutôt du repos que du sommeil, je lui faisais de la musique, quelques lectures, ou bien je m'asseyais à ses pieds, et il me racontait pour la vingtième fois une de ses histoires de prédilection.

Cet excellent grand-père était le superlatif de la bonté ; il vivait pour les autres, était heureux en faisant des heureux, et ne savait jouir que des biens qu'il pouvait partager ou donner en entier.

La bienfaisance est au cœur ce que l'étude est à l'esprit ; c'est une jouissance qui peut seule suppléer au vide que les passions ou le malheur ont laissé dans l'existence ; ce noble sentiment apprend à

vivre pour les autres lorsqu'il serait trop douloureux de vivre
encore pour soi-même, et il permet de se livrer aux douces émotions du cœur en dehors de sa propre destinée.

Tout cet été je fus assez souvent à Long-Pont. Madame de
Montesquiou m'accueillait avec une bonté parfaite. Elle m'avait
permis de l'aimer, et je le faisais de tout mon cœur. Souvent je
lui demandais quelques conseils, souvent elle me grondait doucement; toujours on pouvait interroger sa vie pour se guider dans
le droit chemin. Son frère vint passer quelque temps à Long-Pont
avec sa femme et ses enfants, aimés de ma mère; il fut affec-
tueusement bon pour la pauvre orpheline, et il lui promit conseils et amitié. C'est un grand-caractère que celui de M. le marquis
Jules de Mornay ; il était né grand seigneur : par sa volonté il se
fit homme et préféra la noblesse de son intelligence et de son
cœur à la noblesse de son blason. Appelé à la Chambre des députés, il n'y fut pas le représentant des grands et des privilégiés
de ce monde, il y fut le soutien et le représentant du peuple; il
donna à sa patrie, aux malheureux, une vie que le sort avait destinée aux plaisirs. Sa tâche est belle ! et gloire lui soit rendue !
M. de Mornay avait épousé la fille du maréchal Soult, belle personne qui joignait à une grande âme une bonté pleine de dignité.
Lorsqu'elle entrait dans le grand salon de Long-Pont, tenant à la
main ses deux enfants, elle avait sur le front la noble fierté d'une
mère romaine, et ses joyaux étaient aussi beaux que ceux de
Cornélie.

Au commencement de cet hiver je fus demandée en mariage
par M. de L*** ; je ne saurais exprimer l'émotion profonde que
je ressentis lorsque ma tante de Martens se fit l'interprète de ces
paroles d'amour, les premières qui m'étaient adressées. Une nouvelle puissance se révélait en moi : mon cœur battait plus vite,
la vie rayonnait dans mes yeux, sur mon front; j'étais honorée;
j'étais reconnaissante, et, si je ne voulais pas épouser M. de L***,
je le regardais comme le précurseur du grand bonheur que
j'avais rêvé. Je ne l'avais vu que quelquefois ; il était jeune et
beau; il chantait à merveille, il était aimable. Je crois que s'il
m'eût dit tout bas qu'il m'aimait avant de le dire tout haut à ma
tante, je l'aurais accepté; mais cette affection fut déclarée si
convenablement, il était si impossible de la poétiser, que je ne

pus me décider à entrer dans la réalité de l'existence avant d'avoir
vu fleurir et se faner quelques-unes de mes illusions. Il me semblait que c'était brûler les plus belles pages du livre de ma destinée pour arriver plus vite au dernier feuillet, et je ne compris
pas une fin sans commencement.

La fortune de M. de L*** étant une place de 4 à 5,000 francs, la
raison de ma famille s'accorda avec la raison de mon imagination,
et elle refusa en son nom et au mien.

XVI

Au mois de décembre je quittai Villers-Hellon pour aller habiter la jolie petite chambre que madame de Valence me desti-
nait. Cette généreuse amie de ma grand'mère me reçut comme un
enfant attendu et désiré; tous mes goûts avaient été consultés,
tous mes désirs avaient été réalisés. Madame de Valence avait
acheté, pour me recevoir, un excellent piano, et elle mit près de
moi, pour me servir, une vieille sœur de Mamie, excellente créature bien sainte, bien dévouée, qui avait vu ma grand'mère à seize
ans, qui avait fait sauter sur ses bras tous mes grands parents. Je
fus heureuse, bien heureuse, au milieu de toute cette petite colonie de la rue de Berry. Autour de madame de Valence se groupaient ses enfants, ses petits-enfants, ses arrière-petits-enfants,
la couronne et la gloire de sa vieillesse, l'échelle bien-aimée qui
faisait descendre ses souvenirs à travers les joies de son automne,
de son été et de son printemps.

C'était madame la maréchale Gérard, sa fille aînée, pieuse et
noble femme, aussi grande par ses vertus que par son nom, ses
talents et son esprit; ses trois enfants, Cyrus, Maurice et Féli-
cie; c'étaient madame Henry de Laigle et sa belle petite Marie,
pauvre ange envolée au ciel; madame de Caumont, toute franche,
toute belle, toute bonne, et son petit Bertrand; c'étaient MM. de
Laigle et de Caumont, M. de Celles et le maréchal Gérard.

Madame de Valence vivait dans toutes ces chères vies et pour
elles seules; ses petits-enfants venaient ouvrir ses yeux fermés la
veille par les baisers de leur mère, et elle avait pour tous d'iné-

puisables trésors de bonbons, de joujoux, de conseils, de sermons, d'esprit et d'affection.

Il n'était jour qu'à midi dans la chambre de madame de Valence, et j'avais pris une leçon de chant, étudié mon piano et
fait quelques lectures avant de venir déjeuner près de son lit;
je passais la journée très-solitairement et la soirée en famille. Je
faisais beaucoup de musique; le maréchal Gérard s'en amusait,
et, pour ma récompense, je le voyais sourire, s'animer et presque chanter avec moi.

C'est une noble gloire que celle de ce bon maréchal, qui écrivit
avec son épée ses lettres de noblesse, se fit assez grand pour servir
d'aïeux à ses enfants, et, laissant très-nonchalamment à l'histoire
le soin de le faire admirer, ne confia qu'à lui-même celui de se faire
aimer et d'être parfaitement indulgent, aimable et affectueux.

Le maréchal Gérard faisait tous les soirs une petite promenade
à pied dans un très-modeste incognito de toilette, et quand il
rencontrait une vieille moustache de l'empire, il l'abordait, causait avec elle du grand homme, de ses glorieuses victoires et de
ses sublimes défaites; il interrogeait les vieux guerriers sur leur
position, et s'ils étaient malheureux, il devenait pour eux une
providence qui réparait les oublis et les injustices. Un jour il
revint plus tard que de coutume avec une gaieté trop vive pour
ne pas être expansive.

Le maréchal Gérard avait rencontré sur la place Beauveau un
vieux grognard vivant de ses souvenirs en dépit de ses blessures,
adorant le passé, mécontent du présent et se posant en victime
quand il aurait pu se poser en héros. La conversation s'engagea;
arrivé devant un marchand de vin, le sergent offrit un quart de
litre à son ancien, qui le refusa.

— En v'là une forte! s'écria le vétéran; est-ce à dire qu'une
épaulette se regimbe pour trinquer avec une jambe de bois? Cré·
coquin, une graine d'épinard ne serait pas plus fière; et, quoique
l'habit ne fasse pas le moine, le vôtre ne fait guère plus qu'un
sous-lieutenant. En avant, marche! Levons le coude à la santé
du petit chapeau...

— Cela ne se peut pas, mon vieux camarade.

— C'est donc la bourgeoise qu'a prohibé le verre de vin de
l'amitié?

— Non, non, la bourgeoise n'est pas trop récalcitrante, et je vous engage à venir déjeuner demain chez elle et avec moi.

— C'est parlé. Va pour le déjeuner, et nous crierons vive l'empereur sans craindre ces gueux de sergents de ville et les mouchards.

Ils s'étaient séparés, et le lendemain matin un déjeuner excellent fit renouer entre les deux amis de la veille, une connaissance qui pétrifia tant soit peu le vieux sergent, lorsqu'il se vit l'hôte d'un maréchal de France; des toasts furent portés à l'empereur et à toutes ses gloires. Un brevet de pension fit un heureux du pauvre mal content, et à l'avenir il se vit dans la nécessité de boire deux santés au lieu d'une, de bénir son maréchal, comme il bénissait son empereur.

Vers minuit, le petit salon devenait une chaude solitude; je portais à madame de Valence sa dernière tasse de thé, puis je m'asseyais au pied de sa chauffeuse. Nous causions d'abord, puis à ma prière elle évoquait ses souvenirs : c'étaient des courses à vol de papillon sur toutes les fleurs de sa vie, des pensées d'une délicatesse exquise, des anecdotes toutes roses et toutes gaies, des bons mots, de l'esprit, comme il y en avait et comme il n'y en a plus ! C'étaient aussi de longs et douloureux retours sur ce passé qui laisse des croix dans nos cimetières, des rides éternelles dans nos cœurs. Elle avait perdu une fille aînée qu'elle aimait passionnément, une ravissante petite fille, sa mère, son mari, presque tous les amis qui avaient traversé la vie avec elle !

Et si je voulais éloigner ces souvenirs de deuil, elle me disait : « Enfant, Dieu place toujours une résignation auprès d'une douleur; la pensée qui me fait pleurer est aussi la pensée qui me console; ma patrie n'est plus dans ce monde, et la mort, qui sépare dans le temps, réunit dans l'éternité. »

Souvent Cyrus G..., en quittant le spectacle ou ses amis, venait achever sa soirée près de nous, et sa grand'mère, dont il était le favori, avait alors pour lui plaire une maternelle et délicieuse coquetterie, qui nous donnait, presque jusqu'au matin, des heures belles et riantes. Cyrus avait mon âge et à peu près mon *expérience*, beaucoup d'esprit, de l'instruction, un excellent cœur, et tout autant d'exaltation pour la vie positive que j'en avais pour la vie des nuages. Nous avions ensemble de violentes et conti-

nuelles discussions, sans préjudice pour une bonne et solide
amitié, renouvelée de celle qui avait embelli nos jours depuis
l'âge de deux ou trois mois jusqu'à celui de deux ou trois ans.
J'étais la confidente des plaisirs et des petits péchés de mon *vieil
aîné*; il se moquait de mes grands airs, de mes pensées, qui,
selon lui, voyageaient toujours sur des échasses, et il n'était
jamais plus fier que lorsqu'il m'avait fait rougir au récit d'une
de ses petites équipées... Il me demandait quelquefois de jolies
phrases pour mettre dans ses lettres d'amour, et me montrait des
bagues, des médaillons, des cheveux de toutes les nuances, qui
troublèrent le sommeil de quelques-unes de mes nuits.

Pendant ces causeries, madame de Valence, qui lisait très-
attentivement afin de ne pas être en tiers dans ces amicales confidences, pinçait souvent les lèvres pour ne pas rire des folies de
nos deux jeunes et folles têtes; puis, quand nous étions seules,
elle me disait : « Ne crois pas un mot de ce que te dit Cyrus; il
se compose des défauts pour te surprendre, et se donner *une
position dans le monde des grands enfants de votre enfant.* »

J'ai perdu depuis longtemps les sentiers de Cyrus; je ne sais
maintenant s'il est un diplomate, un lion, un sportsman, un dandy.
Seulement, je suis sûre qu'il est et qu'il sera toujours un homme
d'honneur et un homme d'esprit.

XVII

J'avais retrouvé à Paris madame de Montbreton. Elle m'avait
gardé son amicale bonté, mon admiration n'avait pas faibli; je la
voyais quelquefois, et ces quelques fois me semblaient toujours
trop rares et trop courtes; elle voulait me présenter à sa mère et à
sa sœur, qui demeuraient dans la rue d'Angoulême, si près de
celle de Berry que mademoiselle de Nicolaï et moi nous nous vîmes
un peu... beaucoup... puis tous les jours... et presque à toutes
heures. Ma famille n'approuvait pas cette intimité; la réputation
de mademoiselle de Nicolaï l'effrayait; on la lui avait représentée
comme une jeune personne hors les lois du monde, plus libre,

plus indépendante qu'une jeune femme. Elle craignait pour moi son influence, et il fallut toutes les instances de madame de Nicolaï, les prières de sa fille, pour qu'on voulût fermer les yeux sur ces relations amicales.

Marie de Nicolaï avait une indépendance d'actions nullement en harmonie avec sa position de jeune fille à marier. Croyant qu'elle avait ressenti ces sentiments de malaise dont je souffrais souvent, et que, plus courageuse et plus grande que je ne l'avais été, elle s'en était affranchie pour chercher le bonheur, non pas selon le monde, mais selon ses croyances et son cœur, je me sentis attirée vers elle par une intime sympathie. Hélas ! j'avais pris le vide pour la profondeur, l'amour des plaisirs du monde pour l'amour du bonheur de l'âme ! J'avais pris des impressions pour des sentiments, j'avais pris des sensations pour des pensées !...

Marie exerçait un empire absolu sur tout ce qui l'entourait, et sa volonté était devenue la volonté de trois existences qui devaient la protéger. M. de Nicolaï, qui ne comptait pas dans son intérieur, était à l'extérieur le membre très-honoré et très-honoraire de toutes les sociétés et comices agricoles, de toutes les assurances contre la foudre, contre la grêle, contre l'incendie. C'était un homme assez heureux pour être jugé et classé parmi ces nullités respectables qui font l'honneur et l'espérance de leur département : il avait la science de se taire, une bonne table, et une digestion assez laborieuse pour avoir, après chaque repas, quelques heures de ces taciturnes méditations qui servent à donner la réputation de penseur profond. Madame de Nicolaï, incroyable et merveilleuse dans sa jeunesse, avait été jolie, coquette, agréable et piquante ; mais elle n'avait rien conservé de tout cela. Elle disait en souriant de ces choses dont la pensée seule fait rougir ; trouvait des noms pour tout ce qui n'en a pas dans la bouche d'une femme ; avait une de ces vieillesses qui n'attirent pas le respect et font craindre de vieillir. Madame de Nicolaï, qui n'aimait pas beaucoup madame de Montbreton, adorait Marie, c'est-à-dire qu'elle réalisait tous ses désirs, toutes ses fantaisies, et lui donnait une liberté presque complète. Cette enfant gâtée avait des appartements séparés, une femme de chambre pour sortir le matin, une gouvernante pour se promener dans la journée, sa mère pour la mener dans le monde. C'était surtout dans les salons que l'indépendance de Marie était remarquée et blâmée : à peine y était-elle arrivée, qu'elle y restait livrée à elle-même, entourée de jeunes gens, tandis que madame de Nicolaï, perdue dans une dernière pièce où la retenait sa passion pour le jeu , y restait jusqu'à ce qu'une mauvaise veine, lui rappelant les convenances et sa fille, la fît revenir dormir auprès d'elle d'un sommeil profond et quelquefois même ronflant.

Quant à la troisième existence neutre qui gravitait autour de l'étoile de Marie sous le nom de mademoiselle Delvaux, c'était une de ces choses qui tiennent peu de place, font peu de bruit, savent fermer et ouvrir les yeux avec cette finesse d'à-propos admirable qui ne s'obtient guère qu'au moyen du grand ressort de la nécessité, de l'intérêt. Mademoiselle Delvaux avait placé sa vie en rente viagère sur les défauts et les ridicules de son élève; les inconséquences de Marie faisaient hausser et baisser ses fonds... elle spéculait sur les secrets de la jeune fille, et comptait spéculer plus encore sur ceux de la jeune femme.

Les bals finissaient, le printemps ramenait le carême, les offices religieux, les violettes, le désœuvrement, l'ennui et le règne des amies intimes. Mademoiselle de Nicolaï ennuyée m'éleva de la dignité de distraction à celle de confidente, puis à celle d'insé-parable, et après quelque temps j'étais devenue une habitude pour son cœur comme elle était devenue une affection pour le mien. Marie, qui avait une nonchalance toute créole de pensées et de réflexions, avait une incroyable activité d'action. Elle se couchait fort tard et se levait avec le soleil; souvent elle était dans ma chambre pour attendre et provoquer mon réveil, bien avant que ma vieille Jeanne fût venue ouvrir mes rideaux. Alors elle demandait à mes tiroirs et à mes lettres les secrets qu'elle m'accusait de lui cacher, et quand elle s'était convaincue que je n'en avais aucun, que pas un de mes rêves ne s'était fané en se réalisant, elle me confiait avec un air de supériorité toutes les passions qu'elle inspirait, tous ceux que le dangereux bonheur de la voir avait changés en victimes! Elle possédait des volumes de sonnets, madrigaux, romances en son honneur, et elle avait des pyramides très-flatteuses de fleurs sèches, de souvenirs, d'espérances et de regrets. C'était surtout dans nos promenades aux

Champs-Élysées que Marie m'initiait à tous les petits mystères
de ses bals et de ses succès.

— Vous voyez, me disait-elle, ce grand jeune homme qui
passe dans ce phaéton : c'est le comte Ernest de T... Je n'ose
le saluer, sa femme est horriblement jalouse; au dernier bal de
l'ambassadeur d'Angleterre, il ne m'a pas quittée; en dansant le
cotillon, il m'a pressé la main, et m'a fait comprendre qu'il m'aimait et qu'il était bien malheureux ! — Regardez devant vous,
c'est M. de M..., frère de madame de N...; son père et sa sœur
désirent que je l'épouse presque autant qu'il le désire lui-même.
Cependant je ne me décide pas. Il est de la nouvelle cour, et je
n'ai nulle envie d'aller mêler mes grâces à celles des épicières,
quincaillières et parfumeuses qui ornent les salons des Tuileries
actuelles.

— Je conviens, ma chère Marie, que Louis-Philippe ne peut
prétendre à l'honneur de vous recevoir.

— Je n'ai pas voulu vous fâcher; sans rancune... Ah ! voilà
Ernest de G..., il me semble qu'il vous salue... vous le connaissez ? Pauvre garçon, il a eu l'honneur de prétendre trois fois à
ma main et à mon cœur, et d'avoir eu trois refus officiels...
Me conseilleriez-vous d'épouser M. H......? le nom me fait balancer : il n'a pas de titre, pas une petite particule, c'est déplorable ! Oh ! regardez vite ce jeune homme à cheval, c'est le bel
Antonin de N..., il me conviendrait assez, si toutes les femmes
de sa famille n'étaient pas des bas-bleus et de beaux-esprits.

— On m'a dit, cependant, que mademoiselle Sabine de
N. avait une âme aussi belle que sa belle tête de vierge
antique.

— On vous a trompée; c'est la plus bizarre, la plus malhonnête et la plus ennuyeuse de toutes les jeunes filles de notre
faubourg... Ah ! voilà M... de M., il m'a pris hier mon bouquet;
heureusement c'est presque un cousin et sans conséquence...
Près de lui, M. de B..., un fat, un joueur, un homme avec
lequel ma sœur fait de l'esprit, de la morale et de la philosophie, deux ou trois heures chaque jour. Voilà...

— Achevez, achevez, Marie, n'est-ce pas un étranger?

— Oui, je le crois, sans en être sûre; mais, chut !.... prenez
garde à mademoiselle Delvaux; je vous dirai beaucoup de cho-

ses demain matin, si vous me préférez à votre paresse, et si vous venez prendre une tasse de chocolat sur mon lit.

— Est-ce un véritable secret que vous voulez me confier ? Répondez seulement à cette question.

— Un *secret véritable*, qui me rend tout à la fois bien heureuse et bien malheureuse.

— Marie, que je vous remercie de partager avec moi ! Confier c'est aimer, et je voudrais avoir aussi un secret pour vous le dire et vous prouver que mon affection est digne de votre confiance.

Entre jeunes filles la confidence d'un secret est aussi importante que solennelle. Pour celle qui le reçoit, c'est une initiation aux mystères de l'âme et aux mystères du dévouement; c'est entrer quelque peu dans le paradis de ses rêves; c'est une petite conspiration contre le pouvoir absolu de la famille qui voudrait avoir le monopole des pensées sans se départir du monopole des sermons; enfin c'est quelque chose de sacré qui fait battre le cœur... c'est quelque chose de défendu qui le fait trembler.

Je fus cette fois bien exacte au rendez-vous; mademoiselle Delvaux avait été éloignée, les verrous étaient tirés, nous étions seules, on ne pouvait entendre, et Marie me raconta tout bas qu'un jour, au commencement de l'hiver, étant sortie à pied avec sa femme de chambre pour faire quelques emplettes, elle avait été obligée de se réfugier contre la pluie dans un omnibus; un gant jaune de la nuance la plus orthodoxe s'était offert pour faciliter son ascension, et, levant les yeux, pour les charger de remercier l'aimable gant, Marie avait vu qu'il appartenait à un jeune homme parfaitement bien de tournure et de figure, qui avait des manières de gentilhomme et des façons de grand seigneur.

La rue Saint-Honoré est très-longue et il fallait la parcourir en entier pour regagner la rue d'Angoulême; pendant ce temps, de part et d'autre, on s'examinait, on se trouvait bien, on se plaisait et on se le laissait deviner. Marie, en jouant négligemment avec son mouchoir, laissa voir son joli nom brodé en entier et surmonté d'une petite couronne de comtesse, orgueilleuse et coquette; l'étranger, en recevant de gros vilains sous en échange d'une petite pièce toute neuve et toute brillante, pria dédaigneusement le conducteur de le débarrasser de ce maussade fardeau, en le jetant à quelques pauvres ; enfin, lorsque Marie voulut descendre, il descendit le premier, lui offrit encore sa main, puis la saluant respectueusement, resta immobile au milieu de la pluie, de la boue, la protégeant de son regard jusqu'au moment où la grande porte de l'hôtel se ferma entre elle et lui.

Marie pensa tout le jour, toute la nuit, à la rencontre du matin. Le lendemain une impulsion irrésistible dirigea sa promenade à travers la rue Saint-Honoré ; mais *il* n'y était pas, et elle ne trouva que dans son souvenir l'image que le hasard avait déposée dans son cœur.

Tous les dimanches, mademoiselle de Nicolaï allait aux offices à Saint-Philippe avec sa gouvernante. L'église est petite ; un jour où la foule se pressait pour entendre un sermon de charité de l'abbé Deguerry, toutes les places se trouvèrent prises, ces dames en cherchaient vainement, lorsqu'une voix grave et légèrement accentuée vint leur offrir deux chaises et faire tressaillir Marie ; c'était lui !... On accepte, on remercie, et le jeune homme va s'accouder contre un des piliers les plus voisins.

Pendant tout le temps du sermon, le regard ardent de l'inconnu s'arrêta sur Marie ; elle le sentait peser sur ses paupières ; elle voulait l'éviter ; elle en était honteuse, et cependant s'il s'éloignait... elle souffrait, et malgré sa volonté son œil le cherchait pour le ramener encore.

Depuis ce jour, ils se rencontrèrent bien souvent : c'était aux Champs-Élysées, aux Tuileries, à Saint-Philippe. Sans se parler, ils se disaient tout. Ils avaient des jours de confiance et de bonheur, des jours tristes, pleins de jalousie, de rancune et de dépit. Venait-il tard au rendez-vous qui avait été deviné la veille sans qu'il eût été donné, Marie évitait ses regards, riait, causait, rendait avec une amabilité exagérée les saluts que lui adressaient les jeunes gens de sa connaissance. Devenait-il alors triste, jaloux, ou, mieux encore, indifférent, elle employait mille petites ruses pour le consoler, le ramener ; elle disait bien haut à mademoiselle Delvaux des phrases qu'il pouvait entendre, laissait tomber une fleur de son bouquet et lui souriait la permission de la relever et d'en parer sa boutonnière, etc.

XVIII

Marie ne parlait plus que je l'écoutais encore. Frappée du
romanesque de cette histoire, très-flattée d'en être devenue la
confidente, et très-heureuse de voir en réalité un de ces romans
qui n'existent guère que dans l'imagination des poëtes, j'accablais
ma chère petite héroïne de questions, je voulais savoir tout, même
ce qu'elle ne savait pas; j'étais désolée de ne pas avoir plus mi-
nutieusement examiné l'inconnu; je la regardais elle-même et je
la trouvais bien plus jolie depuis que je la savais tant aimée;
enfin mon cœur battait plus vite qu'il n'avait jamais battu, et je
me sentais une émotion singulière. Marie riait de mon enthousiasme, mais elle était orgueilleuse de l'effet qu'avait produit sa
confidence. Elle m'avouait avec une entière confiance qu'elle
l'aimait, que les jours étaient mortellement longs lorsqu'il ne les
traversait pas; elle me disait qu'elle le croyait riche (l'ayant souvent rencontré au bois sur de beaux chevaux), qu'elle le croyait
aussi noble, étranger, homme du monde; car il en avait les manières, l'élégance et la distinction.

— Eh bien, dis-je à Marie, vous allez me trouver folle, mais je
n'ai qu'un regret, c'est que le dénouement soit si facile. Je voudrais que votre héros fût très-pauvre ou très-roturier, afin que
vous eussiez quelques sacrifices à lui faire, quelque obstacle à
braver.

— Je vous remercie du souhait! Sérieusement, croyez-vous
donc que je pourrais l'épouser?... J'y ai bien pensé quelquefois;
mais il est étranger! Peut-être ne veut-il pas rester en France.
Pourquoi n'essaie-t-il pas même de se faire présenter chez ma
mère?

— Le peut-il sans y être autorisé par vous? Savez-vous s'il
connaît quelqu'un de votre société?

— Vous avez raison: c'est difficile! Mais je veux vous le faire
connaître; je veux qu'il comprenne que vous êtes mon amie et
ma confidente. Je crois le rencontrer au Musée; voulez-vous y
venir avec moi?

J'acceptai. Nous écrivîmes un petit mot à madame de Valence pour obtenir l'autorisation de passer toute cette journée ensemble, et, en entrant au Louvre, Marie me montra son inconnu. Vraiment l'imagination n'aurait pu inventer un héros plus accompli ! Sa taille était haute, élancée, flexible ; il avait une figure expressive et mélancolique, comme celles des moissonneurs du tableau de Robert, un singulier cachet de distinction et d'originalité dans sa physionomie, dans sa mise, dans sa pose et dans ses mouvements. Je vis ses yeux saluer Marie ; mais, en rencontrant mon regard, qui lui était étranger et qui peut-être lui parut scrutateur et curieux, il sembla mal à l'aise et s'éloigna un peu. J'affectai alors de m'occuper exclusivement des tableaux. J'attirai toute l'attention de mademoiselle Delvaux, en la consultant sur les mérites et les défauts des différents peintres ; enfin je m'ennuyai si généreusement et si longtemps, qu'il comprit que j'étais une amie et qu'il m'en remercia par un regard plein d'une amicale gratitude. A partir de ce moment je devins une victime de l'amitié ! J'écoutais pendant des heures entières et avec une attention profonde la conversation de mademoiselle Delvaux, qui avait l'esprit le plus lourd, ou pour mieux dire, la nullité la plus pesante qu'il soit possible de rencontrer, et j'étais récompensée par des yeux bien reconnaissants qui me rendaient des actions de grâce et m'initiaient parfois aussi à leur pensée, à leur bonheur.

Cette affection, qui avait déjà si vivement préoccupé Marie lorsqu'elle était seule pour rêver, devint bien plus profonde et bien plus active par le contact de nos deux imaginations. Nous donnions à l'inconnu toutes nos paroles, toutes nos pensées. — Marie voulait savoir sa position, sa fortune, le faire présenter à sa mère, l'encourager à demander sa main. Je lui promis de me procurer des renseignements par mon ami Cyrus G***. Cela me fut très-facile, et j'appris en quelques jours qu'il se nommait Félix Clavé, était Espagnol et homme de lettres.

Ces détails furent un coup de foudre pour mademoiselle de Nicolaï. — « Mon Dieu ! s'écria-t-elle, avez-vous remarqué à quelques pas de Saint-Philippe une grande maison blanche avec un grand écriteau noir sur lequel se détachent de grandes lettres jaunes ?

— Non, jamais.

— Eh bien, ce grand écriteau, ces grandes lettres, sont sans doute les armes, le blason de notre noble inconnu ; c'est *l'Institution Clavé*.

— J'avoue, Marie, que cela peut blesser vos idées aristocratiques ! Mais parce qu'il est le fils ou peut-être seulement le neveu du chef d'une institution, en est-il moins bien, moins distingué ? Son front est-il moins noble, son esprit et son cœur en sont-ils moins visiblement reflétés dans ses yeux ? Si vous vouliez faire un mariage de convenance, je comprendrais votre hésitation ; mais si votre cœur est à lui, pouvez-vous le reprendre ?

— Mon Dieu ! je l'aime encore, je l'aimerai toujours ; seulement je ne puis devenir madame Clavé, la femme d'un homme qui gagne de l'argent en écrivant ! Ma mère, mon père n'y consentiraient jamais : quel parti prendre ?

— Lui dire que vous le sacrifiez courageusement à un préjugé, ne plus le voir afin qu'il vous oublie aussi vite que vous l'oublierez ! Malgré moi je mettais de l'amertume dans la défense de M. Clavé. En devenant malheureux, il était devenu plus particulièrement mon ami, et pour ne pas blesser Marie, je rompis brusquement cette conversation.

Quelques jours se passèrent sans nous réunir. Un matin je reçus d'elle un petit billet, qui me priait d'aller la trouver sur-le-champ, car elle était souffrante, inquiète, malheureuse. — A peine étais-je entrée dans sa chambre, que Marie me raconta qu'ayant blessé par des regards d'indifférence l'orgueil de M. Clavé, elle ne l'avait plus revu ; qu'elle était désespérée de rester dans son souvenir comme une légère et vaniteuse jeune fille, qu'elle voulait lui faire comprendre qu'elle sacrifiait ses idées à celles de sa famille, son affection à un devoir ; qu'il était nécessaire, qu'il était indispensable qu'elle le rencontrât encore une dernière fois, et qu'elle était décidée à lui écrire ! J'avoue que loin de dissuader Marie de cette résolution imprudente, je l'y encourageai ; j'avoue même que je lui prêtai mon écriture pour ces deux lignes insignifiantes : « Pour la santé, une promenade aux Champs-Élysées, à deux heures ; pour le salut, une prière à Saint-Philippe. » Ils se retrouvèrent en effet ; mais les regards de M. Clavé furent pleins de repentir et de reconnais-

sance ; ceux de Marie oublièrent complétement qu'ils devaient
parler de séparation pour ne parler que de bonheur et d'espérance, et ils ne s'aimèrent jamais davantage qu'en ce moment où
ils ne voulaient plus s'aimer.

Le lendemain, mademoiselle de Nicolaï reçut par la petite
poste quelques mots charmants de M. Clavé, qui lui rendait des
actions de grâce pour le bienfait qui était venu résigner les tristesses et les souffrances de sa pauvre vie, qui l'adorait à genoux
comme la consolation des affligés, *la rose mystique de cette
terre*, etc... Cette lettre arriva pendant qu'on était réuni au salon. Pour ne pas éveiller de soupçons, et comme il n'y avait pas
de signature, Marie la montra à sa mère, attribua les poétiques
expressions de cette touchante reconnaissance à quelques-uns
des anciens pensionnaires de la liste civile auxquels elle avait
été chargée de distribuer des secours, et s'amusa ensuite beaucoup
de l'orgueil de M. de Nicolaï qui faisait lire à tous ses amis
ces louanges adressées à la bonne action de sa fille. J'avoue que je
ne sus pas rire avec Marie de la méprise qu'elle avait provoquée.
Les mots écrits par le cœur de M. Clavé me semblaient profanés
étant vus par tant d'indifférents ; et en écoutant les compliments
qu'une mère adressait à cette bonne œuvre supposée, mon cœur
se serrait ; il m'eût été mille fois plus impossible de recevoir ces
félicitations imméritées que les plus amers reproches.

Cependant nous nous étions éloignées d'une manière effrayante
du but de notre petit billet qui devait amener une dernière réunion et une dernière explication. Marie se sentait plus que jamais
heureuse et flattée de l'amour qu'elle inspirait ; elle ne voulait
pas désespérer M. Clavé, elle ne voulait pas l'encourager ; aussi
répondit-elle une lettre qui voulait être sévère et qui était affectueuse ; aussi lui demandait-elle en grâce de ne plus lui écrire,
en lui donnant mon adresse pour que les lettres pussent arriver
sans danger chez madame de Valence. Ma correspondance n'é-
tait soumise à aucun examen. Je pouvais rendre ce service à
Marie, et il fut décidé que je le lui rendrais jusqu'à son départ
pour la campagne, où il lui deviendrait extrêmement facile de
continuer par elle-même cette correspondance.

Une réponse de M. Clavé arriva, puis d'autres encore. Marie
lisait avec une bien grande émotion ces douces expressions d'a-

mour, qu'elle n'eût pas osé entendre ; moi-même j'étais émue, recueillie , en lisant après elle ces gracieux mots, écho d'un noble cœur.

Quelquefois Marie, ne répondant pas, me priait de répondre pour elle, et alors je recevais de belles phrases d'amitié tout aussi belles que ses plus belles phrases d'amour! M. Clavé m'avait accepté pour sa confidente, pour son amie! J'étais la *seconde Marie* à laquelle il osait dire toutes les amertumes de son âme, qui le consolait, l'encourageait, lui montrait la gloire qu'il pouvait conquérir, la gloire qu'il pouvait opposer à la noblesse des Nicolaï !

M. Clavé nous avait initiées à tous les détails intimes de sa position. Il nous disait qu'il était né sur les frontières d'Espagne, avait grandi dans les montagnes, ayant les grands lacs pour miroirs, les petits oiseaux pour confidents, et les belles étoiles pour amies. Des malheurs entraînèrent sa famille à Paris. Son père, obligé de s'occuper de l'éducation des enfants riches afin de donner à ses enfants pauvres de l'instruction et une position dans le monde, avait pieusement laissé dans sa patrie l'épée de ses aïeux et le nom de *Villa-Nova* pour prendre celui de Clavé. Avec un cœur noble qui dédaignait la fortune, et ne voulait l'acquérir que pour avoir le droit de la mépriser sans être accusé d'envie, M. Félix Clavé souffrait et cherchait un refuge dans la religion et dans la poésie. Il nous envoya un recueil de ses pensées et quelques vers adressés à Marie. Si je juge ces essais avec mes impressions du passé, je les trouve simples, touchants, empreints d'une profonde croyance et d'une noble ambition.

XIX

Toute cette partie de la vie de Marie, qui s'était emparée de mes pensées et avait ajouté un ami dans mon cœur, en me préoccupant, avait cependant augmenté le vide que je trouvais en moi et autour de moi. Combien de fois, alors que le maréchal

Gérard passait sa main dans les beaux cheveux blonds de sa fille et regardait ses fils avec une tendre fierté, j'étais obligée de courir étouffer dans ma chambre les sanglots qui s'élevaient dans mon âme vers mon pauvre père ! Combien de fois, lorsque je voyais ces heureux enfants protégés par l'amour de trois générations, je me laissais aller à murmurer contre les voies de la Providence, à pleurer sur mon abandon, à compter toutes mes tombes et les noirs signets qui traversent tant de pages dans le livre de ma vie ! J'avais, il est vrai, une famille parfaite, des amis dévoués ; mais ces affections n'étaient que secondaires ; mais je n'avais pas le droit d'aimer et d'être aimée par-dessus tout, et c'était là mon grand rêve, mon grand désir !

Longtemps j'essayai de remplir toute mon âme avec ma bien-aimée petite Antonine : orphelines, nous nous aimions un peu plus que deux sœurs. Mais la différence de nos caractères, de nos impressions, de nos goûts, empêchait cette intimité absolue, qui est à l'affection ce que la rosée du ciel est aux fleurs ! Antonine était devenue une belle et douce jeune fille, qui avait un cœur bien bon, une tête bien calme, et une imagination qui, n'allant pas chercher ses joies dans les nuages, jetait un prisme de bonheur sur toutes les réalités de la vie. Sans comprendre les souffrances qui naissaient de ma pensée, ma sœur les partageait lorsqu'elle m'en voyait souffrir, et, dans les douleurs apportées par les événements, elle pleurait quand je résistais, et courbait la tête en s'étonnant de ma lutte et de mes combats.

La pension d'Antonine touchait à l'hôtel de madame de Valence ; j'allais passer près d'elle toutes les heures de ses récréations, et, pour la préserver des petits et des grands ridicules des autres pensionnaires, ses amies, je les étudiais et m'en amusais avec elle. Cette vie de pension est une miniature du monde, et semble plutôt une école de préjugés, de prétentions et d'esclavages, qu'une académie de vérités et de vertus. Tout y est sacrifié aux apparences. Ces jeunes plantes doivent avoir le sort de ces belles étoffes aux couleurs brillantes, animées, qui éblouissent, mais sont ternies, effacées au premier souffle de l'air, au premier rayon du soleil de l'été.

On ne saurait s'imaginer l'importance que l'on donne dans ces pensions à ces êtres assez ordinaires qu'on appelle des hommes, et qui ne sont ni beaucoup plus mauvais ni beaucoup meilleurs que nous ! On en fait des *serpents*, des *démons*, des *esprits de l'abîme*, sans cesse occupés à nous tromper, à nous fasciner. Une jeune personne ne doit jamais les regarder en face ; si elle se respecte, elle doit leur répondre : *oui, monsieur, non, monsieur.* Une syllabe de plus pourrait la compromettre ; deux syllabes, la déshonorer. Enfin je suis sûre que, si on avait fait tous ces sermons à notre mère Ève en lui défendant l'arbre de la science, elle eût mangé deux pommes, et nous serions doublement malheureux par sa faute !

La fin du printemps amena une assez grande révolution dans notre famille. Mon oncle, qui avait besoin de cinq minutes pour se décider à fermer une porte, qui remettait sa toilette au lendemain pour éviter de choisir entre une cravate noire ou une cravate blanche ; mon oncle, qui se sauvait lorsque mon grand-père lui parlait de mariage, qui avait tant de fois hésité, tant de fois reculé, fait échouer tant de fois les plus beaux complots contre sa liberté... mon oncle se maria en huit jours, et tout seul !...Ce fait, qui semble inouï, fut opéré par la puissance d'une gracieuse et mignonne jeune fille, mademoiselle Blanche de Montaigu. C'était un mariage convenable sous le rapport de la fortune. La fiancée était jolie, un peu vive, mais très-bonne, ayant été élevée dans la crainte de Dieu et dans l'amour du mari qu'il devait lui donner, et à laquelle enfin on ne pouvait reprocher qu'une trop grande abondance d'aïeux et une noblesse un peu trop formidable.

Ce fut un mariage très-triste et très-ennuyeux. L'orgueil de la banque, opposé à l'orgueil du noble faubourg, faisait tomber comme un manteau de glace sur les esprits et les cœurs des deux familles. Mon oncle était tout embarrassé des comtes, ducs et marquis qui se disaient ses cousins. Mademoiselle de Montaigu ajoutait des magnifiques *de* aux noms orphelins de particules de ses nouveaux parents. De part et d'autre on ne s'appréciait pas, on ne s'aimait guère et on se critiquait beaucoup.

Mon bon grand-père, qui avait toute sa vie désiré, rêvé et adoré la femme de son unique et cher garçon ; mon grand-père, qui avait été parfaitement bon pour tout ce qui l'entourait, fut parfaitement désagréable pour sa jeune belle-fille. Il la reçut en monarque absolu et jaloux de ses prérogatives; oublia, pour la contredire, qu'il n'avait jamais été de *son* opinion avec ses enfants; se montra enfin plus fier de sa roture qu'elle ne pouvait l'être de ses aïeux.

Malheureusement, la mode avait exigé que les jeunes époux partissent seuls après la bénédiction de leur mariage, et, livrée à elle-même, ma nouvelle tante; au lieu de combattre par son affection cette petite irritabilité d'un vieillard, voulut y résister, lutter, employa des adoucissants qui se changèrent en excitants terribles. Un jour c'étaient de jolis rideaux de perse qui, en remplaçant de vilains rideaux blancs, devaient réjouir la vue de mon grand-père, et qui lui devenaient insupportables en lui rappelant l'exil de ses vieux et fidèles serviteurs de basin. Une autre fois c'était un meuble qu'il aimait *cassé*, qui se trouvait raccommodé; une paysanne favorite qui avait été traitée avec une bonté hautaine; enfin notre bon et pacifique Villers-Hellon fut déchiré par la guerre civile : il y eut des frondeurs et des mécontents; les domestiques de mon grand-père se prirent aux cheveux avec ceux de ma tante Blanche, qui voulaient usurper leurs anciens priviléges. On fut obligé de mander ma tante de Mariens pour pacifier le pauvre petit royaume. Il fallut le temps, plus puissant encore que sa présence, pour apporter le calme, l'oubli, et pour détruire les préventions injustes de mon grand-père, les prétentions exagérées de sa belle-fille. Il fallut que madame Collard fît oublier mademoiselle de Montaigu, et que la noble étrangère sût aimer et se faire aimer.

XX

Il y avait deux mois que mon cœur battait pour les amours des autres, que je lisais chaque matin à mon réveil de bien tendres paroles auxquelles je servais d'écho fidèle et discret, et, chaque jour plus satisfaite de mon rôle d'*amie*, je trouvais ma mission assez poétique pour ne pas envier la *dignité d'idole*. Dans ce monde où l'on parle beaucoup et où l'on ne rêve guère, on comprendra très-difficilement un amour muet, et plus difficilement encore une amitié muette. Cependant je crois avoir été un *ami* véritable et dévoué pour M. Clavé. Je l'avais aimé d'abord pour Marie, puis ensuite pour les nobles, bizarres et fiers sentiments qu'il laissait échapper de son cœur dans ses lettres. Je les comprenais tous, j'en partageais quelques-uns, et s'il envoyait tout son amour à Marie, toutes ses pensées, toutes ses tristesses étaient pour moi. J'étais souvent plus heureuse de mes lettres que Marie ne l'était des siennes. Je les lisais longtemps, je *causais* avec elles, et Marie lisait les siennes en rougissant et en n'y voyant guère que l'heure et le lieu des rendez-vous. Ils se rencontraient quelquefois aux Champs-Élysées, plus souvent à la messe de huit heures, et pendant le trajet d'une visite que Marie faisait à une vieille nourrice qui demeurait je ne sais où, dans le quartier-campagne du faubourg du Roule. Me trouvant parfaitement inutile aux rencontres du matin, où ils n'avaient à se garder que d'un œil de femme de chambre, très-facile à fermer, je ne leur sacrifiais pas ma paresse et mes études; mais j'obtenais, deux ou trois fois par semaine, de madame de Valence, l'autorisation d'aller me promener avec Marie et sa gouvernante.

Déjà les arbres s'étaient couverts de feuilles, les feuilles s'étaient couvertes de poussière; on s'envolait à la campagne, et Marie n'obtint quelques jours de retard qu'au nom d'une magnifique fête donnée à Tivoli au profit des pauvres pensionnaires de la liste civile. M. Clavé devait y être, et, après bien des prières, il me fut permis d'y aller sous l'égide de madame de Nicolaï.

Cette pensée donnée à l'exil, au malheur, à la charité, était traduite dans de magnifiques jardins, par de jeunes et jolies femmes qui regrettaient en riant, causaient en dansant, et semblaient les fleurs de ce nouveau paradis terrestre de la bienfaisance. Beaucoup de vieilles et laides douairières s'étaient métamorphosées en pavots, pivoines, soucis; il y avait madame Lehon en héliotrope, madame Ch. Laffitte en rose pompon, madame de Fitz-James en bluet, madame de Montaigu en sensitive, etc. Marie était un coquelicot au milieu d'une guirlande de pâquerettes de ses amies. Il y avait très-peu de violettes, très-peu de pensées; ce n'était plus la saison des lis, mais il s'y trouvait de petits

aimez-moi très-coquets et des *ne m'oubliez pas* adorables. Après
le coucher du soleil mille autres soleils se levèrent radieux, ces
fleurs prirent des ailes pour se faire papillons, et le bal commença.

C'était le moment convenu avec M. Clavé pour se voir, se retrouver et s'entendre. La tente préparée pour le bal, quoique
très-grande, ne l'était pas assez pour la foule qui y affluait.
Quinze ou vingt petites contredanses se perdaient dans les
groupes des spectateurs; la valse y tourbillonnait, et les valseurs
disparaissaient sous les vagues humaines qui créaient autour
d'eux une solitude plus profonde que la solitude du désert.
M. Clavé s'approcha donc facilement de nous, et nous pûmes
danser plusieurs fois avec lui sans être observées. La première
fois que je dansai avec notre ami, j'étais si tremblante que je ne
pouvais parler.

— Mon bon ange, me dit-il doucement, parlez-moi d'elle,
que j'entende son nom par votre douce voix. Oh! qu'ai-je fait
pour mériter qu'elle lève les yeux sur moi, et que vous deveniez
mon *ami*?

— J'aimais Marie, vous l'aimiez aussi. C'est là tout le charme.

Cependant, ayant trop peu de temps pour nous parler du
passé, nous ne nous occupâmes que de l'avenir. M. Clavé me
demanda de rester sa protectrice auprès de Marie. Il me dit qu'il
lui avait exprimé toute la puissance de son amour, qu'il lui avait
fait comprendre qu'indigne d'elle jusqu'à ce jour, il avait l'ambi-
tieuse prétention de s'élever jusqu'à elle, et non pas la faiblesse
de vouloir l'abaisser jusqu'à lui. Il me dit aussi qu'il demandait
trois ans pour aller offrir son épée à Christine, pour combattre
jusqu'à l'honneur ou jusqu'à la mort; que Marie, en ne lui promettant rien, lui avait cependant permis d'espérer et d'attendre
sa réponse.

— Parlez-lui de moi, disait-il encore; si elle me donne son
cœur pour l'avenir, je vous confie mon trésor; gardez-le bien,
ma chère Mariquita. C'est le nom des filles de nos montagnes,
laissez-moi vous le donner, laissez-moi mêler votre douce influence dans le passé, comme je la mêle à mes espérances.

Pendant une contredanse que M. Clavé dansait avec mademoiselle de Nicolaï, un jeune homme très-élégant et assez fa-

milier, vint causer avec Marie et lui faire mille plaisanteries, mille compliments qu'elle écoutait en riant et avec assez de légèreté coquette. Je fus effrayée de la sombre jalousie qui se peignit aussitôt dans les traits de M. Clavé. Tout le reste de la soirée, il fut triste, silencieux, presque désespéré. Je ne pus ni le rassurer, ni le calmer. Enfin, pour y parvenir, et au moment du départ, j'engageai Marie à lui donner une fleur de son bouquet.

— Vous êtes trop bonne pour lui, me répondit-elle. Les hommes jaloux sont insupportables; je lui fais le caractère; il souffrira, mais il me m'en aimera que davantage.

Marie partait le lendemain à dix heures pour Busagny. Je fus m'enfermer une heure avec elle avant son départ. Le bal de la veille fut l'unique sujet de notre conversation. Je lui dis combien j'avais été touchée des sentiments de notre ami, et je lui demandai si elle trouverait dans son cœur assez d'amour pour attendre trois ans.

— Quelle folie! J'aimerais mieux l'épouser sans le sou que de rester trois ans à pleurer un absent, comme ces pâles fiancées de nos ballades allemandes.

— Ainsi, Marie, vous allez l'oublier?

— Non! rassurez-vous: il est avec le ciel des accommodements. Ne peut-il pas entrer dans la diplomatie, reprendre son nom de Villa-Nova, faire un chemin rapide dans cette carrière honorable? Ne peut-il pas...? Mais je vais gagner la manie qui vous fait vivre toujours dans le lendemain... A chaque jour son plaisir et sa peine... Je lui ai promis de lui écrire peut-être... s'il vous écrit, envoyez-moi ses lettres.

J'essayai de savoir indirectement de Marie quand et comment elle verrait M. Clavé à Busagny. Elle fut d'un mutisme si affecté et si profond que je compris que son silence ne venait pas de l'oubli, mais de sa volonté. Elle se taisait, je me tus..... ce qui ne nous empêcha pas de verser deux grosses larmes en nous donnant le baiser d'adieu.

XXI

Après le départ de Marie, je me trouvai bien isolée. Il me fallait penser, me préoccuper, vivre pour moi, et je l'avais si bien oublié depuis longtemps, que je trouvais tous les sentiments, toutes les affections qui m'étaient personnels enfouis et presque rouillés sous les sentiments et les affections que je donnais à mon cher prochain. Les heures du courrier étaient seules douces et peuplées comme par le passé. Marie m'écrivait d'immenses lettres ; M. Clavé me donnait la moitié de ses tristesses et de ses découragements, et je leur répondais exactement, je les traduisais l'un à l'autre. Je leur envoyais les paroles qui devaient être les plus douces à leur cœur, et surtout je ne leur parlais pas de moi, pour leur parler plus et toujours d'eux-mêmes.

Après la fête et la rencontre de Tivoli ils s'étaient brouillés : lui était jaloux, elle mécontente de ses soupçons. Il tomba malade, elle pardonna; il souffrit davantage, elle devint inquiète. Enfin il avait repris ses forces; il m'écrivit qu'il comptait aller à Busagny la voir, lui parler peut-être, que toute son existence reposait sur le lendemain qui devait les réunir. Je partageai son espoir, je m'en préoccupai. Mais hélas! ce lendemain devait être bien cruel pour moi ! Une lettre de Villers-Hellon vint m'apprendre que mon grand-père était très-malade, que mon grand-père se mourait ! Ce fut ma tante Garat qui vint m'annoncer cette horrible nouvelle, et nous partîmes toutes deux pour Villers-Hellon sans avoir l'espérance de revoir encore ce bon père.

Quelles heures !... Les postillons faisaient voler la voiture, et cependant nous nous désespérions de leur lenteur, nous comptions les minutes. Hélas! la mort va si vite! Il pleuvait, le ciel était sombre et semblait peser sur nous : nous n'avions amené que la petite Gabrielle, qui s'était attachée au cou de sa mère au moment du départ; elle nous regardait pleurer, nous embrassait, fermait nos yeux avec ses petits doigts pour arrêter nos larmes, puis sanglotait comme nous... puis priait le bon Dieu de conserver la santé à son grand-père.

A quelques lieues de Villers-Hellon, nos angoisses devinrent si grandes qu'elles séchèrent nos larmes. Les cris des oiseaux de proie de la forêt nous glaçaient d'épouvante ; nous aurions donné des années de notre vie pour qu'une parole vînt nous rassurer, et notre voix expirait sur nos lèvres pour provoquer cette parole ; car la réalité pouvait être affreuse, et le doute était encore la vie. Enfin nous arrivâmes, une porte s'ouvrit, une voix s'écria : « Il est sauvé ! » Nous nous précipitâmes dans les bras l'une de l'autre, pleurant autant de joie que nous avions pleuré de douleur, ne trouvant pas la force de sortir de cette voiture dans laquelle nous avions tant souffert.

Pendant longtemps je pensai uniquement à notre cher ressuscité ; j'avais été si frappée à la pensée de cette dernière séparation et de ce dernier deuil, que je ne savais plus m'éloigner de lui sans souffrir ; je dormais la nuit auprès de son lit, sur son canapé, tenant ses mains dans les miennes et y appuyant ma tête pour ne pas les quitter pendant mon sommeil. S'il ne pouvait dormir, je lui parlais de ceux de ses vieux amis que j'avais retrouvés chez madame de Valence ; je m'interrompais vingt fois pour l'embrasser, pour le bien regarder, et lui, qui devinait ma pensée, me pressait contre lui en me disant : « Pauvre enfant, tu as été bien inquiète ! Ne pleure plus ; souris à mes vieux yeux qui aiment ta joie. Sois tranquille, j'ai signé un nouveau bail avec le monde, et je chanterai encore, sur le berceau de ton premier petit enfant, les chansons que je chantais sur ton berceau.

— N'est-ce pas, mon bon grand-père, vous aimerez mon petit Jacques plus que tous vos autres petits enfants ?

— Je te le promets ; mais auras-tu donc le courage de lui donner mon vilain nom ? Aucun de mes enfants ne s'y est décidé, et cependant j'en serais heureux ; il me semble que mon souvenir resterait plus vivant parmi vous.

— Oh ! je vous assure, mon cher grand-père, qu'*il* sera très-fier de votre nom ; et si mon petit ange à venir ne s'appelle pas Jacques, il s'appellera Jacqueline. Vous me le bénirez ; je prierai Dieu de le faire bon à votre image, et comme vous avez été la joie de mon enfance, il sera la joie de ma vieillesse. »

Alors mon grand-père me remerciait par un sourire ; il était heureux, et longtemps encore il parlait de l'avenir, d'un mari bien amoureux pour moi, et d'un beau petit-fils pour lui. En reprenant sa santé, mon grand-père quitta davantage la chambre ; il ne vécut plus autant pour moi seule, et je pus laisser retourner ma pensée vers les absents.

XXII

M. Clavé, en apprenant mes inquiétudes, m'avait envoyé quelques mots pleins de cœur, puis ne m'avait plus écrit. Marie aussi avait partagé mes craintes ; mais, loin de répondre aux questions que je lui avais adressées sur *notre ami*, elle m'en parlait peu…, ensuite cessa de m'en parler, et tout à coup m'écrivit pour me supplier de lui rendre ses lettres, qui pouvaient la compromettre et la perdre. Quoique déjà un peu froissée de cette demande, j'allais les lui renvoyer, lorsque une seconde lettre plus pressante que la première vint renouveler cette prière. En manifestant quelques doutes sur ma discrétion et ma prudence, Marie me disait qu'elle avait été forcée de se confier à sa gouvernante, dont les conseils et la participation lui étaient devenus indispensables, et que mademoiselle Delvaux n'avait accepté son rôle de confidente qu'à la condition que Marie me retirerait ses lettres et sa confiance.

Le silence et l'oubli de M. Clavé me furent expliqués. Sans doute on les avait exigés de lui. On s'était servi de mon amitié toute dévouée comme d'une facilité et d'un moyen que l'on rejetait alors qu'il n'existait plus d'amour ou d'obstacle, et je souffrais et j'étais humiliée du rôle que l'on m'avait donné.

Je répondis à Marie que je ne voulais pas confier ses lettres à la poste, mais que, devant aller passer une semaine à Paris vers la fin du mois, je les remettrais à mademoiselle Delvaux, qu'elle pouvait facilement envoyer pour les chercher. Ma lettre fut froide, triste comme mon cœur, et toutes les belles et tendres phrases qui vinrent lui répondre, restèrent impuissantes et ne surent pas me faire oublier.

Cette double et romanesque amitié s'était si bien mêlée à toutes mes pensées et à toutes mes actions, que je fus longtemps sans pouvoir l'éloigner de moi. Souvent je reprenais les deux lettres de Marie, et j'avais besoin de les voir sous més yeux pour y croire. En entrant dans la vie, il semble qu'on ne puisse jamais assez se dévouer à ceux qu'on aime : on sent la nécessité de leur être indispensable, de leur prouver qu'ils ne peuvent exister sans vous. On se fait un avenir de leur avenir, et on croit à l'amitié sur la terre, comme on croit à Dieu dans le ciel.

C'est en vain que l'on vous a dit que l'affection des hommes était mobile : il ne vient pas à la pensée de s'appliquer des idées générales. Tout ce qui vous arrive, tout ce qui vous entoure, doit être exception, et l'on ne se conduit pas avec l'expérience de l'esprit, mais avec l'inexpérience du cœur. Il est si pénible de revenir de ses illusions, qu'en avançant dans la vie, souvent on retourne encore en arrière, non plus avec la même confiance, mais avec l'espoir de retrouver ses beaux jours d'amitié et d'abnégation; avec l'espoir de retarder ce moment si triste où l'on doute de soi-même en doutant des autres, où l'on ne sait plus à quelle idée se rattacher, où, après s'être confié sans réserve, on serait prêt à soupçonner injustement.

Ce fut Marie qui vint elle-même à Paris pour reprendre ses lettres. En nous voyant, nos mains se serrèrent en silence, et, après quelques minutes, elle me dit avec embarras que j'étais injuste, — que je prenais sa prudence pour de la défiance ; — qu'elle était malheureuse, et qu'en se confiant à mademoiselle Delvaux elle avait dû se laisser diriger par elle.

— Vous savez bien, lui dis-je, que je n'ai jamais eu l'ambition de vous diriger !... C'est à peine si je sais me diriger moi-même, et je saurais un gré infini à la bonne âme qui, se chargeant de me rendre ce service, me conduirait par la main dans le droit chemin... Mais soyons franches, car j'ai le cœur trop gros pour plaisanter : d'où vient cette terreur panique de mon indiscrétion? Avez-vous oublié que je me suis compromise pour vous comme vous vous êtes compromise pour lui? Qu'est-il arrivé?... S'est-il montré moins noble moins honorable?.. Lui avez-vous ordonné de m'oublier?... Parlez, je vous en supplie, ce sera la dernière fois, et je vous serai ensuite aussi indifférente, aussi inutile que vous le désirerez.

L'embarras de Marie augmentait; elle m'assura qu'elle n'avait pas revu M. Clavé depuis le bal de Tivoli, qu'elle ignorait ce qu'il était devenu, ne lui avait pas écrit, et me suppliait de ne pas essayer non plus de lui écrire ; puis elle me jura qu'elle m'aimait autant que par le passé, et qu'en réclamant ces lettres elle obéissait à mademoiselle Delvaux, qui les jugeait compromettantes pour son avenir et sa réputation.

— Mon Dieu, ajoutait Marie, êtes-vous bien sûre de les avoir toutes? moi j'ai gardé les vôtres avec un ordre irréprochable. Je vous les rendrai si vous le désirez ; mais cherchez bien toutes les miennes et toutes les siennes... J'en sais le nombre, je pourrais toutes vous les désigner.

— Vraiment, m'écriai-je avec humeur, mademoiselle Delvaux a si profondément imprimé son cachet de petitesse et de soupçon sur toute votre personne, que je ne reconnais plus ma franche, ma bonne, mon inconséquente Marie... Je crois avoir presque toutes vos lettres. Toutes celles où il y aura un mot de votre amour, si *vertueusement oublié en un jour*, vous seront remises ; pour les miennes, faites-en ce qu'il vous plaira. Je ne désavouerai jamais mes pensées et mes impressions. Seulement, comme elles étaient pour vous seule, gardez-les encore uniquement pour vous, et préservez-les de mademoiselle Delvaux. Parmi les lettres que M. Clavé m'a adressées, je vous donnerai toutes celles qui parlent trop passionnément de la première Marie ; quant aux autres, qui m'exprimaient sa noble et confiante amitié, je les garderai avec un affectueux souvenir. Croyez qu'il est plus facile de m'apprendre à aimer que de me désapprendre une sincère affection. »

L'arrivée de ma tante Garat rompit notre conversation. Marie fut obligée de partir sans ce précieux petit paquet de lettres qu'elle désirait si ardemment, et il fut convenu que mademoiselle Delvaux viendrait les chercher le lendemain de bonne heure avant notre départ pour Villers-Hellon, où nous ramenions bien vite Antonine toute couverte de médailles et de lauriers, riche de six semaines de vacances, qu'elle était très-impatiente de dépenser à la campagne.

Exacte et empressée, mademoiselle Delvaux arriva avec l'aurore, demanda à me parler en secret, et je dus m'enfermer avec elle très-mystérieusement pour écouter un long réquisitoire sur les dangers de mon inconséquence et sur la *franchise* de Marie, qui lui avait confessé ses torts et l'avait choisie pour amie. Selon mademoiselle Delvaux, ma conduite avait été bien plus impardonnable que celle de mademoiselle de Nicolaï. J'avais voulu enlever à une gouvernante la confiance de son élève, favoriser une blâmable étourderie; enfin, j'étais la *seule coupable*, et ce n'était que pour sauver *mon avenir* et *mon honneur* qu'elle consentait à ne rien découvrir à madame de Nicolaï, etc.

Ces paroles méchantes et hypocrites me blessèrent si profondément que je résolus de les punir. Je pris un air effrayé et je répondis à mademoiselle Delvaux que, n'ayant pas le bonheur de posséder un guide sage et prudent comme elle, j'étais décidée à tout confier à ma tante Garat, qui trouverait le moyen de me sauver, et qu'ainsi je lui permettais d'agir selon son devoir et sa conscience et de confier toute cette imprudente intrigue à la mère de son élève. J'ajoutai encore que je ne réclamais pas mes lettres, et que ne sachant pas bien où se trouvaient celles de Marie, je ne pouvais les lui rendre en ce moment.

La stupéfaction de mademoiselle Delvaux me fit sourire et me vengea. Elle pria, elle se fit humble pour combattre ma résolution de me confier à ma tante et pour obtenir ses lettres; mais si je la rassurai un peu sur la première de ces craintes, révoltée, indignée de la faiblesse de Marie et de l'astuce de son nouveau conseiller, je persistai à leur laisser la seconde, et je partis pour Villers-Hellon sans lui rendre ses lettres. Cependant, les prières incessantes de Marie, une amende honorable de mademoiselle Delvaux, me firent renoncer à ma *petite cruauté*, et je leur renvoyai charitablement la correspondance réclamée.

Ces lettres, assez passionnées, assez extravagantes pour que l'on témoignât le désir de les voir brûlées, ne l'étaient pas assez pour qu'on voulût les racheter en s'abaissant à des prières, des menaces et d'outrageants soupçons : je compris que j'ignorais bien des choses, que l'on ne me disait pas ce qui leur donnait le pouvoir redoutable de perdre et de déshonorer, et si je pardonnais à M. Clavé qui, étant amoureux, devait être esclave, si j'essayai de

pardonner à Marie qui, en étant faible, devait être circonvenue,
je gardai une triple rancune à mademoiselle Delvaux, et, si elle
en eût valu la peine, peut-être l'aurais-je détestée.

J'avais fait une faute en protégeant, en partageant une action
imprudente et blâmable; j'en avais été punie par mille tristesses,
mille ingratitudes, mille déceptions; je devais encore l'expier
plus cruellement... La femme de chambre de 'ma tante Garat,
surprise de l'air mystérieux et méchant de mademoiselle Delvaux,
qu'elle ne connaissait pas, avait écouté à la porte, entendu la charitable appréciation qu'elle faisait de ma conduite, et enfin,
effrayée, avait cru de son devoir d'en instruire ma tante après
mon départ de Paris pour Villers-Hellon.

Cette nouvelle édition des paroles de mademoiselle Delvaux,
augmentée et embellie dans une narration de femme de chambre,
indigna ma tante, qui, dans le paroxysme de sa colère et de son
inquiétude, m'écrivit une lettre terrible et en écrivit une tout aussi
terrible à ma tante de Martens. Celle-ci, chargée de m'interroger, fut d'abord bien sévère; elle demandait une entière confes-
sion, et, comme je ne voulais pas trahir Marie, déclarait qu'il était
de mon devoir de lui tout révéler, et que, ne voulant pas écouter
des justifications incomplètes, elle m'envoyait réfléchir deux
heures dans ma chambre. Après ces deux heures, je revins près
de mon juge, lui disant tout ce qui ne pouvait compromettre que
moi, grossissant mes torts pour ne pas être obligée d'en donner à
Marie, et toujours bien décidée à ne pas trahir mon amie.

— Ma tante, ma bonne tante, répétais-je avec désespoir, vous
avez raison, sans doute; mais je ne saurai jamais être assez vertueuse pour trahir l'amitié, la foi, la confiance! Ce que vous
appelez prudence, je le nomme perfidie; je ne puis me décider
à être sage selon le monde et méchante selon mon cœur. Ma
tante, grondez-moi, punissez-moi; mais par grâce, laissez-moi
un secret qui n'est pas le mien.

Non-seulement ma tante me permit alors le silence, mais elle
m'embrassa en me faisant un bien bon et bien touchant sermon;
puis me promit d'écrire à sa sœur pour m'excuser, pour me
faire obtenir un pardon qui vint me consoler des expressions violentes de la lettre du matin qu'elle voulait me faire oublier.

— Tu sais, me disait-elle, que cette excellente Louise ne peut maîtriser ses premières impressions ; tu sais que, dans un moment d'impatience, il nous arrive à tous de dire les choses les plus désagréables et les plus injustes à ceux que nous aimons le mieux ; tu sais enfin combien ta tante oublie vite, avoue noblement ses erreurs et les regrette de tout son cœur. Ainsi, brûle cette lettre, qui te ferait pleurer huit jours encore, et que tu ne méritais pas de recevoir.

Malgré ces paroles, je conservai cette lettre qui m'avait fait tant de mal. Je voulais l'opposer à de nouvelles défiances de Marie ; je voulais qu'elle lui apprît comment je savais aimer mes amis et souffrir pour garder leurs secrets... Seigneur ! Seigneur ! en invoquant ces souvenirs, je suis frappée de la grandeur de vos desseins, et je m'humilie devant votre Providence si sévère, mais si juste dans vos redoutables enseignements. Cette lettre, dont mon orgueil se faisait une *palme de martyre*, dont je voulais me glorifier devant une amie, devait rougir et humilier mon front, et servir de base à l'accusation terrible portée contre moi.

Cette première faute devait être à ma vie ce que sont aux vallées de la Suisse ces avalanches qui, formées d'un grain de terre, grossissent, tourbillonnent au milieu des neiges, détruisent les fleurs, les buissons, entraînent les arbres, les rochers, les forêts, se précipitent dans la plaine, et en font une trombe immense sous laquelle sont ensevelis l'aïeul, la mère et l'enfant !... Jésus-Christ, crucifié pour effacer les crimes de l'homme, a fait régner sur la terre le grand dogme de l'expiation ; et, pauvres créatures, nous devons acquitter avec la douleur et la mort la grande dette de nos faiblesses, de nos révoltes, de nos péchés...

XXIII

L'automne fut cette année à Villers-Hellon brillant et animé. A toute notre peuplade de jeunes filles, il fallait ajouter notre gracieuse et bonne petite tante Blanche, que mon grand-père aimait un peu, et que nous aimions déjà beaucoup ; sa sœur, la comtesse de Bongard, qui accueillait toutes choses et toutes personnes

avec un sourire ; M. de Bongard, aimable, spirituel et savant
lorsqu'il se mettait au piano ; enfin Edmond et Marie de Bongard, grands enfants, bons espiègles, qui faisaient admirablement du bruit, de la gaieté, et un vis-à-vis dans une contredanse.

C'est une belle époque que celle des vacances ! Fernand de
Montesquiou, Antonine, Edmond, devant s'amuser pour un an
dans un mois, toutes les imaginations se mettaient à la torture
pour créer un plaisir à chacun de leurs jours. Le baptême de
jeunes cloches, qui allaient changer en des voix fraîches et sonores la voix cassée de notre vieux clocher, devint une occasion
de fêtes et de réunions. Mon grand-père et ma tante Garat, ma
tante de Martens et M. Elmore, mon oncle Maurice et moi fûmes
chargés de leur donner nos noms ; et après que les prêtres
eurent béni et rendu chrétiens les grands échos de la terre religieuse, qui redisent au ciel les prières murmurées dans nos
cœurs, nous eûmes un bal, des bonbons, toute une soirée de
folle gaieté.

J'avais trop souvent besoin d'exiler mes souvenirs loin de moi
et loin de ceux que j'avais aimés, pour ne pas substituer à mes
heures favorites de solitude et de rêverie une activité continuelle
d'esprit et de corps ; j'étudiais de longues heures, et faisais à cheval des courses immodérées ; je passais toutes mes soirées à danser ou à faire de la musique ; enfin je vivais doublement et je
ne pensais plus.

Ma tante Garat m'avait donné un pardon si tendre et si bon,
qu'après avoir supporté sans remords son mécontentement trop
violent pour être juste, je me sentis coupable devant son indulgence, ses caresses, et me soumis sans murmurer à son désir de
me voir cesser toute correspondance avec mademoiselle de Nicolaï.

Ne plus écrire, ne plus rêver, c'était bien triste ! On devinait
quelquefois mes regrets et mes ennuis à travers la gaieté que je
m'étais imposée, et mon grand-père, qui me comprenait toujours,
saisissait tous les moyens de me distraire. Un jour il décida mon
oncle Maurice à me faire faire une très-longue excursion que je
désirais tenter depuis longtemps : il s'agissait de visiter Bourneville, terre magnifique appartenant au duc de Noailles ; d'aller
voir coucher le soleil sur le petit château féodal de La Ferté-

Milon, et de revenir au clair de la lune à travers les hautes
futaies si belles de cette partie de la forêt de Villers-Coterets.

Il fallait bien des choses pour la réussite de mon projet : d'abord
l'autorisation de me fatiguer un peu plus que raisonnablement ;
la bonne volonté de mon oncle ; une belle journée sans trop de
soleil, et une belle nuit avec beaucoup de lune. J'avais réuni
tout cela, les chevaux étaient sellés ; je n'avais attendu mon
oncle qu'une grosse heure ; il n'avait plus que sa cravate à mettre
et vingt ordres à donner, lorsque tout à coup un de ces *amis voisins*, qui ne font qu'une visite dans toute l'année, arriva pour
passer la journée avec lui. Mon bon grand-père, qui s'était promis un bonheur de mon bonheur, fut tout aussi contrarié que
moi de cette apparition. En voyant mon dépit et mon impatience,
il prévoyait le sermon qui paraissait déjà sur les lèvres de ma
tante ; pour me modérer, il s'avança à la rencontre du comte C***,
lui dit que nos chevaux étaient sellés, et qu'après déjeuner nous
le reconduirions chez lui en allant à Bourneville. Cela dit, pour
éviter les impossibilités que les réflexions pouvaient faire découvrir dans notre projet ainsi revu, corrigé et inconvenablement
augmenté d'un jeune homme de vingt-cinq ans, mon bon grand-
père laissa à peine au malencontreux arrivant le temps d'avaler
une tasse de thé, nous fit monter précipitamment à cheval, et
nous souhaita un bon voyage.

Lorsque je fus hors du danger d'un contre-ordre, et pendant
que mon oncle et son ami causaient en chevauchant à mes
côtés, je me mis à observer très-attentivement M. C*** ; je l'avais
vu fort peu, mais j'en avais beaucoup entendu parler. Or, on en
faisait un *croquemitaine* de jeunes filles : c'était, disait-on, un
très-mauvais sujet, dont la conduite était aussi immorale que
ses sentiments et ses paroles... Il avait abandonné une jeune personne qu'il devait épouser et qu'il avait compromise. — Il faisait
à O*** des orgies qui empêchaient sa mère de mettre les pieds
chez lui ; et puis... et puis... on finissait par parler à voix basse,
et les oreilles qui n'étaient pas sous puissance de mari devaient
se fermer, ou étaient éloignées.

Cet être réprouvé avait une très-petite taille et une jolie figure
pleine d'expression, de franchise et de noble intelligence. Il causait avec mon oncle très-amicalement et sans faire attention à moi.

Cette anti-galanterie, qui me parut assez naturelle pendant une demi-heure, me sembla fort ennuyeuse après une heure, et pour me distraire, ou peut-être pour distraire les autres, je lançai Eiram au grand galop de chasse, et je partis comme un trait. Lorsque je m'arrêtai, mon oncle était bien loin, M. C*** très-près de moi.

— Mon Dieu, mademoiselle, étiez-vous emportée? me dit-il avec assez d'empressement.

— Oui, emportée par un besoin d'indépendance, mais nullement par mon cheval.

— Quoi! le mot indépendance se trouverait agréé dans le dictionnaire d'une femme du monde!

— Non, sans doute, mais c'est un mot gravé dans tous les jeunes cœurs, et pour lequel j'ai une estime toute particulière.

Mon oncle arriva alors de fort mauvaise humeur, et commença un sermon sur ma fantasque équipée.

— Je t'en prie, lui dis-je, sois bon, cher oncle, car il est encore plus ennuyeux d'être grognée que d'être oubliée.

Ces messieurs se prirent à rire en me voyant trahir ma petite ruse féminine, et nous nous mîmes gaiement à causer tous trois. Après deux heures d'une charmante promenade, nous quittâmes la forêt pour entrer dans une vallée délicieuse, dominée par un château aux tourelles gothiques, dont le petit air riant, espiègle, chevaleresque, me fit témoigner un désir immodéré d'aller le visiter.

— C'est O***, et je serai trop heureux de vous y recevoir, me dit M. C***. Maurice, je me brouille avec vous, si vous ne cédez pas au désir de votre nièce.

— Je vous fais mon compliment, Monsieur; vous avez là un petit nid d'aigle tout gracieux et tout féodal... mais je viendrai l'admirer de plus près une autre fois; aujourd'hui cela nous retarderait, et nos moments sont comptés. »

Mon oncle et M. C*** restèrent quelque peu en arrière, et, après un assez long conciliabule, un domestique partit comme une flèche pour O***, et mon oncle me dit que nous traverserions à cheval les jardins et la cour, et que je pourrais accepter une grappe de raisin sans mettre pied à terre. Tout fut exécuté ainsi. Ce charmant séjour me parut tout aussi joli et original de près que de loin; on m'avait dit qu'il n'y avait personne; cependant j'aperçus au premier étage une main qui écartait un rideau, et qui me parut être trop blanche pour celle d'une cuisinière. Ce mouvement, mon regard n'échappèrent pas non plus à mes compagnons; ils donnèrent précipitamment le signal du départ.

Après un long temps de galop, M. C*** me demanda la permission de m'accompagner pendant cette seconde partie de notre promenade.

— Demandez à mon oncle, répondis-je. Je sais qu'il en serait très-heureux; mais j'ignore si cela est convenable, et si nous n'attirerons pas sur nos têtes les foudres de la censure.

— Seriez-vous, Mademoiselle, inquiète des cancans et des calomnies?

— Non, mais très-inquiète des sermons.

— Vous n'êtes donc pas libre?

— Mais je suis comme toutes les jeunes filles de notre beau pays de France élevées sous un gouvernement despotique, et je dois assouplir mon caractère aux volontés du grand autocrate qui m'élèvera un jour à la dignité de femme mariée.

Mon oncle était à quelques pas devant nous, fredonnant son air favori de l'opéra de *Marie*. Et ma conversation avec M. C*** continua longtemps, tantôt folle, tantôt sérieuse, toujours frondeuse, satirique, et très-libre dans ses allures.

— Déjà! s'écria M. C***, à l'heure de la séparation.

— Déjà! répondit tout bas un écho de ma pensée.

Un mois environ après cette promenade, ma tante de Martens me dit qu'elle s'occupait d'un mariage pour moi; que j'avais fait la conquête de M. C***, et qu'il voulait me faire épouser un de ses amis, M. Félix de V***. Je ne sais pourquoi le commencement de cette phrase me fit trembler et rougir, et je ne sais pourquoi la fin me fit éprouver un violent mouvement d'humeur et de dépit.

— C'est sans doute comme contraste que M. C*** se fait le répondant de son ami... Il veut que l'on puisse facilement constater la différence qu'il y a entre eux, et que cette différence devienne ma plus sûre garantie!...

— Quelle admirable sévérité!... Tu m'avais dit le trouver aimable et original au retour de votre promenade.

— C'est vrai, mais je le trouve ridicule dans le beau rôle qu'il va jouer maintenant.

— Trouve-le ainsi, mais cependant fais-toi gracieuse pour lui! Ce mariage est convenable; ton grand-père le désire, et je sais que Félix se laissera guider par les conseils de M. C***. »

Une grande chasse fut montée pour amener une entrevue ; mais le temps la rendit impossible, et il fallut ne pas quitter le salon et le coin du feu. Mes tantes furent parfaitement aimables, et mirent favorablement en relief toutes les vertus, tout l'esprit, tous les talents que j'avais, ou *plutôt que je devais avoir*. Mon grand-père ne pouvait s'empêcher de témoigner par des phrases à double entente qu'il était dans le secret et dans des dispositions très-favorables à sa réussite. Enfin M. de V***, tout aussi embarrassé et tout aussi ennuyé que moi-même, semblait avoir donné sa procuration d'amabilité à M. C***, qui faisait immensément de frais pour me faire apprécier son ami.

Toute la journée la corvée fut complète. Après dîner, on me fit jouer un morceau de piano d'une officielle difficulté, chanter un grand air, et M. C*** vint s'asseoir près de moi et me demanda la valse de Weber. Pendant que je lui jouais cette douloureuse et dernière pensée du grand compositeur allemand, une inconcevable tristesse s'empara de lui, que j'avais toujours vu si insouciant et frondeur ; il pencha son front sur sa main, et parut abîmé dans un souvenir ou dans un regret.

— Vous souffrez ? lui dis-je. Puis involontairement sous l'influence de ma rancune, j'ajoutai : Serait-ce aussi par procuration et pour M. de V*** ?

Il me regarda avec un air étonné, et me répondit avec vivacité :

— Ce mariage vous déplairait-il ? Soyez franche, je vous en prie, et pardonnez-moi d'avoir été égoïste en voulant vous retenir dans nos forêts pour notre bonheur et celui de Félix.

— Sans doute M. de V*** me paraîtrait aimable, s'il voulait essayer de l'être par lui-même.

— Ainsi vous le punissez de m'avoir choisi pour interprète ?

— Non ; mais j'aurais cru, Monsieur, que vous *pensiez* un peu moins comme tout le monde, et qu'après m'avoir dit, il y a quelques jours, votre répulsion pour la triste et immorale spéculation que l'on faisait du mariage, vous vous seriez abstenu de vous en faire l'apôtre et de me choisir pour le but de votre expérience.

— Vous ne voulez jamais vous marier?

— Je ne veux pas une fin sans un commencement. Je veux être aimée sérieusement avant de donner toute ma vie, tout mon cœur, toutes mes volontés.

— Pardon! trois fois pardon! Je savais que vous étiez aimable, spirituelle; mais je craignais que vous eussiez le *sens commun*.

— Et maintenant vous en doutez?

— Maintenant j'estime ce qui me plaisait en vous.

Je pardonnai à M. C*** ses torts et mes griefs en lui imposant pour pénitence une franchise entière et l'obligation de se donner beaucoup plus de peine pour empêcher le mariage, s'il ne me convenait pas, qu'il ne s'en était donné pour le faire réussir sans son consentement. Il me dit que M. de V*** avait un caractère loyal, généreux, mais violent et despote; qu'il voulait se marier pour avoir une femme, de la fortune, une position plus agréable, que mon cœur était en dehors de ses arrangements, et que depuis plusieurs années M. de V*** avait pour une femme du monde une passion dont il n'était qu'imparfaitement guéri.

— Peut-être, ajouta M. C***, ai-je tort de vous avouer tout ceci. Pour réparer une inconséquence, je trahis Félix. Votre bonheur m'est devenu si précieux que je suis peut-être devenu injuste et partial... Parlez-en à M. Elmore; croyez-le plus que moi; ensuite votre volonté sera faite.

M. C*** me demanda encore comment j'avais été assez bonne pour ne pas partager toutes les préventions qui l'accueillaient dans le monde, et si c'était par ignorance de *ses crimes* ou par bonté que j'avais été franchement aimable pour lui pendant notre longue promenade avec mon oncle. Je lui avouai que je n'ignorais aucune des accusations qui le poursuivaient, et que, loin d'en avoir été effrayée comme les autres, il m'inspirait une confiance aussi grande que le jeune homme le plus estimablement comme il faut.

— Oh! merci, merci, me dit-il... L'intérêt et le plaisir attirent près de moi beaucoup de jeunes gens, mais je n'ai pas un ami... On me croit bien fou, bien mauvais, bien extravagant : je suis surtout bien malheureux... et ma vie compte plus de douleurs que de fautes !

— Marie, cède le piano à ta tante, vint me dire mon grand-père ; elle aura la bonté de vous faire danser, et tu sais que cela égaye mes vieilles pensées.

— Vous allez danser ? me dit tout bas M. C***.

— Il le faut. Une demoiselle à marier doit faire valoir tous ses petits avantages. C'est votre faute.

. — Et vous danserez avec moi ?

— Non. M. de V*** s'avance, et je lis dans les yeux de mon grand-père qu'il faut l'accepter. Faites danser une de mes cousines.

M. de V*** fut parfaitement silencieux, et son système d'amabilité par procuration fut si strictement suivi, qu'on eût dit qu'il avait même chargé son ami de me regarder et de me faire rougir sous son regard.

Au moment du départ, M. C*** me pria de causer avec M. Elmore, et de lui dicter mes ordres par cet interprète ami.

Lorsque je parlai le lendemain de ce mariage à M. Elmore, je le trouvai aussi éloigné de me le conseiller qu'il était impatient la veille de le voir s'accomplir. Il me dit, comme M. C***, que M. de V*** avait peu de fortune, un caractère trop despote pour s'allier avec le mien et une passion actuelle qui n'était un secret pour aucun de ses amis ; enfin il m'engageait à un refus, et il fut convenu entre nous qu'il se chargerait avec M. C*** d'amener le projet à mal sans que j'eusse à braver la volonté de mon grand-père et les conseils *ordonnants* de mes tantes.

A l'époque du départ de Villers-Hellon, mon grand-père voulut me garder pour lui tout seul, et ce fut un mois heureux, durant lequel je fus bien aimée, bien gâtée et bien à l'abri des sermons, des gouvernantes et de l'ennui. J'avais trouvé une amie dans ma tante Blanche. Elle gagnait près de moi quelque peu de mon amour pour mon grand-père. Lui était moins injuste et ne se fâchait plus lorsque je lui faisais une litanie de louanges en l'honneur de sa belle-fille ; enfin nous étions tous aussi près que possible du bonheur.

Au mois de décembre, ma tante eut la visite de son père, le comte de Montaigu. Ses amis le disaient original ; ses ennemis le disaient... je l'ai sans doute oublié; mais qu'importe, je suis de ses amis, et je n'ai trouvé en lui qu'un *lion* de soixante ans, parfaitement bon et aimable. M. de Montaigu avait établi ses pénates à l'Opéra, avait obtenu des lettres de naturalisation sur le sol de l'Académie royale de musique, et ne manqua pas une seule réprésentation pendant quarante ans.

Les deux frères de ma tante accompagnaient leur père. L'aîné, dont on parlait beaucoup, était une perfection de talents et de vertus; le second, dont on ne parlait pas, était un sauvage et noble jeune homme qui s'était fait soldat pour gagner ses épaulettes avec la bonne lame de son sabre; qui domptait un cheval avec intrépidité et rougissait devant une femme, même devant une jeune fille.

Peu de jours après cette visite, mon oncle Maurice eut la gloire d'être père. Pendant toute une heure je restai avec lui auprès de ma tante; puis j'essayai de le consoler des cris de la pauvre malade, qui nous arrivaient dans le salon où l'on nous avait exilés. Les cris étaient si tristes, si effrayants, que j'oubliais parfois de consoler mon oncle pour frissonner, et que je m'expliquai pourquoi la divine Diane, obligée de servir de sage-femme à sa mère, eut une peur si grande, qu'elle en garda le courage de rester vieille fille pendant l'éternité.

XXIV

Je revins à Paris bien tard dans la saison des bals, des plaisirs, et ma tante Garat, toujours bonne, voûlant m'initier quelque peu à cette vie du monde et de fêtes, me présenta à celles de ses amies qui recevaient. La société de ma tante était celle des femmes les plus élégantes de la Chaussée-d'Antin, de banquiers, d'agents de change, d'hommes assez ennuyeux, mais à la mode. Certes, l'or n'était pas une chimère dans cette partie du monde; étant le but ou les moyens, le commencement ou la fin de toutes choses, il se trouvait dans toutes les bouches, sur tous les fronts, et beaucoup de femmes s'en *créaient* de l'esprit, de la grâce;

de la beauté. L'orgueil des millions est plus intolérable encore
que l'orgueil des aïeux : se couvrir de l'ombre de ses ancêtres
pour se faire grand, vertueux, puissant, c'est une fierté mal
entendue, sans doute ; mais se couvrir d'or et combler par des
écus tous les vides et les nullités de sa personne, c'est ne pas
même avoir l'idée de ce qui fait de l'homme une noble et puissante créature.

Parmi ces divinités dorées, il y avait cependant des excep-
tions : entre elles, madame de Vatry, pleine de grâces, pleine d'esprit, pleine de talents ; madame Wells, qui possédait une bonté
tout aussi gracieuse que sa beauté ; et madame la comtesse
Lehon, qui était une adorable femme et une femme très-adorée.

Je ne voyais plus Marie de Nicolaï ; j'obtenais même rarement
la permission d'aller passer une journée chez madame de Montbreton. Ainsi, après avoir tant aimé, j'étais sans amie, et pendant
trois mois j'eus tant de plaisirs que je ne souffris pas de ce vide
complet, et que je vécus sans échanger une pensée qui ne fût
une pensée de bal et de plaisir.

Deux jeunes personnes se mêlaient à ma vie ; c'étaient mademoiselle G., aimable, jolie, qui causait à merveille du bal de la
veille et de celui du lendemain ; mademoiselle M., avec qui je
rêvais avenir et maris... mais maris selon le monde, maris aimés
et désirés comme précurseurs de trousseaux, de corbeilles, d'indépendance et de plaisirs. Pauline avait un cœur excellent, un
caractère d'enfant gâté, un esprit... dont elle se servait rarement.
Ayant perdu sa mère bien jeune encore, elle était restée l'idole
de son père M. M., qui avait une belle fortune et une belle
figure, qui possédait des qualités réelles et se donnait des défauts
à la mode.

Après quelques bals ennuyeux dans lesquels, ne connaissant
personne, je n'avais l'honneur de danser qu'à la requête de ma
tante ou de la maîtresse de la maison, et avec des danseurs
assez désagréables pour être complaisants, on me conduisit à
des bals charmants où je m'amusai avec tout l'entraînement et
toute la vivacité de mon caractère.

A la prière de madame Wells, qui donnait un magnifique bal
déguisé le jour de la mi-carême, ma tante organisa un quadrille,
et nous eûmes la prétention de danser un pas du ballet de *Gus-*

tave. Nos leçons de grâces styriennes nous créèrent tout un mois de plaisirs. Mademoiselle Gautier étant du quadrille, toutes les répétitions se firent dans les grands appartements de sa mère, qui étaient encore tout imprégnés des souvenirs de ses jolis bals, et toujours remplis *de ses Bordelais,* danseurs spirituels, aimables et infatigables. Les soirées de madame Gautier avaient un aspect tout particulier, qui tenait un peu de la grâce avec laquelle elle en faisait les honneurs et beaucoup du laisser-aller, de la cordialité, de la gaieté qu'apportait toute la jeunesse méridionale qui y affluait.

Madame Alexis Dupont et M. Mazillier s'étaient chargés de nous rendre autant que possible de légers Styriens. Les premiers essais furent décourageants, intolérables; puis nous fûmes un peu moins mauvais, puis assez gracieux, et nous méritâmes enfin l'entière approbation de nos illustres maîtres; et lorsque le grand jour... ou plutôt la brillante nuit arriva, parées de nos jolis costumes, nous eûmes un beau succès d'ensemble, des bravos et des flatteurs. Mon danseur était un jeune colonel anglais M. Martins, le *premier sujet* de notre troupe, aimable, mais surtout admirable par son sang-froid et le désespoir qu'il montrait quand je n'étudiais pas mes passes *sérieusement* et en conscience. Mademoiselle Gautier avait pour partner un jeune Bordelais, M. Sarget, qui dansait très-mal avec une bonne grâce parfaite.

En donnant un souvenir à tous mes bals, je ne peux pas oublier les bons valseurs qui les animaient, MM. Durieux, de Carcy, Courpon, de Lamarthonie, qui avait la figure, l'esprit, les manières, la valse d'un gentilhomme, etc.

Avec le grand carême tous ces plaisirs cessèrent, et à ces journées agitées par le souvenir des fêtes passées ou l'espérance des fêtes à venir, succédèrent des journées toutes solitaires et tout inoccupées. A peine retrouvais-je ma tante dix minutes par jour, car les visites commençaient à midi, et elle passait ses soirées au spectacle ou chez ses amies intimes. J'essayais de reprendre les études et les occupations qui m'avaient été douces et faciles pendant ces dernières années; je ne le pus qu'à moitié. J'essayai d'appeler les souvenirs à mon aide; je n'en fus pas plus heureuse. Quelques figures vagues se glissaient bien dans la mémoire de mon imagination; mais elles dansaient, tourbillonnaient; aucune de leurs paroles ne pouvait se répéter sans accompagnement; c'étaient des amis à grand orchestre. Les joies de ce monde, qui ne tiennent ni au cœur, ni à la pensée, laissent après elles un découragement, un intolérable mécontentement de soi-même et des autres.

J'ai déjà dit que mes jours étaient tristes; je dirai de plus qu'ils se ressemblaient tous. — Une promenade pour la santé, faite de midi à deux heures sous la garde d'une gouvernante anglaise, vieille et grognon; — une soirée durant laquelle ma cousine et moi bâillions sans oser parler, dans la crainte d'augmenter notre ennui; — et quelques conseils que nous recevions de notre Argus sous forme de sermons.

Quelle triste existence! Et alors que nous la subissions à Paris, à Villers-Hellon les arbres poussaient de belles petites feuilles vertes, les violettes se levaient humbles et parfumées entre la mousse et l'herbe des prés, les oiseaux chantaient, les papillons renaissaient pour voler sur les douces fleurs des pêchers et des amandiers!

C'étaient donc des regrets donnés à cette vie du printemps, des regrets à mon grand-père, à mes vieilles bonnes, à mon bel Eyram. C'était moins qu'un regret, un peu plus qu'un souvenir à M. C***, ami d'une heure, auquel je ne pouvais penser sans rougir, et dont je n'osais parler sans en dire un peu de mal que je ne pensais pas.

Les plaisirs de l'hiver avaient fatigué et endormi mon imagination; elle se réveilla, dans la solitude et le silence, plus exigeante encore que par le passé. Elle demandait à mon cœur quels étaient ses amis?... il n'en avait plus; elle demandait à ma raison vers quel but elle marchait?... et ma raison se taisait comme mon cœur. Alors la puissante despote se créait des rêves de bonheur, des amours en dépit de la réalité, de la prudence, et quelquefois même de ma volonté! Un seul petit être gracieux, poétique, charmant, souriait à mon isolement et me le faisait oublier: c'était Gabrielle, la seconde enfant de ma tante Garat, petite fille et petit ange de trois ans, qui fait la joie et l'orgueil de sa mère.

Je partageais avec un grand chien de Terre-Neuve toutes les prédilections de Gabrielle. Souvent nous passions tous trois des heures à jouer à *cache-cache*, à courir, à nous agacer ; puis la fatigue endormait le chien et l'enfant sur le tapis. La petite tête blonde de Gabrielle reposait sur un coussin à mes pieds, et ses deux petits bras entouraient comme un collier blanc et rosé le cou de la bonne Betzy, et moi je les veillais en les admirant, et si parfois je prenais un livre, et si l'enfant en se réveillant ne rencontrait pas mes yeux, elle me disait avec sa plus douce voix :

— Ne lis pas ; aime-nous pendant que nous dormons.

Parmi les jeux favoris de cette chère enfant était encore celui de me faire dormir. Alors elle fermait mes yeux avec ses petits doigts, berçait ma tête sur les genoux, et, si elle me croyait endormie, elle dénouait traîtreusement le ruban de mes cheveux, s'emparait de ma pauvre tête, me faisait souffrir de cruelles tortures, et me payait ensuite les cheveux arrachés par de si gentils baisers que je serais devenue chauve volontiers pour les mériter.

Un de mes bien grands bonheurs était d'obtenir l'autorisation d'emmener Gabrielle dans mes promenades du matin. Je la faisais alors encore plus élégante que de coutume ; je bouclais moi-même les boucles blondes et soyeuses de ses cheveux, je prenais une gravité orgueilleuse et maternelle, et, laissant à quelques pas la bonne et la gouvernante, je la conduisais par la main à travers les longues allées des Tuileries ; je l'appelais mon enfant ; et il me semblait que tout le monde enviait mon bel ange, que j'étais doublement femme et doublement digne de respect.

Un jour que j'avais ma gracieuse *décoration* à la main, Gabrielle tira doucement ma manche en disant :

— Écoute donc ce grand monsieur ; il dit que je suis plus jolie qu'un petit chat.

Je vis en effet à quelques pas de nous un jeune homme qui, en nous suivant, regardait avec un œil d'admiration mon petit trésor, lui souriait, et en obtenait aussi de doux et malins sourires ! Ce manége coquettement enfantin dura tout le temps de notre promenade.

A quelque temps de là je rencontrai au Louvre l'admirateur de Gabrielle : il parcourut près de nous la grande galerie et, comme la première fois, nous suivit jusqu'à la porte de la Banque. Le

lendemain, les jours suivants, même rencontre : si nous entrions
dans une boutique, il nous attendait dans la rue; si nous faisions
des détours, il les faisait aussi avec une infatigable patience; son
regard ne me quittait pas; si je souriais, il venait sourire avec
moi ; si j'étais triste, il m'interrogeait avec sollicitude !... Mes
yeux, qui d'abord cherchaient mon inconnu par curiosité, s'habi-
tuèrent bientôt à le trouver, ne se détournèrent plus pour éviter
une muette bienvenue, le triste adieu qu'il m'adressait lorsque
se fermait la lourde porte de l'hôtel. C'était une distraction que
mon ennui accepta sans réflexion, et dont ma vanité était fort
aise.

La tournure, la figure, la toilette du monsieur de nos promenades révélaient *infailliblement* un gentilhomme!... Grand,
élancé, assez pâle pour qu'on pût lui prêter une peine incomprise ou tout au moins une petite maladie de poitrine, ayant
des yeux expressifs, des bottes vernies et des gants jaunes de la
nuance la plus *comme il faut*, il avait été déclaré un *cavalier
très-honorable* par notre vieille gouvernante anglaise qui, loin de
s'inquiéter de ces rencontres, me disait que les jeunes miss de
son pays commençaient ainsi les romans de leurs mariages, et se
montrait flattée d'avoir une élève qui méritât « *les accompagne-
ments de ce noble gentleman.* »

XXV

Ces petites rencontres romanesques, dont le souvenir venait
égayer mes pensées ennuyées, n'étant pas un mystère et se trouvant un peu ridiculisées par les expressions et les définitions de
notre imprudente gouvernante, seraient restées très-innocentes
et sans danger, si malheureusement, dans ce même temps, il ne
m'était tombé sous la main un roman écrit avec cœur, avec esprit,
qui m'impressionna vivement. Dans ce livre rempli d'intérêt, le
héros, Anatole, suit partout la femme qu'il aime, lui sauve la vie,
l'entoure de l'amour le plus délicat, le plus passionné, lui écrit,
s'en fait aimer sans chercher à s'approcher d'elle, sans chercher

à lui parler. Après cinq ou six cents pages, après qu'Anatole est adoré, non-seulement de celle qu'il aime, mais encore de celles qui le lisent, on découvre qu'il est sourd, qu'il est muet... on pleure, on pleurerait toujours si *elle* ne l'épousait, s'ils n'étaient parfaitement heureux, grâce à l'abbé Sicard, qui apprend le langage des signes à la belle et noble amie du héros.

Comment oser dire que je fus assez folle pour rêver un sourd et muet dans mon inconnu? que je lui désirai cette douleur, que j'en épiai les symptômes sur son visage, dans sa tristesse, dans ses yeux? Ne pouvant comprendre la sollicitude interrogative de mon regard, lui se montrait heureux de le rencontrer si souvent, et, après nous avoir suivies pendant deux heures, il s'arrêtait encore deux autres heures sous les fenêtres du salon de ma tante.

Un dimanche, il vint prier près de nous dans la chapelle du Calvaire à Saint-Roch; le dimanche suivant, il y était encore. En sortant il offrit de l'eau bénite à la vieille gouvernante, puis à moi, et, lorsque mon gant eut légèrement effleuré le sien pour y recueillir la goutte d'eau sainte, je le vis porter respectueusement son gant sur ses lèvres, et me rendre grâce dans un regard bien heureux:

J'avais l'habitude de porter souvent des violettes et des roses à ma tante, et, pour cette petite emplète, je m'arrêtais chez une bouquetière du passage Vivienne. *Mon ombre* s'y arrêtait auprès de moi et attachait d'ordinaire à sa boutonnière une des fleurs que j'avais touchées en choisissant les miennes.

Un jour qu'il nous avait précédées de quelques minutes auprès de la jolie fleuriste, elle me présenta vivement une gerbe de roses blanches admirables.

— Qu'elles sont belles ! m'écriai-je ; je crois que vous voulez me tenter et me ruiner.

— Oh ! répondit-elle avec un sourire bien fin, donnez-m'en ce que vous voudrez; mais gardez-les. Je veux que vous m'étrenniez ce matin ; cela me portera bonheur pour toute la journée.

Sans attendre ma réponse elle les enveloppa dans un papier de soie et me recommanda de les porter avec soin pour ne pas les effeuiller, et de les détacher en arrivant afin que leurs tiges pussent se baigner plus librement dans l'eau de mes vases. J'em-

portai mon bouquet avec un sentiment inexprimable d'attente
vague que je n'osais m'avouer, que je ne pouvais m'expliquer, et qui cependant me fit rougir lorsque je rencontrai le regard rayonnant de mon inconnu arrêté sur mon bouquet.

Arrivée dans ma chambre, je rompis immédiatement le fil qui
retenait les fleurs. Un petit morceau de papier tomba sur le tapis;
je le ramassai, je le lus avec précipitation... C'était une déclara-
tion, des paroles d'amour qui me disaient que j'étais aimée,
passionnément aimée, et pour toute la vie !...

Je crus rêver! Je froissai le petit billet pour être sûre que
ce n'était ps un rêve. Je me regardai dans la glace pour voir si
j'étais plus jolie depuis que j'étais *adorée;* enfin, j'étais un peu
folle; et, malgré ma volonté d'entrer avec recueillement dans
cette *grande phase de ma vie*, je sautais de joie comme un enfant et je lisais encore... puis encore... puis toujours toutes les
charmantes exagérations que j'avais inspirées. J'avoue que pas
un instant je n'eus la sage pensée de confier mon petit billet à ma
tante ou à la gouvernante. Je comprenais que je faisais mal; mais
mon imagination chassait bien vite cette salutaire pensée, pour
crier à m'étourdir que j'avais vingt ans; que j'étais orpheline;
que je m'appartenais !

Je passai toute la nuit éveillée, voulant réfléchir sérieusement
à la conduite que je devais tenir; mais ne trouvant pas une réflexion qui n'eût été altérée et faussée par cette transition rapide
de l'ennui à l'exaltation, du vide à l'éblouissement d'une première lettre d'amour! Cependant, à l'heure de la promenade, je
prétextai une violente douleur de tête pour ne pas m'exposer à lui
laisser lire dans mes yeux que j'avais été heureuse et flattée
du petit billet audacieux et brûlant de la veille; mais je ne pus
résister à la curiosité de me pencher vers la fenêtre, et ses yeux
saluèrent mon regard ! J'avais pris un air digne et sévère; une
de ses roses oubliée à ma ceinture en détruisit l'effet... L'expression de triomphe et de succès que la vue de cette fleur imprima
sur la physionomie de mon inconnu me blessa, et je pris la résolution de l'en punir, et, cette journée et toute celle du lendemain, je renonçai, non-seulement à la promenade, mais encore
à la fenêtre; ou du moins je cachai si bien ma tête entre les plis
épais des rideaux, que si je le voyais il ne pouvait m'apercevoir,

Le troisième jour, après être demeurée très-longtemps et très-inutilement dans ma cachette de soie, je m'approchai de la fenêtre : il n'y était pas... il ne vint pas... J'allai faire ma promenade habituelle, il fallut parcourir les longues allées des Tuileries seule, ennuyée comme je l'étais autrefois... il m'avait donné l'oubli que j'avais provoqué par ma conduite !... Je fus triste, désolée, malheureuse de cette indifférence; il me sembla que j'allais rester seule sur la terre, que Dieu n'avait mis qu'un amour dans ma vie, et que j'étais condamnée à ne plus être aimée, à rester avec des regrets et plus d'espérances.

Aussitôt qu'il ne m'aima plus, je crus sentir que je l'aimais; je sondai mon cœur; j'étais épouvantée aux moindres symptômes d'amour que j'y découvrais, et lorsque, huit jours plus tard, ne l'espérant plus, je le retrouvai triste, pâle et malheureux, regardant vers ma fenêtre, je fus assez folle pour exaucer la muette prière qui me demandait une réponse, pour lui écrire que j'avais souffert de l'oubli, et que j'avais douté de l'affection qu'il m'offrait !

Sa réponse fut pleine de passion et de reconnaissance; il la glissa doucement dans ma main après une longue promenade faite, comme par le passé, à dix pas l'un de l'autre.

Le beau mois de mai arriva : nous allions quelquefois aux offices de la Vierge avec ma tante, il venait aussi pour prier avec moi. Nous nous rencontrions chaque jour aux Tuileries. Deux fois les admirables accents de Duprez firent battre nos cœurs d'une même impression; de petits billets cachés dans une fleur ou échangés dans la rue préparaient ces rendez-vous de nos regards. Quelquefois aussi j'ouvrais la fenêtre, et je lui chantais les airs que je chantais le mieux. Tout le mois se passa ainsi... puis vint le départ pour Villers-Hellon.

Il m'était impossible d'y recevoir ses lettres; lui-même allait voyager. Son regard jura de m'aimer toujours, le mien promit de ne pas l'oublier. Je ne sais s'il fut bien malheureux; mais je ne fus pas très-triste, car je ne m'étais senti beaucoup d'amour que pendant les jours où je croyais qu'il m'avait oubliée et qu'il ne m'aimait plus !...

J'étais à peine depuis deux jours à Villers-Hellon, lorsqu'un malheureux incident vint découvrir à ma tante Garat toute cette

imprudente et ridicule intrigue... Jamais, oh ! non, jamais je
n'oublierai l'indignation de ma tante, les paroles avec lesquelles
elle m'humilia. Elle voulait tout savoir, et ne me laissait pas le
temps de lui répondre. A la présence des lettres, elle s'emportait
plus vivement encore, me disait « que j'étais perdue, déshonorée ; que je serais reniée par mes amis ; que cet homme
montrerait mes lettres; qu'il me donnerait son mépris après
m'avoir donné un semblant d'amour, qu'il rougirait de m'appeler
sa femme et, ne voudrait jamais épouser une jeune fille assez
imprudente pour avoir écrit à un jeune homme inconnu à sa famille, avec lequel elle n'avait même jamais échangé une parole ! Il a voulu faire une spéculation, ajouta-t-elle, il a cru que
tu étais une riche héritière, et maintenant toute ta dot ne suffirait
pas pour acheter le silence ! »

Était-ce bien possible ! j'avais vingt et un ans, et je n'avais plus
d'espérance ! plus d'honneur !

— Mon Dieu ! ma tante, m'écriai-je en sanglotant, sauve-moi,
par pitié !

Mais elle quitta ma chambre sans m'écouter, et en m'enfermant
à clef.

J'étais désespérée, ma tête était en feu ! Les mots de mépris,
de déshonneur, la brisaient. Je disais à ma bonne Lalo que je
devenais folle, que je voulais mourir. Mon grand-père était
sorti; elle avait prié vainement ma tante de me rassurer, et la
pauvre fille, ne sachant plus comment me calmer, me donna
l'idée d'écrire « à ce monsieur, qui ne pouvait pas être assez
méchant pour faire du tort à une pauvre enfant qui n'avait rien
fait contre lui. » J'écrivis donc une lettre désespérée, suppliante,
et Lalo fit faire cinq lieues à un de ses neveux pour la mettre
secrètement à la poste de Soissons.

J'étais plus modérément désespérée quand mon grand-père
arriva; je me jetai tout en larmes à son cou !... je ne pouvais
parler, Lalo essaya de lui raconter la cause de tous mes chagrins.

— Allons, allons ! ne pleure plus, dit-il en m'embrassant, ta
tante a eu raison de te gronder, mais non de te bouleverser ainsi.
Sois tranquille, enfant, tu n'es pas *déshonorée*, tu auras un avenir, un mari; souris-moi un peu, et laisse-moi te faire un sermon
sur l'imprudence qui t'a fait écrire ces sots petits billets : *primo*

je te dirai que c'est mal, puis que c'est bête ; et que si ta réputation n'en est pas compromise, ton tact et ton esprit le seront
infiniment. Je te promets que les conséquences de cette étourderie seront facilement arrêtées ; ainsi embrasse-moi, et ne
mouille plus mes joues de tes pleurs... du calme, du calme. Je
vais trouver ta tante ; j'arrangerai tout..... Tu sais combien je
t'aime, ma chère petite coupable ! »....

Deux heures après, munie de mes renseignements, ma tante
Garat était sur la route de Paris ; deux jours après elle était revenue, avait rassemblé un *petit conseil* de famille devant lequel
il me fallut comparaître. Ma tante me dit qu'elle avait vu *mon
héros*, qu'il était garçon apothicaire, avait six cents francs de
rente, un père apothicaire-droguiste, qui lui érigerait son fonds
en majorat ; elle me dit que mon héros m'offrait son cœur et
sa main, et que je régnerais sur ma rhubarbe et sur mon séné
avant la fin de l'été.

Je fus consternée : je n'osais lever les yeux, je n'osais parler,
je n'osais pleurer.

— Ce mariage me contrarie, ajouta ma tante, tu aurais pu
rester parmi nous, heureuse, honorée, aimée... N'en parlons
plus... l'amour ne connaît pas les obstacles ; on est toujours heureux avec le cœur de son choix...

.. Ce ne fut pas tout : on fit ensuite, à haute et intelligible voix,
la lecture de mes lettres qui, lues ainsi de sang-froid, étaient d'un
ridicule et d'une bêtise inexprimables ; puis après cette torture on
me donna la liberté de me désespérer et de me livrer solitairement à mes réflexions ; elles étaient horriblement tristes, douloureuses et folles ! M. de Pourceaugnac, le Malade imaginaire,
des fantômes menaçants, se dressaient autour de moi. J'aurais
épousé sans balancer un paysan instruit, un ouvrier honnête
homme ; mais épouser un droguiste... et sans amour ! c'était à
se désespérer.

Heureusement mon grand-père vint en cachette abréger mes
angoisses. Il me confia que ce mariage n'était qu'une fable destinée à donner une leçon à ma mauvaise tête ; qu'il avait été
facile de réparer mon inconséquence, et que le *jeune héros*, en
apprenant que j'étais orpheline et nullement héritière de la Banque de France, avait renoncé très-volontiers à son amour éternel

XXVI

J'avais eu trop de tristes et profondes émotions pour les supporter sans faiblir. Le soir même de ces scènes douloureusement ridicules, je restai six heures sans connaissance; j'eus deux accès de fièvre colérique qui me firent deux fois frissonner sous le souffle glacé de la nuit, et je revins à la vie avec des douleurs nerveuses aussi pénibles que violentes. Ces spasmes me faisaient passer toutes mes nuits sans sommeil et me causaient une tristesse vague, fiévreuse, insurmontable durant le temps de la crise.

Ma tante Garat fut admirablement bonne pour moi; ses paroles n'avaient jamais été aussi douces, aussi affectueuses. Elle éloignait les souvenirs de mes derniers tourments avec un soin touchant; elle me créait des plaisirs et des distractions; souvent même, elle me faisait coucher dans sa chambre pour égayer mes tristes et longues nuits aux dépens de son repos.

A toutes les agitations, les fêtes et les joies de l'hiver, à toutes les folles utopies de mon imagination, avaient succédé de calmes, sérieuses et mélancoliques rêveries. Une parole affectueuse, un baiser de ma tante ou de mon grand-père me faisaient éprouver une émotion douce qui mettait des larmes dans mes yeux; quelquefois la musique me rendait heureuse; d'autres fois elle me faisait un mal affreux. Les couleurs de mes joues s'étaient pâlies; j'étais changée; on s'inquiétait de ma santé: Cependant je ne souffrais pas beaucoup... j'avais seulement une faiblesse de corps et d'esprit qui était comme un demi-sommeil, comme une demi-existence: Il fallait des ordres pour me faire quitter mon canapé, des ordres pour m'arracher une parole. Je ne savais plus sourire que pour mon grand-père, je ne me sentais vivre qu'en me sentant l'aimer.

Je passai près de trois mois dans cet état; et durant ces trois mois les soins les plus empressés, les plus touchantes sollicitudes me furent prodigués par ma famille, par mes amis, par nos bons paysans. Les plus beaux fruits, les plus belles fleurs

étaient pour moi, et les jeunes filles du village disputaient à ma
bonne Lalo le droit de partager les veilles de mes nuits !

M. le comte C*** vint faire sa visite annuellement unique , au
moment où j'étais bien malade encore. Je passais mes journées
couchée sur un canapé, à l'ombre des grands tilleuls de la pelouse.
Il fut reçu près de moi, me parut tristement frappé de mon changement ; il s'informa de mes souffrances avec une affectueuse sollicitude ; il ne devait nous donner qu'une heure, mais il resta tout
le jour, fut soigneux, attentif ; et, en partant, M. C*** parla de
retour et demanda la permission d'envoyer savoir de mes nouvelles.

— Cette visite que vous m'annoncez comptera-t-elle pour l'année prochaine? lui dit mon grand-père en riant.

— Je ne compte plus, répondit-il sérieusement et en se
tournant vers moi.

En effet, quinze jours ne se passèrent plus sans ramener M. C***
à Villers-Hellon. Il venait toujours quand nous étions seuls,
s'occupait particulièrement de moi, cherchait les sujets de conversation qui semblaient m'intéresser, m'apportait des livres, des
revues, des poésies ; enfin, il savait si bien me distraire , qu'il
lui était permis de ne pas quitter mon canapé ou mon fauteuil,
de me préserver d'un rayon de soleil, d'un air trop vif, d'une
pensée douloureuse, d'une émotion pénible.

Lorsque l'automne ramena les vacances, les plaisirs , lorsque
nous eûmes des fêtes, de nombreuses réunions, et que ma santé
fut meilleure, notre nouvel ami vint plus rarement. Il reprit ses
anciennes habitudes de tristesse, de sauvagerie et de préoccupations, augmentées d'un empressement remarquable à m'éviter.
Je fus malheureuse de ce changement, et je voulus bientôt
en savoir la cause.

— Vous ai-je déplu involontairement? lui demandai-je un soir.
Faut-il être malade pour mériter vos paroles, pour être digne
de vous occuper?

— Qu'avez-vous besoin de moi? N'êtes-vous pas entourée
d'amis ?

— Cela se peut; mais vous avez voulu me distraire lorsque j'étais
souffrante, j'ai voulu essayer de vous le rendre lorsque vous me
sembliez malheureux. Vous refusez, nous sommes quittes; n'en
parlons plus.

— Oh! si. Écoutez-moi, me dit-il. Je vous estime de tout
mon cœur ; votre amitié, votre confiance, vos conseils, seraient
mes plus chers trésors. Mais je crains pour vous les calomnies
du monde, que je brave si volontiers pour moi ; je crains que mon
amitié, qui devrait vous honorer, ne vous expose à de sottes et
ridicules suppositions. Ma réputation est bien mauvaise ; je
crains...

—Ne pourriez-vous un peu changer votre manière de vivre ?

— Connaissez-vous donc ma vie ?

— Oui ; je sais que vous avez des amis qui vous perdent, des
spéculations qui vous ruinent, des principes qu'on se répète tout
bas et que vous dites bien haut.

— Ensuite ?...

— Ensuite ?... n'est-ce pas assez ?

— J'ai plus que cela, mademoiselle ; j'ai chez moi une femme
qui n'est pas ma femme, une femme qui a quitté son mari pour
me suivre.

— Pauvre créature déchue ! je la plains.

— Plaignez-moi plutôt. Elle est heureuse et je suis malheureux.

— C'est-à-dire alors qu'elle est méprisable, et que vous êtes
faible.

— Voulez-vous me convertir, me sauver, être un ami pour
moi ?

— Je le veux. Je serai un ami très-sévère sans e, et je le dirai
à une de mes tantes afin qu'elle nous comprenne et qu'elle
nous permette de causer quelquefois ensemble.

— Merci, merci ; mais est-ce bien sincère, bien sacré ? est-ce
pour toujours ?

— Toujours, lui dis-je en lui tendant la main.

Cette conversation m'avait profondément impressionnée. J'avais
trouvé M. C*** noble, confiant ; j'étais doucement orgueilleuse de
le ramener par la main vers les devoirs de la vie. Aussi, dès le
lendemain, j'en parlai à mes tantes.

Elles m'écoutèrent attentivement, parlèrent d'abord entre elles
de petites confidences, puis me dirent qu'elles me permettaient
aujourd'hui cette amitié qu'elles eussent regardée comme dangereuse six mois plus tôt et où elles me demandaient une con

fiance à toute épreuve; seulement de ne cacher aucune des démarches, aucune des paroles de M. C***, qui se rapporteraient à
moi.

A partir de ce moment, M. C*** vint nous voir souvent. Il
choisissait, les jours où nous étions en famille, s'occupait exclusivement de moi qui devins bientôt la confidente de tous ses chagrins, de toutes ses affaires. Il s'était engagé dans des spéculations immenses. Il était entouré de jeunes gens qui le ruinaient
pour s'enrichir, l'encensaient pour le tromper, exploitaient sa
vanité pour le perdre.

Il fallait parfois relever son courage abattu par des injustices et
des déceptions cruelles; il fallait plus souvent combattre ses
espérances chimériques et détruire ses illusions. Cet homme, que
la société avait mis à l'index, dont toutes les paroles étaient
sceptiques, dont toutes les actions visibles étaient hors des lois
des convenances, qui riait de la vertu, du dévouement, qui riait
de la vie, de la mort : cet homme était noble, dévoué, généreux, se cachait pour être bon; ne se confiait qu'à moi seule; cet
homme enfin était heureux et fier lorsque je lui disais : « Je suis
contente... c'est bien. »

Au mois d'octobre, je vis pendant quelques heures mademoiselle de Nicolaï, qui était venue passer deux jours chez madame
de Montbreton. Elle ne me dit pas un mot de M. Clavé, mais sa
seconde parole fut pour me prier d'écrire à la maîtresse de poste
de Villers-Cotterets de m'envoyer une lettre *qu'elle* attendait et
voulait cacher à sa sœur. Il m'était impossible de faire ce que
Marie me demandait. Cependant, loin de se fâcher de mon refus,
elle fut comme autrefois amicale, expansive, et me fit la confidence
de sa passion actuelle. Cette année, c'était au bal qu'elle avait
tourné la tête à un pauvre jeune homme, qui était parvenu à se
faire présenter chez sa mère et à se faire inviter ensuite à Busagny, où il avait passé quelques jours. Marie ne l'aimait pas alors;
mais, entraînée pas la véhémence de l'amour qu'il lui exprimait,
entraînée par l'oisive et ennuyeuse solitude de la campagne, *elle*
reçut des lettres, accorda de petites entrevues secrètes dans le
parc, enfin lui fit si bien espérer une affection partagée, qu'il la
menaça de se brûler la cervelle, de s'exiler pour toujours si elle
ne voulait pas l'épouser. Mademoiselle de Nicolaï ne savait com-

ment se préserver de cet amour mortellement passionné, et semblait très-éloignée de ce mariage qui ne réunissait aucune des
convenances.

M. de Léautaud avait une très-petite noblesse, un *revenu* de
quelques dettes, une position nulle et un caractère *idem*. J'avoue
que je ne me préoccupai que médiocrement de cette nouvelle
intrigue. Marie avait si facilement éconduit et oublié M. Clavé, que
j'étais très-rassurée sur la fin de cette seconde imprudence, et
très-résolue à y rester complétement étrangère.

XXVII

Nos derniers beaux jours de la saison se passèrent tristement
et au milieu d'une bande noire d'avoués, de notaires, etc., etc.
Déjà, depuis plusieurs années, mon grand-père avait négligé ses
affaires. Ses beaux revenus, livrés à l'abandon et au désordre,
ne lui suffisaient plus; il avait fait des dettes et il était indispensable de les arrêter. Il était bien difficile d'arriver à cette réforme.
Mes tantes, qui ne passaient qu'une partie de l'année à Villers-
Hellon, avaient le temps de sonder tous les vices intérieurs et
absorbants de son administration, mais elles n'avaient pas celui
de commencer une réforme sérieuse; ma nouvelle petite tante ne
pouvait s'en occuper, n'ayant aucune influence sur mon grand-
père, et mon oncle manquait de fermeté et de suite dans l'exécution de ses idées économiques.

Après un relevé menaçant des dettes, après maints projets plus
ou moins inexécutables, mon grand-père offrit de me mettre à
la tête de ses affaires, de me laisser toucher, dépenser tous les
revenus, et de me faire enfin la grande-maîtresse de son cher
Villers-Hellon. Mes tantes furent heureuses et rassurées par cet
arrangement, et, pour me faire oublier Paris, elles exagéraient le
service que je leur rendais, voulaient flatter mon amour-propre,
mon orgueil.

Mais je n'avais pas besoin de consolations. La possibilité d'être
nécessaire au bonheur de mon grand-père, celle d'être utile à la

fortune de tous les miens, la liberté, l'indépendance qui devenaient mon partage, ne me laissaient rien à regretter. J'eus une femme de chambre, une pension pour ma toilette, et mon grand-père me présenta à tous ses amis comme la moitié de lui-même.

Le 1er novembre, jour où me furent remis mes pleins pouvoirs, on assembla tous nos bons vieux domestiques dans le salon; là, avec des larmes d'attendrissement et d'affection dans les yeux, ils promirent de m'obéir, de me respecter autant qu'ils m'avaient aimée, de m'aider à corriger d'anciens abus; ils promirent de me soumettre leur vieille indépendance et de ne pas murmurer pour l'amour de la petite fille qu'ils avaient fait danser tout enfant dans leurs bras. Bons et loyaux serviteurs ! en une semaine, tous les désordres et toutes les habitudes de liberté de ces petits tyrans insubordonnés de la cuisine, de l'office, du jardin, furent domptés et soumis. Il n'y eut pas un mécontentement, pas un murmure. Si je voyais une légère nuance d'humeur sur le front de ma bonne Mie, qui, après avoir eu un *désordre systématique* pendant trente ans, s'étonnait de se voir critiquer par la *petite fille* contre laquelle elle enfermait jadis ses macarons et ses friandises, je l'embrassais, et son front redevenait serein. Si Durand, notre excellent cuisinier, était trop inexact et trop indépendant, je le prenais par son amour-propre. et je le domptais. Enfin, j'avais tour à tour des paroles sévères, des louanges, des encouragemens ; je prévenais non-seulement les actes, mais aussi les signes des mauvaises volontés.

Mon grand-père s'amusait de me voir ainsi *jouer à la madame* et se prêtait avec une tendresse parfaite à mes volontés, à mes économies et à mes *tyrannies*. Il s'était réservé une somme assez forte pour ses plaisirs, ou pour mieux dire pour les plaisirs et les besoins des autres. Eh bien, je faisais encore d'affectueuses *bassesses* pour obtenir le droit de la lui dépenser à mon gré. Nous avions chacun nos pauvres de prédilection. Les jeunes filles étaient ses favorites, les bons vieux étaient mes protégés. Il donnait de belles robes, je donnais du bouillon et du vin : — il les faisait danser, je remplissais leurs tabatières ; — il distribuait la joie, je préservais de la douleur... Enfin mon grand-père protégeait ceux qu'il avait vus naître; moi je soignais et je consolais ceux qui s'étaient penchés sur mon berceau.

Lorsque j'étais bénie pour les bienfaits que je répandais de la part de ce bon grand-père, je hâtais de tous mes vœux le jour où il me serait permis de mériter pour moi-même ces touchantes reconnaissances. Et si parfois je pouvais consoler en mon nom, donner quelque chose qui m'appartînt, je sondais avec bonheur mon petit trésor de bénédictions *à moi toute seule*.

En apprenant que j'étais élevée à la dignité de maîtresse de maison, et que je passerais ainsi l'hiver à Villers-Hellon, M. C*** se montra bien heureux. Il ne pouvait venir que très-rarement, ses affaires exigeant sa présence ; mais, s'il avait des ennuis, s'il avait des espérances, il trouverait une heure pour venir m'en apporter la moitié; mais s'il était retenu trop impérieusement, il enverrait son domestique favori savoir de mes nouvelles, lui donnerait l'ordre de faire causer ma bonne Ursule sur ma santé; il m'adresserait des livres et des fleurs!

M. C*** avait fixé à la fin d'octobre 1838 l'inauguration de son chemin de fer. Il devait donner une fête magnifique, et me réservait l'honneur d'être la reine du bal, du feu d'artifice, et d'être emportée la première sur son premier wagon.

— Alors, me disait-il, je vous demanderai pour ma conduite les conseils que vous me donnez pour mes affaires; je deviendrai bon, digne de m'avouer hautement votre *ami*, votre *élève*... Alors...

— Taisez-vous, lui répliquais-je doucement, ne songez qu'aux difficultés innombrables qui vous restent à vaincre; consacrez-y tout votre temps, toutes vos pensées; ne rêvez pas avant d'avoir touché le but... Il faut s'habituer à l'idée du malheur pour le supporter dignement; au contraire, le bonheur s'apprend vite, il ne faut pas la réflexion pour l'accepter, il faut des larmes bien amères pour le perdre. »

Jamais une de ces banalités aimables et gracieuses du monde ne furent échangées entre M. C*** et moi. Pendant ses visites assez rares, et toujours réservées pour la soirée, nous étions confiants amis; nous nous occupions beaucoup de nous, très-peu de tous ceux qui nous entouraient, et ma tante Blanche, avec une bonté parfaite, prenait un livre et avait une surveillance sourde et muette que nous bénissions. Arrivait-il quelque personne étrangère qui eût l'oreille au guet et le regard observateur, je

me mettais au piano, je jouais de très-brillantes et très-bruyantes
variations, et je parvenais ainsi à isoler notre conversation.

Dans ces conversations intimes nous parlions de ses affaires,
de ses ennuis, de ses mécomptes. Je m'indignais avec lui, je le
grondais, je le consolais; il était heureux quand je le laissais
rêver tout haut de ses succès; mais si je parlais pour moi d'un
avenir plus éloigné que le lendemain, il me disait :

— Par grâce, ne pensez pas à l'avenir, n'en disposez pas;
soyez chaque jour la providence de votre grand-père, soyez la
joie et la consolation de vos amis... puis attendez, je vous en
prie... attendez !

Je n'osais me traduire ces mots. Cependant j'en rêvais pendant bien des heures; ils m'aidaient à oublier *cette femme* qu'il
aimait, ses rares visites, son caractère bizarre; ils laissaient
errer mes pensées dans un vague infini d'espérances et de craintes. Ceux de mes jours que M. C*** ne traversait pas étaient
encore calmes et doux. Je faisais avec ma tante Blanche des lectures, des promenades; j'avais sa petite Valentine à *adorer* au
moins une heure chaque jour; enfin, mes tantes m'écrivaient
de Paris de longues et tendres lettres pour distraire ma solitude.

Lorsque j'avais quelques petites *émeutes* dans mon gouvernement, lorsque quelques abus nécessitaient des lois sages et pru-
dentes, j'allais passer une semaine chez la comtesse Dulauloy,
amie de mon père, qui habitait un délicieux château sur les
bords de l'Aisne. Madame Dulauloy avait été si admirablement
belle à vingt ans, qu'elle l'était encore à soixante. Tout en elle et
autour d'elle portait un cachet d'élégante simplicité, d'ordre, de
recherche, et ses jardins, sa maison, ses dîners, ses domestiques
avaient une réputation de perfection incontestable et incontestée.

Parfaitement bonne pour moi, madame Dulauloy m'initiait à
tous les mystères de son *administration modèle*, avait consenti
à me faire une charte pour Villers-Hellon, et s'était engagée à
venir à mon aide toutes les fois que je serais embarrassée ou
arrêtée dans son exécution. Ce n'était pas tout encore : quand elle
avait avancé mon éducation de maîtresse de maison, cette excellente amie de mon père s'occupait de mes plaisirs. Elle quittait
sa solitude pour me mener aux bals de Soissons, corrigeait, de-
vançait la mode pour me composer de délicieuses toilettes, et

jouissait de mes succès avec une indulgente bonté qui ne s'effacera jamais de ma mémoire. Durant les jours du carnaval, j'imaginai, pour amuser et distraire mon grand-père, de donner des soirées dansantes aux habitants du village. Tous les jeunes gens, toutes les jeunes filles se réunissaient le dimanche soir dans la salle à manger, où deux violons leur jouaient à l'unisson d'agréables contredanses; il y avait encore des gâteaux, des rafraîchissements; jusqu'à minuit la gaieté et le plaisir des autres rajeunissaient mon grand-père, et il était tout à fait heureux lorsque je dansais, que je *m'étais faite bien belle*, et que ses paysans m'admiraient.

Le mardi-gras je voulus ajouter à ces plaisirs la surprise d'une espèce de petit quadrille masqué, et nos voisins se prêtèrent avec grâce à mon invitation et à mon désir. Mon bon grand-père consentit avec une adorable bonté à rétrograder jusqu'au temps où il était un *incroyable* du Directoire; mon oncle Maurice fut un beau Styrien, M. Elmore un grand-turc irréprochable, et M. C*** fit faire à Paris un admirable costume du temps de Louis XIII. Nous eûmes un Paillasse, un Figaro... enfin nous excitâmes la stupéfaction et l'admiration des invités du village. A une heure du matin la soirée se termina par un excellent souper. Jamais il ne fut pour moi de plus belle fête; je dansai huit contredanses avec M. C*** il trouva mon costume tyrolien charmant et m'en fit mille fois l'éloge pendant cette joyeuse nuit.

Au mois de mars, ma tante Blanche eut l'honneur de donner à mon grand-père son premier petit-garçon. Il avait huit petites-filles, et s'était si longtemps impatienté de la monotonie féminine de toute sa génération, que j'enviai ma tante, qui lui réalisait enfin son neveu de trente-cinq ans, ses espérances presque *désespérées*. Contre toutes mes prévisions, mon grand-père reçut froidement cette nouvelle.

— Quoi! m'écriai-je, vous n'êtes pas bien heureux, bien orgueilleux, du garçon que vous avez si ardemment souhaité?

— Non, mon enfant. La mort est bien près, et je n'ai pas le temps de me créer une nouvelle affection. Mon trésor est assez grand; je ne veux pas l'augmenter pour garder la force de mourir.

Voyant qu'il m'avait faite triste avec des pensées de deuil et d'adieu, il ajouta :

— Ne sois pas affligée de mes paroles. Tes soins, ta tendresse me feront vivre dix ans de plus; et je te garde une place pour notre petit Jacques.

Cette bonne pensée, qui me rendit tout orgueilleuse et toute rouge, fut payée par mes baisers. Il semblait que ce cher grand-père eût deviné que j'étais jalouse du bonheur qu'il ne me devait pas.

Les grands parents de la famille de Montaigu furent appelés pour donner au beau petit garçon son nom et sa qualité de chré-tien; mais, comme ils ne purent quitter Paris pour sanctifier le jeune marmot, mon oncle pria M. C*** de remplacer son beau-père, et je fus chargée de représenter la marraine.

Ce fut un des beaux jours de ma vie. Dès le matin je reçus une caisse de bonbons, des sachets, des gants, des fleurs, des rubans... Tout était blanc, tout était parfumé ; une pensée intime avait présidé à cet envoi. Plus tard M. C*** arriva. Je voulus le remercier, mais il semblait déjà si heureux, que je n'osai lui exprimer toute ma reconnaissance.

— Savez-vous les formules nécessaires à la cérémonie ? dit en riant ma tante au parrain.

— Je les ignore entièrement, répondit-il.

Et, se tournant vers moi, il me demanda de lui venir en aide et de lui apprendre *ses prières*. Je fus m'asseoir sur un canapé du salon. Il se mit sur une chaise basse, presque à mes pieds, prit mon grand livre de messe, et la leçon commença : je lui disais les prières, et il les disait ensuite après moi.

Lorsque ce fut le tour de la Salutation angélique, il fut long-temps à l'apprendre, longtemps à la répéter. Et, comme nous terminions, il ouvrit le livre à la messe du mariage, en arracha deux feuillets, et me dit :

— Vous ne pourrez plus la lire sans moi.

Des coups de fusil, des vivat, une foule nombreuse nous accompagnaient à l'église; en y entrant appuyée sur son bras, je fus bien émue ; une vieille femme s'était mise à crier :

— Sont-ils gentils ! ils ont l'air de deux mariés.

Et lui m'avait dit tout bas :

— Marie, dans un an !

J'avais demandé à ma tante de ne pas inviter d'ennuyeux, et de faire seulement danser tous les paysans en l'honneur de son fils. Nous étions donc seuls, en famille, avec M. Elmore qui comptait trop comme ami pour compter pour quelqu'un.

On dansait dans la salle à manger, mais il faisait froid, et les arbres qui brûlaient dans la grande cheminée du salon nous y rappelaient entre les contredanses. Deux fois M. C*** s'y trouva seul avec moi. J'avais appuyé l'un de mes bras sur le large socle de marbre de la cheminée, tandis que je causais ; tout à coup il me saisit le bras en s'écriant :

— Imprudente ! vous avez chaud, c'est ainsi qu'on meurt.

— Une tombe à vingt ans, avec des fleurs, des larmes, des prières ! trouvez-vous cela effrayant ?

— Vous voudriez mourir, vous ! et sans avoir été bien aimée !

— Dans ce monde il est si difficile de l'être sérieusement !

— Vous l'êtes, Marie... Je vous aime, oh ! je vous aime de toute la puissance de mon âme.

Il avait pris ma main, il la portait à ses lèvres, il me regardait sans parler... Et moi j'étais immobile, tremblante... M. Elmore entra.

— J'accepte, répondis-je tout bas à son regard.

— Dans un an ?

— Dans un an.

Après ce jour rien ne fut changé que nos cœurs ; il ne vint pas plus souvent, il ne resta pas davantage. Comme par le passé nous causions de ses affaires, de ses ennuis, de ses espérances, de ses déceptions. Seulement il s'arrêtait quelquefois pour répéter : « Dans un an ! » Seulement il disait mon nom avec un accent plein d'affection et de caresses ; seulement il me serrait la main au retour, et la baisait respectueusement en partant.

XXVIII

Au printemps je fus passer quelques jours à Paris, chez ma tante de Martens, qui était désireuse de connaître les résultats de mon administration, et qui voulait aussi, avant son départ pour Baden, recevoir nos secrets et me donner des conseils. Je dis à ma tante toute la noble franchise de l'affection que me témoignait M. C***. Elle en fut touchée, et me permit de l'aimer presque comme un fiancé... Combien je fus heureuse ! il m'eût été impossible de lui obéir, si elle m'eût dit : « Oublie-le. »

Depuis que je n'avais vu mon ancienne amie mademoiselle de Nicolaï, de grands changements s'étaient opérés dans son existence. Elle était devenue au mois de janvier vicomtesse de Léautaud, et les détails de son mariage, qui me furent donnés par M. de Montbreton, m'avaient fait partager la stupéfaction générale. Il me dit que M. de Léautaud était venu un beau matin faire une visite à M. de Nicolaï, qu'il était resté toute la journée, puis toute la soirée, et que le lendemain on avait annoncé officiellement qu'il serait dans quinze jours l'heureux époux de mademoiselle de Nicolaï.

— Comment ! disait-on dans le monde, mademoiselle de Nicolaï, si fière, si difficile, refuse de beaux mariages pour épouser le petit de Léautaud ! mais c'est une énigme. — Comment ! mademoiselle de Nicolaï, qui aime tant le luxe, la toilette, la fortune, — épouser quelques mille livres de rentes qui sont sans doute quelques mille livres de dettes ! — Oui, c'est un problème. — Alors elle se marie au milieu de l'hiver pour aller plus librement dans le monde ? — Nullement, M. de Léautaud est en grand deuil de sa mère, M. de Léautaud ne pourra danser de toute la saison. — Alors c'est une passion, et elle doit être au comble du bonheur ? — Encore moins ; elle a une figure de victime qui se marie *incognito* à sept heures du matin ; ne rit plus, ne cause plus... — C'est incroyable, surprenant, merveilleux ! » se répétait-on de toutes parts.

Un petit billet avait appris mon arrivée à Marie. Elle vint me voir chez ma tante de Martens. Je la trouvai changée, triste, mais plus tendre, plus amicale que jamais. Je vis alors le merveilleux époux. C'était un jeune homme un peu moins bien que beaucoup d'autres, voilà tout.

J'avais reçu, deux jours avant mon départ de Villers-Hellon, une lettre de M. Clavé, qui ressuscitait à l'amitié. Il m'écrivait d'Alger pour réclamer un peu de l'affectueux intérêt que je lui avais prodigué. Il m'assurait qu'il avait religieusement gardé mon souvenir au fond de son cœur, me demandait avec une singulière teinte d'ironie des nouvelles de Marie et de son mariage.

Je montrai à madame de Léautaud cette lettre que j'avais apportée. Elle me parut troublée, agitée, *me pria* de ne pas lui répondre, car, me dit-elle, M. Clavé n'était pas planteur en Afrique, mais figurant à l'Opéra. Elle l'y avait vu ; son nom était sur le livret ; mademoiselle Delvaux en était aussi convaincue. Je fis remarquer à madame de Léautaud que la lettre était timbrée d'Afrique.

— C'est pour vous tromper, c'est pour me perdre. Marie, je vous demande, j'exige que vous ne répondiez pas.

Je le lui promis très-volontiers. Doucement isolée dans mes souvenirs de la veille et dans mes espérances du lendemain, je n'avais guère de temps à donner aux indifférents.

Le temps que je passai à Paris me sembla un siècle, et je fus bien heureuse lorsque je me trouvai à Villers-Hellon, lorsque je pus l'attendre, l'espérer... Les affaires de M. C*** se compliquaient, et le but que nous appelions de tous nos vœux fuyait devant des obstacles et des impossibilités presque invincibles. Il ne pouvait pas disposer de quelques heures sans perdre un temps précieux, sans négliger ses occupations, sans créer de nouveaux retards, et nous regrettions, en nous voyant, les jours de bonheur que nous volions à notre avenir.

Le sachant un peu malade, très-malheureux, presque désespéré, je ne lui permettais plus que rarement de faire les trois lieues qui nous séparaient, et nous convenions de nous rencontrer et d'échanger un bonjour dans les promenades à cheval que je faisais avec M. Elmore. Le lieu du rendez-vous était dans l'un de ces beaux carrefours de la forêt de Villers-Coterets, auquel aboutissaient de majestueuses haies, sombres arcades de verdure sous lesquelles l'âme est tout entière à son créateur, le cœur tout à son ami.

Du plus loin que j'apercevais M. C***, je laissais flotter mes rênes sur le cou d'Eiram, je me penchais en avant, je jetais un petit cri d'impatience, et l'agile coursier, qui semblait me comprendre, fendait l'air et m'emportait comme une flèche vers le chèr attendu. Essoufflés par la rapidité de notre course, nous ne pouvions parler, mais nous nous souriions, mais nos regards s'échangeaient, nos mains se pressaient en signe de bienvenue. Après avoir remercié M. Elmore, qui arrivait un peu moins vite, nous choisissions de petits sentiers sauvages, escarpés, dans lesquels il était impossible de chevaucher trois de front. D'ordinaire notre excellent ami nous laissait passer devant, remplissait son rôle de gardien à une distance assez rapprochée pour nous voir sans pouvoir nous entendre, et je me tournais souvent vers lui pour lui adresser un mot, un regard de remercîment, pour lui faire oublier les minutes que nous eussions si volontiers métamorphosées en heures.

M. C***, qui avait aussi donné toute sa prédilection à Diana Vernon, ma belle héroïne écossaise, prétendait qu'il la retrouvait en moi. Il était fier de me voir affronter les dangers à ses côtés, fier dé me voir braver la médisance du monde pour lui donner des conseils, des encouragements, une affectueuse amitié.

— Chère *Diana Marie*, me disait-il souvent, vous êtes au-dessus des préjugés, vous les méprisez, vous les violez sans peine. Oh! je vous en bénis, je vous en estime entre toutes les femmes.

— Vous vous trompez et vous me flattez, si vous me croyez inaccessible au blâme... Je le crains, j'en souffre, mais je ne lui obéis qu'après avoir écouté mon cœur. Je ne vous sacrifierais ni ma conscience ni un seul devoir réel, mais je pourrais braver toutes les lois du monde pour vous plaire.

Les affaires revenant sans cesse usurper la première place dans nos causeries, M. C*** voulait vainement me le cacher, je comprenais qu'il souffrait, qu'il luttait, succombait contre des ennemis de plus en plus soulevés, excités, attirés par l'appât de sa fortune. Je ne m'effrayais pas de le voir un peu ruiné, mais alors je comprenais le prix de la fortune, et j'aurais désiré des millions pour les lui donner.

Après chacune de ces courtes entrevues, nous échangions notre mot de consolation et de force, « dans un an! » nous échangions nos adieux, une fleur! puis je m'éloignais au pas; et lui arrêtait son cheval, et me suivait des yeux jusqu'au détour du chemin qui nous dérobait l'un à l'autre.

Lorsque M. C*** était obligé de faire un voyage à Paris, il

m'écrivait par M. Elmore, et je lui répondais de même quelques
mots. Nos lettres étaient simples, graves comme notre affection.
Nous étions heureux sans mystères et sans craintes.

Ce sentiment qui s'était emparé de mon existence ne l'absor-
bait pas, mais la remplissait. Loin d'oublier mes devoirs pour
rêver à lui, je les accomplissais plus strictement pour me rendre
digne de son amour. Depuis que je l'aimais, je priais Dieu bien
davantage, je récitais mes prières du soir et du matin une fois en
son nom, une fois au mien. Je l'avais associé à mes bonnes actions pour qu'il partageât les bénédictions qu'elles appelaient sur
ma vie; enfin, lorsque tout nous séparait, je vivais encore uniquement en lui et pour lui.

Mon bon grand-père n'aimait pas beaucoup M. C***. Il ne comprenait pas un amour aussi grave, aussi sérieux que le sien; il
craignait le mauvais état de ses affaires; par-dessus tout il était
jaloux pour moi de cette femme qu'il gardait à la tête de sa
maison.

Je ne partageais pas ce sentiment de jalousie. Une seule fois
M. C*** m'avait parlé de cette femme; il m'avait dit qu'il lui avait
fait, en cas de séparation, des promesses exorbitantes; qu'il lui
serait difficile de les réaliser en ce moment de crise, mais que,
si je souffrais de sa présence à O...., il l'éloignerait, et que
l'impossible lui deviendrait possible pour m'éviter une pensée triste
et douloureuse.

— Pardonnez-moi d'être assez orgueilleuse pour ne pas être
jalouse, lui avais-je répondu en lui tendant la main; je n'accep-
terais pas un amour comme celui qui a dû vous attirer vers
elle; — j'ai toutes celles de vos pensées qui sont nobles et généreuses, j'ai toute votre confiance, toute votre estime, toute votre
âme... — que pourrais-je lui envier?

XXIX

Les beaux mois des fleurs et des moissons s'écoulèrent ainsi
sans apporter dans mon ciel d'autres nuages que ceux qui obs-

curcissaient le ciel de M. C***. Mes tantes étaient allé passer leu
été aux eaux; seule avec ma tante Blanche, j'avais fait les honneurs de Villers-Hellon à nos amis: ils avaient admiré, félicité
mes réformes économiques. Tous avaient deviné mon idée bien
heureuse et bien fixe; madame de Montesquiou seule s'en
effrayait, et elle me préparait aux larmes, lorsque tout me souriait encore.

A la fin d'août, mon bon grand-père se trouva souffrant : ses
rhumatismes lui causaient de violentes douleurs, il ne quittait
plus sa chambre; un jour il ne quitta plus son lit, il se plaignit
de douleurs de tête, et deux jours après une congestion cérébrale
s'était déclarée.

Aucune de ses filles n'était près de lui ; mon oncle, ma tante
n'osaient conseiller des remèdes, et il fallait huit heures pour
avoir un bon médecin: — Quelles heures! — Les regards fixés
sur la pendule, je comptais les minutes, les secondes. Notre
pauvre bien-aimé ne parlait plus, mais il faisait signe qu'il me
voyait, qu'il ne souffrait pas, et je maîtrisais mon cœur pour
qu'il retint les larmes qui l'étouffaient, et qu'il envoyât un sourire sur mon front où se reposaient ses pauvres yeux. Enfin, le
docteur Missa arriva. Hélas ! il ne nous donna pas d'espoir. Dans
ces derniers moments, mon noble grand-père fut calme et
serein comme sa conscience; il m'avait fait placer au pied de son
lit pour me voir, et de moment en moment, lorsque j'allais lui
donner quelques gouttes de potion, je baisais ses beaux cheveux
blancs, et je courbais la tête sous ses deux mains pour recevoir
sa sainte bénédiction.

Vers minuit je poussai un cri de joie.... il m'avait appelée.

— Mon enfant, dit-il tout bas... ne me quitte pas, je vais
dormir... Appuie ma tête sur toi.

— Dieu soit loué! vous allez donc mieux?

— Oui, mais laisse-moi dormir.

Je fis signe à Lalo d'aller prévenir mon oncle de cette heureuse crise, j'envoyai chercher le médecin pour qu'il la constatât
et qu'il l'affermît... Puis je me mis à genoux sur le lit, j'ap-
puyai la chère tête du malade sur mes genoux, et je me baissai
sur elle pour la regarder et l'adorer.

Tout à coup je sentis sa main qui serrait la mienne, puis cette main brûlante devint tiède, froide, glacée sous mes lèvres qui voulaient là réchauffer... Je sentis cette impression terrible que j'avais éprouvée à la mort de ma mère... Je jetai un cri... Son âme n'était plus avec nous !

J'adorais mon grand-père. Les larmes que j'avais refoulées sur mon cœur pour les épargner à ses derniers moments, cette douleur cachée, ces angoisses réprimées me causèrent des crises nerveuses épouvantables. Je restai sans mouvement, sans paroles, sans pensées, jusqu'au jour où ma tante Garat, arrivant au désespoir, me rendit la faculté de souffrir et de pleurer, pour souffrir et pleurer avec elle. Cette tombe qui venait de s'ouvrir pour m'enlever mon dernier appui avait rouvert deux autres tombes dans mon cœur. Il me semblait avoir perdu dans un seul jour mon père, ma mère, mon grand-père...

M. C*** vint pleurer sur moi et sur lui ; je crus qu'il avait besoin de ma vie, et je recommençai à vivre. Cependant ma tante Garat voulait retourner à Paris, ne pas me laisser au milieu des deuils et des souvenirs de ce pauvre Villers-Hellon, et avant mon départ je me décidai à obtenir une explication positive de M. C***

C'était un mardi : pour la première fois depuis notre malheur, j'étais descendue dans le salon pour recevoir M. C*** Chaque meuble éveillait en moi un intolérable souvenir... Enfin il arriva, plus tendre, plus affectueux que par le passé... — Et cependant il éloignait ses paroles et les miennes de l'avenir, et cependant il me laissait comprendre qu'il avait un douloureux secret qui me menaçait. Chaque fois que je parlais de mon départ, je voyais M. C*** pâlir et trembler ; il changeait aussitôt le sujet de conversation ; cet état était insupportable.

— Je voudrais vous voir seule, me dit-il enfin.

— Je le voulais aussi.

Et me tournant vers mes deux tantes qui étaient restées près de nous, je leur demandai de me laisser seule un quart d'heure avec M. C*** — Elles y consentirent et se retirèrent.

Il y eut alors entre nous un long moment de silence... Nos yeux s'évitaient comme nos pensées. Tout à coup il me prit la main ; je fondis en larmes et je lui dis :

— Charles... je suis restée seule dans ce monde. Voulez-vous me protéger ?

— Oh ! je vous aime, je vous aimerai toujours ! s'écria-t-il.

— Ce voyage de Paris vous convient-il ?

— Peut-il me convenir lorsqu'il nous sépare?... Pourquoi ne pas rester à Villers-Hellon auprès de M. Collard ?

— Ma tante Garat me sert de mère... Je dois la suivre, lui obéir... jusqu'au moment où j'obéirai...

Je n'osai achever.

Il ne répondit pas... Il se fit entre nous un nouveau silence bien cruel. Je rassemblai toutes mes forces pour le rompre.

— Je crois que vous m'aimez, dis-je précipitamment. — Je sais que je vous aime ! Une profonde affection nous a fiancés l'un à l'autre... Mais, au nom de nos pères qui sont au ciel, Charles, suis-je la femme que vous avez choisie?

— Hélas ! je vous avais choisie entre toutes... Mais mes affaires, ma fortune...

— Écoutez-moi. Lorsque vous étiez riche et que j'étais pauvre, je vous aimais assez pour l'oublier. Je réclame mon droit maintenant... Charles, serez-vous malheureux en étant bien aimé?...

— Puis-je vous entraîner dans une ruine complète?... Seul, je la supporterai... mais je ne saurais vous faire partager mes privations... Mais je veux refaire ma fortune. Alors...

— Alors, heureux ou malheureux, me choisirez-vous?

— Comment vous donner une semblable promesse? — Associer votre jeune vie à mes regrets, à mes déceptions?

— C'est assez, monsieur, je vous ai compris... Que Dieu vous le pardonne ! Vous m'avez cruellement trompée.

— Marie, par pitié, croyez-moi... Si je refuse mon bonheur...

Il s'était mis à genoux devant moi, et couvrait de ses baisers mes mains, avec lesquelles je voulais cacher ma tête ; puis je sentis ses lèvres se poser sur une larme qui coulait lentement le long de ma joue.

— Quoi ! m'écriai-je, vous voulez obtenir maintenant ce que vous n'obteniez pas lorsque je devais être votre femme ? Ah ! c'est bien indigne, monsieur, c'est bien lâche !

Je me levai, je sonnai avec force un domestique, et je lui ordonnai d'éclairer M. C*** qui voulait se retirer dans sa chambre ; puis, lorsque la porte se fut fermée, je me trouvai mal, je

passai toute la nuit à genoux, la tête appuyée sur les deux mains
de ma pauvre Antonine, qui était, comme moi, morne, désespérée.

Vers le matin, j'entendis les pas d'un cheval... c'était le sien !...
En passant sous mes fenêtres ses yeux me cherchèrent... mais il
ne put rencontrer les miens, qui le suivaient cependant... Trois
fois il retourna la tête, trois fois j'eus besoin de rassembler
tout mon courage; enfin il lança son cheval au galop. Je ne le
vis plus... je ne l'ai plus revu.

XXX

Je fus longtemps bien malheureuse, mais sans désespoir, sans
larmes. Je m'étais brisée contre l'amitié, contre l'amour, contre
tout ce que j'avais admiré, rêvé, désiré dans cette vie. Le réveil
fut cruel. Je rentrais dans la réalité, découragée, insouciante,
résolue à faire ce que tout le monde faisait, à souffrir les communes souffrances, à penser les communes pensées; ne comprenant plus dans les bonheurs de l'existence que celui de faire
le bien et celui de s'étourdir au bruit des plaisirs des autres.

Je savais que l'affection avouée de M. C*** m'avait attiré le
blâme de ces personnes peu charitables qui semblent se créer
des vertus avec les fautes du prochain. Je n'en fus ni étonnée,
ni malheureuse. En apprenant la fragilité de toutes les choses
de ce monde, j'appris aussi la joie toute-puissante et toute stable
d'une bonne conscience.

Ma cousine Garat épousa au mois d'octobre M. de Sabatié, qui
était un mari *convenable* et très-facile à aimer. Je restai seule
auprès de ma tante, qui me traita en amie et fut parfaitement
bonne pour moi. J'avais obtenu de ma tante la permission de
payer toutes mes dépenses. J'avais auprès de moi ma bonne
Lalo, qui avait, pendant quarante ans, aimé, servi, puis soigné
avec un admirable dévouement mon grand-père, ses enfants,
ses petits-enfants, et j'étais assez indépendante et assez suppor-
tablement malheureuse.

Ma tante allait beaucoup dans le monde; j'y allais rarement.
Je n'avais pas encore pu reprendre mes occupations, mais je passais des heures à parler de mon grand-père avec Lalo ; nous
pleurions, je la consolais, puis je me laissais consoler par elle.
Pour me distraire de moi-même, j'allais chez ma tante de Martens, chez madame de Montbreton, chez madame de Léautaud.
Je prenais quelques leçons de chant de madame Lina Frappa,
qui chantait délicieusement, et avait un cœur et une bonté que
je préférais encore à sa jolie voix.

Je revis cet hiver M. Félix de Violaine, qui venait quelquefois chez ma tante de Martens ; il m'avait aimée deux jours, il
s'éprit d'un amour beaucoup plus sérieux pour ma sœur, s'en fit
accepter, s'en fit aimer, et devint mon beau-frère à la fin de décembre. M. de Violaine, *sans interprète*, était un homme franc
et loyal, qui possédait un excellent cœur, un extérieur agréable,
et une belle place dans les forêts de la couronne.

Le bonheur d'Antonine se refléta un peu sur ma vie. Je passai
quelques jours chez elle à Dourdan, et son joli petit intérieur,
l'amour qu'elle porte à Félix, l'amour que Félix lui rend, l'affection
dont ils m'entourèrent tous deux, rajeunirent mes tristes pensées. Malheureusement je fus chassée de Dourdan par une gastrite très-aiguë et très-chronique, qui me ramena vers M. Marjolin et vers Paris, bien désagréablement souffrante. Retenue sans
cesse dans mon fauteuil, mes seuls plaisirs mondains furent
alors quelques spectacles. J'allai aux Français, et j'eus le bonheur
de voir mademoiselle Rachel dans *Iphigénie* et dans *Mithridate*.
J'avais souvent applaudi avec entraînement quelques grands
artistes de l'Opéra et des Bouffes. — Mais ce que je ressentis
pour cette jeune fille fut plus que de l'admiration; ce fut une
sympathie affectueuse, un sentiment profond. Sa voix faisait
vibrer mon cœur, rendait mes pensées plus nobles et plus
poétiques. Son regard chaste et pénétrant souriait à mon regard,
et j'aurais voulu qu'elle lût dans mes yeux ce qu'elle m'inspirait à la fois d'enthousiasme et de respect.

Ma gastrite, ma tristesse et ma qualité de fille majeure m'ayant
donné plus d'indépendance, et mes leçons de chant me con-
duisant deux fois par semaine rue d'Aguesseau, j'allais souvent
faire de petites stations chez madame de Léautaud. La mort et

l'oubli, en laissant de grands vides dans mon cœur, m'avaient
donné le besoin de raviver toutes les affections qui lui restaient, et Marie, assez malade, très-triste, et plus souvent ennuyée, reprenait lentement ses droits et sa place dans mes affections. Elle savait que j'avais aimé, que j'avais été aimée, que
je ne l'étais plus... Je savais qu'elle n'était pas heureuse...
Nous pouvions nous comprendre... Et nous restions souvent de
longs moments à souffrir ensemble et à laisser se mêler nos regards, sans laisser se mêler nos paroles.

Madame de Léautaud avait de tristes et graves préoccupations.
M. Clavé, notre héros, notre poëte, en était la cause, innocente
selon moi, bien méprisable selon elle. Dans l'imagination de
Marie, M. Clavé était figurant; il ne m'avait écrit d'Alger que
pour nous tendre un piége, ressaisir tous les fils de notre intrigue, les livrer au monde, et attacher ainsi à son nom une re-
nommée de scandale. Vainement je disais à Marie que je n'avais
jamais vu M. Clavé sur les planches ou sur le livret de l'Opéra ;
vainement essayais-je de lui prouver que ses soupçons étaient
une insulte pour lui, comme une torture chimérique pour elle.
— Elle m'assurait qu'elle l'avait rencontré dans la rue, au théâtre ; elle m'assurait qu'il lui fallait, qu'elle voulait l'éloigner,
pour son repos et pour son honneur.

Ne partageant pas les idées de madame de Léautaud, je les
combattais, je les évitais. Plusieurs fois je voulus retirer ma parole donnée au printemps, répondre à la lettre d'Alger de
M. Clavé, et savoir si véritablement il était dans les déserts de
l'Afrique ou dans les coulisses de l'Opéra. Mais toujours elle me
conjurait de ne pas faire une nouvelle imprudence, et toujours
je lui cédais.

Après ses couches, Marie reprit l'apparence de la santé et du
bonheur ; mais sa tristesse, ses préoccupations revinrent s'emparer de son esprit faible, assez sérieusement pour qu'elle fût
obligée de sevrer son enfant, de quitter Paris, et d'aller chercher
le repos et le calme à Busagny.

Avant son départ, Marie me fit promettre d'aller passer quelques jours près d'elle ; une lettre, deux lettres, trois lettres vinrent
successivement me rappeler ma promesse. Ma tante Garat, à
laquelle je parlai de l'invitation de mademoiselle de Nicolaï,

m'autorisa seulement à ne pas l'accepter. Mais madame de
Martens, à laquelle M. Marjolin avait recommandé pour moi l'air
de la campagne, fit de cette visite une question de régime,
décida sa sœur à se rendre à cette considération, — et mon
voyage à Busagny fut fixé aux premiers jours de juin.

XXXI

Il était six heures du matin quand je m'enfermai avec ma
vieille Lalo dans la lourde messagerie qui allait me rendre la
vie du soleil et des champs. En bonne Parisienne je ne connais
rien de Paris, encore moins de ses environs ; aussi, après avoir
passé sous l'arc de triomphe de l'Étoile, tout fut nouveau pour
moi. La tête hors de la portière, j'admirai les jolis et coquets
pavillons qui souriaient sur les bords de la route, et dont les
arbustes fleuris secouaient leurs encens sur notre passage.
J'admirai la Seine belle et gracieuse au milieu de ses champs et
de ses villages, et si différente de l'orgueilleuse Seine qui coule
tristement sous les ponts de sa capitale ; puis Neuilly et son délicieux parc ; Saint-Germain et ses forêts, qui se détachent en
amphithéâtre sur l'azur bleu de l'horizon.

A quelques lieues de Paris, la campagne, sans être moins
belle, devint plus sévère ; les arbustes aux fleurs parfumées, mais
inutiles, firent place aux champs de culture ; le trèfle tombait
sous la faux du moissonneur, le foin s'élevait en meules odo-
rantes, et les grands seigles, courbés et relevés sous la brise
du matin, semblaient un océan d'épis et de fleurs.

Pour la première fois cette poésie du printemps m'appa-
raissait hors des champs de Villers-Helon. Toutes les joies de
mon cher grand-père revenaient après l'hiver ; lui, hélas ! ne
reviendrait plus ! Mon cœur se serra. Cette nature animée me
sembla ingrate, oublieuse. Lalo avait senti comme moi, et nos
pensées se mêlèrent avec nos souvenirs et nos regrets.

A onze heures nous arrivâmes à Pontoise ; madame de Léautaud y avait envoyé son tilbury, et, après quelques minutes

nous fûmes à Busagny. C'est un joli petit château qui semble
avoir été détaché de sa colline aride et sablonneuse pour
tomber dans la vallée. D'un côté il est adossé à une petite émi-
nence plantée d'arbres touffus qui se déroulent comme un épais
rideau ; de l'autre, des prairies, des champs, des fleurs et des
bois dorment à ses pieds, et n'ont pour clôture que la ceinture
fraîche et murmurante d'une petite rivière. Tout cela me parut
charmant, plutôt par son originalité que par sa beauté, et l'a-
mical accueil de ses habitants ne me fit pas regretter d'avoir
enfin accepté les invitations pressantes de Marie.

Après le déjeuner Marie me montra son fils, dont la pâle et
chétive figure s'était ornée, pour me recevoir, du bonnet que je lui
avais brodé. Elle proposa ensuite de me conduire chez sa belle-
sœur, dont le château est situé à quelques minutes de Busagny.

C'était un moyen d'être seules : quelques mots, quelques regards de madame de Léautaud m'avaient appris qu'elle était
inquiète. Ses craintes de l'hiver s'étaient-elles réalisées ? notre
secret était-il indignement placé ? Je croyais encore à notre
héros. Cependant mon imagination, frappée des terreurs de
Marie, le voyait quelquefois descendre de son piédestal, pour
se métamorphoser en un de ces hommes-machines qui servent
sur nos théâtres à chanter deux notes, à lever de grands bras,
à rouler de gros yeux, à marcher en cadence ; et je songeais
avec un douloureux serrement de cœur à mon amitié que j'avais
si ridiculement profanée ! Préoccupée de ces craintes indéfinies,
voulant les guérir et savoir la vérité, j'acceptai avec empressement cette promenade, et j'oubliai ma paresse, ma fatigue
et le soleil brûlant de midi. Mais madame de Nicolaï étant venue
malencontreusement faire un trio de notre tête-à-tête, il fallut se
résigner à parler de la pluie, du beau temps, et de la santé de
sa fille, qui lui donnait de sérieuses inquiétudes.

Je fus frappée en arrivant du grandiose et de la beauté d'Osny.
Ce château, qui appartient à la famille de Lameth, avait été
donné à M. Scipion de Nicolaï lors de son mariage avec mademoiselle de Beauvoir. Sa blanche et grande terrasse se détache
sur une vaste pelouse, un petit lac lui sert de miroir, des arbres
centenaires assombrissent les allées tournantes du parc, des fleurs
en égayent la beauté un peu sévère.

L'intérieur répond au dehors du château. Les grands corridors avec leurs échos, le vaste escalier orné de plantes rares, la chapelle et le salon gothique, en font une résidence princière.

Les manières bienveillantes et simples de madame Scipion forment un gracieux contraste avec ce qui l'entoure. Peu jolie, sans élégance et sans beaucoup d'esprit, elle s'est faite belle de bonté, de douceur et de désir de plaire ; orpheline, mariée pour sa dot, négligée par son mari, une souffrance cachée, qui se révèle en dépit d'elle-même, devient encore un de ses charmes, et il est difficile de ne pas l'aimer.

M. Scipion de Nicolaï a toutes les qualités qui rendent insouciante et folle une vie de jeune homme, et tous les défauts qui font le tourment d'une vie intérieure ; aimant exclusivement les chiens, les chevaux, les chasses et les paris, fuyant comme la peste les femmes qui ne sont qu'aimables et *spirituellement coquettes*, il vit à cheval, au Jockey-Club et sur le boulevard de Gand.

Madame Scipion allait marier sa sœur dans quelques jours ; elle était touchante en parlant de ses craintes et de ses sollicitudes. Mademoiselle de Beauvoir, heureuse de se marier, s'occupait moins de l'avenir que de sa corbeille et de son trousseau. Sa figure était gracieuse et fine ; malheureusement elle surmontait une tournure plus que hasardée et ne pouvait la faire oublier.

— Mademoiselle de Beauvoir me sembla bonne, et fut aimable pour moi qui lui étais étrangère.

Au retour de notre visite il était tard ; il fallut s'habiller pour dîner, et la soirée ne permettant qu'une conversation générale, je pus à peine serrer la main de Marie et m'étonner de l'amabilité empressée de mademoiselle Delvaux, qui ne m'y avait pas habituée par le passé.

Le lendemain, enfin, je me trouvai seule avec Marie ; chacun s'était éloigné : M. de Léautaud pêchait à la ligne quelques goujons dans le petit ruisseau ; madame de Nicolaï surveillait ses jardiniers. Nous avions été nous établir dans ma chambre, et j'allais interroger Marie sur sa tristesse, lorsque tout à coup elle me dit « qu'elle voulait me marier. » J'étais si loin de cette pensée et de cette proposition que je demeurai stupéfaite. Sans attendre ma réponse, madame de Léautaud me parla de ce qui

pouvait me décider : elle me dit le vide de ma vie, combien ma
position chez les autres était fausse et dépendante...

— Vos vingt-trois ans approchent, ajoutait-elle; vous êtes sans
fortune ; il vous faut un bon mariage pour vous donner dans le
monde cette liberté nécessaire à votre caractère. Écoutez sans
plaisanter, et laissez-moi vous dire de ces vérités qui ne sont
pas agréables, mais qui sont utiles. Vous êtes un peu souffrante,
les douleurs d'estomac ne rendent pas jolie ; dans quelque temps
vous serez une vieille fille, aussi ennuyée qu'ennuyeuse; devenez
plutôt une aimable femme. Vous n'avez pas voulu m'entendre,
l'hiver dernier ; mille fois vous avez éloigné ce sujet. Je vous ai
tendu un piége aujourd'hui ; et ici, loin de l'influence de vos tantes,
je veux vous décider et vous rendre heureuse malgré vous.

J'écoutais avec un muet étonnement la subite proposition et
le plaidoyer conjugal de madame de Léautaud. Je devinai ins-
tinctivement que cette sollicitude surnaturelle n'était que la surface de ses pensées, et je lui répondis avec assez d'impatience
que j'étais touchée de son intérêt et serais obéissante si le mari
me convenait.

— Vous avez peut-être des prétentions exagérées, des idées
d'amour romanesques. Confiez-moi d'abord ce que vous accep-
teriez, je vous dirai ensuite ce que je vous offre.

— Vous le savez, Marie, je ne crois plus en l'amour tel qu'on
le lit dans les poëtes, ou mieux encore tel qu'on le trouve dans
ses rêves. Je suis résignée à accepter la vie telle qu'elle est, et je
consens à faire un mariage de convenance. Seulement vous com-
prendrez que, si je ne demande pas une jolie figure, un esprit
aimable et délicat, un cœur passionné ; si je veux faire raisonnablement un choix raisonnable, je dois trouver indispensable dans
celui que j'accepterai, une position dans le monde, de la fortune, un caractère solide, et surtout estimable. Je serai indulgente pour son âge ; je deviendrais avec plaisir châtelaine ; j'ha-
biterais même sans regret une ville de province; car je suis
assez de l'avis de César, et préférerais être la première dans
un village que la deuxième à Rome.

— Oh ! voilà qui s'arrange au mieux avec mon projet ! Le
mari que je vous destine est sous-préfet (vous régnerez donc); il
a trente-huit ans, pas de fortune, mais des espérances certaines

d'avancement ; il a de l'esprit, une jolie figure ; il s'appelle Georges. N'est-ce pas un joli nom ? Enfin... c'est le frère de mademoiselle Delvaux.

Jusqu'à cette conclusion j'avais trouvé tout assez convenable ; mais je ne pus alors cacher à Marie qu'il me serait tout aussi difficile d'aimer mademoiselle Delvaux que d'obtenir son affection. Elle me rassura en me disant que l'opinion de sa gouvernante s'était modifiée, qu'elle avait reconnu son injustice, m'aimait de tout son cœur, et la première avait désiré ce mariage qui me faisait sa sœur.

Lorsque j'eus promis de réfléchir aux ennuis de ma vie présente pour mieux apprécier les avantages de l'avenir qu'on offrait à mon bonheur, lorsque j'eus presque accepté la partie mobilière du mariage et promis d'en voir sans prévention la partie personnelle, Marie me témoigna une grande joie... une grande tendresse !...

— Savez-vous, lui dis-je, que vous m'avez fait peur avec votre air sinistre et mystérieux ? J'ai craint un moment que toutes vos idées de cet hiver ne fussent revenues dans votre pauvre tête, et je ne savais quel fantôme vous alliez faire combattre à mon amitié !

— Votre amitié m'est plus que jamais nécessaire ! Mes idées noires sont de menaçantes réalités... Mais vous me sauverez... j'en suis certaine maintenant.

Madame de Léautaud m'apprit alors que son mari était excessivement jaloux, plus encore des apparences que de son amour même ; qu'une personne qu'il avait aimée et qui le dominait encore se vengeait de son oubli en blessant sa vanité dans la réputation de celle qui lui avait été préférée. Déjà, pour quelques légèretés de jeune fille, M. de Léautaud lui avait fait de dures observations, et jamais il ne lui pardonnerait l'intrigue de M. Clavé, qui était une tache et un ridicule.

— Mais enfin M. Clavé est-il en Afrique, ainsi que j'en suis persuadée, ou à l'Opéra, comme vous me l'assuriez cet hiver ?

— Il est à l'Opéra. Je vous répète que je l'ai reconnu dans les chœurs, que son nom est sur le livret, que mademoiselle Delvaux s'en est assurée comme moi.

— Je suis incrédule... Si vous avez vos yeux, j'ai ma lettre. Je voulais lui répondre... pourquoi m'en avoir empêchée ? Nous saurions maintenant si nous devons-le craindre ou l'oublier.

— Mais ne voyez-vous pas, Marie, qu'il a daté sa lettre d'Afrique pour obtenir plus facilement votre réponse et vous rassurer davantage contre une indiscrétion. Croyez-moi, il *est* à Paris, il *est* à l'Opéra, il *est* figurant !

— Cela se peut, mais je ne saurais le croire ; et dussé-je me compromettre davantage, je veux lui écrire à Alger ; je veux vous convaincre, vous rassurer !

— Ne le faites pas... je vous en supplie.

— Mais alors avouez-moi que vous l'avez vu... que vous lui avez écrit ?

— J'ai fait prendre des renseignements fort exacts sur sa position : ses affaires sont très-mauvaises ; ses créanciers le poursuivent. Il veut entrer dans le monde ; il est homme à se servir d'une intrigue éclatante pour s'en ouvrir les portes ; il montrera nos lettres, il nous perdra. Votre famille sera indignée de votre inconséquence et de votre légèreté. M. de Léautaud voudra peut-être une séparation pour se préserver du ridicule qui rejaillirait sur lui en me couvrant. Je ne saurais vivre ainsi plus longtemps. Tous les sacrifices sont faciles pour éviter un scandale. Par pitié, Marie, aidez-moi ! sauvez-moi en vous sauvant.

J'avoue que je fus atterrée. Toutes les craintes de madame de Léautaud me gagnèrent. Je compris qu'il y avait un secret qu'elle me cachait... peut-être une entrevue, une lettre. Que savais-je ?... Entre une jeune femme et une jeune fille il ne peut exister d'intimité parfaite. Je n'osais interroger Marie ; je n'osais sonder son secret ; je ne savais m'expliquer comment je pouvais la protéger, encore moins comment je pouvais la sauver ! Je pris ses mains, et j'attendis en silence qu'elle fût plus calme et qu'elle voulût parler.

Marie, qui avait formé un projet conseillé ou du moins approuvé par mademoiselle Delvaux, me le confia, et ma frayeur en devint plus grande encore.

Madame de Léautaud avait reçu des diamants en se mariant ; elle voulait les vendre, améliorer avec cet argent la position actuelle de M. Clavé, l'éloigner de France, lui retirer ses lettres, et rendre impossible pour l'avenir une indiscrétion qui ne s'appuyait plus sur aucune preuve et qui devenait inutile en devenant incroyable.

Cette détermination me sembla *inexécutable* et *dangereuse*. Je pouvais douter des sentiments de noblesse, de franchise et d'honneur que mon amitié avait prêtés à M. Clavé ; je pouvais le croire malheureux, obligé de monter sur des planches pour acheter les moyens de vivre, ayant peut-être dans un moment de désespoir, menacé Marie de se venger, de l'oubli et du mépris ; mais je ne le croyais pas vil, je ne le croyais pas infâme ! Je ne croyais pas qu'il fût capable de dire à une femme qu'il avait aimée : « Il me faut de l'or comme il vous faut de l'estime ; » achetez-moi votre honneur, ou je vous perdrai. »

Je dis à Marie toutes les pensées qui tournoyaient dans ma tête. Je la suppliai de ne pas blesser un homme par une semblable proposition et de ne pas le pousser elle-même aux démarches qu'elle voulait étouffer. Ensuite je ne voyais pas comment je pouvais lui être utile ; je n'avais que des conseils à lui donner et ma raison n'était pas de celles dont on s'éclaire au moment du danger.

Marie me supplia, *avant toutes choses*, de laisser dans l'oubli mes illusions romanesques sur le noble chevalier de nos temps passés. Elle *me jura* qu'elle *avait acquis* le droit de croire à l'indélicatesse de M. Clavé, qu'elle *pouvait*, qu'elle *devait* acheter son silence. Elle me dit que M. Delvaux serait mis dans notre secret ; la réputation de sa fiancée, l'existence de sa sœur, compromise si madame de Nicolaï venait à découvrir cette intrigue, nous assuraient de sa discrète et complaisante participation. Les diamants démontés n'étaient plus reconnaissables. Je prétendrais les avoir reçus d'un vieil oncle, et je les vendrais au moment de mon mariage pour acheter de plus modestes bijoux ; ce qui était trop naturel pour éveiller un soupçon.

Tout cela fut bien loin de me convaincre, et sans oser faire un refus positif à Marie, j'essayai des objections, j'essayai surtout de rester étrangère à cette imprudente détermination. Je lui fis remarquer qu'elle pouvait tout aussi *sûrement* confier son secret *directement* à M. Delvaux par l'entremise de sa sœur, et que je ne me voyais pas indispensablement nécessaire à ce projet, que je désapprouvais.

— Voilà bien, me répondit-elle, l'inexpérience de votre *légère tête*. Mademoiselle Delvaux, qui consent à me donner quelques conseils ou à faciliter quelques moyens de sûreté, ne *consentirait* jamais à me *servir directement*. Ce qui est une étourderie presque impardonnable dans de jeunes filles serait une action *inqualifiable* dans une personne de son âge, qui a la confiance de ma mère et une responsabilité sacrée. Quant à M. Delvaux, un homme ne peut être opposé à un homme dans ces sortes d'affaires. *Vous seule* pouvez joindre l'influence morale de la seconde Marie à l'influence d'argent de la première ; vous seule pouvez recevoir mes lettres et faire connaître mes conditions. La moindre démarche de ma part ajouterait des armes à celles qu'il possède déjà ; les vôtres ne peuvent vous compromettre ; il n'aurait aucun intérêt à les divulguer, et, M. Delvaux vous y autorisant, votre conduite ne peut être blâmée par personne. Vous seule pouvez vous charger de lui faire parvenir cet argent en forme de pension, si nous ne pouvions compter assez sur lui pour le lui livrer en une seule fois.

Je fus faible, je promis, et j'oubliai trop facilement qu'il n'était pas permis de réparer le mal par le mal.

XXXII

Nous reprîmes souvent notre conversation sur M. Clavé. Chaque jour, le désespoir et l'épouvante de Marie me gagnaient, et chaque jour aussi je m'habituais davantage au mariage qu'on m'offrait. Dans de longues et solitaires promenades, nous en parlions comme d'une certitude. Je n'étais pas insensible à mon rôle de préfette (dans nos plans, les protecteurs faisaient M. Delvaux préfet pour notre mariage). Je me voyais faisant les honneurs d'une fête, et gagnant les esprits de mon département pour les diriger ensuite vers un noble choix, quand viendrait le grand jour des élections ; je visitais les pauvres, les écoles ; j'étais bénie par les malheureux, estimée par mon mari... Ce joli petit rêve était complet, et j'incrustais un roman dans l'existence positive que l'amitié voulait me donner.

Quelquefois, cependant, ma bonne volonté faiblissait. Je parlais de mon mariage avec doute, irrésolution ou tristesse. Alors Marie appelait à son aide mille petites séductions, me disait les retours à Paris, notre intimité devenue plus profonde, les splendeurs de la corbeille, du trousseau. Puis elle revenait à son projet des diamants, en combinait l'exécution, les suites ; songeait avec bonheur au grand jour où, enfermées toutes deux, nous relirions nos pauvres lettres et offririons à notre repos l'auto-da-fé de ce trésor racheté. Enfin elle m'étourdissait quand elle ne pouvait espérer de me convaincre.

L'air de la campagne, l'exercice, la distraction rendirent ma santé meilleure. Je souffrais rarement, et j'avais ajouté à mon régime quelques fraises et d'excellents fromages, du lait mousseux et appétissant que nous allions boire à la ferme.

C'était matériellement une bonne et douce vie. Je me levais tard, et la cloche du déjeuner me chassait de ma chambre. Marie et moi nous nous enfermions avec notre ouvrage dans la bibliothèque, ou nous allions nous promener dans le parc, toujours seules, car M. de Léautaud passait ses heures de la journée à lever un plan, à monter à cheval, ou à pêcher paisiblement ses chers goujons. A quatre heures, Marie allait voir son fils, et je me mettais au piano jusqu'au moment du couvert et de la toilette! Après le dîner, nous causions sur la terrasse, nous faisions une partie de billard et quelques notes de musique jusqu'au moment du repos, qui était pour moi celui de la lecture et de la correspondance.

Madame de Léautaud, voulant me faire l'honneur de son voisinage, me conduisit à Pontoise, jolie petite ville, pittoresquement penchée sur une riante colline, et dont la cathédrale gothique a de gracieuses découpures et de charmants morceaux d'architecture moyen âge; — puis chez M. de G***, dont le château est situé à quelques lieues de Buzagny.

La matinée que nous avions choisie pour cette excursion était étouffante ; les nuages s'amoncelaient et pesaient lourdement sur nos têtes. Bientôt des éclairs déchirèrent le ciel de leurs blafardes lueurs, le tonnerre gronda ; aux larges gouttes de pluie succéda une averse épouvantable, et nous étions trempées en arrivant. Une porte donnant sur la rue du village s'ouvrit devant

nous ; la voiture entra dans une cour sombre et pavée, et bientôt
après nous étions assises dans un salon vaste, triste, obscur,
avec un ameublement de cinquante ans et un châtelain du même
âge, qui nous salua gravement et comme s'éveillant d'un
songe.

Nous étions arrivées, riant aux éclats de notre malencontreuse
aventure. Le regard fixe et malheureux du maître de la maison
produisit une réaction subite et générale. On nous proposa de
voir le jardin : les allées étaient ratissées et ne portaient pas la
trace d'un pas ; les arbres me semblèrent mornes et échevelés,
des larmes de pluie étaient suspendues à leurs feuilles ; pas une
fleur ne s'y ouvrait.

Je communiquai mes impressions à madame de Léautaud ;
elle me répondit : « M. de G*** est l'ami de mon père ; je le vois
» souvent, et toujours ainsi. Voici ce que l'on raconte tout bas :
» Notre voisin épousa fort jeune une personne charmante, qui pro-
» mettait le bonheur à celui qui devait partager sa vie. La veille
» de son mariage, M. de G*** était encore le plus heureux et
» le plus amoureux des hommes, le lendemain il n'y avait plus
» de sourire sur ses lèvres, son œil était froid et terne. Sa jeune
» femme ne quitta jamais sa chambre, et mourut après une année
» en laissant un fils. »

Marie ne put satisfaire ma curiosité : un mystère douloureux
avait glacé ces lieux. J'en sortis tristement affectée et saisie
d'une émotion profonde.

XXXIII

Le mariage de mademoiselle de Beauvoir devait avoir lieu le
lundi ; M. Delvaux arriva pour la signature du contrat le samedi
soir. Le cœur me battait en entrant dans le salon qui renfermait
cette *possibilité* de mari. C'était un homme qui n'était plus
jeune, sans être encore vieux ; des cheveux très-blonds, des yeux
très-bleus et des joues très-roses lui composaient une figure
calme et douce, dont la *raison* devait se contenter ; sa tournure

était grassement imposante, et il y avait du sous-préfet dans ses paroles lentes et compassées.

Pendant cette soirée madame de Léautaud nous ménagea mille petits moyens de nous parler. Il ne causait pas très-bien ; mais ses paroles, qui venaient rompre l'ennuyeuse lecture d'un contrat, furent les bien venues ; et lorsque, au retour, on me demanda ce que j'en pensais, je dis qu'il me fallait encore l'étudier, mais qu'il ne me déplaisait pas.

Le lendemain, jour de la Fête-Dieu, après avoir entendu la messe dans la chapelle d'Osny, Marie m'entraîna dans le parc ; elle triomphait. Le succès de son candidat dans la soirée de la veille ne lui laissait plus de doute sur la réussite de son projet. Je ne disais pas non ; M. Delvaux disait oui, et elle avait décidé que cette journée de fête, de confusion et de préparatifs, servirait à préparer la disparition des diamants.

Il était très-difficile à madame de Léautaud de se voler elle-même ; les diamants étaient placés dans le tiroir d'un bureau dont elle seule avait la clef : le corridor qui menait à sa chambre ne servait pas à d'autre communication ; il était impossible qu'un étranger eût un prétexte pour y circuler ; ensuite il aurait fallu supposer que le voleur étranger connût le lieu où étaient enfermés les diamants, qu'il eût le temps de forcer le tiroir, et qu'il ne craignît pas d'être découvert en affrontant le danger d'une surprise qu'il ne pouvait prévenir et contre laquelle il n'était pas de retraite possible.

Pour empêcher le soupçon de tomber sur les gens de la maison, il fallait rendre probables quelques-unes de ces *improbabilités*, trouver un prétexte de sortir les diamants de leur cachette, de les descendre au salon, et de les y oublier sans une trop incroyable négligence.

Ces circonstances indispensables et si difficiles à grouper se trouvaient réunies dans cette journée presque naturellement ; je le comprenais, et malgré tout mon désir de ne pas le comprendre, je n'avais que de mauvaises objections à faire ; je pouvais combattre le projet, je ne pouvais l'éloigner ; le moment était venu, il fallait y renoncer pour toujours ou l'exécuter sur-le-champ.

En désespoir de cause je me jetai sur les renseignements qu'il

était indispensable de prendre sur M. Delvaux; je fis remarquer
que mes tantes pouvaient apporter des obstacles à mes désirs,
que je voulâis connaître celui qui serait mon maître, etc... Mais
Marie m'ayant opposé des réponses victorieuses, une fois encore
je cédai.

Après le déjeuner nous fîmes tomber la conversation sur la
corbeille de mademoiselle de Beauvoir, puis sur ses diamants.
Marie dit qu'elle préférait les montures de Lecointe à celles de
Jeanisset, et elle fit demander son écrin pour en donner une
preuve, qui fut trouvée concluante et tout en l'honneur du bon
goût de Lecointe.

Bientôt tout le monde quitta le salon; madame de Nicolaï fut
s'installer dans le jardin; M. de Nicolaï et M. de Léautaud furent
obligés, je crois, d'aller à Pontoise pour des affaires; les vêpres
appelèrent les femmes de service à l'église, quelques-uns des
domestiques étaient occupés à Osny pour les préparatifs du lendemain, les autres avaient la mission d'aller à la ville. Enfin,
tout était isolement et désordre dans le petit castel; alors
Marie mit son écrin sur la table à ouvrage placée près des
fenêtres très-basses donnant sur la cour d'entrée, et vers lesquelles les mendiants venaient habituellement murmurer une
prière qui était toujours exaucée. Ensuite, et pendant que
M. Delvaux me récitait quelques aimables paroles *d'amoureux
officiel*, Marie sortit précipitamment les diamants de leur étui,
les remonta dans sa chambre pour ne pas courir le risque de voir
notre *plan* trop réellement exécuté par un voleur véritable, et enfin
nous quittâmes aussi le salon pour faire une longue promenade.

Notre absence dura trois heures. Au retour, ainsi que nous
l'avions espéré et prévu, nous ne trouvâmes personne au salon,
et l'écrin fut *ostensiblement* repris par madame de Léautaud.
Pour plus de précaution, Marie demanda le soir à sa mère si
elle n'était pas rentrée pendant notre longue promenade; il lui fut
répondu négativement. M. Alfred de Gouy, qui était seul venu
faire une visite pendant l'absence générale, avait fait retentir la
maison de ses cris pour y trouver un être humain, et après
s'être enroué et avoir confié à ses jambes le soin de le mieux
servir dans ses recherches, avait été reçu dans le parc par madame de Nicolaï.

Pour ne négliger aucun moyen de justification, madame de
Léautaud laissa la clef au tiroir des diamants; et comme les domestiques, pendant les jours de fête et de bouleversement occasion-
nés par le mariage d'Osny, n'étaient presque jamais à Busagny,
les soupçons devaient naturellement tomber sur un étranger.

Pendant la soirée qui suivit cette grande combinaison, quoique M. Delvaux fût ouvertement très-amoureux et très-empressé,
j'étais si fort préoccupée de notre décision et des tristes impression que faisait naître en moi le mariage de mademoiselle de
Beauvoir, que Marie, s'en apercevant, m'entraîna sur la terrasse;
et voulant détourner mes sombres idées, elle me parla de madame de N***. On l'attendait; je la savais fort à la mode, je craignais qu'elle ne fût ennuyeuse et dédaigneuse, mais Marie m'assura qu'il n'en était rien, et me raconta son histoire qui me
touacha profondément.

Madame de M***, oubliant son mari dont elle était adorée et un
fils encore au berceau, se laissa aimer par M. de F***, et l'aima
bientôt elle-même, madame de N***, en naissant, fut emportée
secrètement par M. de F***, qui la confia à sa femme, douce et
angélique créature, qui donna les plus tendres soins à cette
pauvre petite abandonnée, et lui continua cette généreuse sollicitude jusqu'au jour où madame de M***, ouvertement séparée
de son mari, put veiller sur sa fille. Madame de M***, était san
fortune, elle fut obligée de fonder l'avenir de son enfant sur son
admirable voix, et de diriger dans ce sens toute son éducation.
Quelquefois la mère voyait son fils; le frère et la sœur, séparés
par le monde, s'unissaient par le cœur et lorsque madame de M***
mourut, la pauvre jeune fille, demeurée orpheline, trouva un
refuge dans cette puissante affection.

La conduite du jeune homme fut admirable; adoré par son
père, il usa de son influence pour lui faire connaître et puis
aimer sa sœur, et parvint à partager avec elle le nom, la fortune,
l'amour paternels.

Je trouvai madame de N*** aimable, belle, gracieuse, chantant
avec talent et avec une admirable facilité. Ayant reçu toutes
deux des leçons de madame Lina Freppa, cela nous fit causer
musique et faire une demi-connaissance.

Quant à M. de N***, il me parut trop convaincu de sa beauté

pour daigner avoir de l'esprit. Il parlait bien des choses d'art,
fort ordinairement des choses du monde, fort mal des choses
graves et sérieuses; carliste exagéré, il avait un de ces fougueux
dévouements qui composent des devises et se parent courageusement d'une cravate aux couleurs suspectes.

Le mariage de mademoiselle de Beauvoir se fit dans l'église
de Busagny; la fiancée avait conservé son calme heureux, sa
sœur avait gardé son inquiète sollicitude; le fiancé, M. de G***,
était triste, ennuyé; je le plaignais, car Marie m'avait initiée aux
secrets de sa souffrance. Élevé près d'elle, il l'avait passionnément aimée, lui avait offert son amour, et son nom, et avait été
refusé; et ayant appris à Vienne, où il avait été chercher l'oubli,
son mariage avec M. de Léautaud, il en avait été dangereusement malade. M. de G*** avait une noble et douce figure, de la
distinction, de l'aménité; il était mille fois supérieur à M. de
Léautaud, et cependant, par de tristes bizarreries du cœur humain, il était malheureux; et par une sorte de représailles il
enchaînait l'amour d'une jeune fille à son cœur indifférent. Pourquoi, mon Dieu! cette continuelle voie de souffrances, ces
affections qui se heurtent et qui tuent vos faibles créatures?

Étrangère à ces joies de commande et à ces peines cachées,
je m'étais éloignée pour feuilleter quelques albums épars sur la
table du salon... Un jeune homme, tout aussi triste, tout aussi
isolé que moi, partageait cette distraction; un livre échangé,
une remarque banale amenèrent la réunion de nos pensées. Il
était cousin de mademoiselle de Beauvoir et fils de son tuteur; il
souffrait de l'indifférence qui l'avait accueilli, de l'oubli dans lequel
on laissait son père. M. de Beauvoir avait de l'instruction, de
l'esprit, de nobles et grands sentiments; il me fit oublier que
les heures étaient longues et que je devais m'ennuyer. Nous nous
retrouvâmes voisins durant un éternel dîner; le soir encore, pendant le feu d'artifice, il était près de moi; la conversation était
devenue confiante et intime, et lorsqu'il partit je le regrettai.
Depuis je ne l'ai pas revu, mais quelquefois, je l'ai retrouvé dans
mon souvenir.

Le lendemain Marie me fit d'amères plaisanteries sur ma *conquête* de la veille, trouva mauvais que je ne me fusse pas exclusivement occupée de M. Delvaux, l'exprima par des paroles peu

gracieuses : et ce précoce despotisme, précurseur du *grand des-potisme* d'un époux, me fit faire d'assez décourageantes réflexions. Cependant les soins empressés de M. Delvaux, les tendresses de sa sœur me rendirent peu à peu mes premières idées; ils partirent deux jours après pour Paris; M. Delvaux voulait une quasi-réponse, et se disait très-amoureux, très-impatient. Madame de Léautaud fut mon interprète, et répondit que ma décision dépendait de ma famille, des conseils de mes amis, mais que je ne faisais aucune objection personnelle.

J'écrivis à mes tantes pour leur annoncer le mari qui se présentait; puis au marquis de Mornay, dont le caractère loyal et le grand sens me faisaient désirer des conseils. Je le priai de prendre des renseignements au ministère, et, au nom de son amitié pour ma mère, je lui demandai de venir en aide à mes irrésolutions.

XXXIV

J'étais depuis trois semaines à Busagny ; madame de Montbreton pressait mon départ pour hâter mon arrivée à Corcy, et je n'attendais que la réponse de mes tantes et de M. de Mornay pour partir. Si la raison me faisait accepter un mariage de convenance, tout bas j'espérais des obstacles, et plusieurs causes étaient venues fortifier ce désir de non-réussite.

Les opinions politiques de M. Delvaux me semblaient étroites, mesquines, et strictement calquées sur celles d'un ministère *quel qu'il fût.* Il ne comprenait ni le dévouement du royaliste qui se souvient, ni le patriotisme du libéral qui devance l'avenir. Il n'admirait que la soumission *quand même* au pouvoir établi, ne souffrait pas la discussion, adoptait la force pour convaincre, et la force pour ramener les esprits. Ensuite M. Delvaux, devant retourner dans quelques semaines à son poste, désirait que le mariage se fît sur-le-champ, et cela m'épouvantait. Je n'osais confier ces craintes à Marie. Elle avait un despotisme inouï dans ses idées de mariage, trouvait qu'un mari s'acceptait et ne se discutait pas, répondait à mes plus légères tentatives d'opposition par

des paroles piquantes et désagréables sur mes prétentions exagérées ; enfin, pour éviter son humeur et les irrésolutions de
ma pensée, je m'abandonnai à la décision des grands parents,
aux conseils des grands amis, à la grâce de Dieu.

Marie voulait amener la découverte du vol supposé des diamants
dans le plus bref délai possible ; ce n'était pas mon avis. Je trouvais qu'il fallait gagner du temps et attendre jusqu'à l'hiver, ce
qui me semblait plus naturel. L'écrin était placé dans un tiroir
dont elle seule avait la clef. Il n'y a pas d'occasion où il soit
permis, à la campagne de, porter des diamants, et jusqu'à la fin
de décembre il était donc beaucoup plus facile de les laisser oublier que de trouver le moyen de faire penser à eux, et constater
leur enlèvement sans affectation. Marie pensait différemment. Elle
ne voulait pas être seule pour supporter le premier choc. Je serais dans six mois bien loin d'elle, au fond de quelque département ; toutes les probabilités que nous avions ménagées avec tant
de soin pour sauver les domestiques des soupçons seraient alors
oubliées ou trop facilement déniées, et il lui était impossible de
vivre plus longtemps avec cette perspective effrayante. Elle me
disait que je ne pouvais l'abandonner au moment du danger,
qu'il lui fallait ma force pour appuyer sa force, mon cœur pour
prendre la moitié de ses craintes, qu'on ne pouvait nier qu'aux
résolutions extrêmes il fallait une exécution subite.

Je crois encore que mon opinion était la meilleure ; cependant,
comme elle m'était inspirée par un sentiment mêlé de faiblesse
et d'égoïsme qui me faisait rougir et me rendait impossible d'y
persister, je consentis au désir de Marie, et il fut convenu que
le lendemain (un dimanche) nous nous délivrerions de toutes
nos inquiétudes par un grand et décisif courage.

L'écrin avait repris sa place au fond du tiroir. Sous le prétexte d'écrire quelques lignes, Marie, contre son habitude, remonta dans sa chambre au milieu de la journée, en priant M. de
Léautaud et moi de venir continuer notre *far-niente* dans ses
excellentes causeuses. Bientôt nous pûmes amener la conversation sur les délicieux bijoux de Bourguignon. — Je prétendis
que ces pierres fausses étaient parfaitement imitées, qu'on ne
pouvait les reconnaître à certaine distance, et je citai plusieurs
femmes du monde qui, possédant de superbes diamants, les met-

taient, pour compléter leur toilette, avec de faux brillants qui
passaient ainsi inaperçus. Marie soutint le contraire. Nous priâ-
mes M. de Léautaud de juger le débat, et j'offris d'aller chercher pour point de comparaison quelques boutons de strass qui
fermaient mon livre de messe. En effet, j'apportai les boutons ;
Marie ouvrit son tiroir, tira son écrin, et parut consternée en
le trouvant vide.

On cherche, on interroge, on appelle la femme de chambre
qui ne les a pas vus « depuis le jour où madame les lui a fait
descendre dans le salon. » Marie *se souvient* alors que ce même
jour elle les avait placés sur la table à ouvrage, que, par une
incroyable distraction, partant pour la promenade, elle les y
avait oubliés pendant plusieurs heures. Elle se rappelle parfaitement avoir remonté l'écrin au retour, mais elle se souvient aussi
qu'étant pressée en ce moment elle l'avait enfermé sans s'assurer
si les diamants s'y trouvaient encore... Plus de doute, les diamants avaient été pris par un pauvre ou par un vagabond. Chacun des souvenirs que nous évoquions venait fortifier cette
croyance. Nous nous étions tenus éloignés pendant quelques
heures, nous avions poussé la table près de la fenêtre pour
faire un tour de valse après le déjeuner ; tous les domestiques
étaient absents, l'écrin se voyait du dehors, on pouvait s'en emparer en étendant la main ; dans notre promenade nous avions
rencontré des gens inconnus et d'une mine effrayante, etc...

M. de Léautaud, furieux de la négligence de sa femme, ne lui
épargnait pas les reproches les plus désagréables. Il bouleversait les tiroirs, nous accablait de questions, fouillait toutes les
corbeilles à ouvrage du salon, tandis que Marie et moi restions
inertes et consternées, tandis que nous le devenions bien davantage en apprenant que M. de Nicolaï allait s'adresser à la justice
et demander deux gendarmes pour faire visiter les chambres de
tous les domestiques de la maison.

La soirée entière se passa en conjectures, en récriminations.
M. de Nicolaï seul avait gardé son bon sens. Quant à M. de
Léautaud, il était étourdissant, et avait un luxe si effréné de
regrets, de reproches, de soupçons et d'accusation, qu'ayant
appris que M. Alfred de Gouy avait été assez longtemps seul dans
la maison, il se persuada *très-sérieusement* qu'il avait pris les

diamants pour les donner à une de ses maîtresses, et fut quelque
temps pour revenir *imparfaitement* de cette insultante prévention.

La nuit qui suivit fut pour moi une nuit affreuse. J'étais horriblement effrayée des suites de notre imprudence. Le matin,
je déclarai à Marie que nulle puissance humaine ne me ferait
garder pendant la descente de la justice ses diamants, qu'elle
avait cachés depuis quelques jours dans ma chambre. Je voulus
les lui rendre, je la suppliai de renoncer à notre projet, s'il en
était temps encore. Malheureusement il me fut impossible de la
convaincre. Le danger présent semblait l'effrayer moins encore
que le danger à venir. Son anxiété fut aussi grande que la
mienne; mais elle ne trouvait pas possible de faire retrouver les
diamants d'une manière naturelle, et croyait qu'avancées comme
nous l'étions, la moindre hésitation serait une imprudence
irréparable.

Les paroles de Marie étaient impuissantes à me calmer; mais
ses prières et ses larmes m'ôtaient le courage de l'abandonner
à elle-même. Que pouvions-nous faire de ses malheureux diamants? Il était impossible de les cacher dans l'appartement de
Marie. Sa femme de chambre bouleversait tout vingt fois dans une
heure; M. de Léautaud semblait en avoir fait l'arène de ses recherches, de son désespoir et de sa loquace indignation contre
sa femme. Il n'était pas un coin, pas un petit recoin qui fussent
à l'abri de ses investigations; et si je comprenais les angoisses
de ma pauvre amie, j'avoue que je n'avais pas l'héroïsme de
garder son dangereux dépôt. Tout à coup, pendant que nous
nous perdions dans ce dédale de difficultés, de dangers, de désespoir, les grands sabres des gendarmes résonnèrent sur les dalles
du vestibule, et il fallut agir.

Nous étions dans ma chambre. Les diamants s'y trouvaient;
nous eûmes à peine le temps de les cacher précipitamment dans
une paire de gants longs roulés que nous glissâmes entre les
coussins d'un fauteuil. Marie s'assit sur ce fauteuil, et, la mort
dans le cœur., le sourire sur les lèvres, nous attendîmes la
fin de cette terrible visite domiciliaire.

Les gendarmes firent leurs recherches. Quelle souffrance pendant ces moments! Chaque pas semblait se diriger vers nous,
chaque parole nous interroger, chaque regard nous épier. Assises

toutes deux à la porte de ma chambre que nous avions laissée ouverte, afin de paraître suivre avec intérêt ce qui se passait, nous éprouvions une terreur qui était un affreux supplice; et qui dura aussi longtemps que les minutieuses recherches des gendarmes. Hélas! que l'on est faible lorsque la conscience a des regrets et des remords!.

Nos tribulations ne cessèrent pas avec le départ des terribles suppôts de la justice. Il fallut prendre bientôt une détermination. Les diamants étaient impossibles à cacher avec leurs montures. — Je ne savais trop où les mettre. Je n'avais pas une clef qui ne fût abandonnée à la garde de Lalo, qui était ma caissière et ma confidente; qui, sans scrupule et avec l'impunité que lui donnait sa vieille affection, découvrait et prenait la moitié de mes petits secrets, lisait les lettres que je ne lui donnais pas à lire, et se confiait enfin tout ce que je ne lui confiais pas. Marie le savait, ne voulait pas une nouvelle confidente, voulait encore moins me décharger de ce dépôt; elle se décida alors à briser la monture de sa parure, et à métamorphoser cette délicieuse toilette en de très-laides et très-matérielles petites pierres.

Ce fut dans ma chambre que nous nous mîmes à l'œuvre, armées de canifs et de ciseaux. Ce travail était très-difficile; nous étions fort maladroites; il nous fallait laisser héroïquement quelques petites parcelles de nos mains sans nous plaindre et nous décourager. Cependant, à la fin, et pour détacher les plus gros diamants, nous eûmes l'heureuse idée de les placer sous nos pieds, et cela devint moins long, moins écorchant et plus facile.

Tout en faisant ce travail, nous parlions de M. Delvaux, de mariage, de corbeille et de fêtes; car Marie, qui me voyait inquiète, effrayée au moindre bruit, voulait me distraire et peut-être aussi s'étourdir. En démontant une assez grosse perle, je fis remarquer qu'elle semblait être la sœur cadette d'une autre perle que nous avions admirée sur une bague d'émail bleu appartenant à madame la comtesse de Courval.

— Elle est un peu baroque, ce qui lui ôte sa valeur et l'empêcherait peut-être d'être montée à jour, me répondit madame de Léautaud; mais si elle vous plaît et que vous la vouliez accepter, j'en serais enchantée.

— Merci! lui dis-je en riant, ce serait voler notre héros.

— J'ai une bonne idée, écoutez ! Cette parure est quelque peu la cause première de votre mariage. Je veux lui emprunter mon présent de noces, le souvenir qui liera le passé de notre amitié de jeunes filles à l'avenir de notre amitié de jeunes femmes. La grosse perle sera votre *Georges*. En voilà quatre petites auxquelles nous donnerons les noms des personnages de notre pauvre drame. Celle-là, la plus laide, sera M. Clavé, cette autre mademoiselle Delvaux, et voilà les deux Maries.

Tout en riant de bon cœur de cette folie, je ne voulais pas accepter. Marie se fâchait et disait :

— Voyons, c'est un présent de noce. Vous m'en ferez un aussi que je vous promets de ne pas refuser. Cela n'approche-t-il pas d'un échange ?... Vous vous entêtez, voici encore un accommodement. Je vous dois je ne sais quelle petite somme que vous m'avez prêtée... Si vous voulez mes perles, nous serons quittes.

— Eh bien, j'accepte ainsi.

— Merci ; et mettez alors ces perles de côté afin qu'elles ne se mêlent pas avec les autres.

Nous n'avions pas encore fini lorsque le couvert sonna ; et, comme il y avait du monde à dîner et que nous ne voulions pas que notre inexactitude fût remarquée, nous mîmes précipitamment les diamants entre la ouate d'un sachet, en laissant à quelques-uns une partie de leurs montures. Le lendemain, Marie voulait les achever, mais je m'y opposai, un peu par paresse, disant à Marie, qui m'observait, que ce qui restait de la monture les ferait facilement reconnaître ; qu'avant la vente nous la briserions.

Le soir, pendant que ma vieille Lalo me déshabillait, je lui demandai l'effet produit sur les domestiques par la découverte du vol et par les mesures qui avaient été prises dans la matinée. Elle me dit qu'ils étaient tous consternés, qu'ils exprimaient tout haut leur mécontentement contre la négligence de madame de Léautaud, qui avait laissé traîner un objet aussi précieux dans un salon ouvert au premier venu, et leur indignation contre la femme de chambre qui, n'ayant pas eu le soin d'ôter la clef du tiroir de sa maîtresse pendant les fêtes du mariage d'Osny, les exposait ainsi aux recherches humiliantes de la police et aux soupçons plus humiliants encore de leurs maîtres. J'appris aussi que M. de Nicolaï ayant plus particulièrement soupçonné un nouveau domestique nommé Étienne, le pauvre homme était au désespoir. Il craignait d'être renvoyé sans certificat; il se voyait perdu, déshonoré, et il avait une femme et plusieurs enfants.

Je fus bien malheureuse de la douleur de cet homme que je savais innocent et que je ne pouvais défendre. J'avais cru faire une action imprudente. et blâmable; mais lorsque je me jugeai avec plus de sévérité et de justice, j'eus des remords, des regrets intolérables qui me firent oublier toute prudence pour ne penser qu'à l'inquiétude du pauvre Étienne. Je chargeai Lalo d'essayer de le consoler, de l'assurer de ma part que loin de douter de sa probité et s'il ne pouvait rester à Busagny, je le recommanderais à mes tantes qui voyaient assez de monde pour lui trouver une bonne place. — Je lui fis donner mon adresse afin d'être bien sûre qu'il s'adresserait à moi, pour m'assurer ainsi les moyens de réparer un peu le mal involontaire que je lui avais fait, et je promis de parler en sa faveur à madame de Léautaud. Le lendemain j'essayai de faire partager à Marie mon chagrin et mes remords. Je la suppliai d'avoir le courage de soutenir contre les soupçons de sa famille un pauvre homme innocent, qui était notre victime. Elle le promit; mais, faible et oublieuse à l'excès, elle ne se souvint plus de sa promesse ou n'eut pas le courage de l'accomplir.

Les réponses que j'attendais de Paris arrivèrent. Celles de mes tantes me conseillèrent de ne rien presser. Elles trouvaient la position d'un sous-préfet trop peu stable pour pouvoir se passer de quelque fortune. Celle de M. de Mornay était positive. Il m'écrivait que l'avenir de M. Delvaux n'était pas de ceux qui s'améliorent avec le temps, qu'il avait *tout à craindre, rien à espérer;* les renseignements qu'on lui avait donnés n'étaient nullement favorables. Enfin ce noble ami de ma mère concluait à un refus par les plus sages réflexions.

A ces nouvelles l'indignation de Marie fut excessive. Elle trouvait ma confiance entière en M. de Mornay ridicule, son intervention de la dernière inconvenance, son jugement faux comme son esprit, etc. — Madame de Nicolaï se crut obligée de me faire aussi un sermon d'une aigreur et d'une extension formidables. Enfin il me fallut pendant tout le jour me sentir froissée par de blessantes paroles, m'entendre répéter mille et mille fois

que ma position dépendante ne me permettait pas de choisir,
et qu'elle me faisait un *devoir* d'accepter avec *reconnaissance*
le premier venu.

C'est un triste martyre pour une pauvre jeune fille que toutes
ces sollicitudes qui l'entourent et veulent la pourvoir d'un mari.
Il faut qu'elle soit heureuse malgré elle, et il n'y a pas de pardon pour celle qui refuse la pilule de bonheur formulée par
l'amitié.

Triste et ennuyée, et voulant partir le lendemain, je dis à
Marie que, mon mariage avec M. Delvaux étant rompu, j'allais lui
rendre ses diamants. Ce fut alors une véritable colère. — Marie
m'accusa de chercher à la perdre, me reprocha de l'abandonner
pour me venger de quelques paroles vives que venait de lui
inspirer son amitié. Elle me dit que je ne l'avais jamais aimée;
qu'autrefois j'avais exalté sa tête pour M. Clavé, et que maintenant je la laissais seule pour supporter les suites de l'inconséquence que j'avais partagée; que ma conduite était égoïste, inhu-
maine, infâme... puis enfin arrivèrent les paroles de tendresse et de
prières, hélas! beaucoup plus formidables contre ma résolution.

J'étais désolée. Je ne pouvais la calmer et j'essayais vainement
de lui faire comprendre que, ma position étant encore mille fois
plus dépendante que la sienne, il me serait impossible de lui être
utile; que je ne connaissais pas de bijoutiers, que je ne sortais
jamais seule, que je ne pouvais voir M. Clavé pour lui remettre les
diamants tels qu'ils étaient, et encore moins les envoyer sans
mettre Lalo dans la confidence.

Marie, tout en étant forcée de convenir que mes raisons
étaient bonnes, me demanda de garder son dépôt jusqu'au jour
où elle aurait trouvé le moyen de le convertir en argent, et appuya
sa prière sur l'impossibilité de les garder elle-même, sur l'absence de mademoiselle Delvaux, qui la privait de ses conseils et
de sa participation pendant six mois, enfin sur l'insignifiance
et la passiveté de mon rôle, qui consisterait à garder un sachet
dans une de mes armoires; presque honteuse de ne m'être *pas
mariée pour* madame de Léautaud, j'acceptai la charge secon-
daire qu'elle me donnait avec plus d'ennui que d'inquiétudes
sérieuses.

Je restai quelques jours encore à Busagny. Madame de Léautaud voulut me conduire elle-même à Paris. Ce petit voyage devint une charmante partie de plaisir. Après avoir traversé par la plus belle matinée de juin les ombreuses allées de la forêt de Saint-Germain, nous échangeâmes notre léger briska et nos rapides chevaux contre les wagons du chemin de fer ; et l'industrie, soufflant dans ses chaudières, nous poussa vers Paris par la toute-puissance de la vapeur, ce Pégase bien-aimé des existences positives.

XXXV

Quelques jours après je partis pour Corcy. Je fus heureuse et flattée de la tendre réception de madame de Montbreton. Je lui racontai le projet de mariage que sa sœur avait combiné, en me plaignant doucement à elle de l'aigreur de Marie et du blâme sévère de sa mère après mon refus. Madame de Montbreton m'approuva. Selon ses idées, rien n'était moins convenable que ce mariage. M. Delvaux n'avait pas de fortune, sa position était précaire, ses parents très-communs et sa nullité *incontestable*.

— Ma pauvre enfant, ajouta-t-elle, Marie a voulu vous sacrifier au frère de sa gouvernante. Mais n'ayez pas de rancune ; vous savez que ma mère ne voit que par ses yeux, que ma sœur n'a guère de sens commun, et elle est si inconséquente pour elle qu'il faut bien lui pardonner de l'être aussi pour les autres.

La première fois que je retournai à Villers-Hellon, j'eus bien des souvenirs et bien des larmes.

Dans le passé, lorsque je revenais après les jours d'hiver, je sautais de la voiture pour revoir plus vite la vénérable figure de mon grand-père, baiser ses cheveux blancs, sourire à son sourire; pour embrasser ensuite toutes mes vieilles bonnes qui m'étouffaient sous leurs caresses et m'étourdissaient par leurs questions. Puis j'escaladais les escaliers, j'allais saluer ma petite tourelle, je courais de ma chambre au salon, du salon au jardin. J'aurais voulu revoir à la fois tous mes bons paysans, tous mes arbres, toutes mes bêtes, et je me sentais bien heureuse de vivre en retrouvant ces chers regrettés. Maintenant ce qui avait fait ma joie faisait ma douleur. *Son* fauteuil était vide, sa chambre était fermée. Je comprenais qu'avec lui était mort ce que j'aimais dans cette chère patrie de mes beaux jours d'enfance, et ma première course fut pour aller pleurer sur sa tombe.

Elle était verte et fleurie ; on voyait qu'il y avait pour ce dernier asile une vie de regrets et de souvenirs. — Chacune des heures de mon grand-père avait été un bienfait pour ceux qui l'entouraient. — Dans son village on lui gardait un culte et des larmes.

Ma tante Blanche, après m'avoir laissée tout entière à ma douleur, me prodigua les plus tendres caresses avec cette délicatesse qui ne se traduit pas dans des paroles, mais qui se lit dans les yeux et s'entend dans le son de la voix. Mon oncle Maurice fut aussi parfaitement bon, et leurs enfants charmants. Valentine croisait ses petites mains sur mes yeux pour arrêter mes larmes, me disant de sa douce voix : « Ris, tante, je t'en prie ; ris pour moi : » Et le gros Arthur avançait une belle joue rose qu'il abandonnait très-patiemment à mes baisers.

Je passai par Longpont en revenant à Corcy. L'excellente madame de Montesquiou me reçut comme un enfant retrouvé, avec une touchante sollicitude pour ma santé, mes sentiments, mes projets à venir. Il fut convenu qu'après les six semaines que je devais donner à madame de Montbreton je viendrais m'établir chez elle, et je fus bien heureuse de cette réunion, qui devait être douce à mon cœur et m'apporter de sages et prudents conseils.

Jamais Corcy n'avait eu des jours aussi brillants et aussi animés. On y menait une vie de château charmante. Toute la famille de Montaigu y passait une partie de l'été. Madame de M***, revenue de Rome, où elle avait été faire une espèce de saut de Leucade, plus heureuse que Sapho, en avait rapporté l'oubli et nous faisait jouir de son esprit vif et varié. Madame de B*** était toujours grasse, toujours bonne, toujours gaie. Enfin M. A. de M*** avait de grosses joies d'artiste et d'enfant; — odieuses à madame de Montbreton, qui le trouvait un peu niais en le trouvant incapable de ces belles passions ou de ces muettes admirations, tribut ordinaire qu'un jeune homme doit payer à l'hospitalité d'une gracieuse maîtresse de maison. Une grande partie de l'esprit de M. de Montaigu était dans ses pinceaux

et dans sa voix. Il eût été imprudent peut-être de causer sérieusement avec lui, mais il était fort agréable de lui entendre chanter
les sentiments et les impressions d'autrui. Nous faisions souvent
de la musique ensemble. Il est impossible de trouver, sans le
secours de l'étude, une aussi heureuse facilité et une aussi
belle voix. Il faisait de mémoire les traits et les fioritures les
plus difficiles de Lablache et de Tamburini, n'avait pas besoin
de prière pour daigner chanter et ne se fatiguait jamais.

Presque toutes les heures se passaient réunis à Corcy. On
restait au salon après le déjeuner. Madame de Montbreton se
couchait sur sa chaise longue et tour à tour on venait causer
avec elle. On lisait, on travaillait. — Après une demi-heure de
toilette on se retrouvait pour dîner, et la soirée se passait en
causeries générales, en musique, quelquefois en danse. Le dimanche, Corcy réunissait tout le voisinage.

Mes maux d'estomac continuaient à me rendre pâle et souffrante. Je vivais de lait et de fraises, je faisais quelques promenades à pied, mais plus souvent de longues courses à cheval.
Alors on m'amenait de Villers-Hellon mon bel et fougueux
Eiram, que M. Elmore y avait laissé; et, accompagné de M. de
Montbreton, j'allais au loin visiter quelques châteaux, quelques
beaux sites, ou faire des emplettes chez les marchands de
rococo de Villers-Coterets.

Chaque jour ajoutait à l'amabilité de M. de Montbreton. Il
me faisait une cour assidue et très-singulière, en ce qu'elle avait
la haute convenance de ne pas s'adresser à la jeune personne
assez insignifiante; mais à la jeune femme embellie, ornée,
élevée par un mari à l'honneur de mériter beaucoup d'hommages, de déclarations et d'adorations. Rien n'était plus immoral
que cette petite cour anticipée; mais j'en riais, et je trouvais
original de laisser adresser à mon avenir des hommages tolé-
rables dans leur lointain ridicule, et dont je n'aurais pas souffert
l'inconvenante légèreté s'ils eussent été à l'adresse du présent.
Je racontai cela à madame de Montbreton, qui s'en amusait
journellement, et me demandait en riant de la débarrasser par
un peu de patience de la jalousie de son mari; elle me racontait combien il devenait ennuyeux, et insupportable dès qu'il
n'avait qu'elle seule à *aimer*.

Madame de Montbreton avait une foi ardente dans le magnétisme; elle en prêchait les mystères, en garantissait les cures
miraculeuses, et avait la manie du prosélytisme. M. de Montesquiou était le champion dont elle combattait le plus difficilement l'incrédulité savante et raisonnée. Aussi résolut-elle de
le convaincre en se servant de moi pour lui prouver sa puissance somnifère.

Un jour que je revenais d'une longue course à cheval, très-
fatiguée d'une chaleur étouffante et de vives douleurs d'estomac, madame de Montbreton me fit déshabiller, étendre dans
une molle bergère, mit mes genoux entre les siens, me fit
fermer les yeux, et commença des passes lentes et continues
qui me semblèrent d'abord alourdir l'air que je respirais, —
puis, après une demi-heure, me plongèrent dans un profond
sommeil. Je dormis quelque temps. Autour de moi, à mon
réveil, on criait au miracle. J'étais devenue, sans le savoir, un
sujet rare, précieux, l'espoir et l'honneur des magnétiseurs.
On parlait de recommencer l'expérience, de m'interroger sur
mes souffrances. Je voulus dire que peut-être la fatigue m'avait
endormie... on me ferma la bouche par mille arguments con-
cluants, et ne me sentant pas la force de la discussion, en toute
paresse je crus ce qu'on me dit de croire.

Les jours suivants de nouveaux essais furent tentés, et le sommeil vint confirmer le premier triomphe sans cependant convaincre les incrédules qui osaient trouver naturel que je m'en-
dormisse à minuit après une journée de fatigues. Ils opposaient
surtout mon silence au triomphe de madame de Montbreton;
car malheureusement je ne parlais pas, et, muette Pythie,
j'étais sans oracle sous l'inspiration du Dieu qui fermait mes
yeux.

Un matin je fus éveillée par madame de Montbreton qui vint
s'asseoir sur mon lit avec le premier rayon du soleil. « Eh bien,
me dit-elle, vous avez parlé, parlé de votre santé, de moi, des
diamants... Je me sentis frissonner à ce dernier mot, mais
bientôt l'explication mit un sourire sur mes lèvres et le calme
dans mon esprit. J'avais répondu aux questions qu'elle m'avait
adressées sur l'écrin de sa sœur, qu'il avait été pris par un
étranger, vendu à un juif; que les diamants n'étaient plus en

France, etc. Il me fut impossible de ne pas devenir incrédule à
ce récit de mes paroles ; et, ne voulant pas me prêter à mon rôle
de faux prophète, me laisser ériger en sibylle à la face du
monde, je demandais en grâce le silence et le secret ; madame
de Montbreton ne m'accorda ni l'un ni l'autre.; elle était dans
l'ivresse du succès, écrivit à sa mère, ennemie du magnétisme,
l'admirable résultat qu'elle avait obtenu, et le dit bien haut et
très-victorieusement à tout le voisinage.

Je continuai ainsi pendant près d'un mois mon rôle de joujou
parlant, disant de grosses bêtises dans mon sommeil, et condamnée à m'en reconnaître l'éditeur responsable au réveil. Un jour
je fus fort étonnée de ma science; madame de Montbreton,
ayant à sa figure un petit bouton qu'elle voulait et ne pouvait
guérir, demanda conseil à son adepte, et je lui prescrivis une
pommade mélangée d'alun et de mercure ; malgré les prières
de son mari qui criait à l'imprudence, malgré les miennes qui la
suppliaient de soumettre à un médecin la savante ordonnance,
elle voulut user du somnambule remède, et j'en ignore encore le
résultat.

Toutes ces choses, qui avaient été pour moi un jeu, un repos,
et quelques heures de distraction pour les autres, me préoccu-
pèrent bientôt vivement; il y avait là un mystère que je ne
pouvais résoudre ; mes paroles, que je savais fausses le plus
souvent, ne me permettaient pas d'avoir la foi qui sauve de la
réflexion, et mon respect pour le caractère de ma magnétiseuse
ne me permettait pas sans doute de soupçonner une comédie ;
j'en causai avec ma Lalo, esprit fort et philosophe, qui, ayant
demandé la permission d'être en tiers, ne l'obtint jamais, malgré
son désir et le mien.

Mon incrédulité n'échappait pas à madame de Montbreton; en
vain elle voulait la combattre ; tous les raisonnements échouaient,
et l'empire habituel qu'elle avait sur ma pensée était impuis-
sant pour me convaincre.

Une circonstance bien singulière me donna presque la foi.
L'administration des forêts avait un procès avec M. Charpentier ;
quelques paroles d'un inspecteur m'apprirent qu'on le trompait
indignement, et, par un sentiment irréfléchi, je lui dénonçai le
complot en lui indiquant les moyens de le déjouer. Je sentis que

le monde ne me pardonnerait pas cette démarche ; je la cachai
soigneusement. Quel fut mon étonnement lorsque je sus par
madame de Montbreton que je lui en avais parlé dans un accès
de confiance somnambulique... et dit mot à mot le contenu de
la lettre. J'avoue que je ne sus pas rire avec elle de mon indiscrétion involontaire ; j'en fus désolée et ne permis plus de nouvelles expériences.

Depuis, j'ai appris que mon secret avait été découvert, non
point miraculeusement dans mon sommeil, mais tout simplement
dans mon écritoire, où je le croyais en sûreté.

Un soir que nous lisions tout haut quelques jolies pièces de
Scribe, il nous prit un désir fou de jouer la comédie ; aussitôt
les rôles sont distribués, copiés ; on cherche les airs des vaude-
villes, on pense aux costumes, aux décorations. Quel plaisir !
que de mouvements ! que de projets ! madame de Montbreton,
qui était déjà montée sur des planches châtelaines, prit les plus
jolis rôles et fut la prima-donna ; on me chargea des jeunes
innocentes, naïvement niaises, avec un tablier vert et une rose
sur l'oreille ; M. de Montesquiou fit les pères nobles, Auguste de
Montaigu les comiques, Fernand les jeunes premiers.

Nous passions nos journées à apprendre nos rôles, les uns
marchant à grands pas, les autres immobiles et la tête dans les
deux mains ; madame de Montbreton se balançant dans son
hamac ; moi, placée d'ordinaire auprès d'elle et grimpée au
haut d'une échelle gymnastique, j'avais mes yeux sur mon
rôle et mon esprit dans les nuages... Le soir on répétait, on
critiquait, on riait de bon cœur des ridicules intonations, des
gestes *surnaturels*, et rien n'était gai, amusant, original comme
cette vie de comédien.

Nous étions à la veille de débuter, le théâtre était dressé,
nos costumes prêts, les voisins conviés pour nous applaudir,
lorsque je reçus une lettre de ma tante Garat qui me rappelait
sur-le-champ à Paris où m'attendait mon oncle de Martens avec
un mari ! La nouvelle et l'ordre de départ me consternèrent.

— Mon Dieu ! que vous arrive-t-il donc ? cria madame de
Montbreton en me voyant lire ma lettre.

— Ce qui m'arrive, madame, un mari ! Et je lui racontai le
rappel subit de ma tante.

On tint conseil, et, sur le théâtre même où nous achevions la répétition, il fut écrit à ma tante que je retarderais d'un jour mon arrivée, ne pouvant faire manquer le plaisir des autres, mais que je partirais le soir même de la représentation.

En effet, fatiguée d'émotions, étourdie d'applaudissements, je sautai du théâtre dans la voiture, emportant les couronnes et les bouquets du triomphe, et je revins à Paris encore tout enivrée du parfum de mes fleurs et des joies de mon succès.

XXXVI

Ma tante me reçut assez froidement : elle avait quitté la campagne et ses amis pour l'entrevue; mon retard d'un jour avait forcé le jeune homme, éloigné pour ses affaires, de la remettre à la fin de la semaine. On daigna me donner alors quelques détails : ce monsieur était fils d'un maître de poste des environs de Paris, avait de la fortune, vingt-six ans, une jolie figure ! Je ne partageai pas l'enthousiasme général; décidée à faire un mariage de convenance, ma raison trouvait de son domaine la position de fortune, mais elle n'avait que faire de la jolie figure, et ma vanité se révoltait un peu à l'idée d'épouser un maître de poste; car j'avais toujours vu ces sortes de spéculations entreprises par de gros fermiers enrichis, sachant très-bien compter et très-mal parler, ayant beaucoup de vanité et de sottise.

Je hasardai quelques-unes de ces remarques qui furent très-mal reçues ; on me fit entendre que, sans beauté et sans dot, je ne pouvais prétendre à mieux ; et ma tante, dans son désir de me voir heureuse et mariée, oubliait qu'elle ne froissait pas seulement ma vanité, mais qu'elle torturait mon cœur en me faisant douter de la tendresse maternelle du sien.

Le lendemain, M. de Martens revint nous trouver avec un air mystérieux; il avait réfléchi à mes objections de la veille; il les comprenait, et m'offrait à la place du maître de poste un

maître de forge. Je ne pus m'empêcher de rire avec ma tante
Garat, en lui demandant où il avait trouvé cette mine de
maris ; il ne partagea pas notre hilarité, et répondit froidement
qu'il avait fait leur connaissance chez un riche commerçant
avec lequel il était en rapport d'affaires. Je ne connaissais qu'un
seul maître de forge, M. Muel ; je le savais très-riche, très-
instruit ; il passait six mois à Paris et six mois dans les Vosges ;
on m'avait dit que ces sortes de spéculations donnaient une
grande influence dans le pays qu'on habitait ; ma première
impression fut donc favorable, et, comme la contagion de s'occuper de moi et de me marier gagnait d'une manière formidable parents, alliés, amis, comme il fallait subir la commune
loi, je résolus cette fois d'examiner sérieusement et avec la
ferme volonté de ne plus reculer si toutes les conditions voulues
se rencontraient.

M. de Martens n'avait pas pris de renseignements positifs ; il
craignait que la distance de Paris ne m'effrayât, et ma tante
Garat reculait aussi à l'idée de cette séparation qui lui semblait
un exil. Cette idée ne m'arrêta pas un instant ; j'avais été à
Strasbourg, je savais qu'on était civilisé même à cent lieues de
Paris : avec de la fortune, les distances disparaissent ; et quant
à la vie de château, j'avais encore la tête si remplie des plaisirs
de Corcy que je ne la redoutais pas, et, sans l'espérer aussi
brillante et animée, je la rêvais douce, libre, hospitalière.

Des détails plus précis arrivèrent : M. Lafarge avait vingt-
huit ans, une famille honorable, une moralité reconnue, une
grande capacité, et le désir de pousser aussi loin que possible son
industrie ; il possédait une des propriétés les plus agréables du
Limousin, une usine, un haut-fourneau, deux cent mille francs
en fonds de terres, à l'abri des chances de ses spéculations, et
des revenus considérables sur la forge. On me dit aussi qu'il
était depuis six mois à Paris pour ses affaires et son plaisir,
qu'il voulait ramener dans sa solitude une femme instruite qui
sût l'animer avec de l'esprit et des talents ; qu'il n'avait à Paris
personne de sa famille, mais pour amis et répondants M. Gauthier, député d'Uzerche, et le général Petit, pair de France.

Ma tante oublia un peu les cent lieues qui allaient nous séparer,
en écoutant le compte-rendu de la position de M. Lafarge ; tout

cela me convenait aussi parfaitement. Comme on ne parlait pas
de l'extérieur, j'en avais bien un peu peur; mais, faisant un retour sur les maris que je connaissais, je les vis tous si peu
agréables que j'en conclus que c'était une *presque nécessité*
de la chose.

Il fallut arranger une première entrevue pour que les refus de
part et d'autre fussent possibles et moins embarrassants; on
convint de se voir et de se juger au concert de la rue Vivienne.
M. de Mârtens nous y rencontrerait par hasard; il nous présenterait M. Lafarge comme un de ses amis; une conversation
s'engagerait, on pourrait se connaître un peu, et on se ferait
part le lendemain des impressions reçues.

Ma tante était tellement folle et joyeuse de l'avenir qu'elle
voyait sourire pour moi, elle me promettait tant de bonheur, une
si belle corbeille, un si joli trousseau, que je me laissai aller,
insouciante et tranquille, à ces rêves dorés ; et, soumise cette
fois aux réalités et au sens commun de la vie, je croyais être
sous l'empire de ma raison parce que je n'étais pas sous celui de
mon cœur.

Ce fut un mercredi que je vis pour la première fois M. Lafarge. Le temps était admirable, il n'y avait pas un nuage sur
l'azur du ciel, pas un pressentiment dans mon âme.

Hélas! brise plaintive qui venez quelquefois pleurer avec ce
monde, pourquoi vos gémissements n'ont-ils pas éveillé un écho
dans mon cœur! Nuages qui portez la tempête, pourquoi ne
pas avoir envoyé votre foudre pour réveiller mon sommeil, vos
éclairs pour signaler l'abîme? Et vous, beaux astres qui vous
allumiez dans la voûte éthérée, vous avez brillé sur moi, et pas
une de ces étoiles filantes qui, pâles et prophétiques, glissent,
dans l'espace et tombent sur la terre, n'est venue donner son
présage de mort à la pauvre Marie!

Ma tante m'avait parée des couleurs qui m'allaient le mieux.
L'orchestre, qui répétait les entraînantes valses de Strauss, avait
animé mes yeux des souvenirs de bal et des plaisirs. J'étais assez
jolie lorsque M. Lafarge nous fut présenté, et je compris bien
vite que je lui plaisais.

Ma première impression ne fut pas aussi favorable. Je trouvai
M. Lafarge bien laid. C'était la figure et la taille la plus indus-

trielle : il me parla longtemps, mais ses paroles se perdirent dans les bruyantes harmonies du concert; et en m'endormant le soir je fus bercée par le tourbillon des mélodies germaniques et fort oublieuse de la grande entrevue.

Le lendemain, au réveil, la réflexion survint après la prière. Lorsque je fus appelée chez ma tante, qui parcourait d'un air enchanté une masse de lettres de toutes formes et de toutes grandeurs, elle me dit que j'avais fait la conquête de M. Lafarge, qu'il était amoureux fou, qu'il lui avait écrit pour lui demander ma main et lui envoyer tous les renseignements les plus minutieux sur sa fortune, sa position, son caractère. Ces lettres semblaient dictées par une vive affection, mais les signatures honorables qui les terminaient ne permettaient pas de craindre qu'elles fussent exagérées. Des lettres écrites dans le but d'éclairer les sollicitudes d'une famille, écrites pour être la pierre fondamentale qui doit assurer à une jeune fille les sérieuses garanties d'une existence honorable, solide, indépendante, qui lui promettent l'amour d'une nouvelle famille, la protection d'un homme d'honneur, des lettres aussi sacrées doivent être réfléchies, irrécusables, pleines de vérité et de sages appréciations; il n'est pas permis de s'en méfier.

L'une était de M. de Chauffailles, qui, parent assez proche de M. Lafarge et propriétaire d'usines considérables, devait être le meilleur juge et le plus sûr garant de la position pécuniaire et industrielle de son cousin.

L'autre, de M. de Chauveron, avocat, se disant l'ami intime et l'homme d'affaires de la famille, était pleine des plus pompeux récits sur la fortune, les forges, le château du Glandier, et des plus touchantes paroles sur l'affection, le dévouement et l'intimité intérieure des parents de M. Lafarge.

Des propriétaires assuraient la valeur territoriale de la propriété. M. Boutin, curé d'Uzerche, garantissait la moralité, et, dans sa connaissance du cœur humain, envoyait à la future un tableau gracieux et détaillé de la maison où elle allait déposer ses rêves de jeune fille et fonder son nouvel empire dans l'abondance et la joie !

Tout cela devait parfaitement rassurer, — et cependant ma tante voulut davantage. Elle pria un de ses amis, M. Doublat, de s'adresser directement à M. Gauthier, député d'Uzerche, qui donna les plus grands éloges au caractère de M. Lafarge et les plus satisfaisantes garanties sur sa position industrielle. M. Gauthier ne se borna pas à de vagues renseignements. Intimement lié avec M. Lafarge, il le regardait comme son fils. Sa fortune, qui lui était bien connue, était l'une des plus belles et des plus stables du Limousin. Il avait une de ces vastes capacités qui ne vivent que pour le progrès, un cœur généreux et la plus stricte probité.

« Monsieur, disait M. Gauthier en finissant cette brillante énumération, heureuse la jeune femme qui lui confiera son bonheur ! Si j'avais une fille, je me trouverais fier et heureux de l'accepter pour mon gendre. »

En lisant ces lettres, en écoutant ces renseignements, je n'osai plus parler de la figure de M. Lafarge, ni l'opposer comme obstacle à côté des grandes et nobles qualités qu'on lui donnait. Je voulais entrer avec ma raison dans la partie, faire un mariage de convenance. Tout était réuni, et je trouvais plus de garanties morales qu'il ne s'en rencontre ordinairement. Je me voyais aimée par un excellent mari ; orpheline, je retrouvais une mère qui, bonne, aimante, dévouée comme on me la peignait, devait entrer profondément dans mon affection. Éloignée du monde la plus grande partie de l'année, je voulais vivre pour des amis qui viendraient peupler ma solitude, me faire bénir et aimer des pauvres ouvriers qui nous enrichiraient.

Quoique ma tante fût enchantée de mes dispositions, elle résolut cependant de ne pas me permettre de longs tête-à-tête avec cette belle dame *raison*, encore un peu étrangère chez moi, et qui, comme tous les despotes, a besoin d'une obéissance passive. Elle me gardait près d'elle, me parlait de mon château, de l'hospitalité qu'elle viendrait m'y demander et des retours à Paris.

Madame Dulauloy, à laquelle j'allai aussi parler de ce mariage, me dit qu'il y aurait de la folie à ne pas accepter ; enfin, tout se réunissait pour me décider.

Le vendredi, ma tante rendit une réponse, sinon positive, du moins très-favorable à M. Lafarge, et lorsque j'entrai dans le salon ils parlaient ensemble de mille détails intimes, confidentiels, qui ne furent pas interrompus par mon arrivée,

—Il faut aller chez mon notaire pour que vous aussi, monsieur,.
puissiez prendre les renseignements nécessaires, disait ma tante.

— Des renseignements! à quoi me serviraient-ils?... Je connais mademoiselle Marie, et la question d'argent est devenue nulle pour moi.

Je fus émue et reconnaissante de ce désintéressement. Je tendis la main à M. Lafarge, et il me parla de sa mère, qui saurait m'aimer comme sa fille, puis d'autres projets à venir. Il me dit que le Glandier était un peu isolé, mais qu'il y recevait beaucoup de monde, et que, tous les printemps, ses affaires l'appelant à Paris, il me ramènerait dans ma famille.

Le lendemain, M. Lafarge nous apporta les comptes de son usine; les revenus actuels s'élevaient de trente à trente-cinq mille francs; et lorsqu'une route départementale, qui devait ouvrir la communication avec Uzerche, aurait fait cesser le transport onéreux des fers à dos de mulets, lorsque les capitaux que j'apportais auraient permis d'augmenter la fabrication, ces revenus s'élèveraient annuellement au moins à cinquante mille francs.

Le dimanche, M. Lafarge vint dîner à la Banque; ma tante et lui avaient un air de mystère lorsque j'entrai dans le salon, et ils me montrèrent le plan colorié d'une grande et belle usine, d'un délicieux château dont les ardoises bleues se perdaient coquettement dans le bleu du ciel, et dont les terrasses blanches descendaient sur un jardin aux carrés symétriques, aux bordures de buis, aux jets d'eau rococo. Le côté opposé du château donnait de plain-pied dans un verger, sur les pelouses duquel dormaient les vieilles ruines gothiques d'une ancienne église de Chartreux; une longue allée de peupliers servait d'avenue, et la petite rivière qui prêtait la force de son courant aux usines, dans sa courbe gracieuse et bouillonnante, servait aussi de clôture aux jardins. Je saluai d'un petit cri de surprise cette jolie habitation. « C'est la vôtre, madame, dit ma tante en m'embrassant et en donnant ma main à M. Lafarge; c'est bien la tienne, enfant, car sans ton consentement nous avons hâté les ennuyeux préliminaires du mariage, et les bans ont été publiés ce matin. »

J'eus un moment d'effroi!... dans les yeux un sourire et une larme; ma tante calma mon émotion par mille excellentes explications. Elle me dit que M. Lafarge, éloigné de ses forges depuis six mois, y était rappelé par d'indispensables affaires ; je devais savoir que rien n'était plus odieux que ces éternelles entrevues où il était impossible de s'étudier et très-possible de s'ennuyer; enfin que M. Lafarge, étant fier de moi, voulait me montrer aux grandes courses de Pompadour, qui réunissaient toute l'élite de plusieurs départements, et ces courses avaient lieu le 19 août.

— Un peu de pitié! ajouta ma tante en riant; il brûle d'amour et d'impatience. Moi, j'étouffe dans ce brûlant Paris, où je suis revenue pour ton mariage; rends-nous la vie et la campagne le plus tôt possible.

On discuta la corbeille; M. Lafarge voulait me donner tout ce qu'il y avait de plus beau; ma tante exigeait qu'il ne fît pas de folies; c'était un combat de désintéressement, de généreuses prodigalités, de sages prévoyances; et moi, assez embarrassée de mon rôle de tiers, je me mis au piano. Après quelque temps, M. Lafarge vint me rejoindre dans l'enchantement; il adorait la musique, il me découvrait avec bonheur ce talent. Il fut décidé qu'il me donnerait un excellent piano, et que nous irions le lendemain le choisir chez Pleyel. Nous y fûmes, en effet, et j'en fis porter plusieurs à la Banque, pour les essayer quelques jours hors des appartements sonores du grand facteur.

Lorsque mon choix se fut arrêté sur un délicieux piano carré, je le fis partir par le roulage accéléré, afin que ce nouvel ami fût arrivé avant moi au Glandier.

Après cette soirée du dimanche, qui fût décisive, les jours se passèrent occupés, tourbillonnants, et je n'eus pas un moment pour sonder ma pensée, pas un moment pour rejeter mon regard sur le passé et le porter avec calme sur l'avenir. Les matinées étaient devenues la proie des ouvrières de madame Colliau, qui venaient essayer mon trousseau, discuter quelques articles, m'en faire choisir quelques autres. Ce trousseau était ravissant, commode, et choisi par madame Dulauloy, qui lui avait donné son cachet de bon goût et d'élégante simplicité. Cette recherche des choses inaperçues de la toilette m'a toujours semblé, pour une femme, un luxe presque de devoir.

A midi, ma tante s'emparait de moi jusqu'au dîner; elle s'était

exclusivement chargée de la corbeille et bouleversait toutes les
boutiques, toutes les intelligences artistiques de la toilette, pour
avoir quelque étoffe nouvelle, un bonnet inconnu, un chapeau
surprenant. Au retour, quand M. Lafargé ne nous avait pas
accompagnées dans quelques-unes de nos courses, futiles, il
venait passer deux heures près de nous; quelquefois nous
allions au spectacle, d'autres fois ma tante allait dans le
monde; et je restais seule alors, écrivant à mes amies, faisant
des comptes, ayant à peine quelques minutes à donner à mon
piano.

Madame de Montbreton m'écrivait tous les jours, afin, disait-
elle, de me faire comprendre tout le bonheur qui se préparait
pour moi et de ne pas laisser à la folle du logis le temps de
monter aux nuages; madame de Léautaud était en Artois, chez
une de ses belles-sœurs. En lui annonçant mon mariage, je lui
demandai ce que je devais faire de ses diamants : il m'était
impossible de les vendre avant ma nouvelle dignité de femme,
et mon départ précipité m'empêchait de m'en occuper plus tard.
Je lui exprimai donc mes regrets de lui être si parfaitement
inutile, et aussi mon désir ardent de lui remettre son dépôt et
de ne plus être chargée de cette lourde responsabilité. Marie me
répondit sur-le-champ qu'il lui était plus que jamais impossible
de garder entre ses mains les diamants; que les recherches et
les soupçons de M. de Léautaud étaient sans cesse renaissants,
et qu'elle me priait de les emporter avec moi dans leur cachette,
et de les garder jusqu'au retour de mademoiselle Delvaux, qui
nous faciliterait les moyens de nous en servir. Nous pourrons
alors, me disait-elle, nous écrire sans danger par son entremise;
mais jusque-là la plus minutieuse prudence était nécessaire; une
lettre pouvait être ou perdue ou décachetée; enfin elle me recommandait de brûler la sienne sur-le-champ; déjà la mienne qui
lui parlait de mon mariage et de ses diamants était la proie des
flammes. Madame de Léautaud me demandait aussi d'employer
les quelques perles destinées autrefois à mon présent de noces,
de parler vaguement à sa sœur de ce qu'elle me donnait, et
sans le lui expliquer; enfin elle voulait mille détails sur le
trousseau, la corbeille, mon bonheur présent, mes rêves d'avenir !

Antonine fut stupéfaite en apprenant que j'allais me marier;

très-heureuse d'abord, ensuite un peu choquée d'avoir été mise
si tard dans le secret. J'eus beaucoup de peine à lui faire comprendre qu'en lui écrivant mon mariage le jour où les bans se
publiaient, je l'en instruisais tout aussitôt que j'en avais été
instruite moi-même, puisque trois jours auparavant je ne connaissais pas M. Lafarge.

Cette nouvelle porta la joie à Villers-Hellon ; ma tante et mon
oncle Collard y voyaient une belle position pour moi, et mes
vieilles bonnes, mes bons paysans, oubliaient un peu les cent
vingt lieues en songeant aux trente-cinq mille livres de rente !
Ils avaient un regret, et je le partageais de tout mon cœur :
c'est que mon avenir ne fût pas béni au milieu d'eux, dans
leur église, par leur bon curé.

Madame de Martens était à Enghien pour sa santé ; M. Lafarge
y fut passer une journée, et ma tante partagea la confiance de
son mari, qui se vantait sans cesse d'avoir assuré mon bonheur.
Ma résolution fut pleinement approuvée par madame de Montesquiou, qui était venue à Paris pour les examens de son fils,
et dont je pus recevoir les tendres vœux et les sages conseils ;
puis aussi par madame de Valence, qui revint des eaux quelques
jours avant mon contrat. Dans ce peu de jours, elle m'entoura
de cette douce et pieuse sollicitude à laquelle elle m'avait initiée
par le passé : combien mon cœur fut profondément touché de
retrouver ces maternels épanchements dans l'amie de ma chère
grand'mère !

XXXVII

Parmi les emplettes qui m'occupaient le plus agréablement, se
trouvaient les souvenirs que je voulais laisser aux soutiens, aux
amies, aux bien-aimées de mon enfance et de ma jeunesse.
J'avais demandé dans ma corbeille une bourse de cinquante
louis ; je la destinais tout entière à cet usage. Avec quels
soins je me rappelais les désirs exprimés ! avec quel plaisir je
me trouvais le pouvoir de les réaliser ! Je voulais que mon

bonheur fût doublé par celui de tous ceux que j'aimais; je vivais plus en eux qu'en moi-même. Antonine était assez souffrante d'une grossesse qui n'était pas encore avancée; je lui fis la surprise d'une petite layette complète, et tous ces petits vêtements d'enfant étaient si jolis, si gracieux, qu'on croyait voir remuer et sourire sous leurs dentelles et leurs broderies le cher petit attendu que nous caressions déjà dans nos rêves. Ma tante Garat avait choisi pour moi un magnifique voile d'Angleterre, objet de son admiration ; il se trouva attaché à son chapeau e matin du mariage. Je fis sculpter en or et avec des ornements renaissance une pomme de canne pour mon oncle Garat. Ma tante de Martens eut un bracelet qu'elle avait envié; Hermine, la boîte de couleurs qu'elle avait espérée trop longtemps pour l'espérer encore. J'envoyai à madame de Montbreton une émeraude Cabochon retenue par deux griffes de lion, ce qui formait une jolie bague; quant à madame de Léautaud, voulant concilier le goût que je lui connaissais pour le genre à la mode des bijoux-bêtes et mon aversion pour tous ces serpents, ces grenouilles, ces lézards d'une vérité si parfaite et si repoussante, je lui fis faire une garniture de boutons en bêtes à bon Dieu; c'est un joli insecte au corsage pourpré, que nos bons paysans vénèrent comme un petit prophète de bonheur. Je crois que mon cœur réussit dans les mille petits arrangements qui le préoccupaient par-dessus tout. Mes bonnes ne furent pas oubliées; autant que possible, je fis des heureux dans ce cher Villers-Hellon que j'abandonnais, et pour lequel je n'avais plus qu'une vie de souvenirs.

Au milieu de ces courses, de ces préoccupations, de ces achats, je voyais fort peu M. Lafarge; toujours ces moments de réunion se passaient à lui faire admirer les jolies choses qu'il me donnait, ou à lui rendre grâces de quelques nouvelles et touchantes attentions. Il avait su que j'aimais les bains; un matin il m'apporta le plan d'une jolie salle de bains attenante à ma chambre, et que je devais trouver préparée pour mon arrivée au Glandier; il avait craint qu'un voyage en malle-poste ne fatiguât ma santé : il me donna un charmant briska et voulut partir en poste; chaque matin il m'envoyait les plus belles fleurs. Il était plein d'attentions et de respect pour ma famille, avait même de touchantes paroles pour la bonne Lalo, qui disait en le quittant avec les larmes aux yeux : « Il est aussi bon qu'il est laid ! » Quelquefois aussi nous causions de notre genre de vie à venir ; je lui demandais des détails sur son château, ses domestiques, ses goûts et les goûts de sa mère. Il m'avait dit que mon salon, très-vaste et très-éclairé, avait un ameublement de velours rouge, quelques tableaux, de beaux tapis ; que la salle à manger et les offices donnaient sur la terrasse ; que sa jument favorite avait une robe d'ébène, ses chevaux de trait moins d'élégance, mais une grande vigueur. Il avait trois ou quatre domestiques hommes, et il fut convenu que j'amènerais avec moi une bonne femme de chambre. Mon choix n'était plus à faire. Depuis de longues années il était décidé que je prendrais en me mariant une jeune nièce de Lalo, dévouée, fidèle comme sa tante, qui était pleine de talents, qui m'aimait excessivement, et ne s'était placée qu'en attendant le moment où elle pourrait entrer à mon service.

Pendant ces entretiens intimes que j'avais avec M. Lafarge, ma tante recevait des visites dans ses autres appartements, lisait ou écrivait, et nous restions sous la garde de ma jolie petite cousine Gabrielle, qui nous écoutait avec l'attention la plus grande et nous observait avec une rigidité de duègne. Si parfois elle était un peu ennuyée de son rôle, toujours elle en était fière, et en allant cacher un bâillement sous la manche de sa mère, elle lui disait : « Sois tranquille, je suis là. Mais vois-tu, maman, il n'y a pas de plaisir. Oh ! ce n'est pas comme M. de Sabatié et ma grande sœur, qui s'embrassaient malgré moi en cachette ! » Du reste, Gabrielle avait une profonde considération pour son futur cousin, qui admirait son babil et lui donnait des bonbons. Elle se perchait d'ordinaire sur ses genoux et disait hautement qu'elle le trouvait *très à la mode.*

Un jour que j'avais été avec ma tante de Martens courir quelques boutiques et choisir la monture que je désirais pour ma parure de turquoises, elle me fit acheter un gros anneau d'or mat qu'elle voulait me faire donner à mon fiancé ; il n'y avait dedans qu'une date, celle de notre première rencontre, puis mon nom et le sien. En rentrant, nous fîmes part à ma tante Garat de notre emplette et de sa destination ; elle semblait inquiète et me dit : « Mon enfant, un peu de raison ; j'ai à t'apprendre une nouvelle assez naturelle, mais qui te fera mal : M. Lafarge est veuf! »

Ce fut un coup de foudre. De tout temps j'avais attaché une idée sinistre à un second mariage; j'avais dit dans mon cœur; souvent aussi j'avais dit tout haut, que je n'aurais jamais la pensée et le courage d'épouser un veuf, et cependant dans trois jours je devais signer mon contrat! dans trois jours je devais remplacer la froide épousée qui dormait dans son cercueil! Mon premier mouvement fut de tout rompre; mon second de fondre en larmes sous les caresses et les exhortations de mes tantes; elles comprenaient de la surprise et du mécontentement, mais traitèrent de folie un désespoir assez profond pour faire retirer une promesse donnée. Je ne savais que leur dire pour m'excuser; mes douleurs n'étaient pas de celles que l'on avoue, mais elles étouffaient mon cœur comme un pressentiment.

On était depuis longtemps à table, quand il me fallut entrer avec mes yeux rouges dans la salle à manger. On avait parlé de mon chagrin à M. Lafarge, car en levant, après quelques minutes, mon regard sur lui, je le vis pâle, silencieux, accablé. Ma tante de Martens me fit mettre près d'elle; elle serrait mes mains dans les siennes. « Courage, murmurait-elle; courage, mon enfant; pardonne un mystère involontaire; sois noblement oublieuse; tu vois qu'il souffre. » J'appelai doucement Gabrielle, et, lui remettant l'anneau que j'avais laissé à mon doigt, je lui dis de le donner de ma part à son cousin. Depuis ce moment, je repris rarement mon insouciante tranquillité; cependant je n'essayai pas de reculer le mariage : ma parole était sacrée.

Le samedi 10 août, à midi, les notaires et la partie masculine de la famille se réunirent pour arrêter les articles du contrat. Ne comprenant rien à tous ces termes de loi, je ne me crus pas obligée de les écouter, et, retirée dans l'embrasure d'une fenêtre, je causai de littérature avec monsieur de Chambine, mon ancien notaire, qui était là très-inoccupé, car son esprit original avait depuis peu secoué le joug des contrats et des testaments.

Un moment de silence m'avertit que le marché était terminé, accepté de part et d'autre; et quand on me fit signer cet acte, dans lequel deux intelligences notariales avaient mis tout leur bon sens, l'un à vendre le plus cher possible, l'autre à acheter au plus grand rabais une pauvre créature faite à l'image de son Dieu, j'eus un sourire de mépris, et la honte vint rougir mon front.

Antonine, étant assez souffrante de sa grossesse, s'était couchée sur une chaise longue; je fus m'asseoir à ses pieds, et nous causions des joies maternelles qui rendaient si douces ses douleurs, quand on vint nous annoncer qu'il serait impossible d'être mariés le lundi à la mairie et qu'il fallait y aller sur-le-champ.

Sans me donner le temps de la réflexion, on me pare de la plus jolie toilette de mon trousseau; on me fait monter en voiture, entrer dans une petite chambre bien noire, où un greffier, enfermé dans une cage de fer à l'instar des hôtes du Jardin-des-Plantes, nous grimaça un accueil gracieux. Il ouvrit de gros registres sur lesquels nos témoins écrivirent leurs noms, et surtout leurs titres; ensuite on nous conduisit, à travers de sombres corridors, dans un salon aux draperies sales, surmontées du coq gaulois, où nous fûmes reçus gravement par un gros homme entouré d'une écharpe tricolore et qui tenait un code à la main.

Jusque-là j'avais observé les ridicules qui m'entouraient, suivi machinalement dans une glace les ondoyants balancements de la grande plume qui ombrageait mon chapeau, pendant qu'on m'adressait les compliments de circonstance que je n'écoutais pas; mais quand il fallut dire oui, quand, sortant d'une insensibilité léthargique, je compris que je donnais ma vie; que cette mesquine comédie de la loi allait enchaîner ma pensée, ma volonté et mon cœur... les larmes que je voulus cacher m'étouffèrent et je faillis me trouver mal dans les bras de ma sœur.

Le grand air, des impressions nouvelles qui se succédèrent avec rapidité, me firent revenir de cette crise pénible. Ma tante Garat, qui voulait me distraire, décida qu'on me laisserait jouir de mon indépendance, et, me saluant femme et libre, elle me fit monter dans un joli coupé et me dit d'employer comme je l'entendrais le reste de ma journée, sans permettre à ma sœur ou à M. Lafarge de m'accompagner.

J'allai d'abord au Marché-aux-Fleurs, puis à Saint-Roch, où je fis une courte prière; enfin chez madame de Valence, qui avait du monde et fut tout étonnée quand elle me vit entrer, seule et dignement enveloppée dans mon châle de cachemire. Restées tête à tête, je lui confiai que j'étais mariée depuis une heure; que je lui donnais ma première minute d'émancipation; que j'avais désiré et obtenu que mon mariage fût un mystère pendant deux jours, afin de rester mademoiselle pour toutes les personnes qui devaient le soir venir signer mon contrat, pour rester surtout strictement jeune fille pour celui que la loi avait fait déjà mon siegneur. Je remerciai mille fois madame de Valence de la magnifique écharpe qu'elle m'avait envoyée le matin et je demeurai bien longtemps à causer avec elle, qui, tout amusée de mon mariage secret et de ma fuite vers elle, me fit partager sa gaieté et me raconta avec un délicieux esprit mille petites vicissitudes de son mariage.

Je revins à la Banque par les Champs-Élysées. Le temps était superbe; une foule élégante se pressait sous l'ombre des allées; je voulus, pour la première fois, m'y mêler seule, libre, sans être obligée de suivre une impulsion étrangère, sans régler mon pas sur d'autres pas, enfin sans avoir d'autre protection que moi-même ! Je descendis toute légère, et je fus ravie pendant une minute de mon indépendance; mais quand je me sentis coudoyer, presser, quand des regards inconnus s'attachèrent à moi, j'eus peur et je regagnai la voiture qui me suivait, comprenant que dans le monde on a besoin d'un appui, et que la femme ne peut vivre libre qu'au désert.

M. Lafarge me reçut au retour avec un magnifique bouquet d'oranger et de magnolia ; il fut toute la soirée bon, empressé, amoureux, très-oublieux de ses droits et me serrant à peine la main ouvertement. Il vint beaucoup de monde; tous les vœux, tous les regards m'étaient adressés, et, pour la dernière fois, je fus une heureuse, une gaie, une insouciante jeune fille. Je n'avais voulu me parer d'aucun des ornements de ma nouvelle dignité; une robe de mousseline, dans mes cheveux quelques pâquerettes naturelles, composaient ma toilette, et je dansai jusqu'au matin avec un cœur léger et confiant, souriant à mes amis, souriant à celui pour lequel j'allais les quitter. J'étais si fatiguée en me retirant dans ma chambre, que je pus à peine détacher ma robe, mes rubans, que j'oubliai les fleurs de mes cheveux pour pencher vite la tête sur l'oreiller, et que je m'endormis d'un doux et profond sommeil jusqu'au matin.

Toute la journée du dimanche fut triste et péniblement occupée par les préparatifs du départ. Antonine et mes cousines

m'aidaient à faire emballer avec soin les jolis objets de la corbeille et
du trousseau ; mais si nos regards se rencontraient, les mots d'absence et de regret venaient errer sur nos lèvres ; quelques larmes
que nous voulions cacher coulaient brûlantes sur nos joues, et
souvent nos paroles les plus insignifiantes étaient arrêtées par un
sanglot.

Ma bonne Lalo, qui voulait s'occuper de tout, afin que je retrou-
vasse ses soins même en son absence, prenait vingt fois du tabac
en faisant ses recommandations à Clémentine, et se plaignait d'un
rhume de cerveau pour avoir le droit de montrer des yeux rouges ;
et Ursule, en me disant ses vœux, me laissait deviner ses regrets.

Ma chère et jolie petite chambre avait déjà un air de désordre et d'abandon ; elle était encombrée de cartons, de caisses,
d'objets de toilette ; une couche de poussière s'étendait comme un
voile de deuil sur les meubles et la cheminée ; mes fleurs se
penchaient flétries dans leurs vases renversés. Je ne voulais pas
que l'on vît dans cet état mon petit sanctuaire de jeune fille, et
lorsque M. Lafarge vint frapper à la porte, je lui demandai en
grâce de ne pas entrer dans ce désordre affreux.. Il ne tint pas
compte de ma prière. « L'heure des cérémonies est expirée, dit-
il en riant, et j'entre par mon droit de mari. » Me prenant
brusquement par la taille, il voulut alors m'embrasser ; mais
j'eus un moment d'impatience. Je me sauvai dans le salon... il
n'y avait personne, et je pus y pleurer. Mes pensées furent si
amères que je ne saurais les écrire ; pourtant mon esprit souffre
encore à leur souvenir.

Antonine vint bientôt me chercher : elle amenait M. Lafarge
malheureux, repentant, demandant son pardon ; ma bouche le
lui donna faiblement et mon cœur ne put le ratifier aussi
vite que ma bouche. Il y a dans la vie de ces petites blessures qui ne sont rien par elles-mêmes, mais qui, profondes par
les conséquences qu'elles laissent pressentir et l'impression
prophétique dont elles sont tocsin, éveillent dans la pensée
des échos de malheur que le temps seul a le pouvoir d'étouffer.

Le soir, il fut décidé que l'on irait dîner chez Véry et puis
achever la soirée au cirque des Champs-Élysées. Ces agiles ama-
zones que j'avais admirées si souvent, ces dociles chevaux, ces
hardis écuyers me laissèrent cette fois sans enthousiasme ; mais

je fus vivement arrachée à mes tristes réflexions par une
scène qui se passa près de nous. C'était un dimanche; le Cirque
était rempli; nous trouvâmes avec peine quelques bonnes places,
et ces messieurs furent obligés de se tenir debout un peu éloignés. Devant notre banquette était un ancien militaire à l'air
refrogné et brutal; à côté un vieillard aux cheveux blancs, au
front vénérable, qui semblait protégé par un jeune homme dont la
taille élégante, la noble physionomie, le regard triste et profond, attiraient l'attention et la sympathie. Le militaire, en voulant
prendre sa tabatière, frappa du coude la tête de son voisin à cheveux blancs, assez violemment pour en renverser le chapeau.

— Prenez garde, monsieur, lui dit celui-ci avec calme.

— J'ai payé pour avoir mes aises; tant pis pour les obstacles, murmura brutalement le vieux grognard.

— Vous êtes un impertinent, lui cria le jeune homme.

— Et vous un blanc-bec.

Les regards se tournaient vers eux; on imposait le silence, le
fils entraîna son père; ils sortirent tous deux. Quelque temps
après, le jeune homme rentra; il revint froidement près de celui
qui l'avait insulté.

— Monsieur, vous êtes un lâche, lui dit-il en lui serrant le bras;
vous me rendrez raison.

— Volontiers, monsieur; mais je n'ai jamais manqué mon
homme, je vous en préviens.

— Taisez-vous... demain à huit heures... voilà ma carte et
mon adresse.

J'étais devenue pâle à ces mots que j'entendis distinctement;
le jeune homme s'en aperçut, me remercia d'un regard, et, me
saluant, sortit pour ne plus revenir.

J'étais trop vivement frappée pour que mes pensées ne se fussent pas concentrées tout entières sur ce qui venait de se passer.
« Quoi! me disais-je, demain, à l'heure où je serai entourée des
bénédictions de ma famille, un père pleurera son fils; peut-être
une jeune fille, fiancée comme moi, aura le cœur brisé en se
sentant frappée dans son plus cher trésor... » Tout à coup, tirant
son mouchoir, le brutal querelleur laissa tomber la fatale petite
carte qui devait lui dire l'adresse et le nom de son adversaire.
Je me baissai vivement, je pus la ramasser, et, de crainte d'être

obligée de la rendre s'il s'apercevait de mon mouvement, je la
mis dans ma bouche, et me sentis heureuse quand je fus parvenue
à la détruire. La pensée des douleurs que j'avais sans doute pré-
venues rendit du calme à mon esprit, et la fin de la soirée fut
bercée par le souvenir d'une bonne action.

Après tant d'émotions et de fatigues, je m'endormis d'un lourd
sommeil jusqu'au moment où ma vieille bonne entra dans ma
chambre, avec sa tasse de café à la main; c'était une habitude
d'enfance. Elle venait toujours m'offrir la première cuillerée de
son déjeuner, et prétendait qu'il ne lui semblait pas bon si je n'y
avais pas goûté. Nous comprîmes alors qu'elle venait ainsi près
de mon lit pour la dernière fois; qu'il fallait donner un adieu à
toutes nos habitudes de puérile mais entière affection, et, n'essayant pas de nous cacher nos larmes, nous les laissâmes couler
en nous regardant tristement.

Ma tante Garat arriva bientôt après. Ne songeant déjà qu'à ma
toilette, en étant toute fière, toute préoccupée, elle s'occupait
de la tremblante couronne d'oranger qui devait tourner le long de
mes cheveux, et ne comptait pas les battements précipités de mon
cœur; elle craignait que mes riches volants d'Angleterre ne
fussent déchirés et froissés, et ne redoutait pas de voir faiblir
mon courage au moment de la séparation. Elle était rassurée sur
mon avenir, heureuse de ce mariage, et pouvait à peine contenir
sa joie. Antonine et ma tante de Martens arrivèrent; la première
pleurait, la seconde me dit de douces et fortifiantes paroles;
toutes deux me firent du bien.

Lorsque ma toilette fut achevée, je vins m'agenouiller devant
ma tante de Martens; elle posa sur ma tête la fleur d'oranger, le
voile blanc de mariée; puis elle me bénit au nom de ma mère,
au nom de mon père, au nom de tous les absents. M. Lafarge
entra; il parut ému de mon émotion, se mit genoux devant moi,
prit et baisa mille fois mes mains. Résignée par ses témoignages
d'amour, je lui demandai d'être toujours pour moi confiant et
indulgent, de m'aimer par-dessus tout, de se rappeler que j'étais
orpheline, que j'avais besoin d'affection, et qu'il allait rester tout
seul à m'aimer. Il le promit en m'embrassant sur le front, puis
me conduisit dans le salon où déjà tous mes amis m'attendaient.
Mes larmes se tarirent vite sous les regards émus, indifférents

ou scrutateurs qui m'accueillirent avec des compliments et des félicitations. Nous fûmes mariés à l'église des Petits-Pères, après une messe très-courte et une exhortation très-sèche. Ne voulant pas livrer au monde les pensées qui étouffaient mon cœur, je cachai sous les plis de mon voile mes prières et mes pleurs, et il fut dit au retour que j'avais été une mariée pleine de bonne grâce et d'une convenance parfaite.

Après un déjeuner assez long et assez animé, mes tantes s'enfermèrent avec moi dans le petit salon, et commencèrent à m'initier dans les effrayants mystères de mes nouveaux devoirs. Elles disaient des paroles qui me faisaient si fortement rougir et trembler, que je les arrêtai par un petit mensonge en leur assurant que je comprenais ce qu'elles voulaient me faire comprendre. Cependant, comme je n'avais jusque-là cherché la vérité que dans les nuages, je gardai ma théorie, qui était innocemment stupide, mes frayeurs, qui étaient épouvantables, et ma ferme résolution de voyager *nuit et jour*, sans m'arrêter, jusqu'au Glandier.

Après l'exhortation de mes tantes, mes cousines vinrent me déshabiller; elles détachèrent la blanche couronne qui tremblait sur mon front, et je la partageai entre tous les jeunes gens et toutes les jeunes filles qui étaient venus bénir mon mariage par leur présence amie, leurs prières et leurs souhaits; furtivement, je gardai un bouton de cette parure virginale, et, l'enfermant dans un petit cœur que j'avais reçu de ma mère et qui ne me quittait jamais, je le conservai comme un souvenir et comme un talisman. Cette secrète impulsion de mon cœur fut bénie... toutes les fleurs de mon enfance et de ma jeunesse ont été arrachées ou flétries; une seule, échappée à la profanation, a su se conserver pure sous l'égide de ma sainte patronne.

XXXVIII

M. Lafarge avait quelques affaires à terminer, moi quelques arrangements à prendre; il fut convenu qu'on demanderait les chevaux de poste pour quatre heures. Les derniers moments

s'écoulèrent tristes et rapides, et lorsque les cloches des Petits-
Pères, lorsque le fouet du postillon donnèrent le signal des adieux,
je me sentis mourir sous les baisers de tous les miens. Cependant
M. Lafarge n'arrivait pas; ces angoisses prolongées de la séparation nous faisaient à tous un mal affreux; et, après avoir
supporté deux heures ce martyre et cette attente, mes nerfs
ébranlés se trouvèrent si malades qu'il fallut me porter sur le lit de
madame de Martens et remettre au lendemain le départ arrêté.

Ma tante Garat, pour oublier un peu la tristesse des adieux,
fut entendre Duprez à l'Opéra; Antonine et ma tante de Martens
essayèrent de me calmer, et mon beau-frère, auquel on avait confié
que je *mourais de peur*, s'engagea à faire accepter pour cette
fois à M. Lafarge le rôle pacifique de garde-malade.

Tout se passa ainsi qu'il avait été convenu; mon mari vint
paternellement me baiser sur le front, et je pus goûter enfin
quelques heures de repos.

Ce n'était plus la nuit, ce n'était pas le jour, et déjà les gre-
lots des chevaux donnaient le signal du départ; il fallait me
séparer des êtres et des lieux que j'aimais!... Après bien des
larmes et des baisers, les mains que je pressais s'échappèrent de
mes mains, et je traversai Paris, si profondément perdue dans
mes regrets que je ne lui donnai pas le dernier regard d'adieux.
Bientôt cependant mes larmes se séchèrent sous le souffle d'un
vent frais, qui venait soulever la gaze de mon voile et secouer
la poussière des grands ormes du chemin. Les oiseaux s'éveillè-
rent en chantant; l'aube pâle se drapa dans sa robe de pourpre,
et le soleil, apparaissant splendide, semblait se pencher sur la
nature, et la nature tressaillir avec orgueil sous le premier
baiser de son Dieu.

Je regardai d'abord sans réflexion le riche damier d'épis et de
verdure qui passait en courant devant mes yeux; puis j'écoutai
la grivoise ballade que chantait le postillon en s'accompagnant
des claquements de son fouet; enfin je m'amusai des galants regards qu'il jetait à Clémentine, des questions qu'il lui faisait sur
sa bourgeoise, « qui lui semblait tout de même un peu bien
pleurnicheuse pour une nouvelle épousée. » Ce mot me rappelant que j'étais mariée et peu gracieuse, en effet, dans la conti-
nuité de mon chagrin, je tournai la tête vers M. Lafarge; il

11

dormait et je me mis à rêver. Jusqu'à ce jour, ma vie, qui avait été isolée au milieu d'affections intimes, mais secondaires, allait donc devenir le premier mobile, la première joie, la première espérance d'une autre vie! J'allais être bien-aimée ; le sentiment d'inutilité qui avait pesé si lourdement sur mon passé allait faire place au sentiment du devoir! et chacune de mes actions, de mes paroles, pourrait honorer et charmer un honnête homme qui m'avait donné son nom. M. Lafarge semblait m'adorer ; je n'avais pas encore appris à l'aimer ; mais on dit que cela vient vite ; l'amour dans un mariage de convenance n'est guère qu'une tendre estime, et je me sentais déjà dans le cœur tout ce qui peut inspirer ce sentiment. Tandis que la raison me parlait ainsi, mon imagination soufflait à ma pensée les mots délicats et passionnés qui allaient me bercer tout ce jour ; le premier baiser sur le front, un second, un troisième, que je rendrais peut-être ; puis un bras qui viendrait soutenir ma taille que la fatigue pourrait courber, une voix qui dirait : « Je vous aime, » et qui plus tard, avec la première étoile de la nuit murmurerait : « Mon ange, m'aimes-tu?... »

Un cahot réveilla M. Lafarge ; il étendit les bras avec un bâillement sonore et prolongé, m'embrassa sur les deux joues, et me dit : « Allons, ma petite femme, déjeunons. »

Il y avait un poulet froid dans la voiture ; M. Lafarge le saisit par les deux ailes, et, le partageant en deux, m'en offrit la moitié ; je le refusai avec un peu de dégoût. Il crut que j'étais malade, devint inquiet, empressé, me supplia de prendre au moins un verre de vin de Bordeaux, et, sur un nouveau refus, but toute la bouteille, « pour lui et pour moi qui ne faisions qu'un. »

Cette odeur de repas m'était insupportable ; je remplaçai Clémentine sur le siége ; je m'amusai à payer les postillons, à les faire causer par l'influence d'un pourboire promis, et j'essayai surtout de me plaisanter sur le réveil positif qu'un déjeuner avait fait faire à mes pensées ; je me disais pour me consoler qu'on ne déjeune pas toujours, et fort rarement de cette primitive manière.

Vers midi je rentrai dans la voiture ; j'essayai de parler de littérature, de spectacle, de mon cher Villers-Hellon, de sa belle forêt. Cette dernière partie de la conversation sembla enfin intéresser M. Lafarge; mais mon ignorance sur le système des coupes, le prix des bois et des charbons, mit bien vite un terme à mon succès; il tira un portefeuille de sa poche, et s'isola dans des comptes qui paraissaient désagréablement le préoccuper.

J'essayai de dormir : le soleil brûlant et les nuages qui s'accumulaient à l'orient, en s'étendant sur nous comme un manteau de plomb, me donnèrent des douleurs de tête qui rendirent le sommeil impossible. Vers cinq heures nous arrivâmes à Orléans; je pouvais à peine me soutenir, et je demandai à me jeter dans un bain pour y chercher un peu de fraîcheur et de repos.

J'étais à peine entrée dans ma baignoire que la porte fut vivement ébranlée.

— Madame est au bain, dit Clémentine.

— Je le sais, ouvrez-moi.

— Mais, monsieur, la baignoire est découverte; madame ne peut vous recevoir.

— Madame est ma femme; que le diable emporte les cérémonies!

— Je vous en prie, ne criez pas si haut; attendez un instant; dans un quart d'heure je serai habillée, lui dis-je avec un peu de dépit.

— C'est précisément parce que vous n'êtes pas habillée que je veux entrer. Me prenez-vous pour un imbécile? Croyez-vous que je me laisse jouer plus longtemps par une bég... de Parisienne?

— J'ai peur, disait tout bas Clémentine. Monsieur, soyez donc galant pour le premier jour! criait-elle tout haut.

— Marie, je t'ordonne d'ouvrir la porte, ou je vais l'enfoncer, entends-tu?

— Vous êtes le maître d'enfoncer la porte, mais je ne l'ouvrirai pas. La force est impuissante sur ma volonté; sachez-le bien aussi, une fois pour toutes.

Après quelques juremens si grossiers qu'ils me firent pâlir et que ma plume ne saurait les répéter, il s'en alla furieux. J'étais atterrée dans mon bain; ma bonne Clémentine, épouvantée, vint faire couler mes larmes en baisant mille fois ma main pour me consoler; puis, quand elle me vit plus calme, elle sortit et fut trouver M. Lafarge. Elle essaya vainement de lui faire comprendre ses torts, et comme elle lui disait que j'étais souffrante et qu'il me tuerait avec des scènes de ce genre : — Soit, dit-il, je me tairai cette fois, mais arrivés au Glandier, je saurai bien la mettre à la raison.

Je revis M. Lafarge sans prononcer une parole. Il me demanda tout d'abord si mes *singeries* étaient finies; puis, voyant ma pâleur, il m'embrassa et redevint bon et empressé; je ne voulus pas aller dîner; je pris une tasse de thé, et je passai une heure sur un balcon, comprenant la profondeur de l'abîme et reculant à la pensée de le sonder froidement.

Le mouvement de la voiture, la beauté du ciel qui resplendissait de toutes ses étoiles, le calme et la chaleur embaumée de la nuit me firent oublier quelque peu l'amertume de mes réflexions. J'attribuai à la passion la violence de M. Lafarge. Cet amour était bien différent de celui que j'avais rêvé; je m'en effrayais, mais j'espérais le dompter par sa violence même, dominer avec le temps une passion que j'avais fait naître, et lorsque je l'entendis ronfler je fus toute rassurée et presque sans rancune.

Nous arrivâmes le matin à Châteauroux, où nous étions attendus par M. Pontier, receveur particulier de La Châtre. C'était un oncle, la première personne que je voyais de ma nouvelle famille. Je voulais lui plaire, être aimable, affectueuse, et je chassai les nuages qui assombrissaient encore mon souvenir par la toute-puissance de la volonté et de la distraction.

M. Pontier était un homme de cinquante ans, qui avait une physionomie franche, ouverte, des paroles chaudes et expansives. Il parut charmé de me voir, fit sur moi mille et mille compliments à son neveu, et m'appela son enfant avec une si bonne grosse voix, que je me sentis toute disposée à l'aimer. Sa femme devait nous accompagner au Glandier. Elle n'était plus jeune, commençait cette époque de la vie où, sans renoncer aux prétentions de la jeunesse, on prend les manies d'un autre âge; avait un esprit caustique, impérieux, méchant, et l'oubliait malheureusement dans ses yeux lors même qu'elle mettait du miel sur ses lèvres. Près d'elle on ne souffrait pas de l'ennui, mais la pensée y vivait aux dépens du cœur, et, après une petite promenade que je fis au bras de M. Pontier, je compris qu'il nous abandonnait sa femme sans trop de regrets.

On nous donna un bon déjeuner; puis il fallut songer au départ. J'eus alors quelques moments de franche gaieté. Étant allée, je ne sais pourquoi, dans la chambre de ma nouvelle tante, je la trouvai lisant le journal, pendant que son mari lui mettait gravement un essaim de blanches papillotes.

— Suivez mon exemple, me dit-elle sérieusement; il n'y a rien de plus commode que de faire de son mari une femme de chambre. M. Pontier coiffe divinement, lace à ravir, et nul ne sait mieux que lui donner de la grâce à un nœud, faire valoir la taille et draper les plis d'un châle.

En cet instant, le mari modèle voulut attacher au cou de sa femme une collerette légèrement chiffonnée. Madame Pontier, remarquant ces faux plis, dit aigrement à M. Pontier que, « depuis le matin, il aurait bien eu le temps de donner un coup de fer à son fichu ; que, du reste, ce n'était pas la première fois qu'elle s'apercevait de son indifférence ; qu'elle était bien malheureuse depuis la mort de son père, car il ne lui restait plus qu'un chien qu'elle pût aimer et qui l'aimât. »

Ce chien favori était une petite levrette, qui fut installée avec nous dans la voiture. Elle me prit traîtreusement en amitié, et comme je comprenais qu'elle était ma cousine dans le cœur de madame Pontier, je me sacrifiai généreusement à la parenté, et je devins le fauteuil de cette sale et remuante petite bête.

Madame Pontier me parla beaucoup de littérature, du mauvais goût de Victor Hugo, qui se permettait de ne pas calquer Racine, de la démence d'Alexandre Dumas, de la sublime grandeur des poëtes de l'Empire, et par-dessus tout de l'immoralité de madame Sand, qui écrivait comme une *cuisinière* et pensait comme une *poissarde*. Ma chère tante m'assura qu'on ne recevait *cette dame* dans aucun salon honnête de La Châtre, que les femmes qui se respectaient ne savaient même pas son nom, et qu'elle venait de se brouiller, je crois, avec un sous-préfet, qui avait voulu perdre M. Pontier en lui prêtant une œuvre infâme qui s'appelait *Lélia !* J'osai lui avouer que j'avais lu *Indiana* et que j'admirais au moins la magie et l'entraînement de cette belle prose, splendide et gracieuse comme un diamant caché dans les feuilles d'une rose. Elle leva les yeux au ciel, et, s'étonnant de tant de perversité dans un âge si tendre, se mit à exercer sa verve et son esprit aux dépens de sa famille qu'elle me fit connaître charitablement, en plaçant auprès de chacun des grands parents un péché mortel, en donnant une auréole de petits péchés véniels aux cousins, neveux, petits cousins, etc., etc.

M. Lafarge étant monté sur le siége, ma tante voulut gagner ma confiance. Après avoir frappé à la porte de ma vanité par mille compliments exagérés, elle me dit qu'il me fallait beau-coup de courage pour quitter Paris, que j'allais bien m'ennuyer, que c'était un meurtre de m'enterrer au Glandier entre un mari brut comme son fer et une belle-mère sans éducation et sans idées. Je fus blessée du rôle de victime qu'elle voulait me faire accepter ; je l'assurai que mes goûts me faisaient aimer la soli-tude, que j'estimais beaucoup mon mari, et que je mettrais mon orgueil à lui être agréable et nécessaire ; je lui dis aussi que j'avais l'espoir et même la certitude de revenir souvent au milieu de mes amis, auxquels je serais rendue tous les ans par la promesse et les affaires de M. Lafarge.

Nous traversions un pays agreste et varié ; j'exprimais à madame Pontier mon admiration pour les beautés de la nature méridionale toute nouvelle pour moi, et je lui parlais avec assez de gaieté des montagnes, des vallées et des ruines sur lesquelles j'allais établir mon empire. Lorsque la nuit ramena M. Lafarge dans la voiture, sa tante lui fit mille plaisanteries sur les no-mades commencements de sa lune de miel. Il voulut y répondre victorieusement ; mais ayant eu la mauvaise pensée de plaider la cause de son amour avec de gros et bruyants baisers, j'eus la peau arrachée par cette prise publique de possession, et je me défen-dis d'abord faiblement, puis avec impatience. Madame Pontier se mit à rire de ma pruderie, si loin des mœurs primitives que j'allais trouver, et me raconta qu'un des usages les plus gais du Limousin était d'envahir, le premier soir des noces, la chambre nuptiale, pour porter aux nouveaux mariés une soupe de vin épicé qu'ils devaient partager au lit. L'esprit des hommes aima-bles de la société se jugeait dans cette circonstance par le plus ou moins de rougeur que leurs plaisanteries apportaient sur le front de la jeune épouse, par le plus ou moins de rires étouffés qu'ils mettaient sur les lèvres des autres femmes, avides de voir profaner la pudique fiancée qu'elles enviaient peut-être le matin.

— Oh ! vous n'y échapperez pas, ma belle nièce, et je me fais e champion de cette joyeuse tradition des temps passés, me dit madame Pontier en finissant.

— Je vous en conjure, madame, n'en faites rien ; je n'aurais pas la force de supporter cette triste plaisanterie, et je ne pardonnerais pas à un mari qui me laisserait souiller par cette humiliante et immorale gaieté.

Je me cachai la figure dans mes mains, et je prétextai le besoin du sommeil pour me livrer à mes tristes impressions. Au récit de si brutales habitudes, je me sentais frémir. La scène d'Orléans se dressait devant mon imagination effrayée ; j'avais plus que de la peur, j'avais du dégoût ; je regardais la voûte des cieux, dont les beaux astres semblaient me protéger, et je comptais les heures qui me séparaient d'une nouvelle nuit, hélas ! pour moi sans étoiles.

XXXIX

Nous fûmes surpris à Masseré par un orage épouvantable. Au tonnerre qui grondait sourdement sur nos têtes succéda une pluie forte et continue ; des nuages gris couraient dans le ciel et semblaient poser jusque sur la terre leurs lourdes vapeurs ; un brouillard épais voilait les champs et les bois. Nous n'apercevions plus, enfermés dans la voiture, que le blanc ruban de la route se déroulant tristement devant nous, les pauvres chevaux haletants, et le postillon enfoncé dans sa limousine, qui pressait d'un cri rauque et sauvage l'attelage fatigué de lutter sans cesse contre ce déchaînement de la tempête.

A huit heures du matin on me montra quelques noires masures qui forment à Uzerche le faubourg Sainte-Eulalie ; puis nous traversâmes une chaussée contre laquelle venaient se briser les vagues de la Vézère, et nous descendîmes dans une auberge de rouliers afin d'éviter la rencontre de toute une partie de la famille avec laquelle je *devais* être brouillée, et qui habitait le seul hôtel passable de la ville.

Madame Pontier me quitta pour faire des visites, et M. Lafarge me prévint que, la voiture étant cassée, il faudrait rester quelques heures. M. Buffière, mon beau-frère, nous attendait ; me donna deux gros baisers de bienvenue : un petit cousin de dix-sept ans vint aussi inscrire sa parenté sur mes deux joues ; ensuite on me laissa seule, chacun étant beaucoup plus pressé d'aller s'émerveiller devant ma voiture que de me faire un gracieux accueil.

J'étais malade, fatiguée ; je voulus me jeter sur un lit ; une exhalaison fétide me chassa de l'alcôve où j'avais été chercher le repos. Je plaçai alors une chaise au milieu de la chambre afin de m'éloigner le plus possible de ce salé entourage de murs, de meubles et de rideaux, et Clémentine alla me commander une tasse de thé. Après une heure d'attente je fus servie ; on n'avait pas de théière ; un vaste pot-à-l'eau, fermé par un couvercle de papier, l'avait ingénieusement remplacée, et quelques feuilles de thé vulnéraire suisse, qui nageaient dans le tiède océan du pot-à-eau-théière, usurpaient le nom et l'emploi de l'herbe odorante de la Chine, inconnue aux Limousins. J'ouvris ma fenêtre ; la pluie avait cessé, mais le brouillard cachait encore la nature et le ciel. Tout à coup les cloches se balancèrent, vives, joyeuses, animées ; chaque maison s'ouvrit pour laisser passer les bonnes âmes, fidèles à leur appel : c'était la fête de la Vierge de Notre-Dame d'août, ma sainte patronne. Je m'enveloppai dans ma mantille et je voulus aller porter ma tristesse aux pieds de son autel.

— Cela ne se peut pas, me dit M. Lafarge, que j'avais fait appeler pour le prévenir de mon projet ; vous seriez le but de tous les regards, de tous les cancans, de toutes les railleries.

— Qu'importe ! Je suis au-dessus de ces mesquines considérations.

— Je vous dis que vous ne pouvez y aller : je ne veux pas que vous soyez aperçue par ma famille. Ils sont jaloux de mon mariage ; il faut que la curiosité les ramène et qu'ils ne vous voient qu'avec toutes vos belles toilettes.

— C'est flatteur pour ma pauvre personne. Soit ! puisque vous le *voulez*, je n'irai pas à la messe.

— Ne boude pas, ma chatte ; c'est parce que je t'aime que je veux que tu les éblouisses par tes bijoux, tes châles, etc. »

Je restai seule; Clémentine vint tristement près de moi, me disant avec une voix émue et en prenant ma main : « Je vous souhaite une bonne fête. » Je ne me trouvai pas assez de force pour répondre à la bonne fille, et, appuyant ma tête sur mes mains, je fondis en larmes. Combien il y avait d'amertume dans les souvenirs si beaux, si joyeux, que cette fête de la Vierge éveillait en moi!

Autrefois j'ouvrais mes yeux sous les baisers et les présents de toute ma famille: j'avais une toilette toute blanche : c'est la livrée de la Vierge; j'y joignais la fleur donnée par mon grand-père, et j'allais à notre petite église, confiante et bienheureuse. Au sortir de la messe, nos bons paysans m'apportaient leurs vœux et leurs fleurs. Toutes les femmes m'embrassaient. J'embrassais tous les petits enfants, puis les hommes allaient continuer leurs souhaits auprès de quelques bouteilles de bon vin, et les jeunes filles, oubliant les travaux de la moisson, couraient sous les grands tilleuls pour danser à ma santé. Le soir réunissait quelques amis. J'étais la reine du jour, les fleurs semblaient fleurir pour moi seule; mon nom, enlacé sur les gâteaux, était répété, joyeux, au salon comme à l'office, et je me couchais fatiguée de danses, de souhaits et de bonheur! Hélas! aujourd'hui la vie s'ouvrait nouvelle, et j'étais seule, isolée, sans prières, sans fleurs, sans amis. « Mon Dieu! m'écriai-je, ayez pitié de moi! »

Il était près de onze heures, quand la voiture fut en état de nous sortir d'Uzerche. J'avais hâte de quitter cette ville et de chasser mes noires pensées à la vue de mon joli petit castel, de trouver enfin une famille qui oubliât d'être envieuse pour se faire bonne et aimante.

Nous nous arrêtâmes une heure à Vigeois, chez un ami de M. Lafarge. J'étais si désireuse d'arriver *chez moi* que je me laissai embrasser, regarder, et que je pris quelques fruits mécaniquement et sans être encore réveillée de mes impressions pénibles. On avait amené des chevaux de selle. J'étais brisée; je voulus finir le voyage en voiture, quoique l'on criât à l'imprudence et qu'il fût déclaré impossible de traverser en poste la sauvage contrée qui nous séparait du Glandier.

Pas un rayon de soleil n'avait souri à travers les nuages depuis l'orage du matin. Les arbres se penchaient encore sous la pluie, et les chemins défoncés qui réduisaient au pas l'allure des chevaux, nous menaçaient aussi de dangers continuels et presque inévitables. Après trois heures de ce pénible trajet nous descendîmes à pic dans un chemin creux. On me montra quelques toits enfumés qui sortaient du brouillard, qu'on me dit appartenir aux bâtiments de la forge, et au bout d'une petite allée de peupliers la voiture s'arrêta.

Je sautai de la voiture dans les bras de deux femmes; je traversai une longue route noire, froide, humide; je montai un petit escalier aux marches de pierres brutes, toutes sales, toutes gluantes sous les gouttes de pluie que laissait échapper un toit délabré. J'entrai enfin dans une grande chambre qui fut appelée le salon de compagnie, et je me laissai tomber sur une chaise, regardant d'un air hébété autour de moi.

Ma belle-mère avait pris une de mes mains et me considérait avec un regard curieux. Madame Buffière, petite femme rose et fraîche, aux mouvements communs et perpétuels, m'accablait de caresses, de questions, et voulait secouer mon amère stupéfaction, qu'elle prenait pour de la timidité. M. Lafarge vint nous retrouver; il essaya de m'asseoir sur ses genoux, et, comme je le repoussais avec un refus positif, il dit tout haut en riant, que je ne savais le *câliner que dans le tête-à-tête.*

—Maman, ajouta-t-il, tu ne saurais croire combien elle m'aime, cette petite *cane!* Allons, ma biche, avoue que tu m'aimes diablement.

En même temps, pour ajouter l'action à la parole, il me serrait la taille, me pinçait le nez et m'embrassait. Mon amour-propre se réveillait à ces mots, à ces gestes, et je me sentais tressaillir d'indignation en écoutant ces petits noms d'amitié qui faisaient si poliment de moi une et plusieurs bêtes. Ne pouvant supporter plus longtemps ce supplice, je prétextai une fatigue excessive, des lettres à écrire, et on me conduisit dans ma chambre, où je m'enfermai avec Clémentine.

Ma chambre, aussi grande que le salon, était entièrement démeublée. Deux lits une table, quatre chaises erraient dans cette solitude. J'avais demandé un encrier; on m'apporta un pot à confitures cassé, dans lequel un morceau de coton nageait dans

une eau grise, une vieille plume et du papier bleu de ciel. Clémentine voulait me déshabiller; il m'eût été impossible de rester
sur mon lit. Je la fis coucher près de moi, car il me semblait
que tout en étant endormie, cette bonne créature serait ma sauvegarde, et j'essayai d'écrire. Je ne pus rassembler une idée.
J'étais sous sur le poids d'une déception terrible. Je reculai à la
pensée de jeter si vite la douleur parmi les miens; ma tendresse
se refusait à leur donner la moitié de mes angoisses; mon orgueil à commencer si vite un rôle de victime... Puis cent lieues
nous séparaient... il faudrait des jours bien longs pour les
amener près de moi... Que deviendrais-je pendant ces longs
jours?... Que faire, mon Dieu, que faire!

La teinte grise du ciel, qui devenait plus sombre aux approa-
ches de la nuit, ajoutait à l'indignation que j'éprouvais en me
sentant trompée, à la peur plus grande et plus intime du tête-à-tête
nocturne, que je craignais tant, que je ne pouvais plus éviter. Je
n'ai jamais connu la rancune; mais, quand on me blesse au
cœur, je suis impuissante à maîtriser mon indignation. En ce
moment je me serais trouvée mal si M. Lafarge m'eût baisé la
main; dans ses bras, je serais morte.

Tout à coup mon parti fut pris : je résolus de partir, d'aller
au bout du monde, surtout de ne point passer la nuit dans ces
sombres murs. Cette ferme résolution me rendit un peu de
calme ; mais il fallait songer au moyen de l'exécuter, et mon
imagination vint à mon aide ; je résolus d'obtenir de M. Lafarge
même un ordre de départ, de blesser son amour-propre, sa jalousie, son honneur; de rendre un rapprochement impossible,
de lui dire que je ne l'aimais pas, que j'en aimais un autre, et
que, trahissant mes nouveaux serments, j'avais vu son rival à
Orléans et à Uzerche, de lui dire enfin que toutes mes pensées
d'épouse avaient été adultères ! Jamais je n'aurais osé dire ce mot
effrayant, jamais je n'aurais eu le courage de faire de vive voix
tous ces humiliants mensonges; mais le papier ne rougit pas, et
je lui confiai avec toute l'amertume de mon cœur le soin de ma
délivrance.

Après avoir écrit plusieurs pages, je voulus relire ma lettre :
je fus effrayée de son énergie, mais je compris que j'étais sauvée.
Après cette lecture, on pouvait me tuer; il était impossible qu'on

voulût me retenir ou me pardonner. On vint m'appeler; je serrai précipitamment ma lettre dans les plis de ma ceinture; je fus calme, parce que ma volonté était ferme et que j'avais l'inébranlable courage du guerrier qui a brûlé ses vaisseaux pour n'espérer que la victoire ou la mort.

Tous les habitants du Glandier étaient réunis dans la salle à manger; le dîner fut long, la soirée plus longue encore; je souffrais en recevant les témoignages affectueux de madame Lafarge, les soins empressés de madame Buffière. J'essayai d'être aimable; je voulais me montrer sensible à leur bonne réception, et, dans ces derniers moments qui nous réunissaient, j'étais honteuse et troublée de leur rendre si vite tout le mal qu'on m'avait fait depuis trois jours. Chaque fois que je me sentais pâlir et faiblir, chaque fois que le tintement monotone d'une horloge me disait que l'heure redoutée approchait, je serrais avec un frison ma lettre contre ma poitrine; j'écoutais ce léger bruit de papier, et il me semblait l'entendre murmurer à mon cœur : « Je veille, ne crains rien. »

Dix heures sonnèrent. M. Lafarge interrompit une conversation d'affaires qui avait occupé toute son attention déjà depuis quelques heures, conversation en patois, adressée plus particulièrement à son beau-frère, mais à laquelle se mêlaient tous les membres de la famille. Je n'essayai pas de comprendre cet idiome étranger; mais je souffrais et je ne pouvais me défendre d'un profond sentiment de tristesse en écoutant cette langue qui n'était pas celle de la patrie.

— Viens, allons nous coucher, ma femme, me dit M. Lafarge en m'entraînant par la taille.

— Je vous en supplie, permettez-moi de rester quelques minutes seule dans ma chambre, répondis-je.

— C'est encore une simagrée, mais enfin je te la passe pour cette dernière fois.

J'entrai dans ma chambre, j'appelai Clémentine, et lui donnant ma lettre, je la priai de la remettre sur-le-champ à M. Lafarge. A son retour je tirai le verrou, et me jetai en sanglotant dans ses bras. Cette bonne fille fut horriblement effrayée, m'adressa mille questions, et je pus à peine lui expliquer mon désespoir, la lettre que j'avais écrite, et ma résolution de partir le soir même.

Clémentine resta atterrée à cette confidence, puis elle me supplia de patienter encore quelques jours, de faire venir ma famille, et de ne pas m'exposer à être tuée par mon mari dans un moment de colère.

On frappa vivement à la porte. Je refusai d'ouvrir. Agenouillée contre mon lit, je pleurais : de plus énergiques instances me rendirent à moi-même; je dis à Clémentine de me laisser seule, d'ouvrir, et je me retirai dans l'embrasure d'une fenêtre qui n'était pas fermée.

M. Lafarge entra dans un état épouvantable; il m'adressa les reproches les plus outrageants, me dit que je ne partirais pas, qu'il avait besoin d'une femme, qu'il n'était pas assez riche pour acheter une maîtresse; que, lui appartenant devant la loi, je serais à lui. Il voulut s'approcher, me saisir; je lui déclarai froidement que s'il me touchait je sauterais par la fenêtre; que je lui reconnaissais bien le pouvoir de me tuer, mais non celui de me souiller! En me voyant si pâle, si énergiquement désespérée, il recula et appela sa mère et sa sœur qui étaient dans la chambre voisine. Elles m'entourèrent en pleurant, me demandèrent grâce pour leur pauvre Charles, pour leur honneur, pour leurs existences que j'allais briser; M. Lafarge vint aussi se jeter à mes genoux, et mon courage si ferme pour braver des injures se fondit en larmes à ces accents de douleurs et de prières. Je répondis que je pouvais facilement pardonner, oublier l'odieux mensonge dont j'étais la victime; que j'abandonnais sans regret toute ma fortune; que je saurais garder pur et honorable le nom que j'avais accepté, mais que jamais je ne trouverais le courage de rester parmi eux; que je voulais fuir, et que, si l'on me retenait, je saurais mourir.

Ma belle-sœur me prit dans ses bras et m'accabla de caresses et de questions; je lui dis quelques mots de la scène d'Orléans, de tout ce qui m'avait froissé; je lui laissai deviner combien je redoutais le premier soir de l'arrivée, combien aussi j'avais peur! Elle entraîna son frère dans un coin de la chambre et lui parla vivement. Madame Lafarge vint à son tour essayer de me calmer; elle me promettait de m'aimer, m'assurait qu'elle était fière de moi, qu'elle aurait pour sa fille Marie les soins les plus affectueux et les plus maternels, elle me suppliait d'absoudre son

fils, qui, éperdument amoureux, m'avait trompée pour ne pas
avoir le désespoir de me perdre ; ensuite, pour me consoler, elle
essaya d'autres moyens : me dit que le pays, qui m'avait paru
si tristement épouvantable sous les torrents pluvieux de l'orage,
était riche, animé dans un beau jour. Elle me dit que je serais
la maîtresse absolue, et que je pourrais changer en despote, selon mes goûts et mes habitudes, ma nouvelle demeure...

M. Lafarge revint près de nous avec sa sœur ; il était aussi
plus calme. Il prit ma main, la baisa en pleurant ; je la lui abandonnai, et, après quelques minutes de silence, je lui demandai
en grâce d'oublier le mal que je lui avais fait, d'accepter ma fortune, mais, par-dessus tout, de me laisser partir. Il m'expliqua
que je ne pouvais disposer de ma dot sans la participation de ma
famille ; me supplia d'attendre deux ou trois jours, et promit de
ne plus essayer de me retenir, s'il ne parvenait pas à obtenir
son pardon, à me prouver son amour et à me rendre heureuse.
Je ne pus résister à tant de prières et de larmes, et je consentis
à rester quelques jours avec un rôle de *sœur*. M. Lafarge m'assura que mes volontés seraient des ordres pour lui, qu'il était
trop heureux de me voir si bonne ; et madame Buffière me dit en
riant :

— Tranquillisez-vous, ma petite sœur : s'il n'est pas sage, nous
vous garderons. Voulez-vous que je couche dans votre chambre ?

Je remerciai madame Buffière, et je fis mettre le lit de Clémentine dans ma chambre. Cette scène violente et pénible m'a-
vait si violemment ébranlée que je me trouvai mal. Je restai
près d'une heure sans connaissance, et, jusqu'au matin, je souffris les douloureuses contractions d'une attaque de nerfs. On ne
voulut pas me quitter, on craignait que je n'eusse pris du poison.
Enfin, avec le jour, voyant que j'étais seulement brisée de fatigue, on me laissa seule et je m'endormis d'un sommeil de plomb,
jusqu'à ce que les rayons éclatants d'un soleil d'août vinssent ouvrir mes yeux assez tard dans la matinée.

On me dit à mon réveil que M. Lafarge était assez souffrant
pour ne pas quitter sa chambre ; j'envoyai Clémentine savoir de
ses nouvelles, puis je m'habillai et on vint me chercher pour
déjeuner ; je trouvai les personnes qui m'avaient reçue la veille

augmentées d'un ami de la famille, vieil avocat aux cheveux
blancs, dont les manières étaient galantes, empressées, les paroles lentes, épurées et sonores. Triste et préoccupée, je répondis
assez mal à ses avances; puis, après une petite promenade pendant laquelle sa conversation fut aimable, variée, désireuse de
me plaire, je m'oubliai un peu et je m'animai pour lui répondre.

Je trouvai en M. de Chauveron de l'esprit et beaucoup de bon
sens un peu voilé sous des formes assez majestueusement avo-
cates pour être jugées ridicules. Parlait-il musique, c'était avec
une solennité imposante ; faisait-il un compliment, c'était avec la
gravité austère à l'usage des oraisons funèbres ; enfin il disait bonjour avec éloquence, et demandait un verre d'eau avec une entraînante persuasion.

Après son départ, je fus présentée à M. Pontier, médecin à
Uzerche et oncle de M. Lafarge. C'était un homme de quarante
ans, au front noble, intelligent, et dont le regard ardent et passionné semblait exilé et mal à l'aise sous le rideau de cheveux
blancs qui l'encadrait. Dès qu'il m'eut serré la main, avant que
nos paroles se fussent échangées, j'avais compris qu'il était un
ami, et mon cœur l'avait adopté. Il me fit visiter les ruines, me
raconta poétiquement leur origine, leur histoire, leurs légendes,
me fit un touchant tableau de l'amour qui m'attendait dans ma
nouvelle famille, et me parla beaucoup du bonheur que je ne
trouverais pas peut-être, mais que j'étais destinée à répandre radieux autour de moi.

J'interrogeai naïvement M. Pontier sur le cœur et le caractère
de son neveu; il me répondit avec une entière franchise que
M. Lafarge était inculte, sauvage, rude comme ses montagnes;
que toutes ses études avaient été dirigées dans un but d'utilité et
de travail ; qu'il n'avait pas d'esprit, mais beaucoup de bon sens,
et qu'il serait très-facile de dompter par le cœur ses habitudes
positives et matérielles. M. Pontier m'assura aussi que M. Lafarge m'aimait déjà par-dessus tout, et que rien ne lui serait
impossible pour gagner mon affection. Quelques-unes des tristesses de mon âme étant venues involontairement sur mes lèvres,
M. Pontier sut les résigner. Il me montra ma vie à venir, entourée de ses devoirs, avec son activité, sa poésie assez triste, mais
assez douce enfin en revenant à la maison, je lui avais promis

mon amitié, et je me sentais plus forte en m'appuyant sur la protection et la tendresse qu'il m'avait jurée et que j'avais acceptée.

Après avoir tâté le pouls de son malade, M. Pontier lui ordonna ma présence pour potion calmante, et me conduisit près de lui. M. Lafarge se montra si reconnaissant de ma visite, que je fus récompensée de la lui avoir faite; il me demanda si j'avais éloigné mes pas de la maison, si j'avais été jusqu'à la forge; je lui dis que j'avais admiré les ruines, quelques beaux sites, mais que j'avais attendu, pour aller à l'usine, qu'il fût guéri, afin qu'il pût me donner les mille explications indispensables à mon ignorance.

Pendant le reste du jour, je fus calme, presque oublieuse de mon affreux désespoir de la veille; chacun autour de moi semblait aussi sous le charme de l'oubli : un sourire sur mes lèvres apportait la joie dans tous les yeux, et, sans me rendre compte, je me sentais heureuse d'être le centre où se puisaient ces diverses expressions d'espérance et d'affection.

En me déshabillant, Clémentine m'apprit que M. Lafarge l'avait appelée dans sa chambre pour lui dire qu'il ne pourrait plus vivre sans moi, qu'il voulait me garder en m'entourant de soins et d'égards, et qu'il s'adressait à elle pour connaître mes goûts et mes habitudes. Après une longue conversation, il l'avait chargée de me dire que j'étais la maîtresse de bouleverser toute la maison à ma guise, que je pourrais même en faire bâtir une autre, si celle-là me semblait trop laide, et que les ouvriers nécessaires n'attendaient que mes ordres pour y obéir exclusivement.

M. Lafarge avait su par elle que je manquais dans mon appartement des objets de toilette de première nécessité; il envoya un exprès à Uzerche pour me les rapporter, et il m'annonça aussi qu'il allait demander un domestique de Paris à ma tante Garat, afin que je n'eusse pas à souffrir du langage et de la maladresse de ceux du pays.

XL

Le lendemain, au réveil, le ciel était si bleu et la brise d'août
si tièdement parfumée, que je me sentis moins tristement préoccupée et qu'il me vint le désir de mettre la voûte azurée sur ma
tête pour faire connaissance avec l'agreste nature qui m'entourait. M. Lafarge était complétement guéri; il fit démarrer un
petit bateau, et, après mille détours au milieu de belles prairies,
la petite rivière nous déposa aux pieds de la forge.

Les fondeurs, prévenus de notre visite, nous reçurent avec
un immense bouquet de fleurs sauvages, et une bienvenue, cordiale, expressive comme leur idiome patois; ils parurent très-
satisfaits de leur nouvelle maîtresse, et répétèrent avec maintes
félicitations qu'ils me trouvaient bien *fière* et bien *plaisante*, ce
qui veut dire aimable et jolie.

Je voulus tout voir, tout comprendre; M. Lafarge, enchanté,
me donnait des détails intéressants sur les machines, la coulée,
la fonte et la fabrication du fer. Son langage, embarrassé et peu
correct dans un salon, devenait vif, animé, attachant dans son
petit royaume ténébreux; il me parut très-instruit, très-passionné
pour son industrie, ne connaissant pas les bornes étroites de la
routine, et comprenant les nécessités et les joies de l'amélioration
et du progrès.

C'était à la forge l'heure du dîner; une immense chaudière
qui bouillonnait sur des scories enflammées fut apportée au milieu de la salle, et un des plus jeunes ouvriers, qui brandissait
lestement sur sa tête une cuiller-monstre, attribut de ses fonctions, versa un composé écumant de lard et de légumes dans
des soupières remplies de tranches de pain noir

Je priai M. Lafarge d'ajouter quelques bouteilles de vin et
des fruits à ce lourd et frugal repas, et je voulus goûter une
cuillerée de cette espèce de brouet spartiate, que je trouvai excellent, à la grande joie de tous ces braves gens, qui riaient aux
éclats en écoutant les compliments que j'adressais à leur cuisi-

nier. Je fis ensuite remplir mon verre à la source qui murmurait non loin de nous; et, buvant à leur santé comme ils buvaient à la mienne, je leur promis, si j'étais destinée à rester dans leurs montagnes, de bien les soigner et de bien les aimer. L'enthousiasme de ces bons fondeurs ne connut plus de bornes; ils vidèrent leurs bouteilles avec des hourras, mirent une couronne de feuillage sur mon chapeau et m'escortèrent en triomphe jusqu'à la maison.

Je trouvai dans la cour des paysans qui plantaient un mai recouvert de guirlandes de fleurs et de banderoles aux couleurs nationales; ils se joignirent aux ouvriers pour me féliciter, firent une décharge de coups de fusil qui ébranla tous les échos de la ruine, et se mirent à danser une bourrée autour de leur arbre. Je m'amusais beaucoup du pittoresque des mouvements grossiers et saccadés de cette danse limousine, de la figure naïve du musicien appuyé contre un arbre pour souffler de toutes ses forces dans une primitive musette, et j'oubliai un peu ce que j'avais souffert, au contact de cette gaieté expressive et dansante qui m'entourait.

Je rentrai au salon avec la nuit; je jetai mes regards autour de moi, et la vue de cet appartement si vaste et si triste; qui aurait glacé la femme la moins impressionnable, me rendit mon effroi; c'était une vulgarité vivante qui menaçait de s'imprégner sur toute votre personne, sur toutes vos pensées. Les murs étaient couverts d'un papier dont les couleurs jaunes n'étaient pas destinés à réjouir l'œil, mais à dissimuler plus facilement les taches et les ravages qui devaient arriver à la suite du temps; une alcôve ornée de draperies de percale rouge, accidentée de franges de coton jaune, faisait face à deux fenêtres également drapées, et à une commode de noyer, sur laquelle était un tapis de pied, très-orgueilleux de la nouvelle dignité qui lui avait fait quitter le sol, et qui représentait la touchante histoire de deux colombes pâmées d'aise en se sentant étrangler sous les nœuds d'un beau lac d'amour bleu de ciel. La cheminée était décorée avec cinq oranges monstres, deux belles chandelles dont la mèche cotonneuse et blanche attestait la luxueuse virginité, et une lampe de nuit où Adam et Ève s'entrelaçaient fraternellement, sans péché, mais aussi sans feuilles! Il faut ajouter à cela les amours d'une

belle Grecque et d'un farouche Albanais, beaux-arts de papier
peint très-admirés par les artistes du voisinage ; deux fauteuils
en velours d'Utrecht rouge et quelques chaises en paille qui couraient autour des murs ; il y avait aussi deux portes en bois gris
et deux portes vitrées.

M. Lafarge lut ce que j'éprouvais sur ma physionomie ; il me
parla bien vite d'améliorations, de plans, de projets. Je restai
d'abord inattentive et silencieuse ; puis, songeant que je ne m'en-
gageais à rien en l'écoutant, voulant essayer d'être aimable pour
payer la bonne journée que l'on m'avait donnée, je me laissai
aller à créer autour de moi. Je conseillai de transformer le salon
actuel en chambre à coucher avec des cabinets de bain, de toilette
et de décharge ; de faire du corridor d'entrée, si horriblement
sinistre, une galerie voûtée, éclairée par de gracieuses et sveltes
fenêtres en ogive et pavée par de blanches dalles. Le désert sans
portes et fenêtres, qui s'appelait la cuisine, avait d'assez belles
proportions pour se métamorphoser admirablement en un de ces
salons gothiques, aux bahuts sculptés, aux portières massives,
aux tentures sévères. A droite, plusieurs petites pièces se réu-
niraient facilement en une belle salle à manger ; à gauche, on
pourrait avoir un cabinet de travail, dans lequel on trouverait,
pour faire oublier les heures solitaires, des livres, des plumes,
un piano.

Ma belle-mère écoutait avec stupéfaction ces plans de bouleversement, et semblait craindre que je ne fusse un peu folle ;
madame Buffière, qui voulait les approuver, me demandait « si
les jeunes demoiselles de Paris apprenaient aussi à faire des maisons. » Pour madame Pontier, elle caressait son chien avec un
sourire frondeur, et me devenait chaque jour un peu plus
odieuse.

Les courses de Pompadour avaient lieu le lendemain ; on me
proposa d'y aller, mais j'étais très-fatiguée ; je ne voulais point
paraître dans le monde appuyée sur un bras que je n'avais
point encore accepté pour mon protecteur, et je témoignai la
volonté de rester au Glandier. On parut approuver ma décision :
ma belle-sœur se rendait à Pompadour avec une de ses cousines ;
j'exigeai que M. Lafarge les y accompagnât, et je demeurai seule
livrée à moi-même, du moins en apparence.

Mon piano arriva d'Uzerche pendant ces heures de liberté. Je le fis déballer, remonter, placer dans le salon, et j'eus un mouvement de très-vive satisfaction en faisant résonner ses notes brillantes et sonores, tout aussi harmonieuses après les cahots d'un voyage de cent lieues qu'elles l'étaient au moment du départ. Mes caisses étaient aussi arrivées, et mesdames Lafarge et Pontier, qui me gardaient à vue, furent émerveillées de tout ce qu'elles renfermaient.

Plusieurs personnes devaient venir nous demander l'hospitalité au retour des courses; Clémentine, très-jalouse de me voir élégante et surtout admirée, me fit mettre une robe de mousseline blanche, attacha mes cheveux avec de longues épingles d'or, et voulut y mêler une délicieuse branche de digitale pourprée. Lorsque M. Lafarge me vit ainsi, il fut enchanté de ma toilette, tout fier de me présenter à ses amis, très-heureux de voir dans mes cheveux son bouquet du matin; et moi, touchée de sa joie et de sa reconnaissance, je lui permis de baiser le front qu'il avait orné. Depuis lors, chaque jour je recevais les fleurs de la montagne, et chaque soir, pour dîner, j'en faisais ma parure.

Cette première soirée fut assez animée; j'essayai d'être aimable, attentive envers *ses* hôtes; je fis de la musique, je jouai des contredanses, je jouai même les bourrées que j'avais entendues la veille; on voulut les danser, et elles me semblèrent bien moins jolies, exécutées avec des bras arrondis par la prétention et des gestes inanimés par les convenances. On proposa pour le lendemain un déjeuner champêtre, et madame Buffière se chargea de l'organiser sur le bord de la rivière, assez loin du Glandier.

Le temps était beau, quoique un peu orageux, et les convives très-gais, de cette gaieté bruyante qui fait de l'esprit à force de bêtises, qui étourdit et qui attriste péniblement les personnes qui sont inhabiles à la partager. Il n'y avait pas d'assiettes, il fallut s'en passer et se servir adroitement de ses mains; il y avait très-peu de verres, mais c'était une jouissance discrètement ménagée; on faisait de si jolis commentaires sur les pensées découvertes au bord du cristal indiscret qui avait reçu avant les vôtres les lèvres d'un voisin!

Un aimable plaisant cacha un limaçon dans le beignet de sa belle; grands cris et applaudissements; un autre, par *distrac-*

tion, avala toute la provision de vins étrangers : la plaisanterie fut trouvée de mauvais goût et allongea quelques figures, même féminines; un troisième mit une tarte sur sa tête; enfin un quatrième entonna une chanson grivoise. Le refrain avait pour accompagnement indispensable le choc des verres et le choc de baisers, ce qui eut un grand succès auprès de quelques cousines, qui riaient sous leur crêpe et rougissaient ostensiblement de l'obligation d'embrasser un tout petit cousin de leur âge.

Ma morose figure glaça la gaieté de M. Lafarge. Il me proposa d'aller seule avec lui visiter un de ses domaines, dont les toits fumaient non loin à travers une châtaigneraie, et, sous le prétexte d'aller à la découverte d'une source plus fraîche que celle qui nous donnait son eau, nous nous éloignâmes. Je franchis en courant les rochers et les broussailles, pour être plus vite loin de tous les yeux, plus vite à l'abri de tous les rires, et, lorsque je m'arrêtai avec la certitude de leur échapper, je m'amusai avec M. Lafarge de notre fuite désespérée.

Huit jours se passèrent ainsi. Le matin je recevais quelques visites; nous faisions de longues courses à pied ou de petites promenades en bateau. Le soir je me mettais à mon piano, et j'avais de longues, sérieuses et intimes conversations avec M. Lafarge : j'essayais de lui faire partager quelques-unes des idées anti-limousines que je croyais indispensables pour la vie de chaque jour, et surtout quelques-uns des sentiments plus indispensables encore dans cet échange d'estime et d'affection qui doit exister dans le mariage.

Peu de temps après mon arrivée, j'avais entendu M. Buffière se vanter d'avoir trompé deux pauvres marchands de fer, en livrant à l'un de la marchandise mauvaise, et en cachant à l'autre, qui s'en rapportait à lui, le véritable cours des fers.

Je fus si étonnée et si froissée de cette orgueilleuse mauvaise foi, qui osait se faire une vertu d'une bassesse, que j'en parlai à M. Pontier, lui disant qu'il me serait impossible de rester spectatrice muette de semblables hauts faits, surtout de faire les honneurs de ma table à de pauvres commettants dont les dépouilles viendraient ensuite m'enrichir; il m'approuva, blâma ce qui m'avait paru blâmable, et en parla à son neveu. M. Lafarge m'assura qu'il n'approuvait pas son beau-frère, que ces habitudes de

12.

mauvaise foi étaient un peu la cause de leur séparation commer-
ciale; il me promit de n'avoir qu'un prix pour tous et d'être d'une
scrupuleuse véracité sur la qualité de ses fers.

M. Pontier, qui était son *confident*, avait de son côté fait comprendre à M. Lafarge que la chambre d'une femme devait être
un sanctuaire où elle était reine et toute-puissante : il lui disait
que l'amour ne pouvait exister sans des voiles mystérieux et pu-
diques; qu'une grande délicatesse de paroles, de pensées, d'actions, gagnerait seule ma confiance, mon estime, peut-être mon
affection. Clémentine s'était chargée de réformer la toilette et
la mise de M. Lafarge; connaissant tous mes goûts, peut-être
toutes mes manies, elle lui disait les couleurs que je préférais,
lui faisait mettre la cravate qui devait me plaire, prohiber tel
gilet aux couleurs tranchantes, qui m'aurait semblé de mauvais
goût. M. Lafarge faisait, d'après ces conseils, sa barbe tous les
jours, soignait ses cheveux, sa chaussure, mettait de gros gants
pour aller à la forge, et éloignait de ma vie intérieure deux grandes calamités insupportables, les pantoufles traînantes et les ongles
en grand deuil, qui sont, je crois, des préservatifs contre l'amour.

Pour moi, afin d'être agréable M. Lafarge, j'essayai de me faire
aimer par tous ceux qu'il aimait. Je pris en affection et je voulus
civiliser la fille de sa sœur, belle et sauvage enfant de cinq ans,
qui était sa filleule; enfin je m'emparai d'un gros Manuel des
maîtres de forges, et, me livrant à l'étude des minéraux, des
divers systèmes de fontes, de coulées, etc., je fus bientôt assez
savante pour causer avec un maître de forges sans l'arrêter aux
termes techniques, et pour parler moi-même avec une orgueilleuse assurance de gueuses, de poupées, de loupes et de ren-
gends, etc.

Cependant je n'avais pas encore écrit à ma famille : je ne
voulais pas la faire souffrir de mes premières impressions. Je
n'osais lui dire des projets qui, n'étant plus dans ma pensée des
résolutions inébranlables, s'envolaient sur les ailes de mon imagination avec un beau jour, un beau site, une touchante parole
d'amour ou d'affection! J'attendais... Habituée depuis mon enfance à replier au fond de mon âme toutes mes tristesses, je n'ai
jamais connu le besoin égoïste de les faire partager, l'humilité
de chercher une consolation dans la pitié d'un ami.

Je sais oublier mes douleurs pour soulever les croix qui pèsent sur *ceux de mon cœur ;* mais c'est dans la solitude et l'isolement que je trouve la force de porter ma propre croix jusqu'au Calvaire ! ..

XLI

Un soir, ayant été assister à la coulée de la fonte, je me sentais un peu fatiguée ; M. Lafarge me proposa de rentrer en bateau. Il était assez tard... la terre silencieuse laissait souffler
une brise légère qui frissonnait dans les grands arbres et, balançant mollement les fleurs endormies, empruntait à ces belles
filles de la lumière leurs délicieux parfums. Parfois une cigale
étourdie chantait une petite chanson grivoise qui allait éveiller
toute une république d'austères fourmis. Une grenouille, peut-
être incomprise, laissait tomber un soupir coassant ; puis, tout
à coup, une note aiguë, vibrante, interrompait soupirs et chansons, et le rossignol ordonnait le silence pour donner une séré-
nade à la plus jeune des roses, sa maîtresse adorée... Dans le
ciel, toutes les étoiles brillaient, et la lune, en mirant dans les
eaux sa pâle et divine image, souriait à sa beauté.
. M. Lafarge ramait quelques coups faibles et éloignés... Il
m'entourait d'un de ses bras, car je m'étais penchée sur le bord
de la barque, abandonnant une de mes mains à la vague qui la
franchissait et regardant couler la petite rivière qui n'avait pas
une ride et bien des murmures mystérieux..
Un beau nénuphar flottait devant nous ; je fis un mouvement
brusque pour le saisir, et M. Lafarge jeta un cri d'effroi.
— Ah ! lui dis-je en riant, je suis sûre que vous êtes encore
poursuivi par vos idées de suicide ? Rassurez-vous, la raison
est revenue, et mon imagination, parfois un peu folle, n'est jamais souveraine, *femme et despote,* que pendant quelques minutes.
— Vous ne nous quitterez donc plus ?
— Mais... cela dépend de vous.

— Vous savez, Marie, que tout mon désir est de vous obéir et de vous plaire.

— Eh bien, promettez-moi de me laisser *beaucoup* votre sœur et très-peu votre femme. Vous vous taisez?... Allons, acceptez ma charte, vous verrez que je suis une fort aimable sœur.

— Mais, quelquefois... ne pourrais-je pas vous aimer aussi un peu comme ma femme?

— Nous verrons!... les grands jours, quand vous aurez été bien, bien aimable, et puis quand vous m'aurez donné un grand courage... car, je vous l'avoue, j'ai peur, mais une peur affreuse!

— J'accepte tout ce que vous voulez, petite originale. Je vous aime comme un fou; m'aimez-vous un peu?

— Pas encore; mais je sens que cela viendra, avec l'aide de la grâce de Dieu et *surtout de la vôtre*. Tenez, pour commencer, je vous permets de m'embrasser trois fois; ce seront les trois signatures obligées, je crois, pour rendre un contrat très-valable.

Les trois fois se seraient peut-être multipliées à l'infini; heureusement, j'avais pour me défendre mon beau nénuphar, qui recélait toute une artillerie de grandes gouttes d'eau; et puis nous étions dans le port : il fallut débarquer.

Le lendemain de ce jour, dans lequel j'avais accepté mes nouveaux devoirs, je parcourus avec un œil plus indulgent tout mon pauvre château-ruine. Je fis mille plans, mille projets de bien-être et d'embellissements; puis j'écrivis à tous ceux que j'aimais, particulièrement à ma tante Garat, à laquelle je demandais des choses de première nécessité : un domestique, des bougies, des lampes, et d'autres petits moyens de nationaliser la propreté dans mon royaume. Je n'eus pas la moindre explication avec les personnes qui m'entouraient; seulement je compris que ma belle-mère avait été instruite par son fils de notre conversation, lorsqu'elle vint m'apporter, avec un air digne et dolent, les clefs du ministère de l'intérieur, « qu'elle avait, me dit-elle, gouverné quarante ans avec ordre, économie et prudence. »

Je ne voulais pas prendre les rênes du gouvernement, le trouvant dans des mains bien plus habiles que les miennes; M. Lafarge l'exigea, et j'obtins seulement qu'il serait fait un second trousseau de clefs, afin que ma belle-mère pût avoir tout ce qui lui serait utile ou agréable sans s'adresser à moi ou à mes domestiques. A partir de ce moment, j'ordonnai à mes pensées de ne pas s'arrêter sur le passé, mais de vivre exclusivement sur le domaine des améliorations à venir, et je secouai bien loin de moi la faiblesse et l'ennui. Parfois mon cœur se serrait encore sous une douleur vague, indéfinie ; parfois je pleurais sans sujet des larmes dont l'amertume brûlait mes joues ; mais cette douleur, ces larmes me rendaient honteuse, et je les cachais soigneusement, en me rappelant que je *devais,* que je *voulais* être heureuse.

Durant le jour j'étais occupée, active, assez souvent gaie. J'avais la ferme volonté d'être aimable et de répandre le bonheur autour de moi ; mais quand venait la nuit, je reprenais involontairement une tristesse et une frayeur invincibles, je devenais un peu plus que maussade, et je faisais de la musique jusqu'à trois ou quatre heures du matin.

Vraiment, je suis tentée d'appeler bravoures insensées ce que le monde appelle faiblesses, et j'éprouve tout autant d'étonnement que de honte en songeant au courage audacieux qui fait les Marion Delorme et les Manon Lescaut.

Nous avions à faire des visites de noces, nous étions invités à un petit bal ; il fut décidé que nous irions passer huit jours à Uzerche.

Pendant les quelques heures de repos que je pris à mon passage à Vigeois, on me présenta un de nos voisins, le comte de Tourdonnet. C'était un homme aimable, d'un caractère et d'un esprit chevaleresques, un ancien officier de marine, devenu par ses blanches opinions un très-paisible châtelain. Sa conversation me plut et je fus heureuse de le savoir marié à une jeune et jolie femme qui pourrait me devenir une douce distraction pour ma solitude, et une amie pour ma pensée.

Je fus reçue à Uzerche par un oncle de M. Lafarge, le capitaine Matere, ancien soldat, bon et loyal, qui m'accueillit avec un affectueux empressement. Je ne lui trouvai que deux défauts... une femme froide, passée, *déteinte* comme un de ces vieux pastels de nos grand'mères, qui pincent la bouche pour grimacer un éternel sourire à leurs descendants, et une fille laborieusement occupée à parer une très-vaniteuse figure, qui était assez laide pour être bonne; et malheureusement pas assez bonne pour être laide !

Parmi les autres membres de sa famille avec lesquels je fis connaissance, je remarquai M. Brügère, qu'on m'avait ordonné de craindre et de détester, et dont l'esprit méchant m'amusait un peu sans m'effrayer beaucoup; mademoiselle Emma Pontier, jeune fille au cœur noble, aimante et douce créature, vivant isolée par ses goûts et ses pensées au milieu de sa famille, qui avait besoin d'une amie, et qui eut le malheur de m'aimer en comprenant toute la sympathie qui m'attirait vers elle.

Le lendemain de mon arrivée je fis trente visites en un jour, c'est-à-dire que je me promenai de porte en porte pour satisfaire une avide curiosité et donner une pâture nouvelle aux cancans médisants et calomnieux de la petite cité d'Uzerche. Je fus stupéfaite de tout ce qu'il me fallut voir et entendre; les maîtresses de maison nous recevaient dans leurs cuisines avec des cheveux en désordre, des bonnets tout couverts de rubans et fleurs, avec des robes semées de taches, des collerettes chiffonnées, des bas bleus, des pantoufles usées et un luxe incroyable de mains sales. Dans ces visites on entrait, on saluait, on s'asseyait, et la conversation commençait. Il était parlé d'abord du regret que j'avais dû éprouver en quittant Paris, de *la laideur du pays*, de *l'ennui qui m'attendait dans un endroit isolé comme le Glandier;* ensuite on félicitait M. Lafarge sur ma *dot*, on m'interrogeait sur mes superbes parures, sur mon *forte-piano*, sur ma *servante*, qui paraissait bien élégante, et à laquelle je devais donner au moins *quatre-vingt-dix francs* par an; enfin suivaient toutes les médisantes et indiscrètes nécessités d'une causerie corrézienne. L'étonnement me rendit stupide durant les cinq premières visites, l'ennui me rendit un peu plus stupide encore pendant les dernières. J'étais d'abord involontairement occupée à trouver une petite place propre sur laquelle pût se poser mon regard, et après une recherche toujours vaine, je le reportais vers les papillotes de mon hôtesse, sur lesquelles je me mettais à faire une lecture plus ou moins récréative; selon l'âge et la classe des marmots qu'elle envoyait à l'école.

Pour me distraire de ces lourdes corvées, M. Pontier me proposa une petite excursion à la Grenerie, terre appartenant à

M. Deplaces, riche maître de forges. Je trouvai un beau château au milieu de forêts admirables. Je fus accueillie avec bonté par madame Deplaces, qui joignait à la dignité d'une femme âgée une bienveillance indulgente et cordiale, et par sa belle-fille, spirituelle, gracieuse, embellie par deux charmants enfants. Ce retour dans le monde civilisé m'avait fait du bien; mais, au retour, il faisait un temps épouvantable; la pluie, chassée par l'ouragan, dans la capote du briska, ruisselait sur nos visages et sur nos vêtements... En arrivant à Uzerche nous étions horriblement mouillés.

Comme il y avait un dîner de famille, il fallut faire bonne contenance; cependant, vers dix heures, j'étais si souffrante que je demandai la permission de me retirer. Madame Pontier me suivit, me trouva de la fièvre, me fit avaler beaucoup de tisane, me prescrivit un profond repos, et, pour le rendre plus complet, installa Clémentine garde-malade, en interdisant l'entrée de la chambre à son neveu.

Je dormais depuis une heure, accablée de fatigue et de fièvre, lorsque j'entendis frapper violemment à ma porte. Je demandai, avec l'impatience d'une pauvre malade réveillée en sursaut, ce que l'on me voulait.

— Ouvrez! cria M. Lafarge.

— Madame Pontier ne vous a-t-elle pas dit que, m'ayant trouvée souffrante, elle avait fait coucher Clémentine dans ma chambre?

— Renvoyez-la, je veux entrer!

— Mon ami, cela ne se peut, je vous en prie, laissez-moi dormir; remettons à demain une plus ample explication.

Un jurement assez supportable me répondit, et croyant en être quitte pour cette terminaison un peu hasardée, je m'enfonçai dans les profondeurs de mon oreiller.

— Madame, me dit près quelque temps ma femme de chambre, j'entends un singulier bruit dans la serrure; si c'étaient des voleurs!...

— Ce n'est rien!... que vous êtes peureuse!

Cependant le bruit continuait, et reconnaissant là une aimable plaisanterie de mon mari, je ne fis pas un mouvement; le verrou était solide, et j'espérais qu'après quelques minutes il s'ennuierait de son métier de serrurier.

— Ouvrez, ou j'enfonce la porte! me cria-t-il bientôt avec un redoublement de colère.

— Mais cela ne se peut; je vous demande en grâce de me laisser reposer!...

— Ouvrez, ou je brise tout!

— Brisez la porte, mais vous savez que contre moi la force échoue.

— Je suis le maître et je veux entrer : ce n'est pas vous que je demande, c'est ma chambre; rendez-la moi, et allez au diable si cela vous arrange! »

Un coup de pied terrible, suivi de la plus grossière interpellation, me fit frissonner; puis, forte de toute mon indignation, je sautai hors de mon lit, j'ouvris la porte, et, croisant les bras sur la poitrine, je restai devant lui dans une muette colère. M. Lafarge, les yeux hagards, la figure blême et contractée, voulut me ramener violemment auprès de lui, en m'adressant d'odieuses épithètes; mais, épuisé par sa colère, il fut obligé de se jeter sur un lit, et je pus me retirer dans l'antichambre, brisée de honte, de désespoir, cachant ma tête dans mes deux mains pour étouffer mes sanglots, tandis que ma bonne Clémentine couvrait de ses larmes et de ses baisers mes pauvres pieds nus et glacés qu'elle voulait en vain réchauffer.

Depuis quelques minutes nous étions dans ce cabinet; tout à coup des plaintes, des gémissements, des cris d'angoisse se firent entendre dans la pièce voisine; très-effrayées, nous voulûmes ouvrir la porte de l'antichambre où nous nous étions réfugiées, pour chercher des secours; cette porte était fermée à clef; et lorsque j'envoyai Clémentine auprès de M. Lafarge, qui continuait à se plaindre, elle le trouva dans un état affreux, incapable de parler, se tordant sur son lit.

— Appelez du secours, madame, me cria-t-elle aussitôt; mais, par grâce, n'entrez pas, il vous ferait mourir de peur!

Je secouai la porte de toute la force de mes bras, je les meurtrissais sans parvenir à l'ébranler, et, désespérée, à moitié folle, j'ouvris la fenêtre, j'y attachai un drap et je voulus sauter dans la cour... En ce moment madame Matere entendit du bruit, se mit à la fenêtre en demandant ce qu'il y avait, et je lui criai : « que son neveu était horriblement malade, que la porte se trouvait fermée, qu'il fallait qu'on vînt l'enfoncer sans perdre une minute. »

En moins d'un instant toute la maison fut sur pied, on fut chercher un serrurier. M. Pontier et la famille purent enfin se précipiter dans la chambre. Mes tantes, effrayées de mon air égaré, m'entraînèrent chez elles pour essayer de calmer mon désespoir, et bientôt M. Pontier vint me rassurer et me dire que son neveu n'avait qu'une violente attaque de nerfs, qu'il l'attribuait au refroidissement de la matinée et à une ardente excitation causée par le vin de champagne. Mon oncle me fit mettre sur un lit, prendre une potion calmante, et m'entoura de soins et de consolations délicates.

J'envoyais de quart d'heure en quart d'heure demander des nouvelles de M. Lafarge; il demanda instamment à me voir; mais M. Pontier refusa de me laisser dans sa chambre avant la fin de la crise, et, lorsque je le sus mieux, ce fut moi qui ne voulus pas entrer; j'expliquai à mon oncle que je ne me sentais pas la force de supporter deux scènes de ce genre. Je voulus les prévenir en m'en montrant profondément blessée et en faisant comprendre à M. Lafarge qu'il ne suffisait pas de quelques mots de repentir et de regrets pour lui faire pardonner des colères aussi injustes que brutales.

Accablée d'émotion, vers le matin je m'endormis, et à mon réveil on m'apporta une tendre lettre de ma tante Garat, qui semblait arriver providentiellement pour éloigner de mon souvenir mes terreurs et mes angoisses, et pour me faire oublier mes inexorables sévérités.

J'étais donc disposée à l'indulgence lorsque M. Pontier vint me demander l'autorisation de me conduire son *coupable neveu*, auquel il avait déjà fait subir trois heures de sermons et de contrition.

M. Lafarge se jeta à mes genoux en pleurant. Je lui tendis la main; il l'embrassa avec transport, et, lui défendant le plus petit mot d'explication, je lui promis de ne jamais faire allusion à cette triste nuit, dont il semblait avec raison si malheureux et si humilié.

M. Lafarge se portait à merveille; j'étais souffrante; cependant, comme il craignait des cancans et de médisantes suppositions si le soir je n'allais pas au bal, je lui promis de vaincre mon malaise; mais je lui dis aussi qu'au lieu de faire un mystère de sa malheureuse scène de violence, j'avouerais tout simplement que sa pauvre tête, échauffée par le vin de champagne, avait provoqué une terrible attaque de nerfs, que mon inexpérience s'en était épouvantée et qu'en le voyant aussi malade je l'avais cru tout à fait mort.

— Allez, ajoutai-je en *riant sérieusement*, vous avez votre grâce. Je ne me souviens plus : mais prenez garde de réveiller cette douleur : je n'y survivrais pas.

J'étais encore triste, fatiguée, lorsqu'il fallut aller au bal et songer à ma toilette. Sept heures étaient l'heure fixée pour la fête. Mais mademoiselle Matere, élevée pour son élégance à la dignité de *lionne*, ne voulait apparaître qu'une heure après toutes les autres femmes, et, grâce à cette exigence de sa *haute position*, je pus jouir en entrant du coup d'œil complet d'un *raout limousin*.

XLII

C'est une singulière chose qu'un bal dans une petite ville de province qui n'a pas l'honneur d'être une préfecture et qui ne possède pas même la douce consolation d'avoir un sous-préfet. Le bal où l'on m'avait invitée était offert aux beautés uzerchoises par de jeunes collégiens qui, ayant reçu le matin leurs couronnes, voulaient le soir danser dans toute leur gloire, et, vainqueurs chevaleresques d'un participe ou d'une version, faire sauter en l'honneur de leurs triomphes les dames souveraines de leurs pensées. La petite pièce de cent sous arrachée à l'attendrissement d'une grand'mère, celle qu'un mouvement de fierté a fait sortir de la bourse du père, sont sacrifiées aux préparatifs de la fête. Ces galants enfants ont peut-être réuni 60 francs : c'est beaucoup, ils pourront joindre deux quinquets à six belles chandelles, et les sons aigres d'une flûte aux sons criards du violon.

Un estaminet avait prêté pour le bal un salon assez spacieux. A l'entour, sur d'étroites banquettes, les danseuses étaient assises à l'ombre du chapeau de leurs mères ; au milieu, une masse compacte d'hommes noirs, en pantalons blancs, laissaient circuler avec peine les jeunes commissaires qui avaient la charge de saluer les nouvelles venues, de sourire à chaque femme et de moucher les chandelles. Les toutes jeunes filles, ornées de blanches et candides robes de calicot vertueusement découpées comme les tuniques de la sainte Vierge, avaient les bras bien rouges sous leurs gants de fil d'Écosse, et les joues plus fraîches que les nœuds de satin cramoisi plantés dans leurs cheveux. Elles s'occupaient très-attentivement à tenir un registre en partie double de leurs engagements! Les jeunes personnes à marier, distinguées par un volant formidable au bas de leurs jupes et une rose sur l'oreille, se faisaient entre elles des confidences et lançaient des regards coquettement modestes au danseur passé et au danseur futur. Les jeunes femmes, perdues sous le tulle, le satin, les rubans, les fleurs et les bijoux de leurs corbeilles de noces, parlaient haut, riaient plus haut encore en se disputant à l'envi quelques admirateurs. Enfin les respectables mères de famille évaluaient les toilettes et les vertus ; comptaient les dots des danseurs, faisaient part à leurs voisines du résultat de leurs études arithmétiques et spéculaient en espérance sur les partners mariables qui semblaient empressés auprès de leurs filles.

Grâce au mérite de la nouveauté, je fus poursuivie par la jalousie de toutes les femmes, par les hommages de tous les danseurs, et je mis à la torture l'imagination des *graves tapisseries*. Elles ne pouvaient évaluer ni comprendre ma simple robe de mousseline des Indes garnie de houblon, et trouvèrent d'une légèreté *inconvenante* et *blâmable* ma coiffure formée par les grappes de ce même houblon auquel j'avais emprunté tout le luxe gracieux de ma toilette.

M. Lafarge me présenta quelques-uns de ses amis, entre autres M. de Meynard, dont l'esprit était vif et caustique, qui avait pour Paris des souvenirs et des regrets qui me le firent apprécier comme un presque compatriote, et accepter volontiers comme mon chevalier pendant le reste de la soirée.

La bonhomie de nos jeunes héros, si heureux de leur bal et

si fiers de se montrer galants pour des femmes, me fit quelque
peu oublier la scène de la veille ; et les incroyables nouveautés
qui m'entouraient me donnèrent même quelques minutes de
gaieté, qui furent un sujet d'étonnement pour les autres personnes, très-stupéfaites de me voir danser en province avec le plaisir
dans les yeux et le sourire sur les lèvres.

Pour aller à ce bal, mademoiselle Matere, dans la double pré-
méditation de se *faire belle* et de me vexer, en m'ôtant l'espoir
d'être uniquement à *la dernière mode*, avait copié en cachette
la façon d'une des robes de ma corbeille. Ce ne fut qu'au bal
que je m'aperçus du frère qu'on avait improvisé à mon corsage!
Malheureusement je m'aperçus en même temps qu'un second
petit corsage, très-indispensable à la modestie de cette façon de
robe, avait été oublié, et que les noires épaules de ma cousine
s'échappaient beaucoup trop librement de leur prison de soie. La
comprenant un peu plus que ridicule, je voulus l'en avertir
charitablement et avec une grande recherche de périphrases,
mais mon observation fut très-sèchement reçue ; je dus m'apercevoir qu'on me croyait jalouse des indiscrétions du corsage
critiqué. Les regards moqueurs et scandalisés des autres jeunes
filles, les rires étouffés de jeunes gens n'eurent pas plus de
succès que mon avertissement : c'était à la mode, et la conclusion était sans réplique pour une lionne provinciale. Tout ne fut
pas fini par ces critiques de bal, et le marguillier chargé par
M. le curé d'Uzerche d'observer, pour les lui rapporter, les faits
et gestes de ses douces brebis, n'oublia pas dans son compte-
rendu le corsage et les épaules de ma cousine. Le lendemain,
à la grand'messe, le texte du prône fut les dangers du bal et des
plaisirs mondains ; après un tableau effrayant des horribles
souffrances qui serviront à racheter les joies de cette vie dans
l'éternel enfer, M. le curé se tourna vers mademoiselle Matere,
qui était à deux pas de sa chaire, et s'écria pour péroraison
avec la voix tonnante du prophète :

« Malheur ! trois fois malheur à ce siècle d'iniquités dans
lequel on voit une mère conduire elle-même sa fille aux écoles
de Satan ; dans lequel on voit une jeune chrétienne, désespérée
de compter vingt-trois années de virginité, confier non pas à la
grâce de Dieu, mais à la grâce de ses épaules, le soin d'attirer

un mari ! Croyez-le, mes frères, la colère de Dieu tombera sur ces charmes évoqués par la sorcellerie de la mode, et l'homme honnête n'ira pas choisir une femme à de telles enseignes ! »

Je ne sais comment la pauvre admonestée put supporter cette publique humiliation ; je ne sais comment son père, son frère ont pu retenir leur colère; toutes les bouches répétèrent ces paroles ; elle furent commentées par toutes les charités féminines de la paroisse. La famille Matere resta quelque temps brouillée avec son guide spirituel ; mais comme, en province, la dignité de certaines positions ne permet pas de se contenter d'un vicaire pour confesseur, les fêtes de Pâques amenèrent la paix et l'oubli.

La religion, dans le Limousin, n'est guère que du fanatisme, de la superstition ; le clergé des campagnes m'a paru en partie peu instruit et très-peu tolérant ; souvent la chaire devient l'écho des commérages, et la première pierre est lancée dans le troupeau par le pasteur lui-même. Dans la dévotion des femmes, il y a une absence totale de *juste-milieu ;* les unes, sacrifiant au qu'en dira-t-on, accomplissent avec autant de négligence que de tiédeur *la forme* de leurs devoirs religieux ; les autres, que l'on appelle *menettes,* oublient leur ménage pour l'église, leurs maris pour leur directeur, disent autant de chapelets que de médisances, et, si elles ne font pas d'aumônes à leurs frères qui souffrent, font de douces confitures à leur curé qui ne souffre pas ! Les églises sont sales, délabrées; le service divin s'y célèbre sans calme et sans gravité; on y prêche le maigre et l'abstinence à de pauvres gens qui vivent de châtaignes et de blé noir; on parle de la vanité et des dangers des choses de ce monde à de pauvres créatures qui n'ont même pas la vanité de la propreté et qui ne connaissent que leurs cochons, leurs poules et leurs privations. Quelle différence de ces sermons avec les simples paroles du bon curé de Villers-Hellon, qui apprenait à nos paysans à s'aider, à s'aimer mutuellement, à mettre la prière dans le travail; qui disait aux vieillards : « Bienheureux les pauvres, le royaume des cieux sera pour eux; » aux enfants : « Soyez véridiques et honorez vos parents ; » — qui appelait la probité dans les familles et la pudeur dans le cœur des jeunes filles !

La superstition, toute-puissante parmi le peuple limousin, existe encore dans la bourgeoisie. En arrivant au Glandier, on me

prévint que les vieux moines revenaient ; que madame Buffière
en avait vu plusieurs dans le cloître. Madame Lafarge, qui n'avait
aucun principe religieux et ne croyait peut-être pas en l'Évan-
gile, croyait fermement au diable ; elle me racontait qu'ayant
oublié un jour de faire le signe de la croix sur le berceau de sa
fille pour conjurer le démon, le malin esprit avait renversé la
barcelonnette, et avait laissé les traces bleues de ses ongles noirs
sur le cou de la malheureuse enfant.

Avant de revenir au Glandier, il fut convenu que j'irais
admirer la petite capitale de la Corrèze, et M. Lafarge ayant
quelques affaires à y terminer, M. Pontier nous accompagna
pour être mon chaperon durant les heures d'abandon.

Tulle est délicieusement située pour les regards amis du
pittoresque ; les maisons, échelonnées sur les versants de deux
petites collines, semblent s'être placées ainsi par curiosité, afin
de regarder leur Corrèze et de voir rouler les diligences sous les
arbres de la promenade : les habitations du peuple se groupent,
noires, fragiles, désordonnées, au sommet de l'amphithéâtre ;
celles des riches bourgeois forment à la rivière une ceinture
régulière et civilisée ; l'intérieur de la ville est affreux, les rues
sont des escaliers sales, étroits, aussi rudes que les sentiers qui
mènent au Paradis ; les maisons dénoncent aux regards une profonde misère ; des hommes noirs, enfumés, y font retentir leurs
enclumes, tandis que des femmes assises sur le seuil de la porte
se jettent des médisances d'un bout de la rue à l'autre, et donnent de nombreux soufflets aux innombrables enfants qui se dis-
putent une châtaigne à leurs pieds. A Tulle les voitures sont
prohibées : elles ne pourraient servir dans ces quartiers escarpés ;
ensuite il n'y a pas de société ; chacun vit chez soi et pour
soi. Les belles Tulloises, qui sont assez laides, s'occupent de
leur ménage, bien plus encore de celui de leurs voisines, vont à
trois bals par hiver pour y chercher de quoi médire, et, lorsque
les bals manquent, appellent à leur secours les armes toujours
nouvelles et toujours bien venues de la calomnie. Quant aux
hommes, ils passent leur vie dans les cafés ou au palais ; ils sont
presque tous avocats, avoués, médecins et républicains. Quelques-uns ont de l'esprit et de la méchanceté, beaucoup ont de la
méchanceté sans esprit.

Après avoir fait une visite au préfet et à quelques amis de
M. Lafarge; M. Pontier me fit admirer à Soûliac la manufacture
d'armes; puis, malgré sa volonté, et poussée par une impulsion
irrésistible, je voulus voir la prison, le cimetière, je voulus
entrer dans le tribunal.

C'était l'époque des assises. On jugeait une pauvre fille
accusée d'infanticide, et je fus frappée d'étonnement en voyant
pour la première fois cet appareil de la justice humaine, si peu
imposant et si tristement sinistre; il n'y avait ni préoccupation
ni intelligence sur le front des jurés, nulle dignité sur le front
des juges; et j'allais quitter bien vite ce terrible palais, lorsque
je fus retenue par la parole éloquente et pleine de pensée du
jeune avocat qui défendait l'accusée.

La pauvre jeune fille avait été acquittée; et le soir, au moment
où M. Pontier se disposait à me faire escalader un des rochers à
pic qui dominent Tulle, je fus heureuse de rencontrer le jeune
défenseur qui, le matin, m'avait fait éprouver une émotion profonde; je fus heureuse que mon oncle me le présentât, heureuse
qu'il se joignît à notre excursion, et que le compliment bien
sincère que je lui adressai parût être recueilli par son cœur bien
plutôt que par sa vanité.

La nuit, enveloppée dans ses légers voiles de brouillard,
n'avait pas encore attaché sur son front sa couronne d'étoiles; le
travail avait cessé, l'*Angelus* vibrait au loin, quelques oiseaux
dormaient déjà, d'autres perchés au-dessus de leurs nids ber-
çaient leurs compagnes d'une chanson douce et monotone; nous
suivions un sentier étroit, qui ne permettait pas d'accepter le
secours d'un bras, ni de suivre une conversation; seulement,
lorsque le vaste panorama qui se déroulait à nos pieds me
donnait une impression nouvelle, je me tournais vers mes deux
guides pour la leur faire partager, et je surprenais le regard de
M. Lachaud, qui, attaché sur moi, semblait m'interroger, m'é-
tudier, me deviner; ce regard, soupçonneux et sévère au moment de notre promenade, exprimait au retour une sympathique
tristesse; il semblait me protéger, me défendre, me promettre
un ami pour l'avenir.

Je ne revis plus M. Lachaud; mais, aux jours de la douleur,
il fut le premier près de moi! et je l'attendais!

XLIII

Après ces trois semaines de visites, pour la plupart assez ennuyeuses, je fus heureuse de me retrouver *chez moi*, et je commençai avec courage mon rôle de Robinson Crusoé.

Ayant six maçons à ma disposition, j'oubliai tout d'abord l'agréable pour l'utile ; je fis fermer une partie de la maison qui était passée à l'état de ruines ; je mis des couvreurs sur les toits, des serruriers après les portes et les fenêtres ; mais tout cela se faisait si mal, si lentement, il fallait si souvent défaire l'ouvrage de la veille, que je n'avançais pas aussi vite que l'hiver, et que je désespérai de me mettre pour cette année à l'abri de la pluie et du froid.

J'avais obtenu dans le gouvernement intérieur de la maison des résultats plus satisfaisants ; secondée par un bon domestique que M. Lafarge m'avait fait venir de Paris, j'avais rétabli le règne despotique de la propreté ; les parquets se couvraient d'une cire brillante, les tapis descendaient des commodes pour échauffer humblement les pieds froids, les vieux murs se dépouillaient de leurs tentures d'araignées, et la poussière était exilée au grenier avec les luxueuses draperies de toile rouge, qui avaient été remplacées par de modestes rideaux de percale d'une blancheur éclatante.

Dans ma chambre, je réunis tout ce qui pouvait occuper agréablement ma vie, mes livres favoris, mon métier, mon piano ; une immense table placée au milieu fut chargée de tout ce qui est nécessaire pour écrire ; la cheminée et la commode se couvrirent de mes souvenirs d'enfance et de jeune fille, et autour de moi les portraits de ceux que j'aimais m'encourageaient, veillaient sur moi, souriaient à mes efforts et à ma bonne volonté d'être heureuse.

Selon ma pensée, les âmes des chers absents qui nous ont précédés dans l'éternité ne se contentent pas de quelques larmes et de quelques prières ; elles veulent que leurs souvenirs nous préservent du mal, et que notre vie soit assez pure pour honorer leur mémoire et mériter leur bénédiction.

La partie la plus difficile de ma réforme fut celle qui s'attaqua aux nombreux abus et à l'intolérable malpropreté de la cuisine et du service de table. Dans ce pays où toutes les affaires se traitent en mangeant, où tous les plaisirs commencent et se terminent à table, où l'amitié consiste bien plus en un tendre échange de dîners que de pensées, la cuisine est un art d'agrément indispensable aux jeunes femmes, qui confient rarement à des mains mercenaires ce grand moyen de séduction et de bonheur intérieur.

Il n'est guère de maris limousins qui se permettent de l'humeur en délectant une excellente tasse de café ; une femme est toute-puissante lorsqu'elle sait préparer un lièvre à la royale ; un gâteau de pommes de terre qui n'est pas brûlé est un remède infaillible contre la jalousie, et une maîtresse de maison qui sait dompter les difficultés de la meringue a presque acquis le droit de tromper impunément son *époux*. Les grands dîners durent quatre à cinq heures, et, le nombre des mets devant être su et commenté par tout le voisinage, il faut nécessairement sacrifier la qualité à la quantité.

On s'asseoit donc autour d'une table couverte d'une foule innombrable de grands et de petits plats, combinés de manière à ce qu'on puisse en placer le plus possible. Toutes les parties d'un veau et d'un mouton s'y donnent rendez-vous sous diverses formes. Les poulets rôtis regardent dédaigneusement les poulets bouillis ; les canards aux olives font pâlir de dépit de modestes canards aux navets ; c'est une gastronomique et sanglante parodie du massacre des Innocents.

Entre le premier et le second service, il y a un moment de crise pour la maîtresse de la maison ; son œil inquiet suit les plats que l'on apporte, la manière dont on les place... Une servante oublie la symétrie, la dame rougit, fait des signes incompris, se lève au supplice et rétablit l'ordre de bataille en grondant sourdement la grosse paysanne qui n'a pas bien joué son rôle de maître-d'hôtel.

Cette seconde partie du dîner, qui n'a causé la mort que de cinq rôtis, se compose en revanche de tous les légumes connus,

de crêmes de toutes les couleurs, de gâteaux de toutes les espè-
ces. Enfin, lorsque le dessert est placé, après une crise plus
violente encore que la première pour l'aimable hôtesse, la gaieté
arrive bruyante. Les papillons qui voltigent sur les brioches, les
colombes qui se reposent au sommet des biscuits de Savoie, les
cœurs enflammés qui sont percés de flèches sur le chapiteau des
nougats, deviennent le texte des plus galantes plaisanteries et
des plus piquants calembours. Alors les jeunes personnes
gazouillent en rougissant les sentimentales romances de mademoiselle Puget ; les mères de famille chantent quelques cantates
du Directoire, et les chansons grivoises des pères et des maris
terminent bruyamment la charmante réunion. Après les dîners,
il y a les déjeuners dînatoires presque aussi longs et aussi
somptueux, les collations indispensables dans les visites à la
campagne, et enfin les parties de *crêpes*, qui remplacent agréablement les lectures et les matinées musicales des autres parties
de la France.

Quelque temps après mon arrivée, ayant été faire une visite
chez un médecin, ami de M. Lafarge, j'acceptai l'offre de me
rafraîchir ; et, après deux heures d'attente, on m'apporta du
vin rouge, du vin blanc, des liqueurs et une immense tête de
veau au naturel.

La cuisine, ce sanctuaire où la femme limousine passe la plus
grande partie de sa vie intime, devrait être un laboratoire propre
et coquet, digne de ces grands artistes ; il n'en est rien. Cette
pièce est toujours noire, sale, dérangée ; les poulets se promè-
nent sur les tables, les enfants y pleurent, les chiens et les chats
y abondent, y établissent leur domicile. Lorsque j'exigeai que la
cuisine du Glandier fût propre, tous les jours et à toute heure,
il fallut des promesses, des menaces, des récompenses pour
l'obtenir des domestiques du pays ; mais je ne pus jamais bannir
à perpétuité, de ce lieu, les poulets et les vilains cochons, qui
remplacent dans ce pays les moutons des beaux troupeaux de
la Picardie.

J'eus beaucoup de peine aussi pour obtenir quelques changements dans le service de table. Il y eut de quasi-émeutes
lorsque je substituai deux repas aux quatre repas habituels,
lorsque j'exigeai que le linge fût blanc et soigné dans l'intimité,

et que l'argenterie fût nettoyée journellement. La première fois
que j'eus du monde à dîner, ayant fait remplacer les quarante
plats d'*étiquette* par quatre modestes entrées, ayant fait orner
la table de grands vases de fleurs et de corbeilles de fruits, ma
belle-mère fut au désespoir; et, m'ayant vainement suppliée,
au nom de l'honneur de la maison, de ne pas retrancher le
nombre de plats convenable, courut tout éplorée réclamer les
droits de son fils pour me forcer à céder. Ces droits furent à
peine énoncés; je fis comprendre à M. Lafarge, par un baiser,
que j'avais raison, et, au moment du dîner, m'étant aperçue
que, malgré mes ordres, on avait considérablement augmenté
mon menu, je fis bravement reléguer le surplus à la cuisine. Ce
coup d'autorité mit fin à toute discussion, et je dois avouer que
madame Lafarge ne me garda pas plus de huit jours rancune.
J'avais supplié ma belle-mère de rester à la tête de toute la maison, elle ne l'avait pas voulu; à mon tour je ne voulais pas d'un
gouvernement contrôlé devant mes domestiques, et, si j'acceptais
volontiers les conseils, je ne permettais pas les critiques perfides
auprès de mon mari.

Ma belle-mère m'accablait de caresses, de flatteries, de petits
soins; cependant je m'apercevais qu'elle était très-jalouse de
l'empire que j'exerçais sur son fils, et qu'elle essayait de le détruire. Je le lui pardonnais : le cœur d'une mère ne doit pas
savoir partager les plus tendres affections de son enfant, et
j'avais la conscience de toutes les *qualités essentielles* qui me
manquaient pour attirer l'entière sympathie de madame Lafarge.
Nos habitudes nous séparaient encore plus que nos âges. Ayant
toujours été très-laide, avec un mari très-peu fidèle, elle avait
dû chercher dans les tracas de son ménage toutes ses jouissances,
et ses idées s'y étaient singulièrement rétrécies. Ma belle-mère se
défiait de toute chose, de toute personne, était mystérieuse dans
ses paroles, encore plus dans ses actions; passait ses journées,
enfermée dans sa chambre, dont la porte, fermée à doubles verroux, ne s'ouvrait qu'avec des précautions infinies.

Cette chambre était la plus bizarre de toutes les chambres.
Madame Lafarge y gardait ses provisions, son petit attirail de
cuisine; des dindons s'engraissaient dans un coin, des fromages
moisissaient dans un autre. Le foyer était sans cesse encombre

de casseroles et de cafetières; elle ne voulut jamais permettre à
mes domestiques d'y donner un coup de balai, et les femmes de
la maison n'osaient pas même y entrer pour faire son lit. Madame
Lafarge avait encore l'habitude de se coucher tout habillée ; seulement, la nuit, elle mettait son châle à l'envers, et avec l'aurore
elle le retournait à l'endroit.

Quant à madame Buffière, ma belle-sœur, c'était une petite
maîtresse-femme, qui menait par le bout du nez son mari et sa
mère; qui la craignaient, et qui était menée elle-même par un
commis devenu leur associé. Ce M. Magnaux, qui n'avait qu'un
œil, des manières communes et grossières, des paroles triviales
et la plus choquante familiarité, me devint insupportable. Sachant
que ma belle-sœur *l'aimait comme un frère*, j'essayai de ne pas
être malhonnête pour lui ; mais je le tins à une distance très-
respectueuse, et je ne lui permis jamais d'en passer les bornes.

Cette petite colonie de ma belle-sœur et de mes *deux beaux-
frères*, qui se réunissait journellement à la nôtre, partit, bientôt
après mon arrivée, pour une forge qu'ils avaient louée à Fayes.
Je ne fus pas attristée de ce *crescendo* de solitude; madame
Buffière m'aimait avec une trop grande expansion de baisers et
de paroles, pour que je la crusse très-sincère. Elle n'était pas
sans esprit, mais avait un de ces esprits sournois et rusés qui
peuvent mettre un sourire sur les lèvres sans jamais obtenir un
écho dans le cœur. Enfin, M. Lafarge m'ayant recommandé
d'être très-réservée et très-peu confiante dans mes conversations avec elle, je la voyais partir avec un sentiment de joie
plutôt que de tristesse.

Au moment du départ, la petite Adélaïde Buffière s'attacha à
mon cou avec tant de désespoir que je suppliai sa mère de me la
confier pour tout l'hiver ; elle y consentit, et ce bon petit être,
qui m'aimait, devint le compagnon de toutes mes journées ;
elle dansait, si je jouais du piano, écoutait et pleurait si je
chantais, et apprenait son alphabet, assise à mes pieds, pendant
que je faisais de la tapisserie.

M. Lafarge, très-occupé de son industrie, passait ses matinées
à faire des comptes ou à recevoir les marchands qui venaient
lui acheter des fers ou lui vendre des bois. Je le voyais rarement
avant midi. Ayant été quelquefois le trouver dans son bureau,

j'avais remarqué que ma présence semblait lui causer de la gêne et de la contrainte, et je ne mis plus les pieds dans ce sanctuaire de ses affaires.

Après le déjeuner nous allions voir l'ouvrage des maçons et les travaux de huit pionniers qui étaient entièrement à mes ordres, pour niveler les environs de la ruine que je voulais entourer de gazons et d'arbustes odoriférants. J'avais fait dans ma tête un plan immense qui devait se réaliser peu à peu et que j'espérais achever avant six ans. Maîtresse absolue de tous les détails d'agrément, tout ce que je décidais était toujours approuvé sans discussion, et M. Lafarge semblait enchanté lorsque, un niveau d'une main, un pied droit de l'autre, je surveillais les proportions des fenêtres gothiques de ma jolie galerie, ou traçais les courbes d'une allée. Nous allions ensuite à la forge, et c'était à mon tour de partager ses pensées de progrès, d'écouter et de m'instruire : quelque fois nous montions à cheval pour faire connaissance avec quelque beau site ; d'autres fois nous allions à pied, à travers bois, à la découverte des belles fleurs des montagnes, et je revenais toujours avec des bottes de bruyères et de digitales pourprées, des guirlandes de chèvrefeuille, de lierre et de houblon que M. Lafarge avait été chercher à travers les ronces pour me couronner. Le soir, je lui faisais la lecture de mes livres favoris, je lui jouais les airs qui avaient bercé mon enfance, les ballades de son pays. Je chantais quelque triste romance, puis il s'endormait, et toujours alors mes pensées noires revenaient ; j'étais malheureuse, effrayée et fort peu aimable jusqu'au matin.

XLIV

Un mois après mon arrivée au Glandier, je fus invitée au baptême d'une des filles de M. de Tourdonnet ; ma première visite à Saint-Martin se fit au milieu d'une fête de famille nombreuse, animée, et dans laquelle je retrouvai les prévenances aimables et polies des environs de Paris. Madame de Tourdonnet était une charmante petite femme, toute rose et blanche, avec une jolie petite main et un joli petit pied, et qui négligeait les séductions culinaires pour faire gracieusement les honneurs de chez elle. M. de Tourdonnet faisait revivre dans son petit comité l'hospitalité noble et cordiale de nos anciens preux; ses paroles, ses regards vous donnaient la plus sincère bienvenue; il vous recevait avec cœur et esprit. En causant avec M. de Tourdonnet on s'éloignait toujours de ces banalités qui sont du domaine de la vie positive et cancanière; il se moquait des sentiments sans se moquer des personnes, et, dans sa ferme volonté de n'être jamais de l'avis des autres, s'imposait les opinions les plus originales, et provoquait à des discussions très-amusantes et très-animées.

Il n'y avait pas de femme étrangère dans cette petite fête, qui réunissait les vieux amis de la famille et quelques jeunes gens intimement liés avec M. de Tourdonnet; parmi ceux-ci je remarquai M. le marquis de Corhn, qui, par ses manières distinguées, sans prétention, son air noble, sa jolie figure, me fit rêver au moyen de le métamorphoser en un cousin et de transplanter, avec son aide, dans nos solitudes, une gracieuse cousine que j'aimais tendrement.

Ayant passé la nuit à Saint-Martin, la journée du lendemain fut consacrée à visiter en détail ce château qui est très-beau. Ses jardins sont gracieusement dessinés, et ses belles prairies et ses bois, qui s'étendent dans les environs à une distance assez considérable, en font une superbe propriété agricole. Je quittai ces lieux avec le désir d'y revenir souvent et de me faire des amis de leurs aimables habitants. Des chemins épouvantables doublaient la distance qui nous séparait, mais on pouvait facilement la franchir à cheval, et j'avais déjà fait si bonne connaissance avec les ronces, les ravines et les rochers des routes limousines, que loin de les redouter j'avais un certain plaisir à les braver et à ne pas ralentir la rapidité de ma course devant ces mesquines entraves.

Peu de temps après cette époque, je fus malade et obligée de garder le lit avec une fièvre ardente et des douleurs de tête horribles. Durant cette courte maladie, M. Lafarge passait toutes ses journées à mon chevet. La nuit même il ne se confiait pas entièrement aux soins de Clémentine, et il se levait plusieurs fois avec la plus inquiète sollicitude. Un soir que j'avais été douloureusement frappée par de tristes nouvelles de mes amis d'Alsace, je me sentis plus souffrante, et M. Lafarge voulut me veiller la nuit entière. Vers minuit, mon sang se porta violemment au cerveau, les extrémités de mes membres se contractèrent, devinrent glacées, j'eus à peine la force d'appeler, et bientôt après je perdis connaissance.

Lorsque je sortis de cet état, je vis toutes les personnes de la maison réunies dans ma chambre. M. Lafarge, sanglotant, à genoux près de mon lit, réchauffait mes mains sous son haleine, s'écriait « qu'il ne survivrait pas, qu'il voulait mourir si je mourais. » Clémentine pleurait et versait de l'eau glacée sur ma tête, madame Lafarge regardait avec un air consterné, et des femmes, des ouvriers à genoux disaient des prières à quelque distance de l'alcôve. Je ne pouvais encore parler ; mais, émue par toutes ces douleurs, j'essayai de presser la main de M. Lafarge, qui, en me sentant revivre, m'embrassa avec des transports de joie.

Ce désespoir, ces témoignages d'amour et de bonheur qui saluaient mon retour à la vie, me touchèrent profondément ; mes yeux, mes paroles l'exprimèrent, et je fus heureuse de revivre en me sentant si bien aimée. Aussi, quand le médecin fut arrivé, j'étais presque calme. M. Lafarge lui dit que j'avais eu une congestion cérébrale, et qu'il m'avait sauvée en me plaçant des sinapismes aux pieds, de l'eau glacée sur la tête, en baignant mes mains dans l'eau bouillante. Le docteur Bardon ne fut pas de son avis, et il attribua mon état alarmant à une violente attaque de nerfs. J'avais tant souffert, M. Lafarge était si heureux de m'avoir sauvé la vie, que la décision peu délicatement formulée de son Esculape ami ne m'ôta rien de ma reconnaissance, et que je ne doutai pas du danger dont il m'avait préservée.

Je n'ai jamais craint la mort, mais je fus frappée de la pensée de mourir sans ma sœur, loin de tous ceux que j'aimais, sans avoir le temps de leur léguer tout mon amour et toutes mes dernières pensées. Je sentais surtout que la terre me serait lourde dans un pays étranger, parmi tant de morts inconnus. Je fis jurer à M. Lafarge de m'envoyer dormir du sommeil éternel auprès de mon cher grand-père, à l'ombre des prières, des pensées et des fleurs qui me seraient données dans le cimetière de Villers-Hellon.

Le lendemain de ce jour, Clémentine me remit à mon réveil, avec un air mystérieux, une grande lettre de la part de M. Lafarge.

— Pourquoi cette lettre? qu'est-il arrivé? m'écriai-je.

— Rien, madame; mais monsieur, qui vous aime tant, a voulu faire son testament. Il me l'a lu, il est bien touchant, et il m'a recommandé de vous le donner en secret, en vous disant de le bien cacher dans vos papiers.

Je ne compris pas d'abord cette résolution de M. Lafarge. Mais, après avoir lu la volonté qu'il exprimait d'être enterré près de moi à Villers-Hellon, je me rappelai la prière que je lui avais faite la veille, et je fus émue jusqu'au fond de l'âme de tout ce qu'il y avait dans ce procédé de délicatesse et d'amour, et je pleurais avec de douces larmes lorsque mon mari entra dans ma chambre. Je sus lui exprimer tendrement l'émotion qu'il m'avait fait éprouver, et le gronder ensuite d'avoir conservé ces tristes pensées de mort.

— Hier vous avez vu, me dit-il, à quoi tient notre vie. Je me suis dit que si je mourais subitement, ma fortune ne serait pas pour vous. La vôtre même serait peut-être compromise par des partages ruineux dans le commerce. Ce que j'ai est à vous pendant ma vie, il le sera encore après ma mort. Maintenant je suis tranquille. Cependant, pour éviter des discussions, une brouille complète avec ma mère et ma sœur, je vous demande le plus grand secret pour cette preuve d'affection que j'ai voulu vous donner.

Je le lui promis, et je me décidai à faire aussi un testament, mais sans le lui dire, car je craignais de le blesser en paraissant suivre plutôt son exemple que mon cœur. Je n'avais jamais fait d'actes semblables; je ne connaissais de notre code *que ce qui sert à marier;* j'aurais donc été fort embarrassée de faire mon testament si je n'avais eu la pensée de copier textuellemen sur celui de M. Lafarge les parties qui servent à rendre nos volontés valables devant la loi; seulement, je ne voulais pas

imiter sa généreuse donation. La tendre affection que je portais
à ma sœur, les sentiments de tante que j'avais déjà pour le petit
enfant qu'elle allait nous donner, me rendaient impossible cet
abandon de ma fortune ; je laissai donc tout ce que je possédais
à M. Lafarge, avec la liberté d'en faire l'emploi qu'il voudrait,
sans entraves et sans restriction pendant sa vie, mais avec
l'obligation de le faire restituer, après sa mort, pour la dot de
la première fille de ma sœur. Je disposai aussi de tous les
petits bijoux qui m'étaient chers pour les laisser à ceux qui
m'avaient aimée ; et, ne sachant à qui remettre ces dernières volontés, pour qu'elles ne fussent pas ouvertes où égarées, et
qu'elles pussent recevoir une religieuse exécution, je les confiai
à madame Lafarge, qui me jura de n'en point parler à son fils,
de les garder *scellées* et secrètes jusqu'à sa mort ou la mienne.
Ma belle-mère me parut heureuse et touchée de ce que j'avais
fait, et me remercia mille fois de l'affection prévoyante que je
témoignais ainsi à son fils.

Je n'étais pas encore remise de mon indisposition, lorsqu'un
de mes métayers vint me faire hommage d'une corbeille de
pommes assez belles pour descendre en ligne directe de la première pomme de la création. M. Lafarge voulut se servir de ces
beaux fruits pour mettre à l'épreuve son adresse, et, après
quelques passes assez jolies, lança la plus grosse des pommes à
travers une vitre qu'elle brisa en éclats. Je me serais facilement
consolée du dégât en riant de la vanité consternée de M. Lafarge ;
mais il faisait un temps froid et humide, et ma tête encore con-
valescente se trouvait fort mal du contact de l'air. J'envoyai
chercher un vitrier à Uzerche, il était malade ; un autre à Lubersac, il faisait ses vendanges ; enfin je me résignais avec
beaucoup d'humeur à subir la nécessité d'un ignoble carreau
de papier, lorsqu'il me vint à la pensée d'employer un des diamants de madame de Léautaud pour couper une grande feuille
de verre que j'avais aperçue dans une armoire, et qui pourrait
ainsi remplacer la vitre cassée.

A l'instant, je fus chercher le petit sachet qui les contenait, et
j'en tirais un des petits diamants, lorsque M. Lafarge, rentrant
et me trouvant à cette occupation, me fit subir les interrogatoires,
les questions, les pourquoi, les comment à l'usage de nos sei-

gneurs et maîtres ; à mon grand ennui, au lieu de me faire vitrier, il fallait me mettre à conter une histoire; à cacher beaucoup de choses, à en expliquer beaucoup d'autres, enfin à faire comprendre à un mari limousin qu'il y a une délicatesse qui ne permet pas de trahir, même pour lui, le nom d'une amie compromise et confiante.

M. Lafarge voulut voir non-seulement le diamant utile, mais encore tous ceux qui étaient dans le sachet, et voulut les peser, les estimer, chercher leur valeur dans ses livres de métallurgie ; enfin j'avais épuisé toute ma patience lorsque, pour achever mon malheur, madame Lafarge étant venue nous surprendre, il lui fit admirer l'éclat de toutes ces petites pierres qui étincelaient au soleil.

— Oh ! s'écria-t-elle, que c'est beau et que cela doit coûter cher ! dites-moi donc, Marie, qui vous les a donnés ; pourquoi vous n'en faites rien ; pourquoi vous ne me l'avez pas dit. C'est tout un trésor!

Je répondis assez sèchement que ce trésor n'était pas à moi. Alors ce furent mille autres questions. Et M. Lafarge, voyant que je rougissais d'embarras et d'impatience, emmena sa mère en me faisant signe d'être tranquille. Je me serais désolée d'avoir été indiscrète et imprudente dans cette circonstance, si je n'eusse trouvé indispensable de faire tôt ou tard cette confidence à mon mari, pour remettre les diamants à madame de Léautaud, ou pour les vendre et en envoyer l'argent à M. Clavé. Le concours de M. Lafarge m'était une nécessité matérielle et morale.

Lorsque M. Lafarge revint me trouver, il paraissait enchanté.

— Allons, dit-il, soyez contente, car je m'en suis *joliment* tiré ! J'ai fait accroire à ma mère que ces diamants étaient à vous, mais que vous ne vouliez pas les montrer avant d'en avoir assez pour faire une parure.

— Je trouve cette histoire incroyable!

— Ma mère l'a crue très-facilement, d'ailleurs vous ne connaissez rien aux affaires. Lorsqu'on est dans le commerce, il faut jeter de la poudre aux yeux ; et plus je vous dirai riche, plus je gagnerai d'argent.

— Je vous avoue que je ne désire pas beaucoup une fortune acquise par de semblables moyens.

— Je ne vous demande pas de les employer ; laissez-moi faire seulement.

— Du moins je vous prie d'empêcher madame Lafarge de colporter *votre* histoire de ces diamants.

— Ma mère fera ce que je voudrai ; elle a été émerveillée lorsque je lui ai dit qu'ils valaient trente mille francs.

— J'admire cette exagération de vingt-quatre mille francs ; vous savez qu'ils en valent à peine six mille.

Après que nous nous fûmes servis du diamant pour mettre le carreau, je trouvai inutile de le replacer ainsi que les autres dans leur sachet, et je les enfermai dans une boîte que M. Lafarge put déposer en sûreté dans son double secrétaire. Ne pouvant mettre sur la boîte le nom de madame de Léautaud, j'inscrivis celui de Lecointre, qui était un honnête homme, le joaillier de Marie, et auquel on aurait pu confier ce secret si cela fût devenu indispensable.

XLV

Depuis que je montais à cheval, j'avais rêvé et désiré une jument grise, légère, rapide comme les nuages vaporeux qui courent dans le ciel après l'orage. Quelles ne furent pas ma joie et ma reconnaissance; lorsqu'une attention charmante vint un jour réaliser ce beau rêve de dix ans !

En allant avec M. Lafarge visiter des bois dans les environs du haras de Pompadour, nous avions rencontré un bon prêtre qui se lamentait, sur le bord de la route, de l'ingratitude ruante de son cheval, dont une sainte éducation n'avait pu dompter l'humeur capricieuse, qui se faisait un malin plaisir d'exercer la patience, de compromettre la gravité et plus encore la tête de son vénérable maître. La maligne petite bête, dégagée de son cavalier et de sa selle, hennissait en bondissant de joie, laissait jouer le vent avec sa crinière, broutait dédaigneusement quelques fleurs de foin... puis s'approchait avec une feinte modestie de sa pauvre victime, lui rendait l'espoir de reprendre la bride, et s'échappait encore pour continuer ses folles courses, ses sauts et ses ruades !

Cette plaisante scène m'avait amusée. J'avoue à ma honte que j'avais eu plus de sympathie pour l'espiègle rebelle que de pitié pour son respectable patron, et j'y pensais encore lorsque le lendemain, à mon réveil, M. Lafarge m'annonça qu'il avait acheté la jolie jument du curé, et qu'elle était à moi, bien à moi, à moi toute seule !

Je sautai de mon lit pour donner la bienvenue et de l'avoine à cette nouvelle compagne, et, comme on m'apprit qu'elle avait du sang arabe dans les veines, je la baptisai du nom d'Arabska. C'était une charmante bête, qui n'avait que quatre ans, une encolure élégante, des pieds de gazelle, un caractère capricieux, original et par-dessus tout indépendant. J'entrepris avec bonheur son éducation. D'abord elle voulut essayer de me jeter par terre; mais, voyant que je me riais de ses vains efforts, et, préférant mes caresses à ma cravache, elle se mit à m'aimer et à m'obéir comme un agneau. Nos goûts étaient les mêmes : ne sachant pas aller d'un pas égal et modéré, tantôt elle partait comme une flèche, tantôt elle se traînait avec nonchalance, regardait voler les papillons, s'arrêtait pour écouter la voix de la brise. Quelquefois courageuse, animée, si elle apercevait un obstacle, ses yeux étincelaient, elle se tournait vers moi pour implorer l'ordre de le braver; d'autres fois, timide et craintive, elle frissonnait, avait peur d'un oiseau, de son ombre, et ne se rassurait qu'en écoutant ma voix, qu'en sentant ma main caresser sa crinière, ce qui alors la faisait hennir avec une singulière expression d'orgueil et de joie.

Arabska, en rendant mes promenades continuelles, me permit aussi de les pousser au loin, et, grâce à elle, je pus aller admirer les nobles et fiers étalons du haras de Pompadour. Dans cet établissement, les coursiers élus pour leur beauté, après avoir été esclaves, deviennent tyrans et font servir à leur bien-être les bras, les moments, les intelligences de beaucoup d'hommes consacrés aux bêtes par le gouvernement.

On m'avait dit que je trouverais à Pompadour des officiers aimables; j'avoue que je cherchai peu à m'en assurer, toute charmée et toute préoccupée que j'étais par les hôtes vraiment chevaleresques de ce joli séjour.

Une autre de mes excursions me conduisait chez une tante de M. Lafarge, dont on m'avait cité avec orgueil l'instruction, l'esprit et les écrits. C'était à l'extérieur une petite femme, invariablement ombragée par un immense chapeau jaune et vert, poétique comme une omelette aux fines herbes. Ma tante me reçut avec deux doctes baisers, la plus belle de toutes les phrases, et dit gravement à un petit sous-lieutenant d'infanterie de soixante ans, qu'elle tenait par la main :

— Chéri! faites la révérence à cette aimable nièce qui vient dans nos déserts comme la colombe de l'arche, apportant une branche de myrte au lieu d'une branche d'olivier. — Panzani, mon amour, embrassez votre nièce, elle vous le permet; puis allez lui cueillir une rose. — Il ne sait pas un mot de français; il est Corse, me dit-elle alors à demi-voix. Mais, s'il parle mal, il sait bien aimer!.... Notre mariage fut tout un roman. Il se mourait d'amour pour moi, et mon cœur, entraîné, m'a fait sacrifier sur l'autel de l'hymen des jours que je voulais consacrer aux chastes sœurs d'Apollon.

Madame Panzani se tut; je pus respirer, ôter mon chapeau et nous nous mîmes à table. Son déjeuner était des plus savants, et tous les plats en avaient été faits par elle d'après des recettes *historiques.* Les Juifs, les Grecs, les Romains avaient été consultés pour le premier service; le *Cuisinier impérial,* le *Cuisinier royal,* la *Cuisinière bourgeoise,* la *Maison rustique* et le *Journal des connaissances utiles* avaient présidé aux entremets; enfin le dessert tout entier avait été composé d'après les secrets des nonnes du moyen âge, des femmes à directeur du grand siècle et des jeunes filles à marier de celui-ci.

M. Lafarge, qui avait quelques affaires à Brives, me proposa de rester un jour à la Côte. Je l'acceptai avec plaisir, et madame Panzani fut charmante pour moi. Elle me montra ses mûriers, approuvés et encouragés par un comice agricole; ses pommes de terre monstres qui devaient engraisser l'avenir du Limousin, ses betteraves qui devaient le sucrer, ses vins de groseille qui devaient l'enivrer; enfin, elle me dit que M. Gauthier d'Uzerche étudiait ses pruneaux *composés,* pour les faire goûter à la Chambre, et que deux académiciens l'avaient félicitée sur la culture de *l'oseille Panzani-multi-feuille.*

Au retour de la promenade, ma tante me parla exclusivement de littérature et d'histoire. Tout en se plaignant de l'indolence de nos écrivains, elle tira de son armoire une montagne de manuscrits, et dit vouloir me consulter sur une Histoire de France *avant le déluge*, dont elle voulait doter son pays. En effet, après avoir mis ses lunettes, toussé et craché modestement, elle m'instruisit pendant quatre heures des faits et gestes de nos rois antédiluviens.

Quelle érudition ! ! ! J'étais stupéfaite, effrayée de mon ignorance, et je frissonnais, pour les enfants de nos enfants, de ce complément ajouté à leur histoire. Pharamond, je te maudissais ! Fallait-il qu'après nous avoir donné tant d'ennuyeux descendants, tu eusses encore la prétention d'avoir des aïeux et de nous faire pâlir et bâiller sur les pères des pères de tes pères !

Le castel de madame Panzani est situé dans une position ravissante. Les montagnes du Saillant, des prairies arrosées par la Vezère, des vignobles, de riches champs de blé s'étendent au-dessous de sa petite terrasse. L'intérieur de la maison offre un désordre et une originalité artistiques; des livres envahissent les tables et les chaises. Quelques-uns font sécher sur leurs savants feuillets des simples, des champignons, des poires tapées ; des fruits de toute espèce confisent dans des bocaux, et l'encrier ajoute à ses fonctions celles de salière. Sous un portrait de Napoléon est suspendu le martial shako de M. Panzani, qui cache dans sa coiffe discrète les faux cheveux, les papillotes et les peignes de la femme-auteur, et le sabre qui servait jadis à combattre les Bédouins supporte aujourd'hui de superbes grappes de raisin et des girandoles de morilles.

Pendant la soirée que je passai à la Côte, il y eut un orage épouvantable. Madame Panzani effrayée rassembla ses métayers autour d'elle, les fit mettre en prière et à genoux, ordonna à son petit domestique de chanter de toute la force de ses poumons les *psaumes de la pénitence*, et se mit elle-même à réciter son rosaire, s'arrêtant quelquefois pour cacher son épouvante dans le sein de son vieux et impassible bien-aimé. Lorsque la foudre grondait plus sourdement la châtelaine disait à son petit groom en sabots :

— Baptistou ! moun pitiou ! chante-nous la complainte d'Alger !

Et, se tournant vers son époux, elle lui murmurait :

— Alors vous étiez tout à la gloire, mon rat ! vous oubliiez l'amour...

Et si un éclair la rappelait à sa terreur elle s'écriait :

— Vite, Baptistou, reprends ton psaume !

Et Baptistou hurlait saintement avec la tempête, les métayers priaient, et le rosaire se déroulait.

Le lendemain, au moment de faire ma toilette, je pris une aiguière sur la cheminée, je bus un verre d'eau, et j'allais employer le reste à mes ablutions lorsque madame Panzani, qui entrait dans ma chambre, recula épouvantée.

— O bon Dieu ! s'écria-t-elle, vous avez avalé toute mon eau bénite... vous l'avez profanée, peut-être y avez-vous trempé vos joues !... Seigneur Jésus ! si c'est un sacrilège involontaire, faites-nous miséricorde. »

Et, tout en se lamentant, elle remettait pieusement l'eau sainte dans son bénitier, et j'eus beaucoup de peine à lui faire comprendre que bien loin d'être damnée, je devais être purifiée et bénie.

XLVI

Mes courses à cheval et mes visites ne me faisaient pas oublier la forge ; j'y allais sans cesse : les fondeurs m'initiaient avec fierté aux plus petits détails de leur art, et lorsque les marchands de fruits du bas Limousin venaient, avec leurs mulets chargés de melons, de pêches et de raisins, j'achetais toute leur charge pour quelques sous, et je la distribuais à ces pauvres gens brûlés, altérés par la fournaise de leur petit enfer.

Presque tous les soirs, vers dix heures, M. Lafarge faisait amarrer le bateau, et nous allions assister à la coulée de la fonte. C'était un poétique et admirable spectacle ; les flammes éclairaient d'une façon infernale les roches contre lesquelles était adossé le haut-fourneau et les prairies qui s'étendaient à ses pieds. Dans cette demi-teinte les saules se transformaient en nymphes échevélées, les peupliers en géants, et les lianes, devenues sylphides, dansaient au chant des grillons. Sous la halle, le maître fondeur donnait des ordres d'une voix sonore ; ses aides, haletants, empressés, attisaient le feu, écumaient les scories qui flottaient sur la fonte en fusion, puis, à un signal donné, soulevant la digue, ils laissaient l'océan de feu rouler ses vagues à travers les canaux ouverts dans le sable. Des milliers d'étincelles bleues s'élevaient alors de ces fleuves ardents, se jouaient entre elles dans les ténèbres, sautillaient, s'éteignaient, puis scintillaient encore, et, en s'évanouissant, laissaient rentrer la forge dans le silence et dans l'ombre.

Habituellement nous revenions en causant à la maison ; M. Lafarge, qui me laissait étrangère au positif de ses affaires, confiait à moi seule ses idées d'amélioration et me parlait surtout d'une découverte importante qu'il croyait avoir faite, et dont les résultats le préoccupaient nuit et jour. Ayant étudié, pour lui plaire et pour le comprendre, le gros *Manuel des maîtres de forges*, je pouvais l'encourager, l'approuver, et me montrer fière de lui voir quitter les ornières de la routine pour se lancer dans la noble voie du progrès. Voici à peu près quelle était cette découverte :

D'après la méthode ordinaire, le minerai, après avoir été mis en fusion par l'action du feu, est coulé dans des rigoles de sable, et forme, en se refroidissant, de grosses barres de fonte appelées *gueuses*. Les gueuses, pour passer à l'état de fer, doivent subir une seconde fusion au moyen de laquelle la fonte est dégagée de ses gaz impurs et nuisibles, puis ramassée en une grosse boule nommée *loupe*, qui est livrée aux marteaux des forgerons pour devenir barres de fer, essieux, etc.

S'écartant de cette manière d'opérer, M. Lafarge voulait faire couler directement le minerai liquide dans les fourneaux d'affinage destinés à remettre la fonte en état de fusion, économiser ainsi la main-d'œuvre, le temps, le charbon employé à réchauffer les gueuses, éviter enfin par cette méthode un tiers des frais. Je trouvai ce procédé si simple, si facile à exécuter, si préférable à l'ancien, que je m'imaginai qu'inconnu peut-être dans le sauvage Limousin, il était pratiqué dans les forges des autres pays. Je pus me convaincre du contraire en feuilletant les plus nou-

veaux traités sur la fabrication des fers. Je craignis ensuite
qu'il ne fût indispensable de ramener deux fois la fonte en fusion
pour obtenir du fer de bonne qualité. M. Lafarge me promit de
faire faire une épreuve pour essayer de détruire le seul doute
qui me restât encore. Je n'étais pas assez savante pour bien comprendre les explications chimiques qui brisaient mon ignorante
tête sans la convaincre, et j'avais besoin qu'on substituât en
l'honneur de mon incrédulité, la pratique à la théorie.

Cet essai fut difficile à exécuter. Il fallut supporter tout une
journée d'impatience, d'attente, de crainte et d'espoir; et vers le
soir, lorsque M. Lafarge m'apporta en triomphe un superbe
échantillon de fer, je partageai son émotion et le félicitai avec
bien de la joie et de l'orgueil.

M. Lafarge fit part de son importante découverte en termes
assez vagues à son beau-frère; et, comme il ne voulait pas en
parler à ses commis, je restai sa seule confidente. Lorsque tout
dormait autour de nous, j'écrivais sous sa dictée le résultat de
ses recherches et de ses études; il me fit parfaitement comprendre les termes techniques, et me chargea ensuite du style
et de la rédaction dernière du Mémoire qu'il voulait soumettre
au ministre pour obtenir un brevet d'invention.

Quoique cette méthode nouvelle fût très-simple, les moyens
d'exécution exigeaient cependant de grandes études, une connaissance approfondie des forges, de la métallurgie, et une
avance de fonds assez considérable. M. Lafarge, élevé dans
l'amour de son industrie, joignait à une pratique de quinze ans,
à des études constantes et sérieuses, une volonté assez inébranlable pour ne pas craindre les revers. Il pouvait vaincre le premier de ces obstacles avec du temps et du travail; mais il était
plus difficile de remédier au second. On me disait qu'un emprunt, dans ce pays pauvre et sans relations directes avec les
banquiers de Paris, était impossible. Je savais que, pour vendre
mes terres de Villers-Hellon, ainsi que je le proposais à mon
mari, il fallait un partage entre mineurs, ce qui est toujours
très-long. Cette difficulté de trouver de l'argent sur-le-champ
m'embarrassa, me préoccupa, me parut impossible à vaincre,
jusqu'au moment où M. Lafarge m'ayant dit qu'il voulait donner de gros intérêts et un partage dans les bénéfices, ce placé-

ment me parut assez bon pour que je pusse demander à ma famille, à mes amis, de nous rendre un service en faisant une bonne affaire pour eux-mêmes.

Lorsque, après ces conversations très-graves, M. Lafarge mettait en chiffres ses projets, occupation à laquelle je restais forcément étrangère, avouant à ma honte que je n'ai jamais su compter que sur mes doigts, je faisais des châteaux en Espagne... je veux dire des rêves de voyage à Paris ! Il fallait dix ans pour mettre nos plans à exécution et en plein rapport. Pendant ces années nous ne devions aller passer qu'un mois à Paris; mais en revanche mon mari devait me donner assez d'argent pour créer dans nos vieux murs une délicieuse habitation ; je pourrais y recevoir mes amis, ma famille; j'aurais une petite fille, peut-être même un petit garçon, que j'élèverais à l'anglaise, qui apprendrait l'allemand, l'anglais, l'italien au berceau, etc. Après ces dix ans de raison, nous aurions un honnête homme d'affaires, de bons commis, nous passerions six mois à Paris, six mois au Glandier, nous ferions des voyages, je marierais ma fille, mon fils serait diplomate, et M. Lafarge, nommé député, ferait enfin parvenir jusque dans la Corrèze quelques étincelles de civilisation et de lumières.

Ce travail, ces projets, cet avenir que je rêvais me préoccupaient trop positivement l'esprit pour me laisser sentir le vide de mon imagination, et je commençais vraiment à comprendre le bonheur tel qu'on l'entend dans ce monde. J'étais devenue l'*amie*, le conseiller privé de M. Lafarge, qui était pour moi plein d'estime, de confiance, et m'entourait des plus affectueuses attentions. Trop occupé d'affaires pour être amoureux, il ne me demandait plus de ces paroles brûlantes et passionnées que je ne savais jamais dire, n'exigeait plus d'amour, la loi à la main, avec un despotisme de créancier, était enfin un excellent frère que j'espérais dans l'avenir aimer un peu plus en mari.

Après le départ de M. Buffière, M. Lafarge fit venir de Paris un premier commis qu'il vantait comme un prodige, et dont jamais je ne pus comprendre le choix. C'était un homme encore jeune, aux manières rudes, à la voix mielleuse, au regard fauve. Je restai fort étonnée lorsque, lui ayant demandé par hasard de quelles forges il sortait, il me répondit que de malheureuses

affaires de banque, en lui ôtant sa fortune, l'avaient obligé de se
mettre commis chez un limonadier-glacier, et que jamais il ne
s'était occupé d'autre industrie. Je fus si stupéfaite, si mécontente de l'incroyable légèreté apportée dans un choix de cette
importance, que j'en fis quelques reproches et quelques observations à M. Lafarge; mais il m'assura qu'il connaissait depuis longtemps le dévouement, l'activité à toute épreuve de cet homme,
qu'il était très-inutile qu'il connût la fabrication, étant chargé de
la haute surveillance, de la comptabilité et de tous les marchés.
Enfin, s'il ne put me convaincre, il me laissa un peu moins
contraire à M. Denis.

Je ne sais si mes préventions gagnèrent mon mari, mais il ne
voulut pas confier son espoir de brevet à son commis-glacier, et
ce ne fut que le dernier jour, au moment de partir, qu'il lui
dicta son Mémoire, mon écriture étant trop illisible dans son
indépendance pour être présentée à un ministre. Quant à madame Lafarge, elle semblait apprécier le nouveau venu plus encore que ne l'appréciait son fils, l'engageait constamment à dîner
et à passer la soirée avec nous. Trouvant odieux de recevoir aussi
souvent un homme mal élevé, et qu'il fallait retenir par des manières sèches et froidement protectrices dans les bornes de la
convenance, je demandai à M. Lafarge de prier sa mère de res-
treindre infiniment ses invitations à M. Denis; et madame Lafarge, en se résignant, alors à ne recevoir son protégé que dans
le sanctuaire inaccessible de sa chambre, ne me pardonna pas
d'avoir provoqué son exil du salon.

XLVII

Vers la fin d'octobre, j'eus une grande joie. Pour la première
fois, je pus recevoir chez moi une personne de ma famille et
connaître le bonheur que l'on éprouve à donner l'hospitalité à
ceux que l'on aime ! Mon pauvre Glandier n'était encore habita-
ble que dans mes rêves; cependant je fis tout ce qui était humai-
nement possible pour le rendre agréable à mes hôtes. Je m'étu-

diai à leur faire oublier ce qui leur manquait en devinant leurs petites habitudes d'intérieur, leurs goûts, leurs désirs ; et, ne pouvant leur improviser du luxe dans mes pauvres montagnes, j'essayai de les entourer de bons feux, de belles fleurs et de visages amis.

Après avoir franchi en poste des rochers, des ravins, des pays déserts, dont le sol n'avait été foulé que sous le pied des mulets, M. et madame de Sabatié arrivèrent au milieu de la nuit, morts de fatigue, de secousses, de faim, se croyant descendus aux enfers en voyant leur voiture entrer sous la sombre voûte du Glandier, et allant au diable avec une indulgente et affectueuse gaieté.

Quand je me trouvai dans les bras de ma cousine, quand nos baisers, nos questions, nos regards se furent échangés mille et mille fois, il me sembla que l'on mêlait mon passé si beau à mon avenir, et que la présence d'une amie m'avait créé une patrie dans ma solitude. La puissance du cœur est infinie : les jouissances de la vie, ses douleurs insupportables ont leur source dans ce foyer de nos affections, et il me semble que les félicités du ciel ne seront que le règne absolu de l'âme, dégagée enfin des entraves d'égoïsme et d'indifférence qui sont le partage de notre pauvre matérialité.

Ma cousine était fatiguée, souffrante ; elle craignait une fausse couche. Aussi les premiers jours de son arrivée furent-ils consacrés à un repos absolu et à des confidences interminables. Que de choses nous avions à nous dire ! Je l'avais à peine revue depuis son mariage. Mille restrictions indispensables entre une jeune femme et une jeune fille avaient empêché jusque-là cet intime échange de pensées, si doux lorsqu'il est entier, irréfléchi. Elle me raconta son mariage, comment, en six semaines, elle avait vu, aimé, *adoré* M. de Sabatié ; comment elle avait trouvé un amant dans son mari ; comment les joies de la réalité avaient surpassé les joies de ses rêves.

A mon tour, je lui racontai ce qui avait amené pour dénoûment à mes idées romanesques et poétiques un mariage industriel et convenable, où la raison avait usurpé sur le cœur le premier rôle. Je lui dis les enchantements de la corbeille, les soins, les nobles procédés qui m'endormirent jusqu'au jour du mariage ; puis le réveil, ma peur, les douleurs nerveuses qui

terminèrent le *plus beau jour de la vie*, le voyage, mes désap-
pointements, ma lettre et ses affreux mensonges, mon désespoir,
enfin mon traité, la gracieuse conduite de M. Lafarge, ma vie actuelle, tranquille, heureuse, animée depuis le matin jusqu'au
soir.

Ma cousine s'amusa comme une folle à ces récits, m'accabla
de questions, de railleries, d'encouragements, enfin poussa son
indiscrète gaieté jusqu'à en parler à M. Lafarge, et à lui dire
l'impossibilité des faits accusateurs avancés dans ma lettre et à
se moquer de la crédulité qui l'avait rendu on ne peut plus dupe
du stratagème suggéré par mes peurs de jeune fille et la vue
de mon royaume en ruibes.

Elle voulait absolument lire la terrible lettre; mais M. Lafarge
lui dit qu'elle était brûlée, et il fallut se contenter de quelques
passages qui en étaient restés gravés dans ma mémoire. Cette
petite confidence à mes dépens établit beaucoup d'intimité entre
madame de Sabatié et mon mari. Il était enchanté et avait une
confiance sans bornes pour sa nouvelle parente, qui se faisait raconter par lui tout ce que je ne voulais pas avouer, et qui, en
revanche, mettait sa jalousie du passé dans un repos complet.

J'aurais pu d'un mot arrêter les amicales légèretés de ma cousine; mais, tout enivrée de son amour et de son bonheur, elle
m'eût difficilement comprise, et je ne voulais pas m'expliquer. Il
faut avoir une triste expérience pour savoir que l'âme qui s'est
brisée au choc des déceptions de la vie, quoique rentrée dans le
calme et l'indifférence, pleure et souffre toujours parce qu'elle a
pleuré et souffert une fois.

Souvent, à la vue de l'affection passionnée de ma cousine et de
son Édouard, je sentais avec douleur s'écrouler l'échafaudage de
bonheur et de raison que j'avais imposé à mon cœur. Souvent ils
unissaient aux joies de leur amour les joies qu'éveillaient en eux
un beau ciel, la nature, la poésie, la musique. Quand je voyais
battre leurs deux cœurs sous une même émotion, sous un même
enthousiasme, j'avais besoin de sécher une larme par un sourire
et de me moquer d'un bonheur que je ne voulais pas envier.

Ces journées de réunion passaient bien vite, étaient bien
agréablement remplies. Je faisais de longues promenades avec
lui, j'avais de longues causeries avec elle. Je réunissais les per-

sonnes les plus aimables de notre voisinage pour procurer à ma
belle cousine le plaisir d'être admirée, pour l'amuser par quelques petits ridicules et donner des aliments à la gaieté de nos interminables veillées. Madame de Sabatié était contente, heureuse de tout, faisait des frais pour chacun, et avait même
accompli la conquête de ma belle-mère. Un séjour de six mois
à Toulouse lui avait fait comprendre la vie, les familles, les
esprits de province, qui, n'ayant pas subi les progrès du siècle
et de l'éducation, supposent la vertu, le bon goût et la bienséance
exclusivement enfouies dans leurs ornières, et se croiraient perdus s'ils livraient seulement la plus petite de leurs respectables
pensées à la civilisation.

Bientôt aux plaisirs succédèrent de longues et sérieuses préoccupations d'affaires. M. de Sabatié avait reçu pour dot une terre
près de Toulouse, valant, je crois, 300,000 francs. Ne quittant
guère Paris, il voulait se défaire d'une propriété qui souffrait de
son absence, et en placer avantageusement les capitaux pour
augmenter ses revenus. M. Lafarge lui proposa de placer cette
somme en première hypothèque sur son usine ; il lui présenta
un relevé de sa fortune semblable à celui qui servait de base à
notre contrat, et lui fit visiter les beaux et vastes domaines qui
appartenaient, selon lui, et *comme je le croyais aussi*, à la terre
du Glandier. Enfin, il lui confia sa découverte, son espérance de
brevet et l'immense développement qu'il allait donner à son
industrie.

« Il avait besoin, lui disait-il, d'une première avance de fonds
assez considérable, et surtout indispensable dans un pays où tous
les marchés avantageux se font argent comptant : rien ne lui
serait plus facile que d'emprunter à Paris, avec des hypothèques,
mais il désirait faire participer quelqu'un de ma famille aux
avantages d'un tel placement, et il offrait à Édouard de prendre
200,000 fr. à 5 p. 0/0 et de l'associer à son projet d'amélioration. Il lui promettait encore un traitement de 10,000 fr., je crois,
pour surveiller les opérations qui seraient faites à Paris par ses
commis.

Pendant que nos deux maris chiffraient, calculaient, combi-
naient, ma cousine et moi nous nous montions la tête avec délices sur les parties du projet qui étaient du ressort de nos plai-

sirs. Elle devait venir passer tous les étés chez moi ; l'hiver, nous
aurions un même logement à Paris, un seul ménage ; nos dépenses, nos plaisirs seraient en commun, et, nos goûts étant les
mêmes, nos jouissances se trouveraient doublées.

Il fut décidé que M. Lafarge partirait en même temps que
M. de Sahatié, que celui-ci le présenterait à quelques personnes
influentes dans le ministère du commerce, qu'enfin ils règle-
raient et termineraient à Paris leur espèce d'association, et que,
si Édouard ne pouvait vendre immédiatement sa terre, il donnerait la dot de sa femme pour les dépenses les plus urgentes.

Ma cousine voulait m'emmener avec elle ; elle se faisait une
joie de me rendre ainsi à l'improviste, et pour six semaines, à ma
famille et à mes amis. Mon mari me pressait aussi de l'accompagner ; il ne voulait pas me laisser seule, et il me croyait utile
aux démarches qu'il aurait à faire pour obtenir son brevet. Je
résistai cependant à tous les deux ; je fis taire tout le désir que
j'aurais eu à me laisser entraîner, et je voulais orner ma couronne de femme mariée d'un premier fleuron de sagesse et de
raison.

Je donnai tout haut pour motif de mes refus *l'indispensabi-
lité* de ma présence, pour surveiller les affaires restées abandon-
nées à des commis étrangers et passablement ineptes, et mon
désir d'employer tout l'argent que j'aurais dépensé dans ce
voyage à embellir mon pauvre petit nid du Glandier ; tout bas
mes raisons n'étaient pas moins bonnes. A peine habituée à mon
désert ; je ne voulais pas le quitter avant d'y avoir fondé des
améliorations et des intérêts qui pussent m'y rappeler. Je ne voulais pas, en allant dans le monde avec M. Lafarge, lui faire
supporter des comparaisons défavorables pour lui, tristes et dé-
sespérantes pour moi ; je ne voulais y entrer que protégée par
une confiante et solide affection. Forte contre moi, je fus inébranlable, et je vis approcher avec calme le jour du départ et de
la séparation.

Ce jour fut triste, cependant j'avais voulu les accompagner
jusqu'à Uzerche. Seule avec ma cousine dans son coupé, je la
chargeai de paroles et de souvenirs affectueux pour tous ceux
qu'elle allait retrouver et que je regrettais. Je passai de longs
moments à la regarder pour rapporter fidèlement son image dans

ma solitude; il me semblait qu'elle résumait en elle seule toute ma famille, tous mes amis, tout mon passé; je l'embrassais pour lui cacher les sanglots qui coupaient ma voix; je lui parlais bien vite, bien haut pour m'étourdir, pour arrêter les mots de tendresse qui effleuraient ses lèvres, et qui m'auraient trop affaiblie. M. Lafarge nous avait laissées partir seules, à la prière de sa mère, qui voulait lui faire de dernières et secrètes confidences. Lorsqu'il nous rejoignit près de Vigeois, son chagrin de me quitter fut si bruyant et si plein de paroles, de promesses, de recommandations, qu'il me fit un peu sortir de moi-même et reprendre mon courage.

Cependant, arrivés à Uzerche, lorsqu'il fallut rendre ces trois adieux, ces trois baisers, voir disparaître la voiture qui les emportait, il me fut impossible de rentrer dans ma chambre; il me sembla que j'étouffais, et, priant un de mes cousins de faire seller mon cheval et le sien, je partis au galop, et j'arrivai à moitié folle à leur poursuite. Je fus accueillie par des cris de surprise et de joie; ils voulaient m'emmener en dépit de ma raison; mais je lançai Arabska au galop pour ne pas entendre leurs séductions, et, me sentant rendue à ma résolution par la fraîcheur du vent qui glaçait mon front et par la rapidité de ma course, après les avoir suivis quelque temps des yeux en leur jetant de la main un dernier adieu, je revins à Uzerche sans oser détourner la tête, dans la crainte de faillir et de partir ainsi avec ces bienheureux voyageurs.

M. Lafarge m'avait fait promettre de ne pas retourner sur-le-champ au Glandier, et d'aller passer huit jours dans une famille de ses amis, qui habitait une assez jolie terre près d'Uzerche. Le devoir de cacher ma tristesse et de m'arracher à mes souvenirs pour plaire à ceux qui me recevaient, tout en me faisant beaucoup de mal, me rendit graduellement la raison et le courage.

Je fus reçue avec une cordialité que je croyais sincère alors, mais qui n'était véritablement qu'une spéculation et un placement d'hospitalité qui devait rapporter, pour les soirées d'hiver, un gros revenu de commentaires, de critiques et de médisances.

Généralement, dans ce pays, on n'étudie pas les personnes que l'on reçoit pour leur plaire, prévenir leurs habitudes et leurs

goûts; on les étudie pour les déchirer, pour vivifier à leurs dépens
l'esprit féminin-cancanier qui, seul, a cours dans les salons. Je
ne comprends pas que l'on attaque dans sa vie intime, dans son
caractère, dans son honneur, un pauvre être inoffensif qui vient
chercher près de vous de l'amitié ou de la distraction. La société
qui n'est qu'un échange de sentiments superficiels, où l'on ne dit
pas ses pensées intimes, mais où l'on vient les oublier, la société ne devrait nous juger que sur la partie de nous-mêmes que
nous lui livrons contre quelques-uns de ses plaisirs... Soulever
le voile de l'intimité intérieure, épier, pour les publier, les mystères du cœur, c'est une lâche profanation, quelquefois c'est un
crime. Pourquoi ne pas se contenter du vaste domaine du ridicule, des vanités, des petitesses étalées devant nous? Pourquoi
ne pas rire du faux savant qui mendie un éloge, de la vieille coquette qui nous somme de découvrir des grâces et des amours
sous le pli de ses rides? Pourquoi ne pas rire éternellement
des prudes, des tartuffes, des cœurs incompris, qui vous prient à
genoux de sonder leurs abîmes? Riez, car ces travers sont nés,
de vous, sont nés pour vous, ils vous appartiennent, et le tribunal qu'ils déclarent compétent pour leur encenser des louanges
est compétent pour les démasquer et les railler....

Me voici bien loin et bien près de mon sujet; il faut que je
rattrape ma pensée et que je la ramène parmi les habitants
de F... Madame D... était une femme simple, bonne, qui avait
une gastrite et de l'aménité. M. D..., gros paysan, qui cultivait
ses terres et laissait son intelligence en friche, était un bourru
nullement bienfaisant, qui n'admirait la nature que devant les plus
gras de ses bestiaux. Plusieurs des enfants de M. D... étaient
mariés; il n'avait plus auprès de lui qu'une fille très-forte sur les
gâteaux de pomme de terre, un fils très-agriculteur, qui, après
avoir passé quelques mois à Paris pour mettre sa nullité à la
mode, s'était marié à une jeune fille, blanche, rose, *choisie au
poids* par son père, et qui avait été éduquée, civilisée, engraissée
à Limoges.

Au milieu de cette *bonté de surface*, je passai des jours assez
calmes et assez doux. Le matin je taillais quelques patrons, je
donnais quelques conseils de toilette aux jeunes femmes, et je
leur livrais bien volontiers, à leur grand étonnement, toutes les

façons nouvelles de mon trousseau ; ensuite je me promenais avec madame D..., j'admirais les beaux arbres fruitiers qu'elle avait plantés, l'ordre, l'économie qu'elle faisait régner autour d'elle. Je l'écoutais avec intérêt et j'essayais de m'instruire à son exemple et à ses leçons. Le soir je faisais danser toute la famille en frappant des valses, contredanses et bourrées sur une épinette vénérable qui avait vécu pendant les orgies de la Régence, les tempêtes de la Révolution et les conquêtes de Napoléon ; qui avait fait résonner le *Vive Henri IV* sous la Restauration, la *Parisienne* après les glorieuses, et qui faisait vibrer sous mes doigts le *Postillon de Lonjumeau*. Rentrée dans ma chambre, je passais une partie de la nuit à écrire à M. Lafarge.

Son absence m'avait laissé un grand vide, et je comprenais le prix de son affection, de ses soins, en souffrant de leur privation. Ce ne sont pas seulement les affections que l'on donne qui remplissent la vie, ce sont aussi celles que l'on reçoit, et le ciel sous lequel on est bien aimée ne peut rester longtemps un ciel d'exil.

En recevant chaque jour les lettres passionnées de M. Lafarge, j'étais doucement émue. J'aurais voulu qu'il se mêlât à mon estime quelque peu de passion qui répondît à la sienne. Je m'indignais, je me méprisais presque d'avoir le cœur si froid ; et quand j'avais repassé dans mon esprit toutes les paroles d'amour, tous les nobles procédés, toute l'affectueuse confiance de mon mari, j'étais heureuse de trouver aussi des expressions bien tendres qui pussent, en franchissant la distance, porter du bonheur à celui qui savait tant et si bien m'adorer. Vraiment, quand on n'a pas peur de la nuit, cette nuit si longue, si triste, si noire, si froide pour ceux qui doivent aimer de par la loi, il est très-facile de se former avec de l'amitié, de l'estime, de la reconnaissance, un amour tendre et sincère !

Je restai huit jours à F., et je partis après avoir été chargée de mille et mille commissions pour M. Lafarge. Chacun voulait faire et recevoir des présents pour les étrennes. C'étaient des épingles pour les hommes, des bracelets, des robes pour les femmes. M. Gabriel D... voulait unir l'utile à l'agréable, et, pour orner le cœur, l'esprit et les manières de sa jeune épouse, il fit venir les œuvres complètes de Paul de Kock !

On a en province la manie des commissions et l'on se persuade
que tous ceux qui partent pour la capitale doivent être les com-
missionnaires de tous leurs parents, de tous leurs amis, de toutes
leurs connaissances, et les mettre à la mode pour la somme de
quelques centimes ; une vieille tante veut de la percale, bien fine,
bien forte, bien serrée, pour 15 sous l'aune, ce qui est très-
possible, puisqu'elle a vu dans les affiches de son journal que le
cours du calicot était à 75 centimes ; une cousine désire une robe
de moire ponceau, soie de Lyon première qualité, pour 2 fr.
85 c. — Et une jeune nièce, qui sait que l'on fait des chapeaux
pour 15 francs, veut en avoir un du même prix chez mademoiselle Baudrand, dont elle a entendu vanter le génie par la femme
d'un préfet.

Avant de regagner le Glandier, je m'arrêtai à Uzerche pour ca-
baler et gagner quelques voix à mon bon oncle Pontier, qui voulait se faire nommer membre du conseil général et devenir ainsi
médecin moral de son pauvre département, mortellement malade
d'un débordement d'ineptie et d'abrutissement chronique. Je ne
pus que le consoler d'une défaite et le préserver d'un désespoir
patriotique qui voulait héroïquement le pousser à se brûler la
cervelle ; puis je passai à Vigeois où M. et madame Fleyniat me
retinrent quelques jours, pour me faire faire connaissance avec la
société qui faisait de leur bourg un petit trou fort élégant et
fort animé. Après m'avoir initiée aux mille cancans de rigueur,
on me fit faire des visites ; mais, par une fatalité ou un mauvais
penchant de mon esprit indépendant, je trouvais les femmes
aimables prétentieuses, minaudières, et particulièrement sottes ;
— et je fus charmée de l'accueil simple et gracieux de madame
Nauche, vers laquelle je me sentis portée par l'attrait d'une aimable
figure et par le déchaînement de médisances qu'on avait soulevé
contre elle pour me la faire désapprécier.

XLVIII

Après cette vie errante, je fus enchantée de m'enterrer chez
moi, bien tranquille, bien maîtresse, pouvant être gaie sans cause

ou triste sans raison. Je voulus m'occuper des affaires des bois
à acheter, des moyens de les payer, des remboursements attendus... Mais je vis que ma belle-mère s'était si complétement réservé ce droit, elle l'exerçait avec tant de mystères, d'embarras,
de secrètes conférences avec M. Denis, que je lui laissai bien
volontiers la partie ennuyeuse qu'elle s'était appropriée, pour
borner mes soins aux travaux de la forge que je comprenais un
peu et qui m'intéressaient beaucoup.

Je passais donc une grande partie de mes journées à la forge,
poussée par un double intérêt. Le maître fondeur, jeune homme
intelligent, probe, et qui s'était excessivement attaché à moi,
trouvait ma bonne Clémentine très-aimable, et paraissait lui plaire
assez pour me faire rêver leur mariage; je devins la confidente
du jeune ouvrier, qui me dit avoir beaucoup d'amour dans le
cœur, 15,000 francs de bien, et un état très-lucratif. Clémentine
aurait désiré à son mari un peu plus d'esprit et de manières que
n'en possédait mon bon gros Limousin. Elle admirait sa figure,
et déplorait la coupe de son habit. Enfin, lorsque je lui eus promis de le civiliser, elle consentit à réfléchir, à ne pas repousser
l'amour de mon protégé; et il fut décidé qu'après l'hiver Antonio
ferait sa demande officiellement; et que j'essayerais, avec l'aide de
Dieu, de faire une noce et deux heureux.

Les maçons continuaient leurs travaux sous ma direction, et
les pionniers, en nivelant ma terrasse, déterraient une partie des
ruines, me découvraient des ogives, des sculptures qui m'enchantaient et me faisaient connaître les jouissances de l'antiquaire.

Quand le temps était beau, je faisais seller Arabska, et je lui
apprenais quelques exercices, quelques courbettes sur la pelouse de la prairie. Quand il faisait très-beau, je faisais de
longues promenades à travers des pays inconnus, ce qui me donnait le petit plaisir de me perdre et de m'amuser de la figure consternée de mon domestique, qui n'aimait pas à entendre hurler
les loups au coucher du soleil, et qui goûtait plus les agréments
d'une grande route que la poésie de ravines escarpées qui n'a-
vaient jamais été foulées sous les pieds des hommes et des chevaux. Ce domestique, fils d'un ancien cocher de mon père, tenait
trop à son cou pour se laisser aller aux émotions qu'on éprouve
à vaincre une difficulté presque insurmontable; — et, cachant sa

poltronnerie sous son attachement pour moi, il me suppliait de ne pas exposer ma vie en risquant la sienne, avec une éloquence proportionnée au danger.

Le soir, après quelques heures de réunion avec madame Lafarge, je me mettais à mon piano. Tantôt je chantais, insouciante et gaie, toute la railleuse partition du *Barbier de Séville*, tantôt je me laissais aller à pleurer en répétant la *Norma*, le *Requiem* de Mozart, les agonies musicales de Schubert; — ou bien, avec la partition des *Huguenots* et de la *Sémiramis*, je m'exaltais, et mon enthousiasme ne se refroidissait qu'aux lueurs glacées d'une aurore de décembre.

Tous les jours, j'envoyais chercher les lettres à Uzerche; c'est une bien douce chose que cet échange intime de pensées, que ce rayon d'amour ou d'amitié qui a franchi la distance pour se glisser dans votre cœur et y soulever les lourdes tristesses de l'absence. Je trouve qu'il faut recevoir ses lettres comme on recevrait les absents aimés qui vous les envoient; tête à tête, près de son feu, dans son fauteuil; regarder longtemps le cachet, et le rompre précipitamment; — prendre le premier baiser qu'on vous donne, et chercher bien vite le dernier qui est le plus doux; — puis relire lentement chaque phrase, chaque mot; — y voir ce que l'on vous dit, surtout ce que l'on n'y dit pas, ce que l'on veut peut-être vous cacher; partager une joie, une indignation, une colère; — et en imprégner solitairement son âme pour vivre de la vie qui vient se mêler à la vôtre, en dépit de l'espace et du temps.

Avec ces idées j'éprouvais chaque matin un supplice lorsque ma belle-mère, qui avait ordonné que toutes les lettres lui fussent remises, m'apportait mon courrier, se plantait devant mon lit et m'accablait d'abord de questions muettes, suivait ma main qui brisait le cachet, lisait dans mes yeux ce qu'ils lisaient dans ma lettre, puis, sous un flux de paroles, d'interrogations, venait changer la joie que j'éprouvais à recevoir des nouvelles en une colère concentrée que je pouvais à peine lui cacher. Lisais-je la lettre tout haut, c'étaient des remarques aigres sur l'amour que l'on me témoignait, sur le peu de souvenir qui lui était adressé. Voulais-je essayer de ménager son amour-propre maternel en sautant tout ce qui était échangé d'affection intime, elle se mettait à pleurer parce que l'on avait des secrets pour elle et que son fils

ne l'aimait plus ; enfin, lui donnais-je la lettre à lire chez elle
à tête reposée, elle assemblait M. et madame Denis pour compter
avec eux les tendresses et les baisers qui m'étaient envoyés. Incapable de supporter ce martyre, j'écrivis à mon mari de mettre
dans toutes ses lettres une petite page sans tendresses, sans secrets, sans conséquence, que je pusse livrer à sa mère ; ce qui
fut exécuté, au grand désespoir de madame Lafarge, qui, recevant son feuillet comme réponse unique à toutes ses questions,
dévorait le reste de la missive du regard et de la pensée.

Après le départ de son fils, elle avait voulu établir son inqui-
sition sur tout le reste de ma correspondance. « Je vous apporte une lettre de Paris, de qui est-elle ? On dirait une écriture d'homme ? Elle est bien grosse ; êtes-vous contente ? —
C'est peut-être de votre sœur ? Est-ce que les *dames* de Paris
écrivent à des messieurs ? » A toutes ces questions je m'indignais
avec calme et je répondais froidement que, venant de personnes
qu'elle ne connaissait pas, les nouvelles ne sauraient l'intéresser ;
que j'écrivais à de vieux amis comme à de vieilles amies, bien
persuadée qu'un e de plus ou de moins était une petite considération fort peu importante. Enfin, après avoir lu une fois, deux
fois ma lettre pendant que ma belle-mère restait debout devant
moi, comme un grand point d'interrogation, je la livrais délicatement à la flamme du foyer, et lui ôtais ainsi tout espoir de satisfaire sa défiance curieuse. Madame Lafarge ne m'a jamais par-
donné cette conduite franchement secrète. Elle m'en accusa auprès
de M. Lafarge, qui me prévint de la dénonciation, auprès de son
frère Raymond, qui se fit aussi mon défenseur, et auprès d'autres
amis qui, vertueusement scandalisés avec elle, y trouvaient une
ample matière à cancans, médisances et calomnies. Combien
j'aurais été plus heureuse de pouvoir partager avec ma belle-
mère les bonnes et les mauvaises heures, ma tristesse et mes
joies ! Combien il doit être facile à une jeune femme d'apprendre
l'amour et le dévouement qu'elle a juré au fils dans le cœur de
la mère, qui a été, qui est l'ange gardien du passé de l'enfant,
comme la femme doit être l'ange consolateur de l'avenir de
l'homme !

Après les premiers moments de l'arrivée à Paris, les mots gracieux de bienvenue, les promesses, les participations, la bonne

volonté d'être utile, si sincères les premiers jours, M. Lafarge
avait vu chacun retomber dans l'ornière de ses affaires, de ses
habitudes, de ses plaisirs, et se trouvait seul, isolé et découragé.
La société est impitoyable pour ceux qui viennent y chercher des
appuis ou des protecteurs. Elle exige de ses élus un égoïsme sans
bornes, peut-être nécessaire pour suivre ses rapides tourbillons.
Elle ne laisse pas aux têtes et aux cœurs haletants, essoufflés,
qui lui appartiennent, la faculté de renfermer encore des pensées
et des amis; ensuite il faut avouer que l'égoïsme des solliciteurs
égale celui du sollicité. Celui-ci voudrait que son idée fixe
pétrifiât toutes les idées habituelles des cerveaux auxquels il
s'adresse. Il trouve très-mauvais que la sollicitude des gouver-
nants ne se concentre pas uniquement sur cette idée favorite et
merveilleuse d'où dépendent, selon lui, l'avenir, la richesse, la
gloire du pays.

M. Lafarge cabalait contre l'âge d'or pour faire régner l'âge
de fer; aussi, après lui avoir prêché en vain la patience, je lui
conseillai d'arriver par l'estomac à l'esprit de ses députés, de ses
amis, de ses parents, et de mettre leur bonne volonté à l'épreuve
des excellentes truffes de Périgord. Par ses ordres et par ses
prières j'écrivis à toutes les personnes que je connaissais et qui
pouvaient lui être utiles; il me disait tout ce qu'il fallait leur
expliquer et leur demander. Je passai souvent des journées entières dans cette occupation, qui m'était toujours pénible. Je
ne sais pas implorer, et le rôle de *solliciteuse*, qui m'eût été impossible à jouer en personne, ne m'était guère moins difficile à
remplir avec une plume et du papier. Je déchirais une lettre
parce qu'elle me semblait humble, une autre parce qu'elle priait
avec orgueil, une troisième parce que l'écriture en était d'un
laisser-aller inconvenant ; enfin, si je devenais pour mes *grands*
amis ennuyeuse, j'étais en expiation la première victime de l'ennui que je leur procurais. L'impossibilité où se trouva madame
de Sabatié de livrer sa dot, et la nécessité où fut M. Lafarge de
chercher à ouvrir un emprunt chez des étrangers, achevèrent de
me rendre triste et de me décourager. Ma cousine, croyant qu'elle
manquait une excellente affaire, se désolait, et je ne me désolais
pas moins pour elle, pour moi, pour notre réalité et pour nos
rêves.

Au milieu de toutes ces affaires, souvent je ne comprenais pas
la conduite de M. Lafarge, et j'étais malheureuse en lui voyant
porter, dans sa manière de traiter son emprunt, de petites idées
et de petits moyens misérables. Je voulais bien qu'au ministère
il demandât mille fois pour obtenir une seule ; mais pour ses
affaires particulières et d'argent, je ne pouvais supporter l'idée
de le voir platement empressé près d'un de nos grands rois de la
banque. Des courbettes, des flatteries conviennent peut-être pour
obtenir une invitation de bal près de ces grandeurs ; mais dans
des affaires d'intérêt, où la confiance est indispensable, il faut
baser ses demandes sur l'honneur, la droiture, la fermeté de
son caractère ; et en pliant les genoux pour l'emprunt d'un peu
d'or, on donne à un homme, avec le droit de vous mépriser,
celui d'ajouter le doute et le refus au mépris.

Lorsque ces idées s'emparaient de ma pauvre tête, je souffrais,
et je ne trouvais pas en moi la force de raisonner ou de calmer
mes souffrances. Je m'apercevais alors des impossibilités morales
qui s'opposaient sans cesse à ma volonté d'aimer, de respecter
celui auquel on avait rivé ma vie. Il me fallait prier et fermer
les yeux, quand se présentait à mon esprit cette révélation qui
me dévoilait l'infériorité de l'homme qui était mon guide et mon
seigneur. Mon âme se sentait horriblement froissée ; elle plongeait
avec désespoir dans l'immensité du malheur irréparable qu'on
lui avait fait. Elle aurait voulu ressaisir une illusion prête à disparaître ; elle aurait voulu se dépouiller pour faire de ses dépouilles un piédestal à son maître, ennoblir le culte qu'on lui
avait imposé. Dans ces moments d'orgueilleuse perspicacité, je
me disais bien haut pour m'étourdir : Cet homme est bon ; il est
au-dessus de toi, tout chez lui est sérieux, utile à l'usage de la
vie réelle ; il est ton mari, tu l'aimes... ce n'est pas à lui, c'est au
monde, à la société, à la réalité que tu dois t'en prendre de ces
premiers déchirements qui marquent la transition de ta belle
existence de rêveries et d'illusions à ton existence actuelle de
déceptions et de devoirs. »

Si je descends dans ma conscience, je puis me rendre le témoignage que jamais je n'ai toléré ces révoltes de mon esprit, et
que j'ai toujours cherché avec courage à les étouffer sous un
enthousiasme de fidélité et de devoir. Avec bonne foi, je m'effor-

çais alors de trouver les expressions qui pouvaient être douces
à un absent, je commandais à mes pensées d'être tendres et
affectueuses, puis je les envoyais à M. Lafarge dans mes lettres,
comme une expiation de mes torts involontaires. Si je réussissais
à imprégner ma correspondance de tendresse et d'estime, heureuse, je confiais ma lettre au courrier. Si, au contraire, je croyais
avoir laissé deviner mes tristesses et mes découragements,
j'étais mécontente ; quelquefois encore, en lisant ces expressions
que j'avais imposées à ma plume, il me prenait des remords de
cette quasi-fausseté, et des larmes amères brûlaient mes yeux et
mon cœur.

Madame Lafarge vivait dans sa chambre, au mobilier de laquelle
elle avait ajouté M. Denis, qui ne la quittait pas. J'étais entièrement seule, et je fus bien heureuse d'animer ma solitude par la
présence de ma gentille cousine Emma Pontier. Cette belle petite
âme, sortie toute sainte du couvent, et qui n'avait pas encore
restreint la poésie de ses pensées au matérialisme de l'existence,
venait chercher près de moi de l'amitié et un refuge sacré pour
toutes ses rêveries. Sans fortune, sachant que dans le monde elle
serait destinée à devenir la première servante d'un mari quelconque, elle avait mis plus haut que la terre ses facultés aimantes.
Comme moi, elle avait arrêté son avenir ; mais son cœur souffrait du vague de l'immensité qu'il avait embrassé, tandis que le
mien se déchirait contre la chaîne qui le clouait sur la terre.
Celles de nos journées qui se passaient ensemble étaient douces
et occupées. Nous faisions quelques promenades dans les ruines,
nous lisions Chateaubriand et je lui faisais de la musique. L'effet
de l'harmonie était tout puissant sur l'organisation tendre et impressionnable d'Emma. Lorsque le crépuscule arrivait, lorsque
les ténèbres jetaient un grand voile noir sur notre vaste salon,
je lui chantais la romance de *l'Abencérage*, le *Lac* de Lamartine,
quelques-unes de ces ballades de Schubert, où les ombres sortent
de leurs cercueils pour revenir sur la terre aimer, prier, souffrir.
Elle frissonnait, cachait sa tête sur mon épaule pour pleurer ;
quelquefois son émotion me gagnait, j'avais peur en m'écoutant, et nous nous tenions ensemble, n'osant nous lever pour
demander la lampe qui devait nous rendre le courage.

Pendant nos soirées, nous aimions à nous entendre raconter les

aventures surnaturelles que ma belle-mère disait avec tant de
mystère et de croyance. Tantôt c'était le diable qui étouffait un
de ses enfants, tantôt un vieux moine qui traversait les arcades
du grand corridor en chantant les psaumes de la pénitence ; un
soir, c'était un fantôme qui l'avait baisée sur le front pour lui
prédire la mort de son mari, arrivée deux jours après. Une autre
fois, pendant une des nuits orageuses et glacées de l'hiver, elle
avait vu des ombres légères et plaintives venir étendre leurs mains
de squelette devant son foyer, la regarder avec leurs yeux vides,
qui pleuraient des larmes glacées.

Un soir, des lettres pressantes m'étant demandées par M. Lafarge, je veillai jusqu'à deux heures du matin, tandis qu'Emma,
qui n'avait pas voulu se coucher avant moi, se faisait montrer par
Clémentine toutes les gracieuses toilettes de ma corbeille. Soudain ma gentille petite amie voulut me faire mettre encore une fois
ma toilette de mariée, mon voile, mes dentelles et ma blanche couronne. J'allais être triste et compter dans mon cœur toutes les
illusions qui s'y étaient effeuillées depuis que j'avais déposé,
au sortir de l'église, cette parure de vierge, quand les compliments d'Emma et l'enthousiasme de Clémentine, toujours en
admiration devant sa maîtresse, tournèrent mon esprit à la vanité et à la partie futile et superficielle de mes souvenirs. Voulant
continuer plus longtemps notre conversation, nous fîmes porter
le lit d'Emma auprès de mon lit ; tout à coup notre lampe s'éteignit, et les flammes de la cheminée vinrent se jouer en mille
reflets bizarres sur les angles des meubles du salon. Toutes les
légendes repassèrent en notre esprit. « J'ai peur, » me dit Emma
en pressant ma main. J'avais bien un peu peur aussi ; mais, me
faisant incrédule et forte pour la calmer, je voulus lui prouver
comment le merveilleux s'expliquait toujours facilement ; je lui
parlai de magnétisme, de somnambulisme, etc. Cependant le vent
se levait et gémissait à travers les corridors délabrés ; les cris
des oiseaux de nuit faisaient faiblir mon courage, les hurle-
ments des loups que nous entendions dans le lointain glaçaient
nos mains qui se serraient convulsivement ; le feu qui s'étei-
gnait n'éclaira plus que les angles du piano qui semblait un immense cercueil... Emma frissonnait, ses dents claquaient ; j'étais
un peu plus forte, mais mon cœur était serré de pressentiments.

Ma pauvre petite cousine, ne pouvant plus raisonner son effroi, vint se réfugier près de moi, et, nos deux têtes se cachant sous ma couverture, nous attendîmes le matin toutes muettes et tremblantes. Enfin, quand le premier rayon du jour nous fut annoncé par la cloche de l'*Angélus*, nos deux têtes sortirent de leur blanche prison, nos deux regards encore effrayés se rencontrèrent, et nous échangeâmes un long éclat de rire au souvenir de nos terreurs mortelles.

Le lendemain, au déjeuner, nous racontâmes à ma belle-mère tout ce que nos deux imaginations avaient vu et entendu dans cette sombre nuit. Nous avions bien envie, pour embellir notre narration, de nous vanter de la visite de quelque moine-fantôme; mais le mensonge nous sembla un peu gros, et nous nous fîmes un scrupule d'ajouter une superstition à toutes les superstitions qui troublaient déjà la solitude du pauvre Glandier.

XLIX

Cependant madame Lafarge, jalouse de l'excessive tendresse que me témoignait Emma, voulut employer mille moyens pour me détacher de son cœur; elle lui raconta la lettre du 15 août et les tristes scènes de mon arrivée; lui métamorphosa en actualité l'amour que j'avais pour un *jeune homme*; lui dit que je l'avais vu à Pompadour, puis à Glandier, fit enfin un si heureux mélange d'absurdités et de noires calomnies que je vis un nuage sur l'affection de ma cousine, à laquelle je donnai toute ma confiance pour me justifier, et qui reconnut bientôt qu'elle pouvait m'aimer, et m'aimer davantage pour ce que j'avais souffert et pour ce que je souffrais encore quelquefois.

Mon oncle Pontier venait souvent me voir, et se montrait heureux de l'amitié que je témoignais à sa fille; mais à ses conversations douces, aimables, enthousiastes, avait succédé chez lui une préoccupation, un découragement, une tristesse profonde, ardente, continue, qui m'affligeait et m'effrayait. Un soir il me parut plus malheureux que de coutume; il me fit chanter tous

les airs qu'il aimait, me parla de l'absence, des absents, de la
sainteté du souvenir; puis, après m'avoir embrassée, me quitta
en me recommandant ses enfants, et le lendemain j'appris qu'il
était parti pour Alger. Je pleurai amèrement ce seul homme qui
m'ai comprise, aimée, adoptée dans ma nouvelle famille; et je
lui écrivis pour lui jurer d'aimer, de protéger ses enfants, pour
lui dire toutes les pensées, tous les regrets que je lui gardais
jusqu'au retour.

J'avais quelquefois la visite de M. de T...; avec lequel j'étais
heureuse de pouvoir échanger quelques idées; je m'éclairais de
son bon goût et de son expérience pour des plantations que je
voulais faire au printemps, et je lui faisais déposer dans mes
albums les jolis vers qu'il faisait pour abréger les ennuis de la
course de Saint-Martin à Glandier. J'avais fait le projet d'aller passer deux jours à son château, et de faire une plus ample connaissance avec madame de T... Un temps exécrable et des rats affa-
més qui s'étaient improvisé un dîner avec les boutons de mon
amazone, me firent remettre et puis manquer ce projet de réunion dont j'avais besoin pour secouer mille ennuyeuses préoccupations.

Je recevais de M. Lafarge des lettres désespérées; les affaires
de son brevet allaient bien lentement, tout en promettant une
réussite certaine; mais l'emprunt, qui allait plus lentement,
encore, offrait des difficultés qu'il craignait insurmontables. Les
pompeuses spéculations qui, depuis quelques années, avaient
bouleversé tant de fortunes, rendaient les banquiers méfiants et
intraitables. Comme il leur était difficile d'obtenir des renseignements certains sur la valeur du Glandier, sur la solidité des
hypothèques qu'ils voulaient exiger pour assurer leurs place-
ments; après plus ou moins de phrases, ils faisaient tous des
refus. J'envoyai une procuration illimitée pour essayer de vendre
Villers-Hellon ou d'emprunter sur ma dot. Je prêchai à M. Lafarge le courage et la patience; enfin j'essayai de mettre de
tendres et affectueuses paroles dans mes lettres, pour qu'elles
pussent endormir le soir les déceptions et les fatigues de la
journée.

Il désirait passionnément mon portrait; avant de partir il avait
voulu le faire faire, mais le temps lui avait manqué, et il n'avait

su où trouver une jeune personne qu'on lui avait recommandée comme ayant un talent passable. Voulant réaliser le vœu du pauvre absent, et calmer le découragement et l'impatience qui le gagnaient chaque jour, je parvins à déterrer la jeune artiste limousine ; c'était une jeune vieille fille, qui paraissait très-sainte, qui avait les paroles un peu gluantes du miel de la flatterie, mais assez d'instruction ; qui était malheureuse et qui avait pour talent une boîte de couleurs, des pinceaux, de l'assurance et le genre *enseigne*. Elle me fit poser trois semaines pour faire sortir d'un ciel gros bleu une bonne physionomie rose et blanche qui ayant comme moi une bouche, un nez, des yeux et des cheveux noirs, devait me ressembler d'une manière frappante — et qui ressemblait aussi à une de ces grosses figures joufflues qui sortent d'une corne d'abondance et sourient, du haut de la porte d'un pâtissier, aux petits enfants de la rue Saint-Denis.

Madame Lafarge était si enthousiasmée de mon portrait, mademoiselle Brun le regardait de près, de loin, avec un sourire si orgueilleusement satisfait, que je crus avec douleur que la vanité m'aveuglait, et que j'étais tout aussi laide que mon image. Je voulus cependant hasarder une légère remarque à mademoiselle Brun sur l'idéalité du teint de lis et de roses qu'elle avait flatteusement substitué à la vérité assez jaune de mon teint ; mais notre artiste me fit observer que le rose vif tranchait bien mieux que la pâleur sur un ciel bleu ; et madame Lafarge assura que son fils serait doublement heureux en voyant sa femme si pleine de santé, de fraîcheur et d'embonpoint. Je me tus, et il fut couvenu que le chef-d'œuvre ne serait pas retouché.

Au moment du départ de M. Lafarge pour Paris, je lui avais demandé de me rapporter un petit gâteau de chez Félix, non point que je me fisse illusion sur l'état de vétusté et de sécheresse dans lequel il arriverait, mais me faisant une joie de cette espèce de fête que je voulais donner à mes souvenirs de gourmandise et de jeunesse.

Autrefois, mes cousines et moi nous nous donnions rendez-vous au passage des Panoramas pour nous serrer la main, échanger quelques petits secrets de la veille, pendant que nos gouvernantes nous oubliaient en savourant les gâteaux du grand pâtissier.

15.

M. Lafarge avait paru comprendre mon désir ; je voulus le lui
rappeler, et lui rendre le plaisir qu'il voulait me procurer en
ajoutant à l'envoi de mon portrait des petits gâteaux et des
châtaignes de son cher Limousin. Il fut convenu que madame
Lafarge, dont la réputation pâtissière était colossale, et qui avait
l'habitude de ne céder à personne le grand œuvre des entremets, se chargerait de la confection des gâteaux, et que le
jour où M. Lafarge les recevrait à Paris, elle en ferait d'autres
qui seraient mangés par notre colonie. Cette seconde partie du
projet, qui était tout à fait la mienne, me sembla charmante,
originale, et je me faisais une joie d'enfant d'un souper dont les
convives, à cent lieues de distance, devaient se réunir par la
pensée et par le cœur. Sachant que ma sœur devait être à Paris,
je chargeai M. Lafarge de l'inviter à notre réunion. J'invitai
même madame Buffière à cette petite fête, mais elle me répondit
qu'étant grosse elle ne pouvait faire le voyage, et promit de
faire à Faye la troisième partie de ce thé-souvenir.

A Glandier la soirée fut très-gaie ; il y eut de la musique, des
causeries et des pensées en l'honneur des absents. J'avais fait
partager notre fête aux ouvriers et aux domestiques de la maison, et, tandis qu'au salon nous prenions une tasse de thé au
bonheur et au retour de M. Lafarge, à l'office on portait de
bruyants toasts à sa santé et à la réussite de son brevet.

M. Lafarge fut enchanté de l'attention du portrait ; il le
trouva assez laid pour que mon amour-propre reçût la récompense de son abnégation, et il en fut assez heureux pour que
ma patience se trouvât amplement payée, par de longs mots
d'affection et de reconnaissance, des longues heures d'ennui qu'il
m'avait fallu braver pour le faire faire. Ma gentille petite idée
de souper n'eut aucun succès. Mon mari me dit que, le soir de
l'arrivée de la caisse, étant obligé de passer une partie de la
nuit dehors, il ne put manger qu'une bouchée de gâteau ; qu'étant
rentré assez souffrant de maux d'estomac, il s'était mis au lit
avec une migraine affreuse et des vomissements ; ces nouvelles
m'inquiétèrent tout un jour, mais sans raison. J'appris que
quelques tasses de limonade avaient calmé cette légère indisposition, qui avait été bien moins violente que celles qui m'avaient
si souvent effrayée à Glandier.

Après avoir terminé mon portrait, mademoiselle Brun me fit la surprise de commencer celui de ma petite nièce. C'était un ouvrage assez long et une aimable attention ; aussi l'invitai-je à rester près de moi jusqu'au moment où je pourrais la mener chez madame Buffière, dont elle devait faire aussi le portrait, et chez laquelle je devais passer quinze jours après le retour de M. Lafarge.

Mademoiselle Brun semblait malheureuse ; sa famille était presque indigente, elle n'avait pas d'amis, elle le rappelait sans cesse, et je lui offris de bien bon cœur mon hospitalité et mon intérêt. D'ailleurs elle ne troublait nullement la solitude occupée de mes journées, ne quittant pas la chambre de ma belle-mère, qui l'accablait de flatteries, d'amitié, de crêpes et de café noir. Je m'étonnais de l'affection passionnée que madame Lafarge avait inspirée à mademoiselle Brun, lorsque j'appris qu'elle voulait la marier avec un vieux monsieur, riche veuf, dont je ne sais plus le nom, mais qui habitait à Excideuil, non loin de Faye. Ma belle-sœur était de moitié dans ce complot, auquel je n'étais nullement initiée.

Vers cette époque il m'arriva une scène bien pénible avec madame Lafarge. Elle s'était chargée de faire légaliser un acte indispensable à son fils pour l'emprunt. Je ne sais par quel hasard, lorsqu'on me l'envoya pour la signer, j'eus la curiosité de lire cette pièce, et je ne saurais exprimer tout ce que j'éprouvai de tourment, de douleur et d'indignation, lorsqu'au lieu de la procuration je lus un testament écrit en mon nom, et qui dénaturait toutes mes volontés et tous mes sentiments. Il m'était impossible d'en douter : ma belle-mère avait violé le testament que j'avais mis sous la sauvegarde de son honneur ; elle avait livré mes plus intimes pensées à un homme de loi ; elle l'avait chargé de légaliser des volontés qui n'étaient pas les miennes ; elle avait voulu que ma fortune passât aux enfants de sa fille, à des étrangers ; elle avait voulu que pas une des pensées et des affections de mon cœur ne me survécût, et que tous ceux que j'avais aimés pussent me pleurer deux fois en croyant que j'avais été glacée par l'oubli avant d'être glacée par la mort. C'était une infamie. Après avoir spéculé sur mon mariage, fallait-il donc encore spéculer sur ma mort ? Une idée terrible traversa mon âme. Dans ce lit où je me reposais chaque soir, une autre femme, jeune, confiante, isolée comme moi de tous les siens, s'était vue mourir; elle avait signé un testament qui dépouillait sa famille. Avait-elle été trompée? — avait-elle été victime?

« Mon Dieu! mon Dieu, pitié! » m'écriai-je, en me jetant à genoux. En ce moment ma belle-mère, qui venait de s'apercevoir de sa méprise, et qui espérait que j'avais renvoyé le papier sans le lire, entra dans ma chambre.

— Je sais tout, lui dis-je avec une voix tremblante d'émotion et de désespoir. Je sais que vous avez violé ce qu'il y a de plus sacré, les secrets de la mort. Je sais que vous avez voulu dépouiller ma sœur, que vous avez voulu me faire mentir à mes affections et à mon cœur dans cet instant suprême où nous quittons la vie. C'est la Providence qui m'a dévoilé vos embûches; elles seront désormais inutiles. — Oui, je vais faire un testament, je vais l'envoyer à ma sœur, je veux lui donner cette fois tout ce qu'il m'est possible de donner; et, si bientôt je dois mourir, ma fidèle Clémentine ne quittera pas mon chevet, et préservera mon agonie de la violence et de l'astuce.

— Marie, Marie! s'écria madame Lafarge, je vous en supplie, ne déshéritez pas Charles; il ne sait rien de ma démarche.

— Je veux, j'ai besoin de le croire; mais ma résolution n'en est pas moins inébranlable.

— Marie, je vous en prie, oubliez tout cela; n'en parlez pas à mon fils; il ne me le pardonnerait jamais, et c'est pourtant dans son intérêt que je l'ai fait.

— Il me serait impossible d'oublier, mais je vous promets de n'en point parler à votre fils; vous ne devez pas rougir devant lui, madame. Pas d'oubli; mais silence et pardon.

— Mais si vous avez un enfant, vous le déposséderez donc pour votre sœur?

— Un enfant?... Oh! si Dieu me donnait ce trésor, pouvez-vous croire que toute ma fortune, toute mon existence, toute ma sollicitude, tout en moi ne lui appartiendrait pas?

— Eh bien, Marie, vous avez été injuste; car je n'ai fait cet autre testament que dans la persuasion où je suis que vous aurez cet enfant.

— C'est impossible.

— J'en ai la conviction, je le sais...

— Mais on m'a dit qu'il fallait des symptômes que je n'ai pas.

— Ces symptômes ne prouvent rien pour une première grossesse... Vous avez les yeux cernés, mal au cœur, une répugnance invincible pour quelques aliments ; votre taille est moins fine, moins souple... — Je vous le dis avec ma vieille expérience, vous êtes grosse.

Je fus confondue de cette révélation de madame Lafarge ; je ne pouvais la croire, je n'osais l'interroger davantage... Mon inexpérience était immense, absurde ; je creusais ma pauvre tête inutilement. Enfin après m'être monté, abruti l'imagination pendant quelques jours, après avoir entendu répéter mille fois à mon oreille que j'étais déjà très-changée et très-ostensiblement grosse, je crus à un miracle, et j'espérai être élevée à la dignité de mère, par la grâce de Dieu.

Mes larmes s'étaient séchées à cette espérance si douce ; je faisais mille questions, mille oppositions à la certitude de ma belle-mère. J'avais besoin qu'elle répondît aux unes avec son expérience de matrone, qu'elle combattit les autres victorieusement. Mon espérance de *petite fille* s'était déjà si bien emparée de mon cœur qu'elle en avait chassé la rancune.

Je n'osai parler de mon bonheur à M. Lafarge. Il me semblait que je le perdrais en y croyant, et je me faisais incrédule pour être rassurée sur une déception, et je me vouais à tous les saints pour qu'ils changeassent l'impossible en possible. Toutes mes pensées, toutes mes actions se rapportaient déjà à ce cher petit complément de moi-même. Je ne montais plus à cheval, je ne mettais plus de corset, j'avais fait élargir toutes mes robes afin qu'il grandît sans entraves, et déjà je m'occupais de sa layette avec Clémentine, de son éducation avec mademoiselle Brun. Je ne pouvais chanter, je ne pouvais lire que les romans et les ouvrages qui parlaient des petits enfants. J'avais compris le paradis terrestre. Ma petite *Jacqueline* était si jolie, je la rêvais si blanche, si rose ; elle avait des cheveux noirs, des yeux bleus, la bouche du petit roi de Rome, autant de cœur que les anges, et des baisers infinis pour répondre à mes baisers...

Belle petite Jacqueline, née de mes rêves, ne venez pas sur cette terre, ne demandez pas la vie à une autre mère ; restez au ciel, chère enfant, que je vous y retrouve ; soyez un jour la récompense de toutes les agonies qu'il m'a fallu souffrir dans ce monde !

Cette pensée fixe, qui traversait tous mes jours et toutes mes nuits, était pour moi un bienfait. J'avais dans ce même temps mille tourments imperceptibles qui harcelaient ma vie de coups d'épingles, et j'avais besoin de trouver un amour dans mon cœur pour les oublier un peu.

Le découragement semblait s'emparer de plus en plus de M. Lafarge ; il se sentait pris du mal du pays, il courait chez tous les banquiers de Paris sans réaliser son emprunt, et se disait fatigué, souffrant ; il craignait de tomber malade loin de nous... La forge n'allait pas ; les forgerons venaient se plaindre à moi de l'incapacité de Denis, qui les laissait manquer de charbon. Je voyais autour de nous les bois qui se vendaient sans qu'il se fît aucun achat pour notre consommation. MM. Buffière et Magnaud, qui avaient promis à M. Lafarge de surveiller ses affaires, ne mettaient guère les pieds au Glandier ; enfin Denis avait fait mettre le premier commis à la porte. Se sentant soutenu par ma belle-mère, il commandait en maître, était impertinent avec mes domestiques, impérieux avec les ouvriers du dehors. Il alla même jusqu'à se permettre de renvoyer mes maçons et les pionniers qui terrassaient mon jardin. — De plus, il se grisait, passait son temps dans des voyages mystérieux, faisait mourir de fatigue tous les chevaux de l'écurie, en accusait mon domestique, et eut même la hardiesse d'écrire cette calomnie à Paris. Quand je reçus la lettre de M. Lafarge, qui me disait cette délation, je mandai Denis et je lui fis comprendre que je ne pouvais souffrir des espions autour de moi ; qu'au premier rapport inexact je demanderais à son maître de le renvoyer. Il s'excusa et rejeta la calomnie sur M. Buffière, avec une humilité basse et fausse qui changea ma colère en mépris. J'aurais voulu dire à M. Lafarge tout cet égoïsme de son beau-frère, ces impertinences, ces désordres de Denis ; mais, craignant d'ajouter mes ennuis à ses ennuis, je me taisais, je pressais son retour de toutes mes prières et de tous mes désirs : je comptais les jours et souffrais en silence. Tous ces tracas irritaient mes nerfs et me rendaient craintive. La nuit j'avais peur, et je fis coucher à ma porte le chef des pionniers et mon domestique ; Clémentine ne quittait pas ma chambre.

Les diamants de madame de Léautaud étaient pour beaucoup dans mon effroi des voleurs. Depuis longtemps sans nouvelle de Marie, je craignais que sa santé ne l'eût obligée à suivre le conseil de son médecin, qui, au printemps, la menaçait de l'envoyer passer l'hiver à Pau, loin du froid et des fatigues du monde. Je lui avais écrit, au moment du départ de M. Lafarge pour Paris, pour lui demander de me tracer ma conduite ; pour lui dire que mon mari avait son secret, qu'il était à sa disposition, avec un dévouement aussi absolu, aussi discret que le mien, pour lui rapporter ou pour vendre ses diamants de concert avec elle. N'ayant pas encore reçu sa réponse, qui devait fixer mon irrésolution, j'attribuais son silence à l'absence. Je chargeai alors M. Lafarge, qui devait être présenté à madame de Montbreton, de s'informer si madame de Léautaud était à Paris. Mon mari fut longtemps sans pouvoir me tirer de mon incertitude, madame de Montbreton n'ayant quitté Corcy qu'à la fin de décembre, et M. Lafarge n'ayant pu aller chez elle qu'à cette époque.

M. Lafarge m'apprenait que madame de Léautaud était à Paris, et il me demandait d'offrir à mon amie, dans le cas où elle n'aurait pas besoin de la somme entière provenant des diamants, de placer le reste à dix pour cent sur notre usine. Il me disait que cette valeur, bien petite sans doute, lui serait d'une utilité réelle pour acheter sur-le-champ des bois que le haras de Pompadour, je crois, allait vendre au comptant dans nos environs. J'avoue qu'il me fut pénible de me faire l'interprète de ce désir auprès de Marie. Cependant je le fis. En donnant tout le tracas de cette affaire à M. Lafarge, je ne pouvais lui refuser de faire en son nom une proposition qui pouvait être si facilement repoussée, si elle était incommode ou désagréable à madame de Léautaud. Cette malheureuse petite boîte de diamants, confiée à ma garde, et dans un castel sans portes, me pesait horriblement. Je n'étais rassurée que par l'impossibilité où serait un voleur de les vendre sans être découvert. Heureusement, ils n'étaient pas entièrement démontés, et je savais par madame de

Léautaud que leur signalement avait été donné par le chef de la police à tous les bijoutiers de Paris, et que M. de Léautaud avait fait toutes les démarches nécessaires à ce sujet.

L

Le 1er janvier approchait, et je n'espérais pas M. Lafarge avant trois semaines. J'en étais désolée, car tout allait de plus en plus mal autour de moi. Les absences de Denis devenaient chaque jour plus fréquentes; il passait toutes ses nuits en courses mystérieuses ; nos ouvriers menaçaient de prendre des engagements avec un maître de forges, notre voisin et notre rival. Enfin, non-seulement M. Buffière ne nous aidait pas de sa présence et de ses conseils, mais encore, malgré la défense expresse de son beau-frère, il avait fait chez lui une expérience de la nouvelle méthode de fabrication, qui avait obtenu une réussite complète.

M. Buffière, et surtout son associé Magnaud, parlaient avec un sentiment envieux et nullement fraternel de notre richesse à venir, et trouvaient fort mauvais que je leur témoignasse mon étonnement en apprenant que, contre les désirs de M. Lafarge, ils avaient fait des essais de nos découvertes, et lui ravissaient ainsi les premières jouissances d'un succès qu'il achetait si péniblement depuis six semaines. Cette nouvelle, que je ne pus m'empêcher d'écrire à mon mari, les 25,000 francs que mon homme d'affaires lui avait trouvé à emprunter pour le 31 décembre, hâtèrent son retour. Je reçus une lettre qui, en me promettant sa présence et mes étrennes pour le 3 janvier, me rendit bien heureuse et soulaga mon cœur d'un pressentiment de malheur qui l'étouffait depuis quelque temps.

Quoiqu'il eût réussi dans sa demande de brevet, M. Lafarge me semblait triste. Il parlait des douleurs de l'absence sans dire les joies du retour. Une phrase de sa lettre me disait : « J'arriverai de grand matin ; je veux vous voir la première, seule, même sans ma mère; faites qu'il en soit ainsi. » Cette phrase ayant été lue par madame Lafarge, qui, dans son empressement de savoir des nouvelles, avait ouvert la lettre arrivée pendant ma promenade à la forge, elle en fut indignée, me fit comprendre par des paroles pleines de fiel que je voulais accaparer l'esprit de son fils, lui dérober sa tendresse, qu'elle ne le souffrirait pas, et qu'elle passerait plutôt toute la nuit pour le voir avant moi.

. Ce fut dans ces aimables dispositions que je commençai mon année. Pour la première fois de ma vie, le jour de l'an était pour moi sans baisers et sans vœux ; et, lorsque je m'agenouillai pour faire ma prière, je versai des larmes amères qui ne purent être essuyées qu'à la pensée du cher petit enfant que je rêvais comme une espérance, comme une bénédiction. Clémentine d'abord, puis nos domestiques et les métayers, vinrent me souhaiter une heureuse année. J'avais préparé pour chacun un petit présent, et je me donnais pour étrennes la jouissance de mettre un sourire sur toutes les lèvres. La douleur, qui s'accroît au bruit des joies qui lui sont devenues étrangères, se console et s'oublie à la vue de ces mêmes joies quand elles sont l'œuvre de sa sollicitude, et l'on est presque heureuse en faisant des heureux.

Madame Fleyniat vint passer ces premiers jours de l'année à Glandier, et m'amena sa petite fille, charmante enfant, très-gâtée, très-jolie, très-méchante, qui m'aimait beaucoup, et me le disait d'une petite façon tout originale.

Dans sa dernière lettre, M. Lafarge m'apprenait qu'il n'avait pas encore reçu l'argent de M. Legris, que son retour dépendait de cet envoi, et qu'il désespérait d'être près de moi aussi vite qu'il le désirait. Ce fut donc tout une surprise quand je fus réveillée par lui le 3 au matin. Quand je le vis sourire et pleurer en me donnant le baiser du retour, je fus effrayée de son changement; Clémentine, couchée près de moi, lui demanda aussi sur-le-champ s'il était malade; il nous dit que son estomac lui faisait mal, que, pendant les derniers moments de son séjour à Paris, il avait été obligé de faire des courses jour et nuit, qu'il avait eu continuellement en voyage des douleurs de cœur et d'estomac, et n'avait pris qu'à Limoges un bouillon qui lui avait causé de violents vomissements. Je voulus lui faire préparer une tasse de thé; il la refusa.

Après avoir exprimé à mon mari ma joie de le revoir, je lui fis mille et mille questions sur ses affaires, sur ma famille, sur sa santé, sur mes amis. Il me dit qu'il rapportait le brevet, qu'il avait ouvert un emprunt chez MM. Martin Didier et Delamarre, qu'il avait pour moi une masse de souvenirs, de lettres, d'affections, et une délicieuse épingle en or et turquoise de madame de Montbreton, qui avait été charmante pour lui. Dans la lettre qu'elle avait remise à M. Lafarge pour moi, madame de Montbreton me disait, après les protestations d'une amitié bien intime, qu'elle m'envoyait une branche de lierre, qui a pour devise : *Je meurs où je m'attache.*

Au milieu de toutes ces demandes et réponses, M. Lafarge me parut triste et préoccupé ; je lui en fis la remarque, et m'informai en riant s'il avait laissé son cœur à Paris. Au lieu de me répondre, il me demanda assez brusquement quelle était la personne qui avait mis à Uzerche des lettres à l'adresse du comte Ch...

— Je ne sais. Je puis seulement vous dire que ce n'est pas moi.

— Si vous lui avez écrit, je vous en supplie, ne me le cachez pas.

— Si j'avais voulu garder une seconde affection et une correspondance blâmable, vous aurais-je confié mon secret ? vous aurais-je dit jusqu'au nom de celui que j'ai dû et voulu oublier en devenant votre femme ?

— Tu as raison, mais on me l'a assuré.

— Que j'avais écrit à M. Ch... ?

— A peu près.

— Alors c'est une infâme calomnie ou une singulière coïncidence. J'exige que vous l'éclaircissiez ; si vous me soupçonniez injustement, je ne saurais plus avoir pour vous une amicale confiance. Vous pouvez surveiller ma conduite, vous pouvez m'interroger sur mes actions, mais je ne souffrirai jamais qu'on établisse un espionnage et une délation entre vous et moi.

— Tu sais bien que je t'aime plus qu'eux. Je te crois... mais avoue que M. de T*** t'a fait la cour en mon absence.

— Il m'a adressé des vers et quelques compliments, voilà tout.

— Mais tu lui as écrit ?

— Oui. Vous savez que je veux préparer un mariage entre une de mes cousines et un de ses amis ; je lui écris chaque fois qu'une lettre de ma tante nécessite de nouveaux renseignements ou m'apporte une nouvelle réponse.

— Mais en Limousin les femmes n'écrivent jamais.

— Je ne suis pas une Limousine, et ne m'aimez-vous pas sans cette essentielle qualité?

— Mais on fera peut-être des cancans.

— Qu'importe? Et si vous êtes au-dessus de ces petitesses provinciales, je bénis le ciel et me moque du qu'en dira-t-on.

Toute notre conversation, qui se traîna deux heures sur ces méfiances, ces rapports et ces soupçons, me fit parfaitement comprendre les lettres qui avaient été écrites contre moi pendant ces deux mois d'absence; les tourments et toutes les épreuves qui m'étaient réservées pour l'avenir. Cependant il y avait encore bien de l'amour chez M. Lafarge; un mot, un regard détruisaient facilement l'échafaudage de calomnies élevé à grands frais contre moi, et je ne désespérai pas de vaincre la haine et les méchants.

Durant cet échange de pensées, d'explications et d'amendes honorables qui succédaient aux soupçons de M. Lafarge, ma belle-mère vint trois ou quatre fois frapper à la porte; mais les verroux étaient mis, et nous ne répondions pas. J'appris plus tard que madame Lafarge, qui avait guetté son fils toute la matinée, fut indignée en apprenant qu'il avait traversé la rivière, franchi par une brèche les murs du cloître afin d'entrer dans ma chambre sans passer par l'avenue et sans la rencontrer. Je comprenais maintenant qu'il eût besoin de me voir seule pour me dire ses griefs, ses soupçons. J'étais touchée, reconnaissante de cette franche explication; j'en triomphai dans mon amour-propre, et ce ne fut que vers midi que je lui rappelai qu'il était convenable d'aller embrasser sa mère. Il revint quelques minutes après, se trouva si fatigué qu'il voulut se coucher, et me pria de lui céder ma chambre, pour que je pusse plus commodément veiller près de lui et lui jouer les airs qu'il n'avait pas entendus depuis longtemps.

À peine M. Lafarge fut-il installé chez moi qu'il eut quelques vomissements; son oncle, M. Fleyniat, un peu médecin, attribua son malaise au voyage, et lui ordonna de l'orangeade. Je lui en fis une tasse, et il se trouva beaucoup mieux après l'avoir prise.

Je passai toute la journée auprès du lit du pauvre voyageur,

qui nous montra le fameux brevet et reçut toutes nos félicitations et notre enthousiasme avec assez de joie. Il ne voulait pas
me voir quitter son chevet, m'accablait de tendres paroles, disait
qu'il m'apportait son succès pour étrennes, que je lui avais in-
spiré sa belle et précieuse découverte, et que tous les nouveaux
fers seraient marqués au chiffre de Marie; puis il déposait sur
mes mains mille baisers de reconnaissance.

J'avais fait graver à Paris un cachet en malachite, avec des
marteaux de forge et une devise de mon invention. C'étaient nos
armes de noblesse industrielle. Cette attention enchanta M. Lafarge. Il le montrait à sa mère, à son oncle; il leur répétait :

— Voyez combien elle sait m'aimer !... combien elle est
bonne! combien ses pensées étaient à moi pendant l'absence!

Et madame Lafarge prenait un air grognon, mécontent, et
elle semblait très-ennuyée du bonheur dont son fils me rendait
des actions de grâce.

Après le départ de nos voisins, M. Lafarge, resté seul avec
moi, m'interrogea sur les autres, sur ce qui s'était passé en son
absence. Je lui dis tous mes tourments, tous mes griefs; je lui
dis l'insouciant abandon de son beau-frère, les impertinences et
l'incurie de M. Denis, le mécontentement des ouvriers et le
manque de charbon qui avait forcé de fermer la forge. Il parut
très-mécontent et péniblement préoccupé, me dit que le pionnier Joseph Astier s'était aussi plaint à lui dès son arrivée; qu'il
allait mettre bon ordre à tous ces abus d'autorité et de confiance.

Ne voulant pas me permettre de descendre pour dîner, M. Lafarge pria sa mère de me faire servir auprès de son lit. Il semblait chercher à réparer plus vite les jours perdus dans les tristesses de l'absence. On m'apporta une aile de volaille truffée.
Mon mari voulut prendre une petite truffe qui le tentait au bout
de ma fourchette. Malheureusement ce fut une légère imprudence qui le rendit plus malade, et il reprit vers dix heures
quelques vomissements.

La nuit fut assez calme. Le lendemain notre malade ne
souffrait que d'une grande faiblesse. M. Denis voulut venir lui
parler. Il le renvoya deux ou trois fois, nous priant de lui laisser
ce jour de repos et d'empêcher qu'on lui parlât d'affaires; il
chargea seulement son pionnier de confiance d'aller à Uzerche

chercher un porte-manteau qui contenait de l'argent, et de faire conduire ses malles.

A l'heure du goûter, on servit quelques meringues dans le salon où je me trouvais avec mademoiselle Brun près de notre malade. Il fallut encore partager notre petit repas, et il voulut une cuillerée de crème mousseuse et parfumée.

M. Buffière arriva sur ces entrefaites. Il s'enferma longtemps avec son beau-frère pour causer, et cette entrevue parut avoir horriblement fatigué et préoccupé M. Lafarge. A cinq heures les vomissements reparurent plus violents et plus incessants que la veille. Je voulus envoyer chercher le médecin de Brives, ma belle-mère s'y opposa et fit choix de M. Bardon, que je savais très-bon ami et très-mauvais docteur.

Cependant les plaintes de M. Lafarge commençaient à m'inquiéter, et si M. Buffière me rassurait un peu en me disant que ce n'était qu'une simple indisposition, et qu'il était dans les habitudes de son beau-frère de s'exagérer la plus légère souffrance, madame Lafarge avait des idées sinistres qui glaçaient mon sang dans mes veines. Elle craignait que son fils n'eût été empoisonné à Paris par ses ennemis. Elle me racontait la mort de son mari qui, dans un dîner chez M. N..., avait été empoisonné par un rival dans un morceau de nougat, et avait eu les mêmes symptômes que ceux qui faisaient souffrir notre malade.

A deux heures du matin M. Bardon arriva. Je le pris à part et je lui dis mes inquiétudes, les soupçons affreux de ma belle-mère. Il rit beaucoup de ces craintes chimériques, m'assura qu'il n'y avait pas un seul symptôme qui pût donner de la consistance à ces idées formidables, que la maladie actuelle de M. Lafarge était une angine et une inflammation de l'estomac, que l'affection qui avait amené la mort de son père avait été naturelle, qu'il l'avait soigné lui-même; que l'imagination égarée de madame Lafarge avait pu seule soupçonner un crime. Je me fis expliquer le traitement à suivre pour combattre cette douloureuse angine, voulant le faire suivre exactement. On devait mettre au malade des sangsues, lui interdire les boissons froides, mêler à ses tisanes des sirops émollients.

Je causai ensuite longtemps avec M. Bardon de la première éducation des enfants, de l'*Émile* de Jean-Jacques, qu'il m'avait prêté quelques jours auparavant, et qui éveillait dant mon cœur mille sentiments nouveaux, bien intimes et bien puissants.

LI

Pendant que nous passions ainsi la nuit à causer, les rats prenaient au-dessus de nos têtes leurs ébats nocturnes, réveillaient M. Lafarge de son léger assoupissement, et lui donnaient de vives impatiences. M. Bardon me demanda si je n'avais pas essayé de combattre ces hôtes bruyants et dévastateurs; je lui dis que j'avais déjà fait contre eux une mixture de *mort-aux-rats*, de farine et d'eau, mais sans obtenir des résultats exterminants. Il me conseilla de joindre à la farine et au poison du sucre et du beurre, promit même de m'apporter de la farine de maïs; et, sachant que je n'avais plus de mort-aux-rats, il me donna un petit mot pour qu'il me fût délivré de l'arsenic à Uzerche.

Le chagrin de se voir cloué sur son lit, quand mille occupations importantes le réclamaient, augmentait les souffrances de M. Lafarge. Il était impatient, préoccupé, sombre; il évitait avec une sorte de terreur les tête-à-tête avec sa mère et son beau-frère, qui lui parlaient constamment d'affaires. Il me semblait heureux lorsque je le berçais par des paroles affectueuses, des rêves et des projets à venir; il était aussi très-mauvais malade, et j'avais seule le droit de ne pas être renvoyée dans une très satanique compagnie, toutes les fois qu'il fallait lui faire exécuter une prescription de son docteur. Sa mère avait par-dessus tout le malheur de l'impatienter, et il ne lui laissait que le soin de préparer une multitude de tisanes, de potions, de cataplasmes, et d'inspecter devant son feu un régiment de cafetières, dont il méprisait le contenu, malgré l'ordonnance et nos prières.

Les soins de mademoiselle Brun paraissant agréables et utiles au malade, je lui demandai de retarder de quelques jours son départ pour Faye; elle y consentit avec empressement, et j'en fus reconnaissante, car c'était s'associer à nos fatigues, à nos inquiétudes de garde-malade, aux préoccupations de nos jours, aux veilles de nos nuits.

Toutes mes conversations avec mon mari me découvraient la jalousie ainsi que le mauvais et calomnieux vouloir de sa mère. Non-seulement on n'avait pas craint de dénaturer mes actions, mais encore on m'en avait prêté d'entièrement fausses, on avait ajouté aux mille tourments d'affaires de M. Lafarge des soupçons, des doutes, des incertitudes insupportables pour l'esprit et cruels pour le cœur.

Aussi, en me retrouvant innocente de ces odieuses imputations, plus confiante que par le passé, plus aimante parce qu'il souffrait, tout heureuse de le revoir, M. Lafarge ressentit une grande joie. Il me disait : « Je vous en prie, aimez-moi devant eux, laissez-leur entendre vos douces paroles, laissez-leur voir toutes vos bonnes attentions. » Et il répétait à sa mère : « Vois comme elle est bonne, comme elle m'aime, combien je suis heureux, combien il faut aussi que tu l'aimes... Embrasse-la pour la remercier du bonheur qu'elle me donne... »

D'autres fois aussi un soupçon jaloux passait sur son front; il m'interrogeait d'une voix brève, dure, méfiante; — puis il me demandait pardon; il me voyait blessée, s'humiliait et me racontait pour s'excuser toutes leurs perfides insinuations. J'aurais voulu ignorer cette malveillance qui se cachait dans l'ombre pour me calomnier. Il fallait toutes les souffrances de mon mari pour contenir la violence de mon indignation, pour éloigner une explication, pour me faire garder un silence qui m'étouffait et qui me semblait aussi lâche que nuisible. Quand j'approchais ma belle-mère, je reculais involontairement, ses paroles fausses et mielleuses soulevaient mon cœur; mon front brûlait et frissonnait quand elle y imprimait un de ses baisers.

Je l'avoue, je triomphais sans générosité de la préférence exclusive que m'accordait son fils; je jouissais de ses yeux qui me cherchaient, me rappelaient, tandis qu'il répondait avec indifférence aux questions de sa mère qui m'avaient fait fuir... Je jouissais des expressions d'amour qu'il me prodiguait devant elle, des boissons qu'il acceptait de ma main après les avoir refusées de la sienne; — je montrais ma toute-puissance, je montrais le prix des baisers que je refusais au jaloux, et que j'accordais ensuite aux prières du repentant.

Folle que j'étais ! je jouais ma vie pour un bon mot. Forte

de ma conscience et de son amour, je soulevais moi-même les haines qui devaient creuser ma tombe !

A sa seconde visite, M. Bardon trouva l'inflammation de la gorge plus intense ; il y avait difficulté à avaler, enflure de la luette, concentration violente du sang à la tête ; il y appliqua des sangsues, fit une légère saignée et souffla quelque peu d'alun dans la gorge. Cette dernière opération fit éprouver au malade une assez forte douleur — qui fut suivie d'une saveur âcre, brûlante, continue.

M. Bardon étant sorti de la chambre, M. Lafarge me dit qu'il était sûr qu'on lui avait fait avaler par méprise du vitriol, qu'il ressentait un feu intérieur insupportable ; que M. Bardon avait une mauvaise pharmacie en désordre dont il avait l'habitude de se servir pour ses malades ; qu'il s'était trompé...

J'essayai inutilement de le calmer par quelques gargarismes d'eau froide ; puis, très-inquiète moi-même de ses inquiétudes, j'allai trouver le docteur, et je lui fis part tout franchement des craintes de son ami. Il me rassura en me disant que cet alun lui avait été donné par son beau-frère, ainsi que lui médecin, et chez lequel il avait passé la journée ; qu'il était facile, à certaines propriétés, de le distinguer des autres susbtances corrosives que nous redoutions ; — mais il ne put aussi facilement convaincre le malade qui s'était fait une idée fixe de sa crainte — ni madame Lafarge, qui changeait par habitude en crimes les malheurs les plus simples...

Madame Panzani vint nous donner le concours de ses soins, de ses recettes, de ses baumes, de ses tisanes. Son intérêt pour son neveu se traduisait par un flux de paroles qui le fatiguait horriblement, par une manie d'essais et de changements contre laquelle il se révoltait, et qui lui faisait envoyer bien loin, quelquefois même jusqu'au diable, la garde-malade *bas-bleu*.

Les jours n'apportaient pas beaucoup d'amélioration à l'état du pauvre souffrant. A peine quelques heures de repos avaient-elles ramené la confiance et le sourire sur nos lèvres, qu'une crise nouvelle nous replongeait dans le découragement. Les vomissements étaient moins fréquents, les angoisses nerveuses étaient plus violentes. Une nuit, elles furent si prolongées, que mademoiselle Brun et moi, qui veillions auprès de lui, ne pûmes

qu'avec -peine l'empêcher de s'ouvrir les veines avec un rasoir,
et fûmes obligées de le couvrir d'eau froide, de l'exposer à l'air
glacé d'une nuit de janvier, d'oublier enfin le soin de son angine
pour calmer les horribles convulsions qui le torturaient.

Tous les matins, en faisant sa visite, M. Bardon nous rassurait, c'est-à-dire moi et ma belle-mère, car tout le reste de
la famille s'unissait pour nous dire que cet état, ces plaintes, ces
angoisses étaient naturelles au tempérament de M. Lafarge;
qu'elles avaient toujours suivi chez lui les fatigues et les préoccupations commerciales.

Il faut avouer que si le malade n'allait pas mieux, il faisait
exactement le contraire de ce qui lui était prescrit. Le docteur
recommandait par-dessus tout un calme parfait, l'usage fréquent
de boissons adoucissantes ; et les *cancans* bourdonnaient sans
cesse au chevet de M. Lafarge, et il ne voulait boire que de l'eau.
glacée pour tisane, entrait dans de véritables colères lorsqu'on
voulait le tromper en mêlant quelque peu de guimauve, de graine
de lin, de gomme, à sa dangereuse boisson de prédilection.

J'étais ordinairement chargée d'affronter l'orage. J'employais
tour à tour avec succès et revers les paroles d'affection, la ruse
ou une volonté despotique, et je gardais pour les prescriptions
importantes le grand moyen d'un exil de quelques minutes dans
la pièce voisine.

J'avais installé mon mari dans ma chambre, qui était plus
chaude, plus grande que la sienne, et je prenais mes heures de
sommeil dans celle de mademoiselle Brun, qui se trouvait alors
partager mon appartement. Cet arrangement était excessivement
incommode pour moi. Fatiguée de veilles, de douleurs d'estomac
et d'un gros rhume de poitrine, ces quelques-heures de repos
que je venais chercher sur mon lit étaient troublées par un passage continuel de la chambre de ma belle-mère à celle de son
fils. J'étais, pour ainsi dire, dans un corridor, où madame Lafarge passait près de moi cinquante fois en une minute, tantôt
rapportant les tisanes qui, après avoir été faites à son feu, y
retournaient encore après un refus, tantôt quittant le lit du malade pour répondre aux nombreux messages qui venaient de
Faye, à MM. Denis, Buffière, Magnaud, qui avaient élu leur
domicile à son foyer.

16

Ces allées et venues continuelles mettaient au supplice le malade. Il supportait impatiemment ces interrogatoires, si odieux lorsque la réponse est invariable et décourageante, ces pas si lourdement légers qui, l'éveillant avec une tendre précaution, ne lui laissaient pas même le droit de se plaindre.

La nuit du mardi avait été bonne, la journée du mercredi meilleure. J'étais plus tranquille, et j'écoutais la respiration égale de M. Lafarge, qui s'était endormi, la tête penchée sur mon épaule, tandis que je lui parlais de choses calmes et riantes, d'affection, de confiance et d'avenir — lorsque tout à coup il est réveillé en sursaut par madame Buffière, qui se précipite comme une folle dans la chambre, lui baise les mains, sanglote, s'écrie : « Mon Charles, tu vas mourir... Ah ! malheureuse, que deviendrai-je ? que sera la vie sans toi ? Oh ! mon frère, ton Aména te suivra au tombeau !

— Aména, calme-toi, tu me fais mal, je suis mieux, lui disait M. Lafarge.

— Ah ! continuait madame Buffière, mon pauvre Charles, mourir si jeune ! je suis venue te donner les derniers soins, je suis venue au risque de tuer mon enfant ; tu mourras dans mes bras !

— Mon Dieu, faut-il donc mourir ? et vous me le cachiez, et vous n'étiez pas inquiète ? me dit le pauvre malade, pâle, tremblant, me regardant avec une expression de douleur et de reproche.

— Je vous jure qu'il n'y a pas de danger dans votre état, lui répondis-je toute stupéfaite, tout indignée de cette scène dangereuse. Je ne comprends pas l'état de votre sœur ; avec de semblables affections ils vous tueront. Je vous en supplie, Aména, retirez-vous.

— Non, non, je ne le quitterai plus.

Il me fut impossible de garder alors mon sang-froid. Je me retournai avec violence vers M. Buffière, spectateur impassible de cette tragédie, et je lui déclarai que j'exigeais qu'il emmenât sa femme hors de la chambre, et qu'il l'empêchât d'y rentrer jusqu'à ce qu'elle fût devenue plus calme et plus prudente.

Cette mesure fut difficile à exécuter ; enfin madame Buffière fut entraînée de force pendant qu'elle criait que j'accaparais son frère, que je voulais lui ravir son dernier soupir, et la rage et la douleur lui donnèrent une attaque de nerfs épouvantable.

L'impression produite par cette scène douloureuse sur M. Lafarge fut ineffaçable; mes paroles et mes sermons restèrent impuissants à le rassurer, et il répétait sans cesse : — Pauvre Marie, faut-il mourir!... Je t'aimais tant... que vas-tu devenir?

— Prenez courage, et vous vivrez encore bien longtemps pour notre bonheur.

— Ne me parle pas de bonheur, cela me fait trop de mal.

— Soyez donc raisonnable. Croyez-vous que ma bouche pourrait vous sourire si vous étiez en danger ?...

— Oh ! non, mais tu me trompes parce qu'ils t'ont trompée.

Je passai la nuit entière pour empêcher Aména d'approcher du lit de son frère, et, lorsque M. Bardon trouva, en arrivant le matin, un redoublement de fièvre, des symptômes plus alarmants, je lui racontai la scène de la veille avec une indignation, une rancune peu modérées peut-être ! Je demandai au docteur la permission de lui adjoindre un médecin consultant. Je voulais avoir M. Ségeral, que mon oncle Pontier m'avait particulièrement recommandé comme un homme de talent et de cœur. Cela ne parut point convenir à ma belle-mère ; et le jeudi matin Denis ramena de Brives M. Massénat dont la réputation était une des meilleures du pays.

M. Massénat examina attentivement et à plusieurs reprises différentes M. Lafarge ; il s'informa longuement auprès de M. Bardon du tempérament du malade, des maladies de son passé, des causes auxquelles on pouvait attribuer ses souffrances actuelles; puis il déclara que l'état du malade ne présentait pas de danger, qu'il avait une affection nerveuse, grave et pénible sans doute, mais d'une guérison certaine. L'extérieur sérieux et recueilli de M. Massénat me fit accepter cet oracle avec joie et sécurité. Pour être entièrement rassurée, je le pris à part, je lui demandai en tremblant toute la vérité, je la lui fis demander par mademoiselle Brun, et chaque fois sa réponse fut aussi positive.

La faiblesse du pouls, le froid aux extrémités m'effrayaient particulièrement; M. Massénat m'assura que c'étaient des symptômes nerveux. Il ordonna pour les combattre, une potion opiacée, des boissons adoucissantes et un peu de nourriture,

tels que de légers bouillons et des laits de poule. Je priai ensuite
M. Massénat de revenir le lendemain; je le lui demandai en
grâce. Il me répondit que la présence de M. Bardon suffisait,
qu'il avait recommandé qu'on lui donnât fréquemment des nouvelles du malade, et il promit de revenir lorsqu'un changement
de régime serait nécessaire.

J'étais si contente, si tranquille de cette bonne et savante
visite, que je me réconciliai facilement avec madame Buffière.
Je l'avais la veille renvoyée avec impatience et colère; pour faire
notre paix, je l'engagea à rester avec moi près de son frère, et
je conseillai à sa mère de prendre quelques heures de repos.

— Nous sommes sans inquiétude, vous êtes fatiguée, lui disais-je, allez dormir... je veillerai près de Charles, ne vous
tourmentez pas.

— Vous voulez rester seule auprès de lui ?

— Non, vous savez bien que cela ne m'arrive jamais. Je n'ai
pas la force de lui tenir la tête, et la vue de ses vomissements
me fait un mal affreux.

— Va te coucher, maman, lui dit son fils.

— Je vois bien que vous voulez me chasser tous les deux :
mais c'est égal, je resterai.

— Quelle injustice ! m'écriai-je.

— Oui, oui, je comprends que vous cherchez à m'éloigner de
mon fils, que vous me regardez comme rien dans la maison ;
mais j'y resterai de force, et nous verrons si vous pourrez être
la maîtresse.

— Mon Dieu, madame, restez dans votre ruine ; quand Charles
sera guéri, je m'en irai bien loin de vos jalouses et mesquines
calomnies ; s'il m'aime il me suivra ; s'il vous préfère, je saurai
ne pas me plaindre.

Je sortis de la chambre, ne voulant pas prolonger d'injustes
récriminations qui devaient faire beaucoup de mal à M. Lafarge.
J'appris ensuite qu'il s'était violemment emporté contre sa mère
après mon départ, qu'il l'avait accusée de vouloir le rendre
malheureux en nous désunissant, et qu'il lui avait même défendu de mettre les pieds dans sa chambre, tant qu'elle ne se
serait pas raccommodée avec moi. Ce qui fit que madame Lafarge vint me trouver et me prier d'excuser sa vivacité, qu'elle

appelait un excès de tendresse maternelle. En me demandant
d'oublier ma rancune, ma belle-mère ne voulait pas oublier la
sienne ; elle et sa fille imaginèrent bientôt mille moyens pour
m'éloigner.

J'étais très-souffrante, très-fatiguée, très-changée. Elles inspirèrent des inquiétudes assez sérieuses sur ma santé à M. Lafarge, qui me supplia de me soigner, de ne pas quitter mon
fauteuil ou mon lit, et, comme je n'avais plus de craintes réelles
je lui obéis, sans être dupe toutefois de la diplomatie ennemie.

LII

La petite quantité d'arsenic demandée par M. Bardon n'avait
pas suffi pour exterminer tout notre peuple de rats ; ils étaient
devenus odieux à mon mari, dont les nerfs s'agaçaient de leurs
courses et de leurs grignottements continuels au-dessus de sa
tête, et ils avaient mérité toute ma haine en dévorant mes robes,
mon linge, enfin tout ce qui se trouvait dans mes cabinets de
toilette. Décidée à rassembler des forces formidables pour les
exterminer définitivement, je demandai à M. Denis de m'apporter
une nouvelle dose de mort-aux-rats et des ratières. Quoique
j'eusse inscrit les deux moyens exterminateurs sur une liste de
commissions, M. Denis *oublia* les ratières, et me rapporta seulement, d'un de ses voyages de Brives, une dose d'arsenic si considérable que je la montrai à M. Lafarge pour lui faire apprécier
les grands moyens avec lesquels je voulais le venger de ses ennemis. Il les approuva ; mais il me défendit d'assister à la confection de la pâtée, dont il craignait pour moi les exhalaisons nuisibles. Clémentine fut chargée de ce soin.

La nuit du vendredi au samedi fut assez bonne. J'en passai
une grande partie avec mademoiselle Brun ; et le matin, me
sentant souffrante et fatiguée plus que de coutume, je fus me
coucher, et je dormais encore à dix heures lorsque madame Buffière vint me réveiller pour s'informer de ma santé et m'engager
à prendre un lait de poule. Très-étonnée de ces sollicitudes inu-

sitées, je la remerciai tout en refusant sa tisane, que je trouvai fade et désagréable. Mais, sans m'écouter, elle m'assura qu'elle savait faire des laits de poule si délicats, si mousseux, que je les aimerais de sa main, et descendit à la cuisine se mettre à l'œuvre. Au bout d'un quart d'heure, elle m'apporta quelque chose d'assez bon. J'achevais de l'avaler, lorsqu'elle revint de la chambre de M. Lafarge, et se montra désolée de ce que je n'en eusse pas laissé un peu pour son frère qui, disait-elle, voulait *par sentiment* le partager avec moi. C'était une idée de malade qu'il fallait contenter; aussi Aména fit-elle un second lait de poule près de mon lit avec l'intention de le faire passer pour la moitié de celui que je venais de prendre. M. Lafarge s'étant endormi, on le laissa sur ma table de nuit; je le gardai quelque temps; mais, voulant prendre encore un peu de repos et ne pas être dérangée, j'envoyai le lait de poule à ma belle-sœur pour qu'elle le conservât chaud jusqu'au réveil de son frère.

A son arrivée, vers midi, M. Bardon trouva notre malade assez passablement bien pour lui donner du pain trempé dans du vin de Bordeaux, et lui permettre quelque peu de volaille ou de la purée de pommes de terre. Il nous prévint aussi que n'ayant pas d'inquiétude et beaucoup d'affaires, il ne viendrait pas le lendemain dimanche, et que nous eussions seulement à faire prendre exactement les potions opiacées prescrites par M. Massénat, malgré la répugnance qu'elles faisaient éprouver à M. Lafarge.

M. Magnaud revint de Faye dans la journée, parla secrètement à mon mari, et celui-ci, horriblement tourmenté des nouvelles qu'il lui apportait et qu'il ne voulait pas me dire, eut une crise, un redoublement de fièvre, et fut bien plus souffrant que la veille. Je me plaignis à madame Buffière de ces continuelles infractions aux ordonnances du médecin.

— Nous ne pouvons toujours nous sacrifier et payer pour Charles, me dit-elle.

— Si vous ne voulez pas qu'on le fatigue, madame, objecta M. Magnaud, signez-moi quelques effets que j'ai là en blanc dans mon portefeuille, et je n'aurai plus à compter avec lui.

J'acceptai bien volontiers; et j'allais m'approcher de mon mari pour lui demander l'autorisation de signer en son nom lorsque ma belle-sœur et son commis m'en empêchèrent avec vivacité, en me disant que ma signature suffisait. Je signai alors quelques petits bouts de papier blanc qu'ils me présentaient et, voulant faire preuve d'ordre et d'exactitude, je mis la date, contre mon habitude.

— Bien! c'est à recommencer, dit M. Magnaud; pour être valable, la signature d'une femme ne doit pas être datée.

Puis, déchirant les billets, il me les fit recommencer cette fois sans y mettre la date. Il y en avait pour 6 ou 8,000 francs.

Emma nous arriva dans la soirée, horriblement effrayée; on lui avait dit le matin à Uzerche, que des commis de Glandier avaient assuré que M. Lafarge était à la mort, et elle fut bien heureuse de partager nos bonnes assurances de guérison lorsqu'elle venait partager nos douleurs et notre désespoir. La présence d'Emma me fut bien douce. Je lui dis mes inquiétudes passées, les paroles rassurantes des médecins, et elle me répéta, comme toute la famille, qu'il n'y avait pas de plus mauvais malade que son cousin, et qu'elle le soupçonnait d'exagérer ses souffrances plus encore que de coutume pour se faire bien aimer et bien gâter par moi.

Vers minuit j'eus des crampes d'estomac qui me forcèrent de me jeter sur mon lit, et ce fut Emma qui me remplaça au chevet de M. Lafarge. Je lui avais dit combien il était important de lui faire prendre sa potion opiacée, et la mauvaise volonté qu'il mettait à obéir à cette ordonnance du docteur; aussi employait-elle mon nom pour le décider tous les quarts d'heure.

— Prends cela, Charles, pour l'amour de Marie qui t'aime tant, disait-elle.

— C'est bien mauvais... mais je vais le prendre pour lui obéir.

— Charles, tu as été bien content de la revoir?

— Oh! oui. Tu dis donc qu'*elle m'aime*, toi?

— Sans doute; je sais bien ce qu'elle me disait quand tu n'y étais pas!

En écoutant ces mots, le pauvre malade prenait les mains de sa cousine et semblait vouloir l'en remercier.

Bientôt madame Lafarge et Aména éloignèrent Emma sous le prétexte de l'envoyer près de moi pour me soigner. Elle me répéta

ce que lui avait dit. mon mari, et je lui dis à mon tour les
calomnies qui avaient été envoyées contre moi à Paris, les haines
qui se révélaient chaque jour plus visibles. La pauvre enfant en
fut indignée. Les mêmes méfiances qui m'entouraient l'entouraient aussi ; elle avait remarqué qu'on se cachait d'elle pour
parler, qu'on semblait avoir des secrets importants, et qu'Aména
l'avait renvoyée avec humeur de la chambre pour causer plus
librement avec M. Magnaud et mademoiselle Brun.

Mille et mille conjectures passèrent dans nos esprits. Nous
crûmes enfin qu'il s'agissait de mauvaises spéculations, qu'on
voulait me les cacher de peur de m'inquiéter, et les billets signés
le matin confirmèrent cette pensée qui diminua un peu la rancune que j'éprouvais de la conduite hostile et déplacée de toute
cette famille.

A quatre heures du matin, Emma et moi fûmes reprendre notre
place auprès du malade. Il paraissait plus souffrant, et ne me
parla point lorsque ma main vint se poser sur son front pour en
interroger les battements et la chaleur. Pendant mon absence
on ne lui avait pas donné une seule fois de la potion prescrite,
qui avait seule le pouvoir de le calmer. J'en fis la remarque
avec chagrin ; il l'entendit et me fit signe de lui en préparer.

Comme il m'était impossible de faire prendre à M. Lafarge une
seule goutte de ses tisanes émollientes, pour y remédier j'avais
le soin d'ajouter une petite pincée de gomme dans l'eau ou la
potion qu'il se résignait à accepter. Cette fois que, selon mon
habitude, j'avais fait la légère addition de gomme dans la potion,
madame Lafarge vint m'arracher la cuillère, la montra à son fils
d'un air triomphant, et lui dit de se bien garder de la prendre
parce que j'y avais mis de la poudre blanche. En vain Emma fit
remarquer à sa tante que ce n'était qu'un peu de gomme arabique
qu'elle m'avait vue mettre ; celle-ci affecta de ne pas vouloir l'entendre, et, lorsque je fus sortie, elle lui dit que c'était d'autant
plus mal à moi d'avoir donné cette gomme à son fils, que
M. Massénat en avait expressément défendu l'usage au malade.
Emma, qui savait positivement le contraire, voulut m'excuser ;
mais elle reçut des paroles dures, humiliantes, l'invitation presque formelle de retourner à Uzerche, et l'ordre de ne pas se
mêler à l'avenir de ce qui se passerait autour d'elle.

En me voyant si malheureuse, *si persécutée*, Emma partit seulement pour un jour, s'engagea à revenir le lendemain, et me promit d'accepter courageusement la moitié de ma réprobation actuelle. Combien je fus reconnaissante de cette touchante promesse! Son dévouement, en me permettant d'échanger mes pensées d'amertume et de découragement, pouvait seul me consoler un peu de ce que je souffrais!

Le dimanche matin je fus fort étonnée de trouver M. et madame Denis installés seuls au chevet de M. Lafarge. Je demandai pourquoi on ne m'avait pas fait éveiller en l'absence de sa mère et de sa sœur, pourquoi il était abandonné à de nouvelles personnes qui ne connaissaient pas son traitement et les soins qu'il exigeait; il me fut répondu que M. Lafarge l'avait exigé ainsi, qu'il ne voulait plus que son *bon M. Denis* le quittât.

Je m'approchai du lit de mon mari; il me regarda longtemps en silence, puis porta ma main à sa bouche, et j'y sentis tomber une larme et un baiser. Madame Buffière, qui entra sur ces entrefaites, voulut m'éloigner sous prétexte que je fatiguais son frère... Il s'y opposa, et lui dit : — « *Regarde-la!* » Puis, prenant quelques boucles de cheveux qui s'échappaient de mon bonnet, il se mit à les rouler entre ses doigts et parut réfléchir et nous oublier toutes deux.

Il demanda à boire; je me levais pour le satisfaire, lorsque Aména se précipita sur le verre, me l'arracha et le lui offrit elle-même. Profondément blessée, j'allais m'éloigner, lorsqu'il me rappela, m'attira vers lui et me dit : — Laisse-les faire, ne m'abandonne pas.

J'étais rentrée dans ma chambre pour passer une robe et attacher mes cheveux. — Clémentine vint m'apprendre l'arrivée de M. Fleyniat; je sortis sur-le-champ pour le voir; il était chez ma belle-mère, et, lui trouvant un air sombre, préoccupé, je fus atterrée, et je l'entraînai dans le corridor pour lui demander s'il y avait du danger, si M. Lafarge était plus malade, ce qu'il fallait faire. — Il m'avoua qu'il ne partageait pas la sécurité de M. Bardon, que son *régime nourrissant* lui paraissait absurde, enfin qu'il était effrayé de l'engourdissement glacial des extrémités, de la faiblesse du pouls, et des symptômes peu naturels et peu communs que présentait cette maladie.

— Je vous en prie, lui dis-je; obtenez donc de ma belle-mère qu'elle envoie chercher un autre médecin que M. Bardon.

— Mais elle me dit que c'est vous qui vous y opposez.

— Moi! Depuis huit jours je la supplie vainement de faire venir M. Ségeral.

Il parut *très-étonné* de ma réponse, et me conseilla d'envoyer sur-le-champ à Brives chercher M. Ségeral, d'exiger qu'il vînt tous les jours, de ne m'en rapporter en rien à M. Bardon, dont l'ineptie était généralement reconnue, et pour lequel il ne s'expliquait pas l'engouement de la famille.

M. Fleyniat, voyant combien il m'avait rendue inquiète, essaya alors de me rassurer ; il me dit qu'il pouvait s'exagérer le danger, qu'il savait que M. Massénat ne l'avait pas reconnu, et que son coup d'œil était un oracle auquel on pouvait avoir foi ; puis, revenant dans la chambre de M. Lafarge, il l'examina encore attentivement, lui permit de la bière au lieu de tisane, et m'ordonna de lui faire boire de l'eau tiède, afin de faciliter les vomissements et de faire rejeter de l'estomac les matières nuisibles qui pouvaient y avoir été introduites...

Il me fallut combattre la mauvaise volonté, l'opposition presque brutale de madame Lafarge et de madame Buffière pour faire administrer cette dernière prescription ; selon elles je voulais étouffer M. Lafarge, le fatiguer, le faire mourir par de nouveaux vomissements ; mais leurs accusations ne purent m'ébranler ; je fus inexorable, et malgré elles je fis prendre plusieurs bols d'eau à mon mari, qui n'osait les refuser de ma main, et qui en fut soulagé jusqu'à l'instant où sa mère lui donna un grand verre de bière, qui lui rendit sa brûlure insupportable à l'estomac, ses crampes violentes et ses angoisses.

Pour achever de me désoler, j'appris qu'on avait arrêté le départ du pionnier que j'avais envoyé à Brives chercher M. Ségeral, et que, sous un prétexte quelconque, madame Lafarge avait chargé son *fidèle Denis* d'aller seulement à Lubersac chercher un autre médecin, M. Lespinas.

Dans la soirée M. Magnaud arriva ; sa présence parut faire évanouir les inquiétudes éveillées par M. Fleyniat chez ma belle-mère ; il me dit qu'il avait à parler d'affaires et me demanda de le laisser seul avec M. Lafarge. Je voulus m'opposer à cette fatigue d'esprit, dangereuse dans un moment de crise; mais lorsqu'il m'eut assuré qu'il portait de bonnes nouvelles, plus propres à guérir mon mari qu'à lui faire mal, je m'éloignai et les laissai seuls. Je m'aperçus au retour que la présence de M. Magnaud avait produit un effet tout opposé à celui qu'il en attendait ; jamais la douleur et l'abattement n'avaient aussi violemment contracté les traits du pauvre malade. Il détourna la tête à mon approche, et ne parut pas s'apercevoir d'un affectueux baiser que je déposai sur sa main.

Je fus alors m'asseoir près de la cheminée, devant laquelle mademoiselle Brun, madame Buffière et M. Magnaud causaient en riant, tandis que ma belle-mère dormait, et je me laissai aller à un désespoir, à un découragement affreux. La haine à peine voilée que me témoignait toute cette famille, ce rempart de leurs personnes et de leurs calomnies qu'ils élevaient tous entre moi et mon mari, cette persécution à coups de poignard qui blessait toujours et ne tuait jamais, me parut odieuse et intolérable.

Cependant il me fallait rester; les souffrances du pauvre Charles, plus encore que mon devoir, m'enchaînaient à Glandier. Je levai par hasard les yeux sur tous ces visages ennemis; ils étaient bassement souriants et triomphants, et le mépris qu'ils m'inspirèrent vint remplacer mon désespoir et me donna la force de le raisonner.

— Je vous conseille d'aller vous coucher, Marie, me dit madame Buffière en ricanant; vous êtes bien pâle, et mon frère, habitué à mes soins, qu'il préfère aux vôtres, vous en saura gré.

— Ne vous inquiétez pas de moi, madame; ma place est ici, j'y resterai aussi longtemps que je le croirai utile et convenable.

Puis, cachant toutes mes douleurs bien avant dans mon âme, je pris un livre, et je m'isolai de leurs persécutions et de leur présence.

Ce soir-là M. Magnaud était d'une *amabilité* insupportable; il réveillait madame Lafarge avec des barbes de plume, embrassait de force mademoiselle Brun, de bon gré madame Buffière; enfin il choisit cette dernière pour oreiller et s'endormit profondément sur son épaule. Comme je paraissais observer tout cela avec étonnement, madame Buffière me dit :

— Que voulez-vous ?... C'est pour nous comme un frère.

Vers deux heures du matin M. Lespinas entra, escorté de
Denis. Tous les yeux endormis se réveillèrent, armés d'une
larme pour le recevoir. Madame Buffière voulut l'entraîner dans
l'embrasure d'une fenêtre pour lui parler ; mais il lui dit qu'il
avait été instruit de l'état du malade par Denis, s'approcha du lit
de M. Lafarge, lui tâta le pouls, lui fit une ou deux questions, lui
ordonna une potion qu'il avait apportée, et vint alors se chauf-
fer et me saluer...

Je remerciai M. Lespinas de son empressement à braver la
nuit, le froid, pour soulager des souffrances et des inquiétudes,
et le priai de me dire ce qu'il pensait de l'état de mon mari. Il
me répondit qu'il le croyait atteint d'une gastro-entérite, maladie
longue, pénible, mais pour laquelle un danger présent n'était
pas à craindre. Puis il me demanda si j'aimais ma nouvelle
patrie, si je m'étais ennuyée dans ma solitude, si ma prédilection
pour l'exercice du cheval était assez grande pour me faire braver
l'hiver et les mauvais chemins ? En répondant à ces questions,
j'examinai M. Lespinas, et j'essayai de trouver en lui ce qui avait
motivé la confiance de la famille et la préférence qu'elle lui accordait sur M. Ségeral.

C'était un homme jeune, à la parole tranchante, brève, pleine
de suffisantes et triviales expressions. L'entêtement et la vanité, à
défaut d'intelligence, éclairaient son front. L'amour-propre du
docteur se lisait dans ses yeux et la fatuité de l'homme souriait
sur sa bouche. Pendant qu'il se chauffait, enfoncé dans un grand
fauteuil, les pieds sur les chenets, se frottant les mains ou les
passant dans ses cheveux, madame Buffière lui proposait de l'eau
sucrée, l'appelait leur sauveur, sanglotait en lui disant son amour
pour son frère ; madame Lafarge faisait des exclamations de désespoir, des soupirs mystérieux ; et mademoiselle Brun, Magnaud, Denis causaient avec une retenue affectée et sinistre.

— Mon Dieu ! ne me cachez rien, monsieur, dis-je, en surprenant un sombre regard d'intelligence entre ma belle-sœur et
le médecin. Y a-t-il du danger ? — Je veux envoyer chercher
M. Ségeral ; je suis horriblement inquiète ; point de mystère, je
vous en supplie.

— Il est inutile d'avoir un autre médecin, puisque Monsieur
nous dit que c'est une maladie longue et chronique, me ré-

pondit Aména. Mais vous êtes fatiguée, allez-vous reposer. Nous veillerons cette nuit. Charles lui-même le désire, ajouta ma belle-mère.

— Oui, madame, dit M. Lespinas en se joignant à elles, ce sera long; ménagez vos forces pour les employer plus tard : c'est indispensable.

Exilée du lit de mon mari par ces ménagements hypocrites pour ma santé, voyant mes droits, mes devoirs, mes soins usurpés, je sortis bien indignée, bien malheureuse, n'emportant pas même, pour me résigner, un mot de mon pauvre malade, qui me laissa partir sans qu'un de ses regards fût venu protester contre le chagrin dont on m'abreuvait.

LIII

Le lundi je fus épouvantée par le changement survenu dans l'état de M. Lafarge. Ses yeux étaient fixes, sa pâleur livide... Je vis la mort sur son front... et, sans prononcer une parole je tombai à genoux pour prier et pleurer sur sa main déjà glacée. Le regard de mon mari était tour à tour doux, affectueux, indigné, terrifiant. Si je m'éloignais, il me rappelait en cherchant sur moi avec affection; si je m'approchais, il le détournait avec colère et rage. Il semblait vouloir m'adresser une question, un reproche; et sa mère, sa sœur, Denis, interrompaient ses paroles, me cachaient ses yeux, me volaient jusqu'à l'expression de ses pensées.

Ce supplice n'était pas le seul qu'il me fallût supporter. La chambre était remplie d'amis de la famille, étrangers pour moi, qui épiaient mes mouvements, comptaient mes larmes, enregistraient mes douleurs. J'entendais qu'ils communiquaient leurs remarques à mademoiselle Brun, aux commis, qu'ils chuchotaient, qu'ils calomniaient presque à cette heure suprême; et, incapable de supporter plus longtemps cette torture, je fus m'enfermer dans ma chambre pour laisser couler librement les larmes qui m'étouffaient.

Il faut perdre plus que soi-même, il faut perdre un père, une mère, pour ressentir une de ces douleurs immenses, infinies, qui jettent leurs désespoirs, leurs sanglots et leurs cris au milieu de l'indifférence du monde, qui trouvent un désert parmi les hommes, qui ont tout oublié, hormis la tombe qui va renfermer leur trésor, le ciel qui peut et qui doit le leur rendre dans son éternité. Les douleurs plus calmes, plus raisonnées, qui interrompent la vie sans la briser, ne s'épanchent que dans l'isolement. Ce sont les déchirements, les regrets d'un cœur souffrant, plutôt que le cri de mort d'un cœur agonisant. Elles craignent de paraître exagérées à quelques-uns, insuffisantes à quelques autres.

Les souvenirs de ce dernier jour ont laissé de la terreur, des angoisses dans mon âme, et pas un fait bien positif dans ma mémoire. C'est un cauchemar affreux, dont je me suis réveillée frissonnante, brisée, avec une souffrance réelle produite par de fantastiques tortures. Si près de la mort on ne voit plus la vie, on la sent.

Je sais seulement qu'Emma me revint avec bien de l'amitié et des larmes; que plusieurs fois, voulant retourner auprès du lit du malheureux Charles, un verrou vint arrêter mes pas... Je sais que, voulant mettre à ce chevet, d'où ils me chassaient, le calme et l'espérance, je fis appeler un prêtre; qu'il vint, que je m'unis à ses prières... Je sais qu'un peu plus tard la famille m'apporta des consolations, des tendresses, un *papier à signer...* qu'il me fut permis alors d'approcher du lit de mort, mais qu'il n'y eut plus pour moi ni regard, ni adieu de celui qui m'avait aimée... Je sais qu'ils m'arrachèrent jusqu'au triste droit d'humecter ses lèvres brûlantes, de soulever sa pauvre tête, d'échauffer sa froide main... Je sais qu'Emma me fit sortir de cette chambre pour m'épargner tant d'épreuves et de haines... que je fus bien malade, que vers le matin elle ne me quitta plus... qu'elle pleurait davantage — que je l'interrogeai et qu'elle me dit, en me couvrant de baisers :

« Je vous aime, Marie, je vous aime pour deux... »

Il était tard le lendemain, lorsque le lourd sommeil de douleur avec lequel Dieu sèche les larmes et arrête la pensée, se retira de mes paupières, me rendit à la vie et aux tristesses de la réalité.

Ma première pensée fut pour la pauvre mère. Je voulus aller mêler mes regrets et mes larmes à ses larmes et à ses regrets ; je voulus honorer la mémoire de celui qui nous avait quittés, en promettant une tendresse et une obéissance filiale à sa mère, et j'oubliai qu'elle ne m'aimait pas, qu'elle m'avait bien fait souffrir, pour ne me souvenir que des soins, de l'affection, du respect qui étaient devenus le devoir et l'héritage de la veuve de son pauvre enfant.

Emma me retint ; elle me dit que sa tante était assez calme, que ma présence serait une douleur nouvelle qui réveillerait trop vivement sa douleur engourdie. Elle ajouta qu'elle l'avait chargée de m'embrasser, de me soigner, et m'engagea à remettre au jour suivant notre triste réunion.

Je fus peinée de cette résolution. Nos cœurs, jusque-là étrangers, avaient besoin de s'unir dans une douleur, de se mêler dans ces premiers regrets, dans ces élans irréfléchis, dans ces paroles incohérentes du désespoir. Les affections neuves de la vie trouvent souvent tout un passé dans une larme.

Ma journée se passa avec Emma : elle fut pleine de tristesse. M. Buffière seul vint se jeter dans mes bras et pleurer longtemps avec moi. Il me dit que sa femme était bien malade, au lit, qu'elle m'aimait ainsi que lui comme une sœur ; il m'assura ensuite qu'il continuerait pour moi ce qu'il avait fait pour son beau-frère, et me fit signer une procuration en blanc qui *devait* lui donner les moyens de m'être utile.

Emma, en revenant me trouver après le départ de son cousin, me demanda avec une sorte d'inquiétude comment il avait été. Je lui racontai textuellement notre conversation ; elle en parut étonnée, préoccupée, soucieuse, et, prenant mes deux mains, elle me dit :

— Je vous aime bien, Marie, et je vais vous le prouver. Je ne veux pas faire de jugements téméraires sur ma famille ; mais, je vous en supplie, je vous le demande en grâce, ne confiez à personne vos papiers. Ils parlent sans cesse de testament, me demandent si vous en avez un, ce que vous voulez en faire, ce qu'il contient.

Ces paroles d'Emma me firent songer au testament que m'avait fait M. Lafarge. Nous fûmes longtemps sans le trouver, et plus

longtemps encore, quand nous l'eûmes trouvé, à décider ce que
nous devions en faire. Emma me disait qu'il y avait des formalités à remplir pour qu'il fût valable, qu'elle l'avait entendu
dire à sa tante. Mais comme nous ne savions ni l'une ni l'autre
en quoi elles consistaient, elle me conseilla de l'envoyer à Soissons, à mon homme d'affaires. Emma avait l'esprit si frappé
qu'elle ne voulut pas me le laisser garder une seule nuit dans
notre chambre, et que nous le fîmes porter à la poste par mon
domestique, quoiqu'il fût trop tard. J'écrivis aussi quelques
lettres à ma famille, à laquelle je demandais de venir près de
moi, à laquelle je disais mon malheur sans lui dire mes persécutions.

Assez avant dans la soirée, je chargeai Clémentine d'aller
savoir des nouvelles de ma belle-mère et de ma belle-sœur; elle
refusa d'y aller, en me disant que pendant que je pleurais, elles
me dépouillaient, que je ne m'occupais de rien, que je devenais
leur dupe, etc....: Blessée de ces propos, je défendis toute
autre explication à la pauvre Clémentine, et je lui dis assez durement de sortir de ma chambre. Elle obéit, mais revint un moment après avec ma cuisinière, qui venait m'assurer que Clémentine n'avait pas menti, et que c'était elle-même qui l'avait
prévenue.

— Ils vous ruineront, ils nous chasseront tous, si madame ne
se montre pas la maîtresse. Hier soir déjà ils ont pris l'argenterie sous le prétexte de la serrer, et ils ont voulu l'envoyer à
Faye par le pionnier Joseph, qui a refusé de s'en charger pour
ne pas faire tort à madame, qu'il aime comme nous. Madame Lafarge mère m'a dit aussi que, si je voulais être dans ses intérêts, elle me récompenserait parce que c'était elle qui héritait.
Croiriez-vous que ce matin, quand le pauvre monsieur était
à peine mort, elle a été prendre tout ce qui était dans ses malles,
près de son lit, sans faire seulement le signe de la croix pour
sa pauvre âme, etc?...

Ces paroles me frappèrent, mais, les croyant exagérées par le
dévouement de Clémentine et le zèle de Mion, je leur défendis
de les redire à personne, tout en leur promettant de me faire forte
pour les préserver de toutes vexations, et j'essayai de chasser de
mon esprit le soupçon qu'elles y avaient fait naître. Il me sem-

blait insulter à la mémoire de mon mari en jugeant à sa juste
valeur les démarches de sa mère.

Le mercredi matin madame Lafarge entra dans ma chambre
et m'embrassa sans verser une larme. Elle venait me dire qu'A-
ména, assez malade pour ne pas quitter la chambre et désirant
par-dessus tout me voir, me demandait d'aller pleurer avec elle
son pauvre frère, d'aller résigner mes souffrances en les partageant.

La porte qui communiquait de ma chambre à celle de ma belle-
mère avait été ouverte. J'entendis madame Buffière qui criait :
« Marie, ma sœur, venez, je vous en supplie! » Je sautai en bas
de mon lit, et fus me précipiter dans ses bras, en jetant seulement une mantille sur mes épaules.

Ma belle-sœur était en grand deuil, assez près du feu, mais ne
me parut pas malade ; elle me reçut avec des crispations de
désespoir, et en criant « qu'elle se sentait mourir, qu'elle voulait mourir. » Elle me demanda le brevet, pour qu'elle pût couvrir de baisers cette grande œuvre de son frère, me dit que je
serais bien cruelle de lui refuser cette consolation ; et sembla ne
pas me croire lorsque je l'assurai que je n'avais pas le brevet,
que je ne savais pas ce qu'il était devenu.

Tout à coup j'entendis des pas qui s'approchaient. Je voulus
rentrer dans mon appartement ; le verrou était tiré, et, comme
je frappais vainement en appelant Clémentine, celle-ci arriva, et
me dit que ma belle-mère s'était enfermée chez moi avec un serrurier, qu'elle brisait le secrétaire et refusait d'ouvrir.

— Cela ne se peut, ce serait infâme ! m'écriai-je.

— Ma mère est la maîtresse ici, et fait ce qu'elle veut, me
répondit avec colère Aména.

— La maîtresse !... Alors pourquoi voler ce qui lui appartient? »

En cet instant, M. Lespinas, directeur du haras de Pompadour, et M. Boucheron, le régisseur, entrèrent dans la chambre où j'étais, et à leur arrivée ma belle-sœur reprit subitement
ses larmes, sa voix mielleuse et ses démonstrations de tendresse
envers moi. Altérée, je restai quelques minutes étrangère à cette
visite, oubliant l'inconvenance de mon costume, mes cheveux
en désordre, le manteau qui me couvrait à peine, mes bras, mes

pieds nus. Je n'avais pas une larme, pas une plainte, pas une parole, l'indignation de l'épouse avait vaincu la pudeur de la femme.
Un regard curieux de l'un de ces messieurs me rendit enfin à
moi-même. Je les priai de me laisser seule; ils se retirèrent, et
bientôt après on ouvrit la porte de ma chambre.

J'eus à peine la force d'y rentrer et de m'y enfermer avec
Clémentine. La pauvre fille était plus révoltée que moi-même
de ces persécutions; elle me montra le meuble secret que l'on
avait fait enfoncer pour enlever les contrats, les titres, les papiers
importants qui y étaient contenus. Elle me fit voir aussi qu'on
avait emporté ceux de mes bijoux qui étaient dans ma chambre,
le portrait de ma mère, les cheveux de mon père, tout le trésor
de mes souvenirs !

Tandis que je cherchais à me rendre compte de cette dernière
déloyauté, si cruelle si on m'enviait le prix que ces objets avaient
pour mon cœur, si basse si on spéculait sur celui de leur valeur
matérielle, Emma entra et vint se jeter à mon cou, pâle, tremblante, sans voix. Croyant qu'elle souffrait de la nouvelle douleur qui m'avait déchirée, j'essayai de la calmer, de lui cacher ce
que je ressentais en l'appelant ma sœur, mon amie, mon bon ange.
Mais elle ne répondait pas, écartait mes cheveux de mon front, me
regardait avec égarement, puis enfin elle s'écria en sanglotant :

— Marie, ils disent que vous l'avez empoisonné, que vous avez
fait mourir Charles pour en épouser un autre... Marie, c'est
impossible, n'est-ce pas, impossible !... impossible !...

— Les infâmes ! mais non, cela n'est pas; vous vous trompez.
Oh ! par pitié, parlez, Emma ! parlez, dites tout !

— Ma tante, Aména, me l'ont dit. Oh ! je ne l'ai que trop entendu... elles le disent à tout le monde, elles racontent des choses
affreuses... Mon Dieu, mon Dieu, vous êtes perdue !

— Perdue, je les en défie : Emma, calmez-vous; vous avez
partagé avec moi tous ces derniers moments, vous savez si je
suis innocente... je le dirai, nous le dirons... on nous croira...
non, non, ces calomnies ne sauront m'atteindre.

— Cependant, Marie, vous aviez de l'arsenic... on en a trouvé
dans le lait de poule... Si vous vous étiez trompée ! si une fatale
méprise...

— C'est impossible. Je puis avoir mis de la gomme dans le lait de poule... mais cette gomme j'en avais mangé avant, j'en ai mangé après...

— Saviez-vous ce que vous avez dans la petite boîte que je vous ai prise hier ?

— Ce que j'ai ?... de la gomme.

— Hélas ! non. Je l'ai fait examiner par M. Fleyniat. C'est de l'arsenic.

— De l'arsenic!..... Non, c'est impossible. Je vous le répète, Emma, j'ai mangé de cette gomme. Votre oncle se sera trompé... Restez calme, je vous en supplie... Dieu n'est-il pas au ciel pour sauver les innocents qu'on accuse sur la terre? »

Clémentine était aussi désespérée que ma cousine. Leur douleur me faisait un mal affreux. Toutes deux parlaient de justice, de cour d'assises, d'échafaud. Je serais devenue folle si je n'avais été forcée de m'oublier pour les consoler.

M. Fleyniat était à Glandier; je le fis appeler pour avoir l'explication franche, positive, de ces abominables et sourdes calomnies. Il vint d'un air très-embarrassé; je lui dis que je savais tout, et je lui fis doucement des reproches sur le silence qu'il avait gardé envers moi. Je lui demandai sur quels fondements on appuyait ces monstrueux soupçons, enfantés, je voulais le croire, par la douleur d'une mère, mais dont j'avais besoin de prouver l'absurdité, et que je ne pouvais mépriser en silence.

Après m'avoir assurée avec bien des phrases qu'il me croyait innocente, M. Fleyniat m'apprit qu'on m'accusait d'avoir envoyé à Paris des gâteaux empoisonnés; qu'un frère de M. Buffière en avait averti la famille en apprenant la maladie de M. Lafarge; que M. Essartier avait trouvé de l'arsenic dans le lait de poule que j'avais voulu faire prendre au malade; que madame Lafarge m'avait vue de ses propres yeux mettre de l'arsenic dans une potion; qu'enfin j'avais empoisonné un morceau de flanelle pour hâter la mort de mon mari par des frictions.

Je fus rassurée en écoutant ces accusations, tant il me sembla facile de les combattre. Les gâteaux avaient été faits par ma belle-mère elle-même. Le lait de poule avait été préparé par la volonté, les soins de madame Buffière, et toutes les frictions ayant été faites par MM. Buffière et Denis, je n'avais pu mettre du poison dans la flanelle.

En expliquant ces circonstances à M. Fléyniat; je lui fis remarquer que ce n'était pas une défense; que, loin d'accepter le rôle d'accusée, je réclamais à bon droit celui de victime! Il m'était impossible de ne pas croire ma belle-mère tout à fait folle; et, pour poser une digne à toutes ces accusations calomnieuses et infâmes, je résolus de me faire forte du témoignage des médecins qui avaient suivi la maladie, de MM. Bardon, Massénat, Lespinas, qui m'avaient donné de l'espoir jusqu'aux derniers moments et avaient toujours combattu mes craintes. M. Fléyniat m'apprit que je m'adresserais en vain à M. Lespinas. Il me croyait coupable, *se vantait* d'avoir découvert *le crime*, avait demandé que l'on fît faire l'autopsie du cadavre. J'appris aussi que madame Lafarge s'était opposée à cette mesure en disant à M. Lespinas et à plusieurs personnes que je me refusais formellement à l'autopsie, et que j'avais pressé toutes les dernières cérémonies afin de l'éviter.

Je priai M. Fléyniat de démentir cette dernière assertion, de presser, d'exiger en mon nom l'autopsie. Je lui demandai d'assister à cette triste opération; je réclamai encore une fois la présence toujours refusée de M. Ségeral; et l'espérance d'obtenir une vérité prochaine, évidente, irrécusable pour tous, me donna la force de supporter les soupçons actuels et de marcher sans faiblir dans cette voie de douleurs, de persécutions et d'angoisses.

LIV

Le juge de paix de Lubersac vint pour apposer les scellés. Emma, en m'apprenant son arrivée, m'engagea, au nom de M. Fléyniat, à brûler les papiers, les lettres qui pourraient me compromettre, à profiter des quelques minutes qui me restaient encore pour me mettre à l'abri des curieuses et sévères recherches de la loi.

Je fis comprendre à ma bonne petite cousine que ce qu'elle venait me conseiller, au nom de son oncle, était indigne de mon innocence; qu'étant sans remords j'étais aussi sans peur; et je ne voulus garder qu'un paquet de lettres écrites par moi à M. Lafarge, qu'elle m'avait remis le matin, et parmi lesquelles j'espérais découvrir des renseignements et des justifications.

Prévenus par les calomnies de la famille Lafarge, les hommes de loi, en entrant dans ma chambre, jetèrent autour d'eux des regards curieux, réprobateurs, qui tombèrent sur moi comme du plomb. Ce fut une horrible angoisse que cette première humiliation imméritée. Mon front rougissait, des larmes roulaient dans mes yeux; j'allais être au-dessous de mon malheur, quand un regard d'Emma, plein de croyance et d'amour, vint éveiller en moi un courage inconnu et me faire comprendre qu'appuyée sur de nobles et intimes affections je pouvais braver la destinée.

Tous mes papiers furent lus et commentés, mes albums ouverts, ma gomme, ma pâte d'amandes recueillies avec des précautions exagérées; un luxe étrange de frayeurs significatives et cruelles. Le père de M. Buffière, appuyé sur le bord de la cheminée, semblait diriger les recherches, commander la haine, l'entretenir active par des allusions perfides et accusatrices, et j'avais peine à retenir l'indignation d'Emma, la colère de Clémentine, à leur apprendre le mépris qui préserve de ces deux sentiments.

Tous ces hommes étaient à peine sortis de ma chambre que mon domestique s'y précipita avec désespoir et en s'écriant :

— Madame, ma pauvre maîtresse, ils disent que je vous ferai monter sur l'échafaud et que j'y monterai aussi.

Épouvantées de ce nouvel incident, nous eûmes bien de la peine à le calmer, à nous calmer nous-mêmes, à comprendre le récit de sa conduite terriblement bête, imprudente, et qui me compromettait réellement.

Clémentine l'avait chargé de faire la mort-aux-rats et lui avait remis l'arsenic apporté par Denis. Occupé en ce moment, mon domestique l'avait déposé dans un vieux chapeau, l'y avait oublié deux jours; puis, ayant été averti des soupçons qui s'élevaient sourdement contre moi, et craignant d'être accusé si on trouvait le poison entre ses mains, il avait été confier ses craintes au valet d'écurie, et tous deux ils avaient trouvé prudent d'aller enterrer le paquet d'arsenic dans le jardin. Cette prudence ne les avait cependant pas empêchés de bavarder. Leur secret, confié à trois ou quatre personnes, avait été dénoncé à madame Buf-

fière, qui, à son tour, l'avait dénoncé au juge de paix, lequel avait
fait déterrer le paquet dans le jardin.

Alfred fut sévèrement interrogé sur son récit et l'apparente cul-
pabilité de sa conduite; on le menaça de *l'échafaud* s'il n'avouait
pas qu'il eût agi d'après mes ordres, On lui dit que son silence
le perdait sans me sauver, qu'il avait mis sur les traces du crime,
et le malheureux enfant qui me savait innocente, qui m'était
dévoué, qui était poltron par-dessus toutes choses, s'arrachait
les cheveux et voulait se tuer pour ne pas être condamné à mourir.

Je fus atterrée de ce concours d'apparences accusatrices qui
s'élevait contre moi, et quelque temps incapable de consoler la
cause bien bête, mais bien innocente, de cette nouvelle charge;
enfin je raisonnai le pauvre désespéré, je lui dis qu'il n'avait
rien à craindre personnellement, et l'engageai à être calme, exact
et précis dans ses paroles; puis je lui pardonnai tout le tort involontaire qu'il pourrait me faire, et je l'assurai que, la justice
étant au-dessus des apparences, l'innocence devait être au-dessus
de la crainte.

La cuisinière succéda à Alfred, et m'arriva aussi exaspérée
que lui, mais sans crainte. Elle venait me raconter que madame
Lafarge l'accusait d'avoir empoisonné les gâteaux partis pour
Paris, qu'on affectait de se méfier d'elle, et qu'on ne voulait
prendre aucune nourriture préparée par ses mains.

— C'est une atrocité! ajoutait-elle. Ça ferait rougir le bon Dieu
et ses saints! Denis et Buffière pillent la forge, la mère et la fille
fauchent la maison comme un pré. Il y a des bouviers qui partent la nuit pour Faye sous l'escorte du père Buffière, et revien-
nent ensuite boire et manger tout ce qui reste de provisions. Il
est bien désagréable de voir madame pleurer, *se dorloter*, pendant que nous prenons ses intérêts à nos dépens.

Il me fallut encore prêcher la patience, le silence, et Mion
s'en alla pleurant et répétant que j'étais bonne comme du bon pain,
mais que je me laissais si bien marcher sur le pied qu'on me l'é-
craserait.

J'appris par Mion que les accusations contre moi avaient été
reçues avec tant d'indignation par les domestiques et les ouvriers,
qu'on n'osait plus les exprimer tout haut dans la cuisine. Cela me
fit du bien et je me sentis moins abandonnée.

Vers le soir M. Buffière voulut me voir. Malgré toute ma répugnance je cédai au désir et au conseil d'Emma. Il vint hypocritement s'informer de ma santé, me dire qu'il avait été obligé de s'absenter pour ses affaires, et qu'il ignorait complétement pourquoi l'on avait décidé qu'il serait fait une autopsie. Je lui demandai s'il ignorait aussi les accusations de sa femme et de sa belle-mère ; il nia d'abord formellement qu'elles fussent coupables de cette *calomnie* que je leur imputais. Mais quand je lui citai M. Fleyniat comme étant celui qui m'en avait prévenue, il se contenta d'avouer qu'elles *étaient des folles*, que la douleur les avait égarées, et, m'assurant de sa tendresse avec des larmes, il se dit mon frère bien tendre et bien dévoué.

Je fus bientôt instruite du motif de cette présence et de cette comédie. Le papier qu'on m'avait fait signer pour M. Roque, le jour de la mort de M. Lafarge, n'était pas valable. M. Buffière voulait m'en faire signer un second, et il alla jusqu'à me faire entendre que cette générosité assoupirait les dénonciations de la famille en prouvant mon désintéressement. A cette perfide et odieuse insinuation je le regardai fixement, et je fis baisser ses yeux et pâlir son front sous mon regard.

— Je vous ai compris, lui dis-je... et, je vous le jure, je ne signerai aucun papier jusqu'à ce que la vérité ait confondu la calomnie et les calomniateurs.

— Mais vous vous trompez sur mes intentions. Si vous refusez de signer, M. Roque fera prononcer la faillite ; vous vous ruinez, vous nous déshonorez...

— Mon parti est pris ; il est inébranlable. M. Roque attendra la vérification des médecins. Je ne signerai rien auparavant... vous avez mon dernier mot.

Le lendemain tous les membres de la famille arrivèrent. Quelques-uns seulement demandèrent à me voir. MM. Joseph Matere et H. Brugère ne voulurent pas me quitter pendant la sinistre épreuve qui devait décider entre moi et mes ennemis. Il y avait du cœur dans leurs paroles et dans leurs regards. J'aurais préféré être seule pendant cette heure d'angoisses. Cependant leur présence ne me fut pas pénible. Cette journée, siècle d'attente et de souffrances, fut mon initiation aux amertumes de mon avenir.

La fatalité m'ayant été révélée par le concours de circonstances accusatrices qui se réunissaient pour m'accabler depuis
dix jours, ma conscience était quelquefois impuissante à me préserver des horribles pensées qui traversèrent ma tête pendant
l'épreuve qui allait décider de ma vie et de mon honneur. Ma
chambre était isolée, les nouvelles n'y arrivaient pas. Clémentine, Emma, mes deux cousins sortaient tour à tour pour les
recueillir. Ne pouvant plus maîtriser mon inquiétude, je profitai
d'un moment où j'étais restée seule pour faire demander à
M. Rivet, procureur du roi de Brives, quelques minutes d'entre-
tien. Il vint, ému, compatissant. C'était un homme âgé, à la
figure douce et vénérable, qui me fit espérer un heureux résultat,
et me dit que l'opération, déjà assez avancée, n'avait pas fait
découvrir le moindre indice de poison.

Une heure, deux heures s'écoulèrent encore. Chaque messager
revenait avec plus d'espoir dans les yeux; enfin M. Fleyniat se
précipita dans la chambre. On n'avait pas trouvé d'arsenic! Je me
jetai en pleurant dans les bras d'Emma, et j'offris mon innocence reconnue à cette douce enfant comme la seule action de
grâces digne de son beau dévouement.

M. Bardon vint lui-même me confirmer la bonne nouvelle. Il
me dit qu'il n'avait pas un instant partagé les soupçons; que la
maladie avait été naturelle; qu'il en avait toujours été convaincu, et que la présomptueuse confiance de M. Lespinas avait
seule causé tant de douleurs. Il me dit aussi que M. Lespinas
avait cru remarquer pendant l'autopsie des lésions et des traces
d'empoisonnement invisibles à tous ses confrères. Mais son avis
avait été forcé de se courber devant les leurs; et il était furieux
de ne pas avoir été infaillible. Je demandai si tout était terminé;
on me dit qu'il restait à faire des expériences chimiques sur les
boissons conservées.

J'étais entourée d'amis, de félicitations, lorsque les hommes
de la justice, les gendarmes, madame Lafarge et madame Buffière entrèrent pour me faire signer les bouteilles contenant les
liquides destinés à être analysés. Les premiers avaient un air de
compassion; ils me rassuraient par leurs regards et par quelques
paroles; ces dames, au contraire, semblaient humiliées, consternées. En signant quelques-unes des bouteilles, et comme j'éprou-

vais une émotion pénible qui faisait trembler ma main, le greffier me dit :

— Rassurez-vous, madame; l'avis de ces messieurs est que l'arsenic donné à de si fortes et fréquentes dosés aurait causé des ravages visibles à l'œil; rassurez-vous donc, il n'y a rien à craindre désormais.

— Ce n'est pas sûr encore, dit madame Buffière avec une voix qui voulait être sanglotante; il y a des choses blanches dans ces liquides qui ne sont pas naturelles. »

Madame Lafarge sortit et rentra avec un morceau de flanelle.

— On a fait avec cette laine des frictions à mon fils; je désire qu'elle soit analysée.

Et comme on allait l'entourer d'une bande : ·

— Je vous en prie, messieurs, ajouta-t elle; enveloppez-la entièrement de papier ; il ne faut pas que la poudre blanche que j'y ai remarquée puisse s'évaporer.

Il y eut un mouvement général d'étonnement. Le greffier obéit en silence; M. Roque, qui depuis le matin avait demandé plusieurs fois à me voir, fit renouveler ses instances. Je priai toute la famille de me laisser seule, et je le reçus; il m'exprima d'abord toute la part qu'il avait prise à mes inquiétudes, toute celle qu'il prenait à l'heureux résultat de la mesure qui me justifiait; puis il me dit :

— Ma bonne dame, je suis venu moi-même. Vous êtes jeune, éloignée de votre famille, bien ignorante des affaires, je veux vous prévenir des dangers qui vous entourent; madame Buffière vous a fait signer une procuration en blanc, avec laquelle nous pourrions nous emparer de toute votre fortune; la voici, déchirez-la, et veuillez signer à la place le petit acte que je vous apporte et qui ne peut vous compromettre.

Je fus touchée de cette bonne foi, préservatrice de mon ignorance.

Je le lui exprimai; il me demanda si j'avais un homme d'affaires. En apprenant que je ne connaissais personne dans le pays et que je n'y avais point pensé, il me promit de m'en choisir un et de me l'envoyer.

J'avais besoin d'écrire à ma sœur; à mes tantes, les calomnies, les persécutions qu'il m'avait fallu souffrir, et le démenti irrécusable donné par l'autopsie à mes accusateurs. Je profitai du premier moment de repos pour leur écrire. Madame Lafarge, qui était dans la cuisine lorsque le pionnier Joseph reçut l'ordre d'aller à Uzerche porter des lettres à la poste, monta sur-le-champ dans ma chambre, et y entra sans se faire annoncer.

— Allons, *ma fille*, me dit-elle en m'embrassant, pardonnez-moi ; la douleur avait tourné mon esprit, — je vous ai accusée injustement. Je vous en demande pardon devant Emma, devant Clémentine, au nom de notre pauvre défunt... Ne me gardez pas de rancune.

Je ne trouvai pas de réponse.

— Je suis sûre que vous allez troubler, bouleverser votre famille en lui confiant vos inquiétudes et nos soupçons... Soyez donc raisonnable... Je vous promets que nous allons bien vous aimer... Nous soignerons vos intérêts comme les nôtres... Je vous en prie, ne les inquiétez pas trop.

— Oh ! madame, j'ai tant souffert que j'ai besoin d'ouvrir mon cœur à ceux que j'aime.

— Que vous êtes rancuneuse et susceptible !

— *Susceptible !* madame ; mais vous oubliez que vous avez dit, en me montrant du doigt au monde et à la justice : Voilà une infâme ! voilà une empoisonneuse !... »

Madame Lafarge se mit à pleurer, à me prier de me réconci-lier avec elle et d'oublier ses soupçons... — C'était la mère de mon mari, une femme âgée, malheureuse, veuve, en deuil de son fils unique... — Je fis un effort sur moi-même pour vaincre mon douloureux ressentiment.

— Une seule question encore. — Avez-vous fait part de vos soupçons au pauvre Charles ? — Avez-vous ajouté l'agonie du cœur à l'agonie du corps ? Avez-vous appelé sur ma tête la malé-diction du mourant ? Si vous pouvez arracher de mon âme cette pensée torturante, j'appellerai l'oubli de toute la force de ma volonté, et j'essayerai de reprendre mes devoirs envers vous.

Ma belle-mère m'embrassa en me jurant qu'elle n'avait rien dit à son fils ; elle obtint que mes lettres ne partiraient pas le soir même, et que j'en écrirais d'autres dans lesquelles je cacherais autant que possible mon indignation et mes douleurs.

Madame Buffière, étant rappelée à Faye par ses affaires et ses enfants, vint me faire ses excuses, ses adieux, et me demanda de ne pas trouver mauvais qu'elle emmenât sa mère et la gardât quelque temps auprès d'elle.

Je fus soulagée par cette absence momentanée ; il me fallait la solitude et le temps pour oublier, pour reprendre non pas une affection désormais impossible, mais l'observance stricte de mes devoirs. La nouvelle du départ de madame Lafarge s'étant répandue dans les environs, les ouvriers, les paysans s'indignaient de l'abandon où elle me laissait. L'adjoint et un bon vieux paysan de Beyssac vinrent lui en faire des reproches et combattre son projet.

— Dieu ne vous bénira pas, lui disaient-ils, d'abandonner ainsi la femme de votre fils. — Votre fille a son mari ; votre bru est sans famille, sans espoir, sans enfants ; — il faut que vous la consoliez et qu'elle vous console. Tous les gens diront que c'est vilain à vous ; — la pauvre chère veuve n'est pas fière, pas arrogante ; elle a toujours une bonne parole pour le pauvre monde — il ne faut pas la laisser en aller du pays.

Madame Lafarge parut émue de ces naïves et touchantes exhortations ; elle promit de revenir. Pour moi je saisis les mains rudes de ces deux hommes, et je les serrai de tout mon cœur, en les priant de revenir me voir, de m'aider de leurs conseils et de leur bonne amitié. Si je n'ai pas revu ces braves paysans, je garde leur souvenir parmi ceux qui m'ont fortifiée en adoucissant mes douloureuses épreuves.

LV

Emma avait été forcée de retourner à Uzerche pour deux jours ; je restai donc seule dans ces ruines délabrées par le temps et actuellement glacées par la mort ; seule, sans parents, sans amis, avec quelques domestiques dévoués, avec M. Denis, institité gardien des scellés, et qui s'était déclaré mon surveillant et mon maître.

Libre alors, et me croyant au-dessus des soupçons, ma première pensée eût été de retourner au milieu de ma famille, si je n'avais espéré le bonheur d'être mère, si je n'avais compris que je devais garder à mon cher petit enfant la fortune, la famille, les amis de son père. J'étais bien souffrante, mais la vie de ma petite *Jacqueline* me semblait révélée par ces souffrances mêmes, et je les bénissais, et j'y puisais de la force et du courage.

Cette espérance était aussi l'espérance des braves ouvriers qui s'étaient attachés à moi. Ils s'informaient près de Clémentine de l'état de leur future maîtresse, et au récit de mes maux de cœur, de mes robes élargies, ils étaient heureux et croyaient comme moi. Il fallait me séparer de mes bons forgerons; je n'avais pas d'ouvrage à leur donner; M. Denis les martyrisait. J'étais trop faible, trop abandonnée pour les protéger. — Je leur conseillai de prendre du travail dans une forge voisine. Ils partirent en pleurant, en me promettant qu'au premier mot de ma part ils reviendraient près de moi; ils me dirent tous que la forge était dans un état déplorable, que dans ces derniers jours tout ce qui pouvait s'enlever avait été transporté à Faye, et que l'on parlait beaucoup des dettes énormes qu'avait laissées M. Lafarge.

En écrivant à ma tante Garat, je lui demandai, dans le cas où un des membres de ma famille ne pourrait pas venir quelque temps à Glandier, de m'envoyer un homme d'affaires qui pût remettre de l'ordre autour de moi et quelque résignation dans ma tête. J'étais effrayée de ma vie et de mes devoirs à venir. Je ne savais comment je pourrais vivre seule loin des miens; comment je pourrais étouffer mon imagination sous des chiffres, faire ma pensée *industrielle*. Je savais seulement que si j'avais un enfant je l'aimerais tant que tout me deviendrait possible pour lui.

M. Roque vint, comme il me l'avait promis, avec son avocat; il avait fait le relevé de ses livres et de ses comptes; il m'apportait une créance de 28,000 fr. qu'il me priait de lui garantir sur ma dot. Cette somme me paraissait assez forte; sachant qu'il

y avait beaucoup d'autres créanciers, et ne voulant pas être injuste et donner tout à un seul, je demandai à M. Roque d'attendre l'arrivée d'un membre de ma famille avant de prendre ce
nouvel engagement. M. Roque me dit que ce retard le forcerait
à faire des poursuites, et que mon beau-frère, M. de Violaine,
se trouverait mêlé à tout cela d'une manière désagréable. Comme
je ne comprenais pas l'intervention de mon beau-frère dans ces
affaires d'argent, il me montra une lettre... Il parut stupéfait
lorsque je lui assurai que le style, l'écriture, la signature de la
lettre n'étaient pas de M. de Violaine.

Après un moment de silence M. Roque tira de sa poche une
liasse de billets et me demanda si je connaissais les noms qui y
étaient écrits, et comme je lui répondais négativement, il me
dit que c'était affreux, que tous ces billets étaient faux, que
M. Lafarge l'avait indignement joué; que s'il n'était pas mort il
l'enverrait au bagne.

Je fus anéantie à ces paroles; mais bientôt je compris la valeur
de l'argent en pouvant racheter pour 28,000 francs l'honneur du
nom que je portais. Je signai, en exigeant seulement de M. Roque un silence absolu.

M. Lalande, avocat de M. Roque, s'occupa alors de mes affaires.
Il me demanda si j'avais un testament. Je lui dis que j'en avais
un déposé entre les mains de mon homme d'affaires, à Soissons, mais qu'il était inutile, puisque je me croyais grosse.

— Vous vous trompez, me dit-il; la famille prétend que votre
grossesse n'existe pas et n'a jamais existé que dans *votre imagination.*

— Mais, Monsieur, c'est ma belle-mère elle-même qui a employé tous ses soins et bien des paroles pour me donner cette
certitude qu'elle veut combattre maintenant.

— Peut-être était-ce un bon moyen d'empêcher M. Lafarge de
s'occuper de votre avenir, qui se trouvait assuré, et de se mettre à l'abri du testament en votre faveur.

M. Lalande me parla ensuite des calomnies qui m'avaient poursuivie. Il m'apprit que madame Lafarge s'était arrêtée à Pompá-
dour, qu'elle n'avait pas renoncé à ses odieuses accusations.
Je m'inquiétai peu de cette charitable conduite de ma belle-
mère, et je n'en fus pas étonnée.

J'avais su par une petite filleule de madame Buffière, devant laquelle on parlait à cœur ouvert, que ces dames avaient été désespérées qu'on ne trouvât pas d'arsenic dans le corps ; que durant
toute la soirée qui suivit l'autopsie elles répétaient : « C'est bien
incroyable, c'est bien malheureux qu'on n'ait pas découvert de
poison ! » J'appris aussi que ces dames ne parlaient de moi
qu'avec les paroles les plus haineuses et les plus outrageantes.
Cette jeune fille, que je connaissais à peine avant le retour de
M. Lafarge, avait partagé auprès du malade mes veilles et mes
soins. Bonne et compatissante, elle avait compris que je n'étais
pas coupable, que je pouvais devenir victime, et elle m'avait
aimée, et elle avait pensé qu'il était de son devoir de m'instruire
des haines qui s'ourdissaient contre moi.

La mère de Charlotte, nourrice de M. Lafarge, partageait la
sympathie et le généreux dévouement de sa fille. Elles m'ont
gardé l'une et prouvé l'autre jusqu'à la fin ; d'anciennes affections,
des prières, des menaces ne les ont pas ébranlées. Qu'elles en
soient honorées !

J'interrogeai M. Lalande sur l'opinion de Brives au sujet de
cette accusation portée contre moi. Il me dit qu'on attendait le
résultat de l'expertise pour se prononcer, mais qu'il ne pouvait
me cacher que les fréquents voyages de MM. Magnaud, Buffière
et Denis m'avaient été funestes, et que, si les soupçons s'affer-
missaient, si je devais être jugée, l'évidence ne suffirait pas pour
me défendre devant des hommes limousins, toujours malveillants,
envieux, accusateurs pour les étrangers.

— Dans ce cas, madame, ajoutait M. Lalande, il faudrait vous
sauver, et je vous sauverai avant qu'on ait pris des mesures pour
l'arrestation. Je serai près de vous ; j'ai un cabriolet, un bon
cheval, un passe-port qui a été délivré à ma femme, et qui vous
servira à merveille. Je vous en supplie, ne refusez pas mes offres.
Veuillez écouter ma voix, qui est celle de la prudence, et de la
raison.

Je remerciai avec émotion M. Lalande, mais je refusai ses
offres.

— Vous avez tort, me dit-il encore. Un grand magistrat a dit :
« Si l'on m'accusait d'avoir volé les tours de Notre-Dame, je
» me sauverais sans attendre un jugement. »

Je demandai à M. Lalande de ne pas affaiblir ma résolution, qui me semblait seule honorable et courageuse, et de me laisser croire en la justice comme je croyais en mon innocence. Ensuite j'acceptai avec reconnaissance les conseils qu'il pouvait me donner, non pour fuir le danger, mais pour y résister.

M. Roque, qui continuait à me témoigner de l'intérêt, me demanda si je n'avais pas besoin d'argent. Je lui avouai avec assez d'embarras que je ne possédais pas un sou. Il s'empressa de m'offrir un crédit sur son banquier; j'acceptai, et il eut la bonté de m'envoyer dès le lendemain quelques cents francs.

Emma revint d'Uzerche tout aussi dévouée qu'elle était partie, n'ayant pas laissé flétrir et se courber son amitié au souffle des méchants qui avaient essayé de l'ébranler. La tristesse lourde, accablante, qui m'oppressait, me faisait craindre l'orage; ma conscience pouvait à peine me rassurer; je comprenais que du choc de tant de calomnies pouvait éclater la foudre. Chaque jour, chaque heure nous apportait de nouvelles appréhensions. La lettre du 15 août avait été remise à la justice le lendemain de la mort de M. Lafarge, comme la pièce fondamentale de l'accusation; remise par M. Buffière, qui, après avoir été offrir ma tête à la hache du bourreau, était revenu à Glandier déposer sur mes lèvres le baiser de paix, se dire étranger aux soupçons de sa femme et les blâmer. — La poudre trouvée dans le lait de poule avait été reconnue pour de l'arsenic; la quantité en était immense, et ils disaient que c'était moi qui avais fait donner cette boisson. Mademoiselle Brun, partie le soir même de la mort avec M. Fleyniat, gardait un silence mystérieux sur tout ce qui s'était passé, mais avait des *attaques de nerfs accusatrices*, pendant lesquelles, croyant me voir mettre de l'arsenic dans le lait de poule, elle tournait son doigt avec une rapidité et une perpétuité effrayantes... Elle ne pouvait coucher seule, et avait besoin d'une personne pour rassurer et entendre ses rêves. Enfin Denis courait les villes et les villages en racontant que pendant quinze jours j'avais nourri M. Lafarge d'arsenic, qu'il voudrait me voir coupée en morceaux; et Magnaud assurait aux nombreux créanciers de M. Lafarge qu'avant d'avoir empoisonné mon mari, je l'avais entièrement ruiné par mes folles dépenses.

Mes lettres étaient interceptées; je voulus envoyer ma fidèle

Clémentine à Paris pour dire à ma famille toutes ces agonies. Son départ fut dénoncé; la bonne créature allait être arrêtée, conduite de brigade en brigade, mise en prison comme complice, si, ayant été prévenue, je ne l'avais rappelée près de moi.

Instruite un jour à l'avance de l'arrivée à Glandier du procureur du roi et du juge d'instruction, j'avais refusé de nouvelles offres de fuite. J'étais restée par la force de ma volonté et de ma conscience, et je m'apprêtai sans trop de frayeur à subir un interrogatoire. Je descendis au fond de mes souvenirs; je cherchai à me rappeler des circonstances insignifiantes, inaperçues dans leur principe, et qui étaient devenues, par de calomnieuses insinuations, de graves et terribles charges contre moi. Je recommandai à mes domestiques de chercher aussi la vérité et de la dire exactement.

M. Brugère, resté près de moi, ne pouvait, dans sa position de famille, diriger ma conduite; il appela à mon aide M. Saint-Avit, son beau-père, dont la réputation comme jurisconsulte s'étend bien au-delà de la Corrèze et du Limousin. La santé de M. Saint-Avit ne lui permit pas de se rendre à Glandier; mais il m'envoya son fils, qui m'apporta, avec les conseils dictés par l'expérience de son père, les généreuses et franches sympathies d'un cœur noble et jeune. Je lui confiai les lettres de M. Lafarge et quelques papiers qui me restaient... Le procureur du roi, le juge d'instruction arrivèrent le matin. La journée se passa à interroger mademoiselle Brun, Denis, mes domestiques. Je fus étonnée que les témoins communiquassent librement entre eux, et qu'ils ne pussent s'approcher de moi, que l'on avait, pour ainsi dire, mise au secret dans ma chambre; je ne voyais qu'Emma et Clémentine, et encore après leur déposition.

Ma pauvre Emma était inquiète, désolée; elle ne savait que faire de la petite boîte de gomme qu'elle avait prise dans la poche de mon tablier, et dans laquelle M. Fleyniat avait découvert de l'arsenic. Emma ne pouvait se décider à la remettre entre les mains du procureur du roi; elle me croyait perdue par sa faute; et elle pleurait, pleine de craintes, de regrets et de noirs pressentiments. Je la rassurai en lui disant que le poison avait dû exister bien plus probablement dans l'imagination de son oncle

que dans la malheureuse boîte. Mais, n'osant prendre sur moi
de lui donner un conseil, je l'engageai à confier son secret à
M. Brugère.

L'avis de nos trois consciences réunies fut qu'il fallait déposer
la boîte entre les mains de la justice, se mettre à l'abri des
remords et des soupçons en agissant sans détour, en disant
toute la vérité, aussi bien celle qui pouvait me nuire que celle
qui devait me sauver.

Mon interrogatoire commença à huit heures du soir, et dura
trois heures.

J'avais cru d'abord qu'il ne me faudrait répondre que sur des
questions relatives à l'empoisonnement, et je me sentais ferme et
courageuse. Mais quand je vis défeuiller tous les jours de mon
passé sous les froides questions qui sondaient mon âme, j'eus
peine à contenir toutes mes révoltes, tout mon désespoir. Je
sentis des larmes rouler dans mes yeux. Je sentis une main de
glace peser sur ma pensée. Je pus balbutier quelques mots à
peine, et je ne revins à moi-même que lorsque je n'eus plus à
répondre qu'aux accusations des faits matériels et odieux de
l'empoisonnement.

Nos actions appartiennent aux hommes, mais nos pensées
n'appartiennent qu'à Dieu ! Aussi longtemps que ces pensées
n'ont pas erré sur nos lèvres, qu'elles ne se sont pas posées sur
un blanc parchemin, qu'elles ne se sont pas traduites en action,
aussi longtemps qu'elles n'ont incrusté leurs joies, leurs souvenirs, leurs regrets, leurs douleurs, que dans l'abîme de notre
âme, elles devraient être nobles, libres comme les étoiles du
ciel, elles devraient être au-dessus du despotisme scrutateur de la
loi.

Les paroles du juge d'instruction ne me laissèrent pas longtemps douter de sa prévention. Je vis que les interrogatoires
des témoins avaient été dirigés moins dans le but de découvrir
le coupable que dans celui de convaincre, d'écraser celle qu'on
avait désignée. Je ne crois pas qu'il y eût un sentiment de
haine dans la conduite de M. La Ch...; mais il est des intelligences
trop exiguës pour loger deux idées contradictoires. La famille
Lafarge avait parlé la première. Je dus frapper inutilement à la
porte du cerveau magistral.

Le procureur du roi, M. Rivet, remplit la pénible mission qui l'amenait vers moi avec une douce et triste compassion. Il eut des égards aussi grands que mon malheur. J'étais seule avec lui lorsqu'il m'annonça que j'allais être transférée dans la prison de Brives par la gendarmerie... Indignée, je m'étais d'abord soulevée de mon fauteuil comme pour protester de mon innocence. J'y retombai, muette, glacée, étouffée sous la fatalité de ma destinée. Je crois que je n'aurais pas vécu dix minutes en cet état, si une larme, qui tomba sur la joue de mon bon et loyal *persécuteur*, ne m'eût rendu la faculté de pleurer. M. Rivet profita de ce moment pour me promettre tous les ménagements possibles : il me donna trois jours pour essayer d'obtenir l'intervention favorable du procureur-général. Il me dit combien son devoir lui était cruel en ce moment, et je pus trouver quelques mots pour le remercier d'avoir si généreusement adouci sa triste mission, d'avoir rempli en homme le devoir sévère du magistrat.

Cette nouvelle tomba comme la foudre sur mes domestiques. Clémentine surtout était folle de désespoir. Elle courait en sanglotant dans ma chambre, me regardait, puis se cachant pour ne plus me voir, avait des cris d'indignation et de douleur.

Emma, qui était sortie désespérée, rentra. Je fus étonnée de son calme :

— Clémentine, dit-elle, on vous permet d'aller en prison avec elle ; moi aussi je l'accompagnerai pour quelques jours.

— Oh ! que Dieu soit loué ! Je sens que je puis vivre, m'écriai-je en pressant dans mes bras ces deux nobles créatures. Tant que je serai aimée, je pourrai souffrir sans désespoir et sans faiblesse... Mais, chère Emma, mon bon ange gardien, puis-je vous faire partager les fatigues, les humiliations de ce voyage ?

— Et vous, ma bonne Clémentine, savez-vous ce que c'est qu'une prison loin de votre famille, de votre pays ?

Toutes deux ne me permirent pas d'achever. Clémentine n'avait plus de larmes. Elle parlait du départ avec un air presque joyeux. Elle semblait oublier le malheur lorsqu'on lui permettait de le partager avec moi, et la généreuse fille me remerciait de la conduire en prison, ne voulant pas comprendre que son dévouement ne fût *très-ordinaire*, et s'offensait presque de ma reconnaissance.

Ce même jour les gendarmes arrivèrent à Glandier et s'y installèrent. Ce même jour aussi M. Brugère, achevant sa mission protectrice et généreuse, partit pour Limoges, afin de m'obtenir du procureur-général la permission de rester chez moi sous la garde d'un peloton de gendarmerie. Son voyage n'obtint aucun résultat. Il trouva M. Dumont-Saint-Priest déjà fortement prévenu contre moi. — Magnaud, Buffière, Denis, avaient déposé leurs calomnies dans l'esprit du procureur-général. Plusieurs membres de sa famille, amis de mesdames Buffière et Lafarge, lui avaient décrit leur touchant désespoir, ma cruelle et odieuse conduite. Il n'eut pas de pitié pour un *monstre*.

Je m'attendais à un refus ; je n'en fus pas trop malheureuse. Cette triste mesure du Glandier me semblait chaque jour plus abandonnée et plus sinistre. J'avais peur... Il y avait eu un crime, il y avait un assassin ; quel était-il ?... Je fis coucher Alfred et le pionnier Joseph en travers de ma porte, et cependant la nuit je tressaillais au moindre bruit. Le vent qui s'engouffrait dans les corridors, m'épouvantait. Quelquefois même je détournais de mes lèvres, en frissonnant, les boissons qui allaient les désaltérer. Oh ! oui, j'avais peur, bien peur... car si l'auteur du crime n'avait pas reculé à choisir ma tête pour remplacer la sienne sur l'échafaud, les événements ne pouvaient-ils pas éveiller un intérêt, une pensée qui l'obligeât à sacrifier lui-même la victime qu'il voulait faire sacrifier au nom de la loi.

L'insolence de Denis n'avait plus de bornes. Un soir il entra dans ma chambre dans un état d'ivresse complète ; et, venant se poser devant mon lit, il s'y appuya, me fit une peinture dégoûtante de ma prison, de la brutalité des geôliers, de la dégradation des femmes dont je devais partager les travaux, le lit, les repas. — Changeant ensuite de sujet, il me conseilla de *décamper*, de me procurer de l'argent, et de m'en fier à lui ; qu'il saurait bien me mener hors des frontières... Enfin, comme je relevais ma tête avec mépris en lui ordonnant de sortir, il s'éloigna en murmurant :

— *Relevez-la, relevez-la, votre tête* de princesse ; le bourreau vous la *rabattra* bien.

Je fus si épouvantée de cette scène que je m'adressai aux gendarmes qui me gardaient pour interdire la porte de mon appartement à ce méchant homme, qui pouvait être dangereux dans l'abrutissement de l'ivresse.

M. de Tourdonnet était dans le Berry ; toutes les personnes que j'avais vues m'abandonnèrent à l'heure du danger ; toutes... excepté Emma, qui s'était faite mon ange gardien, et le jeune avocat avec lequel j'avais passé deux heures à Tulle. Oh ! combien je le remerciai d'avoir cru en mon innocence ! M. Lachaud ne m'envoyait pas de vulgaires consolations, mais il accordait à la pauvre femme humiliée, flétrie, son dévouement et son respect... Qu'il en soit béni !

Il était une heure du matin quand le brigadier de la gendarmerie vint me dire que le moment du départ était arrivé et que les chevaux nous attendaient. J'avais choisi et obtenu cette heure avancée de la nuit pour me rendre à cheval à Vigeois, où m'attendait ma voiture.

Pour quitter ma chambre il me fallut traverser celle de M. Lafarge. Il n'y régnait pas ce calme de la mort qui met dans le cœur une consolation et une prière, mais un désordre triste et sinistre. Je fus m'agenouiller près de ce lit de douleur.

« Charles, lui dis-je dans ma pensée, Charles, vous voyez ce que je souffre... vous savez mon innocence... Du haut du ciel veillez sur moi, éclairez mes juges, soyez la providence de celle que vous avez aimée ! »

Je me relevai plus forte, et je descendis dans le corridor, dont les voûtes sombres, éclairées par des brandons, retentissaient des hennissements des chevaux, de leurs piétinements impatients, du bruit métallique que faisaient en traînant sur la pierre les longs sabres des gendarmes.

Les domestiques de la maison, les pionniers, les pauvres métayers de nos domaines m'attendaient au pied de l'escalier avec des sanglots... Les uns s'emparaient de mes mains, les autres baisaient le bas de ma robe ; tous ensemble ils disaient :

— Pauvre dame ! que Dieu vous accompagne et vous ramène... Allez, nous le savons bien, nous, ce n'est pas vous qui l'avez fait mourir... Nous ferons des neuvaines... Pauvre femme... pauvre... pauvre... faut-il que nous voyons ainsi votre perte...

Ces touchants témoignages de regrets et d'affection me faisaient,
un grand bien et un mal affreux... J'abandonnais en pleurant
mes mains aux mains de ces braves gens ; j'embrassais ces bonnes
femmes qui vouaient des cierges à la sainte Vierge pour obtenir
mon retour parmi elles, et qui faisaient sur moi le signe de la
croix,

Cette scène m'épuisait ; le brigadier me porta plutôt qu'il ne
me fit monter sur mon cheval.

— Adieu, adieu, pauvre dame! que Dieu vous bénisse! s'é-
crièrent encore toutes ces bonnes âmes qui m'entouraient.

— Adieu ! leur répondis-je avec désespoir... Adieu... je suis
innocente... adieu... priez pour moi !

La pluie tombait glacée d'un ciel sans étoiles; la lune restait
voilée sous le crêpe gris et flottant des nuages, et le vent qui
mugissait en fureur faisait tourbillonner autour de nous les
feuilles mortes des châtaigniers. J'avais abandonné les rênes sur
le cou d'Arabska qui marchait tristement au pas et la tête bais-
sée. J'avais une de mes mains dans celles d'Emma, et je pleurais
amèrement.

Après deux heures, le paysan qui nous conduisait s'égara...
les gendarmes ne connaissaient pas le chemin... La route, toujours très-mauvaise, était devenue fondrière ou torrent, et je dus
moi-même servir de guide dans ce chemin qui me conduisait
peut-être à la mort.

Cette nécessité de veiller au salut des autres, la pensée du dan.
ger toujours entraînante et douce quand la vie pèse sur le
cœur, le mouvement, l'excitation calmèrent les angoisses du départ. La pluie avait traversé tous mes vêtements. Le brave gen-
darme ôta son manteau pour m'en couvrir, se dépouilla de ses
gros gants pour en réchauffer mes mains glacées, et puis, quand
après cinq heures de marche, nous arrivâmes à Vigeois, l'excellent homme se rappela que Clémentine lui avait recommandé
de me soigner, et voulut lui-même sécher et ranimer mes pieds
engourdis par le froid.

M. Fleyniat s'offrit à m'accompagner jusqu'à Brives; je l'acceptai avec reconnaissance. Les émotions et les fatigues de la nuit
m'avaient brisée ; il fallut nous arrêter à moitié chemin, me

laisser prendre quelques heures de repos sur un lit ; aussi était-il déjà fort tard quand nous arrivâmes à Brives.

On savait mon arrivée. La populace se pressait en foule autour de la voiture ; des cris, des rires, des paroles grossières, insultantes, bourdonnaient à mon oreille. La porte de la prison s'ouvrit ; au bruit des verrous, involontairement je reculai.. je fis deux pas en arrière... Puis, rassemblant toutes mes forces, avec un courage désespéré je franchis le seuil de ma tombe.

FIN

Clichy. — Impr. Maurice Loignon et Cie, rue du Bac-d'Asnière, 12.